D1725063

Harald Kürschner / Thomas Raus / Joachim Venter

Pflanzen der Türkei

Ägäis – Taurus – Inneranatolien

Zeichnungen
Horst Lünser (Berlin)
Unter Mitarbeit von Sadik Erik (Ankara), Adil Güner (Bolu)
und Hüseyin Sümbül (Antalya)

Quelle & Meyer Verlag Wiesbaden

Dr. Harald Kürschner
Institut für Systematische Botanik
und Pflanzengeographie
FU Berlin
Altensteinstr. 6
14195 Berlin

Dr. Thomas Raus
Botanischer Garten und Botanisches
Museum Berlin-Dahlem
Königin-Luise-Str. 6−8
14191 Berlin

Dr. Joachim Venter
Liegnitzer Str. 26
72072 Tübingen

Die Deutsche Bibliothek − CIP-Einheitsaufnahme

Pflanzen der Türkei : Ägais − Taurus − Inneranatolien / Harald
Kürschner ... Zeichn. Horst Lünser. Unter Mitarb. von Sadik
Erik ... − 1. Aufl. − Wiesbaden : Quelle und Meyer, 1995
    ISBN 3-494-01222-9
NE: Kürschner, Harald; Lünser, Horst

1. Auflage 1995

© 1995, by Quelle & Meyer Verlag, Wiesbaden

Zeichnungen: Horst Lünser, Berlin
Einbandgestaltung: Klaus Neumann, Wiesbaden
Gesamtherstellung: Allgäuer Zeitungsverlag GmbH, Kempten

Printed in Germany/Imprimé en Allemagne

ISBN 3-494-01222-9

Inhaltsverzeichnis

Vorwort

Die Türkei ist ein Land, das sich in den letzten Jahren touristisch bemerkenswert entwickelt hat. Zu dem Reichtum an historischen Stätten und den ausgedehnten, der Erholung dienenden Küsten und idyllischen Buchten treten viele landschaftlich überwältigend schöne Gebiete, die sich durch eine vielfältige und beeindruckende Pflanzenwelt auszeichnen. Viele Besucher, ob Botaniker oder botanisch interessierte Touristen, spüren daher sehr bald das Bedürfnis, sich in dieser Pflanzenwelt besser auskennen zu können. Diesem Bedürfnis soll dieses Buch entgegenkommen.

Der Bearbeitung liegen langjährige eigene Studien der Flora und Vegetation der Türkei zugrunde. Darüber hinaus diente die 10bändige „Flora of Turkey and the East Aegean Islands" (Edinburgh 1965–1988, Herausgeber P. H. Davis) als Grundlage, die die etwa 8500 Arten höherer Pflanzen der gesamten Türkei umfaßt. Darin enthalten sind Bestimmungsschlüssel und ausführliche Artbeschreibungen. Eine so hohe Artenzahl sprengt natürlich den Rahmen eines Informations- und Bestimmungsbuchs für den Wissenschaftler und den wissenschaftlich interessierten Besucher, die sich zunächst einen Überblick über die Vielfalt der Pflanzenwelt in der Türkei verschaffen wollen. Es erschien uns daher sinnvoll, eine geographische Einschränkung vorzunehmen und dann eine entsprechende Artenauswahl zu treffen.

Auf der Grundlage der naturräumlichen Gliederung der Türkei werden in diesem Buch die Inneranatolische, die Ägäische und die Mittelmeer-Region der Türkei einschließlich des Taurus-Gebirges berücksichtigt. Jeder dieser Bereiche zeigt eine erkennbare Abgrenzung und landschaftliche und floristische Eigenständigkeit. Entscheidend ist auch, daß sie touristisch erschlossen sind und damit, im Gegensatz etwa zu den östlichen Regionen der Türkei, vielen Besuchern leicht zugänglich sind.

Nach einer Einführung werden diese drei Regionen zunächst vegetationskundlich charakterisiert und ein Überblick über die verschiedenen Natur- und Lebensräume und die darin vorkommenden Vegetationseinheiten gegeben. Eine vollständige und detaillierte Vegetationsgliederung kann aber, aufgrund des noch unzureichenden Forschungsstandes, nicht gegeben werden.

Diese charakteristischen Vegetationseinheiten und Landschaftsräume bilden die Grundlage für die Artenauswahl. Vorgestellt werden jeweils typische, aspektbestimmende und damit auch mehr oder weniger häufig vorkommende Pflanzenarten. Damit verbunden ist gleichzeitig eine deutliche Beschränkung der Zahl der vorgestellten Arten, deren Auswahl auf vorhandenen Pflanzenlisten, den vegetationskundlichen Untersuchungen und dem Erfahrungsaustausch der beteiligten Autoren beruht. Daß eine solche Beschränkung der Artenauswahl einen Kompromiß darstellt, muß deutlich hervorgehoben werden. Wenn auch die eine oder andere Pflanzenart nach Meinung der geschätzten Benutzer hätte aufgenommen werden sollen, so glauben wir doch, daß unsere Auswahl einer kritischen Analyse standhalten wird.

Insgesamt werden 683 Arten im Text behandelt. Weitere 365 sind durch die Bestimmungsschlüssel oder unter dem Hinweis auf ähnliche Arten erschlossen, so daß insgesamt 1048 Taxa vorgestellt werden. Damit wird die Anwendbarkeit des Buches beträchtlich erweitert. Den wissenschaftlichen Zugang zu diesen ausgewählten Pflanzenarten ermöglichen Bestimmungsschlüssel und Artbeschreibungen. Da in der Türkei eine Reihe von Familien auftreten, die der mitteleuropäischen Flora fehlen, steht am Anfang des floristischen Teils ein Familienbestimmungsschlüssel. Wesentliche Elemente sind dann die Gattungsbestimmungsschlüssel, die auch die Gattungen beinhalten, die in den drei behandelten Regionen zwar vorkommen, aber textlich nicht weiter ausführlich vorgestellt werden. Schlüssel zur Artbestimmung erschienen uns nicht sinnvoll, da sie bei der Artenfülle zahlreicher Gattungen zwangsläufig lückenhaft geblieben wären (eine Ausnahme wurde nur bei sehr artenarmen Gattungen gemacht). Hier beschränkt sich das Buch auf die Beschreibung der ausgewählten Vertreter.

Um dem Bedürfnis nach optischer Vergleichsbestimmung gerecht zu werden, wurde die überwiegende Zahl der beschriebenen Arten zeichnerisch dargestellt. Die Illustrationen verdanken wir Horst Lünser (Berlin), der keine Mühe gescheut hat, das als Herbarmaterial vorliegende Pflanzenmaterial ansprechend abzubilden. Dafür bedanken wir uns an dieser Stelle ganz herzlich. Die Zeichnungen werden durch fotografisch festgehaltene Beispiele ergänzt. Sie zeigen Sippen aus sehr artenreichen Familien (z. B. Apiaceae, Asteraceae, Boraginaceae, Fabaceae) oder solche, bei denen uns der Habitus wichtig erschien (z. B. *Acantholimon*-Arten, *Morina persica*, *Daphne oleoides*).

Die Anordnung der vorgestellten Arten erfolgte familienbezogen und in alphabetischer Reihenfolge unter Hinweis auf den Verbreitungsschwerpunkt innerhalb der drei behandelten Landschaftsräume. Eine mehrfach erwogene, auf Regionen oder Vegetationseinheiten bezogene Zuordnung der Pflanzenvertreter hätte zu zahlreichen Überschneidungen geführt und wurde deshalb verworfen. Die handliche Form des Buchs wird hoffentlich dazu beitragen, die Benutzung vor Ort zu gewährleisten.

Dem Quelle & Meyer Verlag möchten wir besonders für die Offenheit und das Engagement danken, ein wissenschaftliches Pflanzenbuch über die Türkei in sein Programm aufzunehmen und in bewährter Gestaltung zu veröffentlichen. Dies ist auch ein Beitrag, den Blick für Natur- und Landschaftsschutz über die Grenzen Europas hinaus zu erweitern. Frau Dipl. Biol. C. Huber (Lektorin) danken wir für ihr stetiges Entgegenkommen und Interesse an diesem Projekt und die zahlreichen manuskripttechnischen Hilfestellungen, die letztlich zum Gelingen dieses Buchs beigetragen haben.

Wenn die botanischen Studien in den ausgewählten Gebieten der Türkei besonders ergiebig sein sollen, dann sollte man sich in den Monaten März bis Mai an die Küsten, von April bis Juni nach Inneranatolien und später in den Taurus begeben. Besonders die Blüte der Steppenpflanzen überrascht in ihrer Üppigkeit und Schönheit, die man in der übrigen Zeit, wenn Trockenheit oder Kälte vorherrschen, nicht vermutet.

Den Benutzern dieses Buchs wünschen wir Erfolg und viel Freude beim Studium der Pflanzenwelt der Türkei.

Berlin, Tübingen, Ankara, Antalya und Bolu 1994   Die Verfasser

1 Einführung in den Naturraum

1.1 Naturräumliche Gliederung

Das Staatsgebiet der heutigen Türkei erstreckt sich über die gesamte westasiatische Halbinsel Kleinasien und erfaßt mit Thrakien noch einen kleinen Teil Südosteuropas, der aber nur etwa 3% der Fläche ausmacht. Insgesamt beträgt die Landesfläche fast 780 000 km^2 und ist damit mehr als doppelt so groß wie die heutige Bundesrepublik (357 000 km^2). Schwarzes Meer und Marmara-Meer im Norden, die Ägäis im Westen und das Mittelmeer im Süden umschließen das Gebiet von drei Seiten und bescheren der Türkei über 8 300 km Küstenlänge. Im Norden (Pontisches Gebirge) und Süden (Taurus-Gebirge) verlaufen zwei große, in mehrere küstenparallele Ketten zergliederte Faltengebirge, die sich im Verlaufe der tertiären alpidischen Orogenese in mehreren Aufaltungsphasen gebildet haben und diesen Landschaftsraum heute ganz entscheidend prägen. Nach Osten verschmelzen diese Ketten und bilden ein stark zergliedertes, hoch aufsteigendes Gebirgsland. Den Westrand bildet eine nur mäßig hohe Schwelle, die sich in mehreren Bergzonen und Gräben zur Ägäis hin öffnet. Reste des präkambrischen, alten kristallinen Grundgebirges sind das Istranca-Massiv (Thrakien), die karisch-lydische Masse (Menderes-Massiv, SW. Anatolien), die Halys-Masse (Kırşehir-Massiv, Inneranatolien) und das Bitlis-Massiv (Ostanatolien). Damit erheben sich heute $^4/_5$ der Türkei mehr als 500 m über den Meeresspiegel und verleihen dem Land weitgehend einen Gebirgs- bzw. Hochgebirgscharakter (Abb. 1). Die Faltengebirge umschließen große (Konya-Ereğli-Becken und Tuz Gölü-Becken im Zentrum, Van Gölü-Becken im Osten) und kleinere intramontane Beckenlandschaften, Ovas genannt, die von z. T. sehr hohen Vulkanen überragt werden, die zu den höchsten Gipfeln der Türkei gehören. Infolge der immer noch nachwirkenden orogenen Bewegungen der alpidischen Faltungsära und des im Neogen einsetzenden, intensiven Vulkanismus ist die Türkei bis heute ein Gebiet heftigster tektonischer Unruhe, die sich immer wieder in sehr schweren Erdbeben äußert.

Das stark gegliederte Relief und der damit verbundene landschaftsphysiognomische, klimatische und vegetationskundliche Kontrast ermöglichen es, die Türkei in sieben naturräumliche Einheiten zu gliedern (Abb. 2), die jede für sich ihren eigenen, ganz besonderen Charakter und Reiz haben.

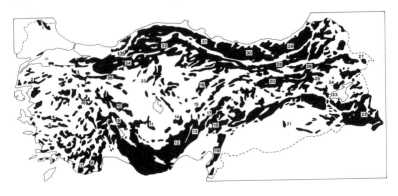

Abb. 1: Gliederung des Reliefs. Bergländer und Gebirge in der Türkei. (Verändert nach EROL 1982.)

1 Istranca Dağları	**19** Amanos Dağları
2 Kaz Dağı	**20** Munzur Dağları
3 Ulu Dağ	**21** Karaca Dağ
4 Boz Dağları	**22** Cilo Dağı
5 Aydın Dağları	**23** Nemrut Dağı
6 Murat Dağı	**24** Süphan Dağı
7 Ak Dağ	**25** Bingöl Dağları
8 Bey Dağları	**26** Palandöken Dağları
9 Sultan Dağları	**27** Ağri Dağı
10 Emir Dağ	**28** Kop Dağları
11 Boz Dağ	**29** Tatos Dağları
12 Bolkar Dağları	**30** Giresun Dağları
13 Aladağları	**31** Küre Dağları
14 Hasan Dağı	**32** Ilgaz Dağları
15 Erciyes Dağı	**33** Elma Dağı
16 Akdağlar	**34** Köroğlu Dağ (Aladağ)
17 Tahtalı Dağları	**35** Bolu Dağları
18 Binboğa Dağı	**36** Sündiken Dağları

Marmara-Region (1., Abb. 2)

Im Zentrum dieser Region liegt ein Binnenmeer (Marmara-Meer), das über den Bosporus mit dem Schwarzen Meer und über die Dardanellen mit dem Mittelmeer verbunden ist. Die nördliche Subregion (Thrakien) wird größtenteils von einer bis 200 m hochliegenden, tertiärzeitlichen Plateaulandschaft eingenommen, die von breiten Flußtälern durchzogen wird. Wichtigste Gebirgsstöcke der Marmara-Region sind die Istranca Dağları und der Ulu Dağ bei Bursa (Abb. 1). Es handelt sich um eine typische Übergangsregion zwischen dem sommertrockenen Mediterrangebiet und der kühleren, sommerfeuchten Schwarzmeer-

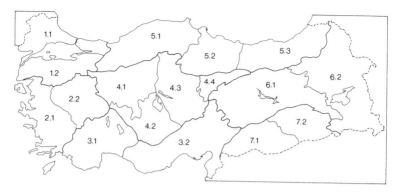

Abb. 2: Naturräumliche Gliederung der Türkei. (Nach EROL 1982.)

1. Marmara-Region
 1.1 Nördliche Marmara-Subregion
 1.2 Südliche Marmara-Subregion
2. Ägäis-Region
 2.1 Ägäische Küsten-Subregion
 2.2 Innere Westanatolische Subregion
3. Mittelmeer-Region
 3.1 Westliche Mittelmeer-Subregion
 3.2 Östliche Mittelmeer-Subregion
4. Inneranatolische Region
 4.1 Obere Sakarya-Subregion
 4.2 Konya-Subregion
 4.3 Mittlere Kızılırmak-Subregion
 4.4 Obere Kızılırmak-Subregion

5. Schwarzmeer-Region
 5.1 Westliche Schwarzmeer-Subregion
 5.2 Mittlere Schwarzmeer-Subregion
 5.3 Östliche Schwarzmeer-Subregion
6. Ostanatolische Region
 6.1 Obere Euphrat-Subregion
 6.2 Östliche Subregion
7. Südostanatolische Region
 7.1 Westliche Subregion
 7.2 Östliche Subregion

Region, die ursprünglich in den höheren Lagen von Feuchtwäldern bestanden war. In den zentralen, trockenen Teilen Thrakiens herrschen Gebüsch- und Steppenformationen vor, während die Küstenbereiche um das Marmara Meer von mediterranen Hartlaubwäldern bestanden sind.

Ägäis-Region (2., Abb. 2)

Die Westküste der Türkei (Ägäische Küsten-Subregion) ist durch zahlreiche Buchten, vorspringende felsige Halbinseln, flache Hügel und mittelhohe Bergzonen, die sich mit ausgedehnten Schwemmebenen abwechseln, stark aufgelockert. Die sanften, leicht überquerbaren Gebirgsschwellen und Talsysteme öffnen sich zur Küste hin und ermöglichen damit den leichten Zugang zu den alten Kulturlandschaften Mysien, Lydien und Karien. Die potentielle natürliche Vegetation bilden in

diesem mediterranen Klima Hartlaubwälder und *Pinus brutia*-Trocken-
wälder, die aufgrund des tiefen Eindringens der Meereswinde (ozeanischer Klimaeinfluß) weit in die Innere Westanatolische Subregion bis
Uşak und Denizli vorstoßen. In Höhenlagen über 1000 m werden sie
von *Pinus nigra*-Wäldern abgelöst.
Die planar-kolline Stufe wird heute, soweit nicht landwirtschaftlich genutzt oder besiedelt, überwiegend von Macchien eingenommen.

Mittelmeer-Region (3., Abb. 2)
Die Mittelmeer-Region (westliche und östliche Mittelmeer-Subregion)
der Südküste wird ganz entscheidend durch das Taurus-Gebirge geprägt, das sich als mächtiger, mit mehreren Gipfeln über 3000 m rei-
chender Gebirgswall erhebt. Vor allem im kompakten, mittleren Teil
(Orta Toroslar) sind Kalke vorherrschend, die aufgrund des mediterranen Klimaeinflusses zu auffälligen Karstlandschaften (zerschluchtete
Karstplateaus, Dolinen, Poljen, Karrenfelder, Karstquellen) verwittert
sind. Es bricht steil zur Mittelmeerküste ab und wird nur an wenigen
Stellen [z. B. Antalya im Westen, Kilikische Ebene (Çukurova) im Osten]
von Küstenebenen unterbrochen. Potentielle *Olea-Ceratonia*-Hartlaub-
wälder und *Cupressus sempervirens*-Reliktwälder spiegeln die höheren
Sommertemperaturen wider. Die montane Stufe prägen ansehnliche *Pinus brutia*-Trockenwälder und im orealen Bereich stocken Tannen-Zedern-Gebirgswälder, die ursprünglich von Fethiye bis Maraş im gesamten Gebirge verbreitet waren, heute aber nur noch lokal (z. B. bei Elmalı)
ausgedehnte Bestände bilden.

Inneranatolische Region (4., Abb. 2)
Dieses durch die Randgebirge abgeschlossene und von feuchten Mee-
reswinden weitgehend abgesperrte Hochland wird von zwei Land-
schaftstypen gekennzeichnet: tafelartigen, neogenen Becken (Ovas),
die durch flache Schwellen oder Bruchstufen voneinander getrennt
sind, und einem hügelig-bergigen Randbereich, der zu den nördlich
und südlich anschließenden Faltengebirgen überleitet. Am Südrand
überragen einige gewaltige Vulkane wie Hasan Dağı (3269 m), Melendiz
Dağı (2963 m) und Erciyes Dağı (3917 m) dieses Hochland und zeugen
mit ihren ausgedehnten Lavafeldern und Tuffmassen von einem intensiven Vulkanismus, der bis in die historische Zeit angehalten hat. Die
Tuffe sind bei Nevşehir-Ürgüp in bizarre Kegel, Pyramiden, Säulen und
Steilhänge zerschnitten (Tufflandschaft um Göreme) und heute ein be-
liebtes Ziel jedes Türkeireisenden. Aufgrund der Niederschlagsarmut
und des sommerlichen Wassermangels prägen Steppenformationen
und Steppenwaldrelikte (*Quercus pubescens*-, *Pinus nigra* ssp. *pallasiana*-Offenwälder) diesen Landschaftsraum.

Schwarzmeer Region (5., Abb. 2)

Wie die Mittelmeer-Region wird auch die Schwarzmeer-Region durch ein von West nach Ost verlaufendes Faltengebirge (Pontisches Gebirge) geprägt, das eine effektive Klimaschranke darstellt. Seine z.T. eiszeitlich überformten Ketten steigen von 2500 m im Westen (Westliche Schwarzmeer-Subregion) allmählich auf fast 4000 m im Osten (Östliche Schwarzmeer-Subregion) an und tragen sogar noch kleinere Gletscher. Die beiden parallelen Hauptketten trennen eine küstenparallel verlaufende, wirtschaftlich bedeutende Zone von inneren Becken und Längstälern und werden nur von wenigen Flüssen mit engen Durchbruchstälern zerschnitten. Weite Bereiche der Nordabdachung des Pontischen Gebirges gehören zu den niederschlagsreichsten Gebieten der Türkei (Abb. 3) und werden infolge hoher Sommerniederschläge (Stauregen) von Feuchtwäldern (kolchische Buchenwälder) gekennzeichnet. In der orealen Stufe schließen sich Tannen- und Fichtenwälder an. Mediterrane Hartlaubrelikte in der Küstenzone, die als Pseudomacchien bezeichnet werden, zeugen aber vielfach vom Einfluß früherer Wärmeperioden.

Ostanatolische Region (6., Abb. 2)

Im ostanatolischen Hochland ergibt sich aus dem Zusammendrängen der Faltenketten der beiden Randgebirge (Pontiden, Tauriden), dem kristallinen Grundgebirge (Bitlis-Masse) und Vulkanen (z.B. Süphan Dağı 4434 m, Ağri Dağı/Ararat 5165 m) ein schwer zugängliches, an den Rändern bis 4000 m aufragendes Gebirgsland. Durch mehrfache Hebungen ist es in tief eingeschnittene Täler und Becken zerbrochen und zeigt eine ausgesprochen kleinräumige, mosaikartige Gliederung. Hochsteppen, Gebüsche und Laubwaldreste kennzeichnen heute die erodierten Berghänge und Becken.

Südostanatolische Region (7., Abb. 2)

Die Südostanatolische Region umfaßt eine tiefgelegene Hügel- und Plateaulandschaft, die im Norden durch den östlichen Taurusbogen abgeschirmt ist. Dieser iranide Ast des Taurus geht im Südosten in das Zagros-Gebirge des Iran über. Nach Süden öffnen sich die westliche und östliche Subregion dieses semi-ariden bis ariden Landschaftsraumes nahtlos zur irakisch-syrischen Steppen- und Wüstenlandschaft. Die Hügelregionen tragen einen lockeren Offenwald aus *Pistacia atlantica* und *Amygdalus*-Arten, der in höheren Lagen von laubwerfenden Eichen-Offenwäldern (*Quercus brantii*, *Q. libani*) abgelöst wird. Im Unterwuchs dominieren Steppenpflanzen und Zwergsträucher.

Literatur: Brinkman 1976, Erol 1982, 1983, Hütteroth 1982.

1.2 Klima

Klimaökologisch läßt sich die Türkei durch wenigstens vier, mehr oder weniger klar unterscheidbare und regional begrenzte Klimate kennzeichnen, die in ihrer verschiedenen Ausprägung und Abstufung von entscheidender Bedeutung für den Naturraum und alle damit verbundenen Erscheinungen (Oberflächengestaltung, Verwitterung, Bodenbildung, Wasserhaushalt, Vegetation) sind. Im wesentlichen sind dies ein Schwarzmeerklima (Pontisches Klima, euxinisches Buchen-Tannenwaldklima), ein Mittelmeerklima (mediterranes Hartlaubklima), ein inneranatolisches Klima (kontinentales Steppenklima) und ein äußerst kontinentales ostanatolisches Klima (kontinentales Hochsteppen- und Steppenwaldklima). Für Vorkommen, Verbreitung und Artenzusammensetzung von Waldformationen spielen räumliche Verteilung und Höhe der mittleren Jahresniederschläge (Abb. 3) eine wichtige Rolle. Weitere limitierende bzw. selektierende Faktoren stellen die jahreszeitliche Verteilung der Niederschläge, die winterlichen Minimaltemperaturen (Intensität und Dauer von Frostperioden) und das Auftreten einer sommerlichen Trockenzeit dar. Diese Parameter verdeutlichen einige ausgewählte Klimadiagramme (Abb. 4), in denen Temperaturverlauf und Niederschlagsverteilung im Jahresverlauf kombiniert dargestellt sind.

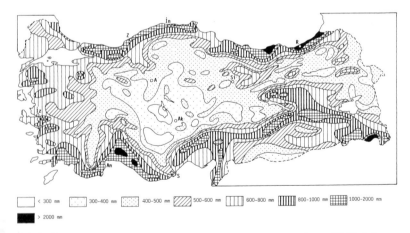

Abb. 3: Mittlere jährliche Niederschläge in der Türkei. (Nach ALEX 1984.) **A** Ankara, **Ak** Aksaray, **İn** Antalya, **İn** İnebolu, **İz** İzmir, **R** Rize, **S** Silifke, **Si** Sivas, **Z** Zonguldak.

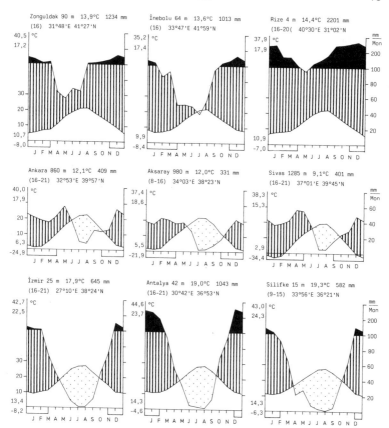

Abb. 4: Ausgewählte Klimadiagramme der Türkei. Oben: Euxinisches Buchen-waldklima. Mitte: Inneranatolisches Steppen- und Steppenwaldklima. Unten: Mediterranes Hartlaubklima.

Pontisches Klima (Abb. 4 oben)

Charakteristisch für die Schwarzmeer-Region sind ganzjährig hohe Nie-derschläge, das Fehlen einer sommerlichen Trockenzeit, milde Winter (mittlere monatliche Minima der kältesten Monate nicht unter 0 °C, ab-solute Temperaturminima nicht unter −10 °C) und nicht zu heiße Som-mer (jährliches Temperaturmittel: Zonguldak 13,9 °C, Rize 14,4 °C). Die z. T. sehr hohen Niederschläge im Osten (> 2000 mm/Jahr, Abb. 3) re-sultieren aus Stauregen der von Nordwest nach Südost ziehenden Luftmassen, die sich bei ihrem langen Weg über das Schwarze Meer mit Feuchtigkeit aufladen. Dieses ganzjährig humide, warm-gemäßigte Klima ist in erster Linie für das Auftreten der kolchischen Buchenwälder (winterkahle Feuchtwälder) verantwortlich.

Inneranatolisches Klima (Abb. 4 Mitte)

Die Inneranatolische Region wird durch ein ausgeprägt kontinentales Temperaturregime mit sehr kalten Wintern (mittlere monatliche Minima der kältesten Monate unter 0 °C, absolute Temperaturminima −25 °C bis −30 °C), heißen Sommern und relativ geringen Niederschlägen (300–500 mm/Jahr) gekennzeichnet. Regen fällt hauptsächlich im Winterhalbjahr, erreicht ein kleines Maximum im Frühjahr und ist nur noch im höhergelegenen Randbereich dieser Region für Baumwuchs ausreichend. Von Anfang Juni bis Mitte Oktober herrscht Sommerdürre, die die hier vorkommenden Pflanzen nur durch besondere xerophytische Anpassungen und Lebensformen überstehen können.

Mittelmeerklima (Abb. 4 unten)

Die mediterrane Klimazone erstreckt sich über die Ägäis-Region und gesamte Südküste der Türkei. Neben relativ hohen Niederschlägen im Winter und Frühjahr (600–1000 mm/Jahr, in den Hochlagen des Taurus z. T. > 2000 mm/Jahr, Abb. 3) zählen milde, frostfreie Winter (absolute Temperaturminima nicht unter −10 °C) und sehr heiße Sommer zu den Charakteristika dieses Klimatyps. Limitierender Faktor für winterkahle Laubwälder ist die ausgeprägte Sommerdürre in dieser Region, in der daher xerophytische Hartlaubwälder und immergrüne Trockenwälder das Vegetationsbild bestimmen. Aufgrund der gegenüber der Ägäis-Region höheren Temperaturen (jährliches Temperaturmittel: Antalya 19 °C, Silifke 19,3 °C), höherer Niederschläge und des Staueffekts des Taurus-Gebirges weist die Südküste der Türkei teilweise schon ein subtropisches Klima auf (Bananenkulturen). In der nach Osten offenen Ägäis-Region reicht der mediterrane Klimaeinfluß in den Depressionen und Längstälern bis etwa 150 km ins Landesinnere.

Ostanatolisches Klima

Extrem rauhe, schneereiche und sehr kalte Winter (Temperaturminima bis −40 °C), regenreiche Frühjahre (400–600 mm/Jahr, Abb. 3) und heiße, niederschlagsarme Sommer prägen das ostanatolische Hochsteppenklima. Temperaturen unter 0 °C treten in dieser Region in 9-11 Monaten des Jahres auf und in wenigstens 4 Monaten im Jahr liegen sogar die mittleren Minimaltemperaturen unter 0 °C. Wegen der Höhenlage wird dieser kontinentale Klimacharakter durch die hohe Einstrahlung und große Temperaturunterschiede zwischen Tag und Nacht noch verstärkt.

Literatur: AKMAN 1982, AKMAN & KETENOĞLU 1986, ALEX 1984.

1.3 Vegetation

Aufgrund der klimatischen Bedingungen gehen Schätzungen heute davon aus, daß ursprünglich 70% der Türkei bewaldet waren. Der Waldanteil der Türkei ist heute auf etwa 13% geschrumpft, wobei nur noch 5% hochstämmige Wälder umfassen und 8% auf Niederwälder und

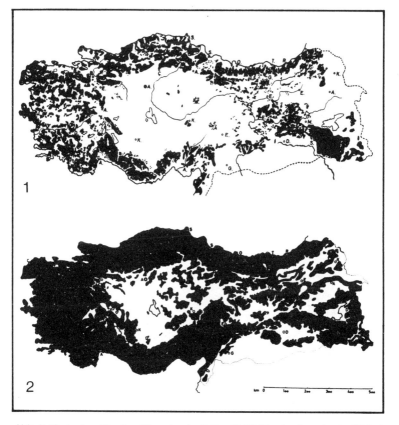

Abb. 5: Karte der aktuellen (1) und potentiellen (2) Waldverbreitung in der Türkei. (Aus SCHIECHTL, STERN & WEISS 1965.)

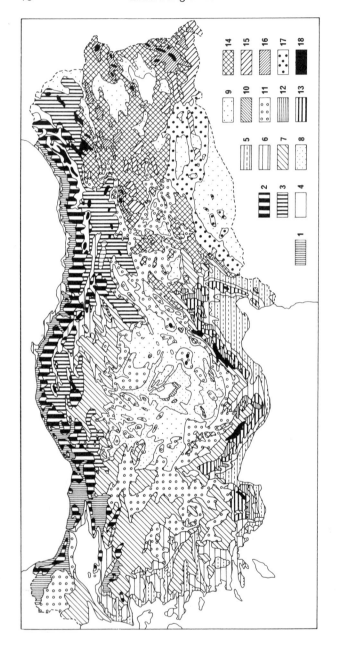

Gebüsche entfallen (Abb. 5). 24% der Gesamtfläche werden von Steppenformationen eingenommen und 6% entfallen auf die Hochgebirgsregionen und Wasserflächen. Die Ursache dieses enormen Waldrückgangs liegt in mehreren anthropozoogenen Waldzerstörungsphasen (vgl. Kap. 2.4), die sich in den semi-ariden Randbereichen der Inneranatolischen Region und in der Ägäis- und Mittelmeer-Region nahezu irreversibel ausgewirkt haben.

Entsprechend der äußerst diversen ökologischen Bedingungen der einzelnen Naturräume unterscheidet sich die Vegetation der Türkei florengenetisch (mediterrane, euro-sibirische, irano-turanische, euxinische Geoelemente), floristisch und physiognomisch erheblich. Einen Überblick über diese Vielfalt auf der Grundlage eines formationskundlichen Gliederungskonzepts gibt Abb. 6.

Abb. 6: Vegetation der Türkei. (Verändert nach UNESCO 1968, FREY & KÜRSCHNER 1989.)

1 Kältekahler Tieflandswald mit immergrünen Laubgehölzen (Pontische Buchenwälder, *Fagus orientalis* dominierend)

2 Mischformationen aus Kältekahlem montanem Wald und Kälteharten immergrünen Nadelwäldern (Pontische Buchen-, Tannen- und Fichtenwälder)

3 Kälteharter immergrüner Nadelwald (Pontische Kiefern- und Fichtenwälder)

4 Grasflur mit Zwergsträuchern

5 Immergrüne Laubgebüsche (degradierte Macchien und Kulturland)

6 Immergrüne Laub- und Nadelmischwälder (Macchien, mediterrane Hartlaubwälder und *Pinus brutia*-Wälder)

7 Mischformationen aus Kälteharten, immergrünen offenen Nadelwäldern und Kältekahlen offenen Laubwäldern (Submediterrane Schwarzkiefer-, Wacholder- und Eichenwälder)

8 Xeromorphe offene Zwerggesträuche (primäre *Artemisia*-Steppen)

9 Xeromorphe offene Zwerggesträuch-Dornpolster-Mischformationen (Federgrassteppen und degradierte *Artemisia*-Steppen)

10 Krautige und halbstrauchige Salzpflanzenfluren (Halophytenfluren)

11 Kältekahl-immergrüne Gebüsche (z. T. stark devastierte Eichenwaldreste)

12 Kälteharter immergrüner offener Nadelwald (Südanatolische Tannen- und Zedernwälder)

13 Kälteharter immergrüner offener Nadelwald (überwiegend Schwarzkiefern- und Wacholderwälder)

14 Mischformationen aus Kältekahlen montanen offenen Laubwäldern und Xeromorphen offenen Zwerggesträuch-Dornpolster-Mischformationen

15 Kälteharter montaner offener Laubwald (vielfach *Quercus brantii* vorherrschend)

16 Xeromorphe offene Zwerggesträuch-Dornpolster-Mischformationen

17 Degradierte Kältekahle montane offene Laubwälder und Kulturland

18 Pflanzenformationen der subalpinen und alpinen Stufe

In Ergänzung dazu soll am Beispiel der beiden randlichen Faltengebirge die vertikale Stufenfolge der Hauptwaldgesellschaften verdeutlicht werden. Generell muß man dabei zwischen einer humiden, pontischen Stufenfolge und einer semi-ariden bis subhumiden taurischen Stufenfolge (Abb. 7) unterscheiden, die zugleich die unterschiedlichen ökologischen Ansprüche der Hauptwaldbildner verdeutlichen.

Die nordseitige pontische Stufenfolge beginnt mit thermophytischen immergrünen Laubgebüschen und winterkahlen Laubwäldern (kälteempfindliche Feuchtwälder), die in der montanen Stufe von winterkahlen *Fagus orientalis*-Wäldern (mäßig winterharte Feuchtwälder) abgelöst werden. Ihnen schließen sich in der orealen Stufe Nadelwälder (winterharte Feuchtwälder) an, die im westlichen und mittleren Teil der Pontiden von *Abies equi-trojani*, *A. bornmuelleriana*, *A. nordmanniana* und *Pinus sylvestris* (ozeanischer Typ) dominiert werden. Zu ihnen gesellt sich im Osten *Picea orientalis* (kontinentaler Typ) hinzu. Aufgrund des humiden Klimas wird die subalpine Stufe überwiegend von Grasfluren eingenommen. Auf der im Regenschatten liegenden Südabdachung fallen außer lockeren Eichenbuschwäldern fast alle Laubwaldstufen aus. In der subalpinen Stufe ersetzen zunehmend xerophytische Dornpolsterformationen die Grasfluren der Nordabdachung, die ein Charakteristikum der sich östlich anschließenden irano-afghanischen Gebirgsstöcke sind. Die oreal-montane Stufe prägen neben *Picea orientalis* und *Pinus sylvestris* mäßig winterharte Trockenwälder aus *Pinus nigra* und *Juniperus excelsa*, die zu den xero-euxinischen Steppenwäldern (*Quercus pubescens*-Offenwälder) der submontanen Stufe und der inneranatolischen Beckenumrahmung überleiten.

Die Nordabdachung des Taurus-Gebirges ähnelt in der submontan-montanen Stufe noch weitgehend dieser südseitigen pontischen Stufenfolge (Abb. 7). Ursprünglich ausgedehnten Eichen-Offenwäldern (Steppenwäldern) schließen sich *Pinus nigra* ssp. *pallasiana*- und *Juniperus excelsa*-Offenwälder an, die bis in die oreale Stufe reichen und zusammen mit *Abies cilicica* die Waldgrenze bilden. Die subalpine Stufe wird auf beiden Seiten weitgehend von Dornpolstern und trockenadaptierten Gras-Zwerggesträuchformationen eingenommen. Die planar-kolline Stufe der Taurus-Südseite wird von immergrünen Hartlaubwäldern (*Olea-Ceratonia*-Typ) bestanden, deren vertikale Ausdehnung aufgrund der Temperaturverhältnisse begrenzt ist. Sie sind heute weitgehend durch Macchien und Kulturland ersetzt. In der subhumid-submontanen Stufe folgen ihnen *Pinus brutia*-Wälder (kälteempfindliche Trockenwälder), die aufgrund der Degradation der Hartlaubwälder weit in die kolline Stufe herabreichen. Sie werden lokal, in Abhängigkeit von der Exposition und dem Untergrund, von *Quercus cerris*- und *Ostrya carpinifolia*-Laubwäldern durchsetzt. Die montane Stufe

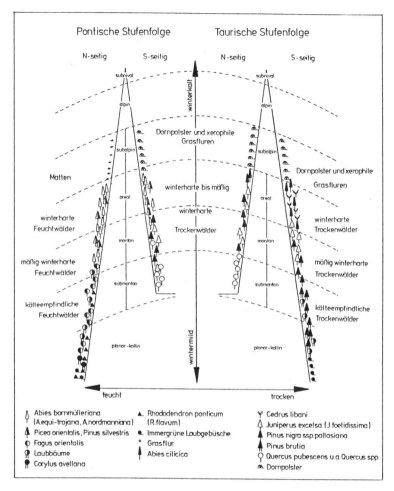

Abb. 7: Pontische und Taurische Stufenfolge. (Idealisiert, in Anlehnung an LOUIS 1939, WALTER 1956, HÜTTEROTH 1982, KÜRSCHNER 1982, 1984.)

kennzeichnen submediterrane *Pinus nigra* ssp. *pallasiana*-Wälder, die infolge der sommerlichen Trockenheit vielfach nur Offenwaldcharakter (fehlender Kronenschluß) haben. In den Sommermonaten sind sie stark brandgefährdet. Brandgeschädigte Flächen werden dann oft durch *Cistus*-reiche Sekundärgesellschaften ersetzt. Charakteristisch für die niederschlagsreichere oreale Stufe sind *Abies cilicica*- und *Cedrus li*-

bani-Wälder (winterharte Trockenwälder), die die Waldgrenze bilden. Heute weisen sie aber meist kein geschlossenes Areal mehr auf. Im westlichen Taurus ist *Abies cilicica* eher selten und *Cedrus libani* bildet noch ausgedehnte Bestände. Im mittleren und östlichen Taurus bauen beide Arten zusammen die typischen Gebirgswälder des Taurus auf. Die humiden Laubwaldgesellschaften der pontischen Stufe fallen im Taurus aufgrund der Sommertrockenheit aus und sind durch trocken-adaptierte Nadelwaldgesellschaften ersetzt. Lokal begrenzt hat aber *Fagus orientalis* einige Reliktstandorte in Südostanatolien. Solche Re-liktvorkommen finden sich am Ziyaret Tepe bei Pos (Karsantı, nordöst-lich Adana) und im Amanos-Gebirge, wo aufgrund orographischer Be-dingungen die nordostwärts streichenden, feuchten Seewinde eindrin-gen können und durch den Staueffekt am Gebirge eine relativ humide Stufe ausgebildet ist. Diese *Fagus orientalis*-Feuchtwälder sind meso-phytische Relikte pleistozäner Migrationen (Florenwanderungen), die in dieser Enklave inmitten der ansonsten mediterran geprägten Waldfor-mationen bis heute überdauerten. Ihr euxinisch-hyrkanischer Reliktcha-rakter spiegelt sich auch in der Krautschicht wider.
Die mediterranen Waldgesellschaften kennzeichnen auch die Ägäis-Region Westanatoliens. Aufgrund des niederen Reliefs fallen die orea-len Tannen-Zedern-Gebirgswälder hier aber aus.

Literatur: FREY & KÜRSCHNER 1989, KÜRSCHNER 1982, 1984, LOUIS 1939, SCHIECHTL, STERN & WEISS 1965, UNESCO 1968, WALTER 1956a.

1.4 Flora

Die Flora der Türkei umfaßt etwa 8 500 Arten (Angaben schwanken je nach Autor und Artkonzept), die sich ungefähr 1 200 Gattungen aus 157 verschiedenen Familien zuordnen lassen (Tab. 1). Die Artenzahl ist damit fast dreimal so hoch wie die der Bundesrepublik. Nach ersten Analysen sind wahrscheinlich 2 800 Arten oder nahezu 30% ende-misch, d. h. in ihrem Vorkommen ausschließlich auf das Gebiet der Tür-kei beschränkt. Mit diesem hohen Endemitenanteil nimmt die Türkei eine herausragende Stellung unter den Ländern des Vorderen Orients ein. Die gattungs-, arten- und endemitenreichsten Familien sind in Tab. 2−4 zusammengestellt. Ursache für diese hohe Artdiversität ist der gekammerte Gebirgscharakter des Landes, durch den unüberseh-bar viele Kombinationen abiotischer Standortfaktoren ein immenses Potential unterschiedlicher Habitate schaffen, sowie das Aufeinander-treffen florengenetisch sehr unterschiedlicher Regionen und Florenele-

Tab. 1: Blütenpflanzenfamilien der Türkei (Zahl der Gattungen/Zahl der Arten; * im Familienbestimmungsschlüssel aufgeführte, im Textteil aber nicht behandelte Sippen).

Acanthaceae	1/5	Elaeagnaceae	2/2	*Parnassiaceae	1/2
Aceraceae	1/12	*Elatinaceae	1/3	*Pedaliaceae	1/1
*Agavaceae	1/1	*Empetraceae	1/1	*Phytolaccaceae	1/2
*Aizoaceae	2/2	Ephedraceae	1/3	Pinaceae	4/9
Alismataceae	4/6	Ericaceae	8/20	Plantaginaceae	1/21
*Amaranthaceae	1/10	Euphorbiaceae	5/102	Platanaceae	1/1
Amaryllidaceae	8/30	Fabaceae	69/974	Plumbaginaceae	6/54
Anacardiaceae	3/8	Fagaceae	3/21	Poaceae	142/518
Apiaceae	99/419	Frankeniaceae	1/2	*Polemoniaceae	1/1
Apocynaceae	4/6	Fumariaceae	3/30	Polygalaceae	1/14
*Aquifoliaceae	1/2	Gentianaceae	7/27	Polygonaceae	6/67
Araceae	6/23	Geraniaceae	4/62	*Portulacaceae	2/3
*Araliaceae	1/2	Globulariaceae	1/8	*Posidoniaceae	1/1
*Arecaceae	4/6	*Grossulariaceae	1/7	*Potamogetonaceae	2/15
Aristolochiaceae	2/25	*Haloragidaceae	1/2	Primulaceae	9/40
*Asclepiadaceae	6/13	Hamamelidaceae	1/1	Punicaceae	1/1
Asparagaceae	1/10	*Hippuridaceae	1/1	*Pyrolaceae	3/6
Asteraceae	133/1156	*Hydrangeaceae	1/2	Rafflesiaceae	2/2
*Balsaminaceae	1/1	*Hydrocharitaceae	6/6	Ranunculaceae	17/200
Berberidaceae	4/8	Hypericaceae	1/77	Resedaceae	1/14
*Betulaceae	2/7	Iridaceae	6/86	Rhamnaceae	5/27
Boraginaceae	35/310	*Juglandaceae	2/2	Rosaceae	35/250
Brassicaceae	86/515	Juncaceae	2/46	Rubiaceae	10/170
Butomaceae	1/1	*Juncaginaceae	1/3	*Ruppiaceae	1/2
*Buxaceae	1/2	Lamiaceae	45/546	Rutaceae	5/27
*Cactaceae	1/1	Lauraceae	1/1	Salicaceae	2/27
Caesalpiniaceae	4/4	*Lemnaceae	2/5	Santalaceae	3/20
*Callitrichaceae	1/6	Lentibulariaceae	2/5	Saxifragaceae	2/21
Campanulaceae	6/146	Liliaceae	33/390	Scrophulariaceae	30/470
*Cannabaceae	2/2	Linaceae	2/39	*Simaroubaceae	1/1 .
*Cannaceae	1/2	*Lobeliaceae	1/1	Smilacaceae	1/2
Capparaceae	2/5	*Loranthaceae	3/3	Solanaceae	12/36
Caprifoliaceae	2/13	Lythraceae	2/12	Sparganiaceae	1/3
Caryophyllaceae	37/503	Malvaceae	10/46	*Staphyleaceae	1/3
*Celastraceae	1/4	*Meliaceae	1/1	Styracaceae	1/1
*Ceratophyllaceae	1/2	*Menyanthaceae	2/2	Tamaricaceae	3/7
Chenopodiaceae	31/99	*Mimosaceae	3/8	*Taxaceae	1/1
Cistaceae	5/28	*Molluginaceae	2/2	*Theaceae	1/1
*Commelinaceae	1/1	*Monotropaceae	1/1	*Theligonaceae	1/1
Convolvulaceae	4/40	*Moraceae	2/4	Thymelaeaceae	3/16
Cornaceae	1/2	Morinaceae	1/2	Tiliaceae	2/5
Corylaceae	3/6	*Musaceae	1/1	*Trapaceae	1/1
Crassulaceae	6/75	Myrtaceae	2/2	Typhaceae	1/6
Cucurbitaceae	8/15	*Najadaceae	1/4	Ulmaceae	3/8
Cupressaceae	3/9	Nymphaeaceae	2/2	*Urticaceae	2/9
*Cuscutaceae	1/16	Oleaceae	7/10	Valerianaceae	3/47
*Cymodoceaceae	1/1	Onagraceae	4/26	Verbenaceae	3/6
Cyperaceae	21/135	Orchidaceae	24/93	Violaceae	1/25
*Datiscaceae	1/1	Orobanchaceae	4/42	Vitaceae	2/3
Dioscoreaceae	1/1	*Oxalidaceae	1/4	*Zannichelliaceae	2/2
Dipsacaceae	7/86	Paeoniaceae	1/7	*Zosteraceae	1/2
*Droseraceae	1/2	Papaveraceae	4/49	Zygophyllaceae	5/6
Ebenaceae	1/2				

Tab. 2: Die 10 gattungsreichsten Blütenpflanzenfamilien der Türkei.

Familie	Zahl der Gattungen
Poaceae	142
Asteraceae	133
Apiaceae	99
Brassicaceae	86
Fabaceae	69
Lamiaceae	45
Caryophyllaceae	37
Boraginaceae	35
Rosaceae	35
Liliaceae	33

Tab. 3: Die 10 artenreichsten Blütenpflanzenfamilien der Türkei.

Familie	Zahl der Arten
Asteraceae	1156
Fabaceae	974
Lamiaceae	546
Poaceae	518
Brassicaceae	515
Caryophyllaceae	503
Scrophulariaceae	470
Apiaceae	419
Liliaceae	390
Boraginaceae	310

mente. Dies hat sich stimulierend und diversifizierend auf die Vegetation und Flora ausgewirkt.

Evolution und Artbildung, die in vielen Verwandtschaftskreisen bis heute anhält, ist i. a. das Resultat von vier Prozessen. Dabei stellen vielfach Mutationen das „Rohmaterial", dessen Variation und Organisation durch Rekombinationsprozesse und Hybridisierung mobilisiert wird. Die Selektion führt durch Förderung präadaptierter, konkurrenzkräftiger Biotypen zur Anpassung und Progression, deren Differenzierung und Spezialisierung durch ökogeographische und reproduktionsbiologische Isolation gesichert wird. Nach Übereinstimmung vieler Autoren wurde dabei in der Türkei das „Rohmaterial" aber nicht so sehr durch Mutation bereitgestellt, sondern begründet sich neben Hybridisierung und Polyploidie in der florengenetischen Vielfalt und im Reichtum der Habitate und Vegetationseinheiten. Als Stimulator der Evolution wird dabei vielfach die Aridität angeführt.

So sind gerade die Inneranatolische und Ostanatolische Region, ihre Übergangsbereiche und die beiden Faltengebirge Bereiche hoher Kreativität und zeichnen sich durch zahlreiche Endemiten und Sippenzentren (Artmannigfaltigkeitszentren) vieler Gattungen aus (vgl. Kap. 2.5). Demgegenüber relativ endemitenarm sind die Ägäis- und Mittelmeer-Region. Neben Neoendemiten gibt es nicht wenige Endemismen, die Relikte heute isolierter Taxa ohne nähere Verwandte darstellen, die in Refugialräumen überdauerten. Solche Refugialräume einer im Tertiär bis weit nach Mitteleuropa reichenden Flora (Arkto-tertiäre Flora) finden sich im Nordosten (östliche Schwarzmeer-Region, euxinisches Waldgebiet: z. B. *Betula medwedewii, Picea orientalis, Quercus pontica, Rhamnus imeritinus, Rhodothamnus sessilifolius*) und Südwesten der Türkei

Tab. 4: Die 10 endemitenreichsten Blütenpflanzenfamilien der Türkei.

Familie	Zahl der Endemiten	%
Asteraceae	430	37,2
Fabaceae	375	38,5
Scrophulariaceae	242	51,5
Lamiaceae	240	43,9
Brassicaceae	194	37,6
Caryophyllaceae	187	37,2
Liliaceae	118	30,3
Apiaceae	117	27,9
Boraginaceae	108	34,8
Rubiaceae	74	43,5

(Auwälder mit *Liquidambar orientalis, Pterocarya fraxinifolia*). Beispiele isolierter Endemiten sind aber auch aus der Inneranatolischen Region (z. B. *Limonium globuliferum, Linum seljukorum, Silene salsuginea, Verbascum helianthemoides*) bekannt.

Literatur: DAVIS 1965–1988, 1971.

2 Vegetation

2.1 Die mediterrane Küstenregion

2.1.1 Strand- und Küstenvegetation (Foto 1)

Entlang der türkischen Ägäis- und Südküste lassen sich zwei Typen von Küstenformen unterscheiden, deren Gestaltung v. a. dem Einfluß von Meeresspiegelschwankungen, Brandung, Küstenströmung und fluviatiler Sedimentfracht der Flüsse unterliegt. Felsige Steilküsten, mit z. T. markanten Kliffs, entstehen überall da, wo Ausläufer der Gebirge unmittelbar ins Meer vorspringen, Nehrungen und Sandbänke dagegen in unmittelbar benachbarten Buchten, entlang von Ausgleichsküsten oder dem Mündungsbereich der größeren Flüsse. Die Pflanzen, die im Küstenbereich siedeln, müssen eine ständige Besprühung und auch gelegentliche Überbrandung durch Salzwasser vertragen können, mit geringsten Mengen Feinerde auskommen und, sofern sie Sandbewohner sind, übersandungsresistent sein und die Fähigkeit haben, nach Einsandung regelmäßig wieder durch die Sandschichten durchzuwachsen. Zudem zerrt an diesen offenen Standorten ständig ein kräftiger Wind an ihnen. Die Standortbedingungen der mittelmeerischen Küstenvegetation verlangen den Pflanzen dieses Lebensraums eine Reihe ökologischer Spezialisierungen (Halo-Sukkulenz, Salzdrüsen, Ausläuferbildung, tiefreichendes Wurzelsystem) ab, die aber zirkummediterran im wesentlichen die gleichen sind. Die Pflanzenwelt und Vegetation der türkischen Mittelmeerküste zeigt daher, neben einigen Besonderheiten, viel Ähnlichkeit mit derjenigen Griechenlands, Italiens, Südfrankreichs oder Spaniens.

Entscheidender Faktor für die Strand- und Küstenvegetation ist, ob eine Felsküste oder ein Sandstrand mit nachfolgenden Dünenstreifen vorliegt.

Sandstrände und litorale Dünen sind überall entlang der türkischen Mittelmeerküste ausgebildet, sei es relativ kleinflächig in Buchten am Fuße von Steilküsten oder in Form kilometerlanger Nehrungen am Außenrand der Schwemmfächer großer Flußdeltas (z. B. Menderes-Delta, Südküste der Türkei: Göksu Nehri, Seyhan Nehri, Akyatan Gölü, Ceyhan Nehri). Wo das Meer an der mittleren Hochwasserlinie organisches Material in Form pflanzlicher Reste der sublitoralen Seegraswiesen am Strand ablagert (Faserbälle von *Posidonia oceanica*, abgelöste Rhizome und Blätter von *Cymodocea nodosa* und *Zostera marina*) stellen sich Spülsaumgesellschaften aus nitrophytischen und zugleich salztoleranten Pflanzen ein, die von *Anthemis tomentosa*, *Cakile maritima*,

Foto 1: Mediterrane Küstenvegetation. Litorale Dünen mit *Euphorbia paralias.*

Euphorbia peplis, Polygonum maritimum und *Salsola kali* dominiert werden. Im Herbst werden diese durch ruderale Wärmekeimer wie *Xanthium spinosum, X. strumarium* oder *Tribulus terrestris* angereichert. In der Regel sind derartige Spülsäume mosaikartig mit Kolonien sandakkumulierender Psammophyten verzahnt, die in ihrem Windschatten die Bildung kleiner Sandfahnen begünstigen und damit eine phytogene Primärdünenbildung in Gang setzen. Leitarten dieser Standorte sind *Elymus farctus, Medicago marina, Otanthus maritimus, Eryngium maritimum* und *Euphorbia paralias.* Eine floristische Besonderheit der ägäischen Sandstrände ist *Verbascum pinnatifidum.* Die zitronengelben Blüten dieser Rosettenpflanze mit langer Pfahlwurzel und sparrigem, zwergstrauchartigem Blütenstand haben eine individuelle Lebensdauer von nur wenigen Stunden. Kommt es zur Bildung höherer Weißdünen, so werden sie von *Ammophila arenaria* ssp. *arundinacea,* die an den südanatolischen Küsten fehlt, und *Cyperus capitatus* aufgebaut und beherrscht. Zierde dieser Dünen ist das im August weiß blühende *Pancratium maritimum.* Seine glänzend schwarzen, verhältnismäßig großen, aber federleichten Samen reifen im Winter heran und werden vom Wind oft in kleinen Dünentälchen zusammengeblasen, wo man sie im Frühjahr mitunter in großen Mengen liegen sieht. Sie werden offensichtlich entlang sandiger Küstenabschnitte sehr erfolgreich windverbreitet, obwohl die luftgefüllte, schwammartige Struktur des Samenmantels in erster Linie eine Anpassung an Schwimmfähigkeit und Seewasser-Fernausbreitung suggeriert. Weitere, auffallende türkische Strandarten sind die annuellen Sandspezialisten *Pseudorlaya pumila*, *Medicago litoralis*, *Lotus halophilus* und *Matthiola tricuspidata* und die Strandwinde *Calystegia soldanella*, deren gesamter Pflanzenkörper infolge häufiger Übersandung vollständig im Sand verborgen bleibt. Sie sendet nur ihre Blüten und ihre fleischigen, nierenförmigen Blätter über die Sandoberfläche empor. Ähnlich sieht die in der Türkei auf die Südküste beschränkte Strand-Prachtwinde *Ipomoea stolonifera* aus, ihr fehlen jedoch die großen, den Blütenkelch einhüllenden Vorblätter. Ältere, durch Eintrag von Nährstoffen bereits stärker gedüngte Dünen und Sandpartien werden oft großflächig von *Ononis natrix*, einem niedrigen, durch den Drüsenbesatz seiner Sprosse und Blätter klebrigen, halbkugelig wachsenden Zwergstrauch besiedelt. Diese Art breitet sich auch recht aggressiv auf strandnahen Äckern, Brachfeldern und entlang von Straßen aus und taucht zur Hauptblütezeit im Mai mitunter ganze küstennahe Landschaftspartien in leuchtendes Gelb. Im Herbst (September/Oktober) ist es dann *Inula viscosa*, ein gelbblühender, strauchiger Korbblütler, der auf vergleichbaren Standorten eine ähnliche Wirkung entfaltet.

Als Leitpflanze für die Felsküsten ist vor allem *Crithmum maritimum* zu nennen. Die tiefzerteilten, sukkulenten Blätter dieses Doldenblütlers schauen in dichten, blau- bis gelbgrünen Büscheln aus den Spalten der Küstenfelsen hervor, erst im Spätsommer und Herbst geschmückt durch die gelben Blütenstände. Die Fähigkeit zur Speicherung von Süßwasser ist an diesem salzüberfrachteten, feinerdearmen Extremstandort durchaus lebensnotwendig. So zeigen auch viele andere hier wachsende Arten wie z. B. *Silene sedoides*, *Sedum litoreum* oder *Plantago weldenii* eine deutliche Sukkulenz der Blätter. Weitere Kennarten der mediterranen Felsküstenvegetation sind die Strandfliederarten der Gattung *Limonium*. Sie haben ebenfalls physiologische und morphologische Mechanismen (Salzdrüsen) entwickelt, um mit der Salzfracht und dem Süßwassermangel ihres Küstenstandorts fertig zu werden. Hochsukkulent sind auch die perennierenden, basal verholzten Chenopodiaceen *Arthrocnemum fruticosum* und *A. glaucum*, die sowohl spaltenreiche Strandfelsen als auch Salzschlickflächen besiedeln.

Das Pflanzenkleid der türkischen Felsküsten ist wegen der Unwegsamkeit und Steilheit vieler Küstenabschnitte auf weiten Strecken noch recht naturnah ausgebildet. Eine Reihe von Endemiten haben sich hier, oberhalb der Zone der stärksten Salzfracht, und geschützt vor der Beeinträchtigung durch den Menschen und seine Tiere, entwickeln und erhalten können. Ungleich gefährdeter ist dagegen die Pflanzendecke der Sandküsten, die in erschreckend zunehmendem Maße durch den Badetourismus in Mitleidenschaft gezogen wird und einer direkten mechanischen Zerstörung durch Tritt oder aber einer rasch fortschreitenden Ruderalisierung zum Opfer fällt.

Literatur: Uslu 1977.

2.1.2 Immergrüne Hartlaubwälder und Hartlaubgebüsche (Macchien, Kleinstrauchfluren)

Die küstennahen Gebiete der West- und Südtürkei mit ihren trockenen Sommern und nahezu frostfreien, niederschlagsreichen Wintern (vgl. Kap. 1.2) sind die Domäne des immergrünen Hartlaubwalds, der ursprünglich die gesamte planar-kolline Stufe kennzeichnete und die Klimaxvegetation darstellt. Im Zuge der Jahrtausende während menschlichen Kulturgeschichte dieses Raums ist diese Waldformation heute jedoch nahezu vollständig gerodet oder durch Raubbau bis zur Unkenntlichkeit degradiert und nur noch an unzugänglichen, vom Menschen kaum genutzten Hängen und Tälern in Resten erhalten geblieben.

Foto 2: Immergrüner Hartlaubwald (Oleo-Ceratonion) mit *Pinus brutia*.

Kennzeichnende immergrüne Hartlaubgehölze der türkischen Mittelmeerküste sind *Olea europaea* var. *sylvestris* (Wildölbaum) und *Ceratonia siliqua* (Johannisbrotbaum). Beide Gehölze gehören zwar der regionalen, autochthonen Flora an, wurden aber bereits vor langer Zeit vom Menschen für seine Nahrungswirtschaft in Kultur genommen und sekundär weiter verbreitet. Sie kennzeichnen die untere, besonders thermophile Stufe der mediterranen Hartlaubvegetation, deren Obergrenze im Schnitt bei 300 m Höhe anzusetzen ist. Pflanzensoziologisch werden diese Formationen dem Verband Oleo-Ceratonion zugeordnet (Abb. 8, Foto 2).

Weitere Arten, die in der Türkei aus thermischen Gründen v. a. auf diese Oleo-Ceratonion-Zone beschränkt sind, sind *Myrtus communis*, *Pistacia lentiscus* und *Rhamnus lycioides* sowie in der Strauch- und Krautschicht *Arisarum vulgare* ssp. *vulgare*, *Asparagus aphyllus* ssp. *orientalis*, *Capparis spinosa*, *Euphorbia dendroides*, *Piptatherum coerulescens*

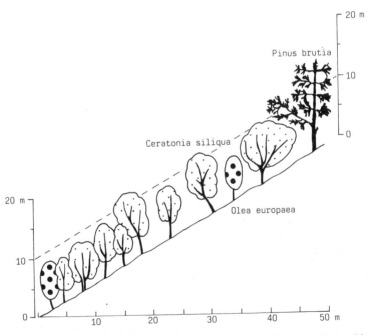

Abb. 8: Bestandsaufnahme eines mediterranen immergrünen Hartlaubwaldes: *Olea-Ceratonia*-Waldbestand im Köprülü Kanyon/Antalya (240 m, Südhang). (Aus MAYER & AKSOY 1986.)

und *Rubia tenuifolia*. Charakteristisch ist ferner der Lianenreichtum der naturnahen mediterranen Hartlaubwälder. Neben *Tamus communis* bilden *Smilax aspera* und *Clematis cirrhosa* ein dichtes Geflecht, das bis in den Kronenbereich der Bäume hineinreicht.

Mit zunehmender Höhe (ab etwa 400 m) treten unter den Hartlaubgehölzen *Phillyrea latifolia*, *Pistacia terebinthus* ssp. *palaestina* und *Quercus coccifera* in den Vordergrund und kennzeichnen die obere mediterrane Stufe. Diese weniger frostempfindlichen Gehölze lösen hier die thermisch anspruchsvolleren ab. Als für den mediterranen Stufenkomplex Anatoliens typische laubwerfende Gehölze sind *Quercus cerris*, *Q. infectoria* ssp. *boissieri* und *Styrax officinalis* anzuführen.

Die immergrüne *Quercus ilex* (Steineiche), Hauptwaldbildner im westlichen und zentralen Mittelmeergebiet von Spanien bis Griechenland, steht in Westanatolien an der Ostgrenze ihrer Verbreitung. (Ökologisch gesehen handelt es sich dabei um eine Trockengrenze.) Sie zieht sich in der Türkei auf überdurchschnittlich gut wasserversorgte Standorte in unmittelbarer Nähe der Ägäisküste zurück. Solch ein naturnaher *Quercus ilex*-Wald stockt z.B. in einer luftfeuchten Schlucht im Samsun Dağı Nationalpark auf der Halbinsel Mykale, wo er sich eng mit dem bachbegleitenden *Platanus orientalis*-Uferwald verzahnt. Aufgrund des dichten Kronenschlusses ist das Waldesinnere ganzjährig sehr dunkel und eine Krautschicht am Waldboden dementsprechend kaum entwickelt. Als weitere immergrüne Bäume oder Sträucher beteiligen sich *Arbutus andrachne*, *A. unedo*, *Laurus nobilis*, *Myrtus communis*, *Phillyrea latifolia*, *Pistacia lentiscus* sowie *Quercus coccifera* an der Holzartenzusammensetzung dieses Waldes.

Der landschaftsbeherrschende Baum des mediterranen Anatolien ist zweifellos *Pinus brutia* (Hartkiefer) (Foto 3). Sie bildet sowohl im Taurus-Gebirge als auch im ägäischen Gebiet ausgedehnte Nadelwälder (kälteempfindliche Trockenwälder, vgl. Abb. 7). Besonders auf der Taurus-Südseite erstrecken sich *Pinus brutia*-Wälder mit einer Breite von etwa 50 km zwischen Küste und Hochgebirgsketten fast ununterbrochen vom Ägäischen Meer bis zum Antitaurus und bilden charakteristische Hochwälder oder auch Restwaldinseln in der Kulturlandschaft. Entlang tief eingeschnittener Längstäler, die klimatisch unter Meereseinfluß stehen (Göksu-Tal, Seyhan-Tal), dringen *Pinus brutia*-Wälder weit ins Landesinnere vor und erreichen die anatolische Hochebene. Im Taurus reicht *Pinus brutia* bis etwa 1200 m Höhe, wo sie dann von *Pinus nigra* ssp. *pallasiana* abgelöst wird. Lokal tritt sie auch in Kontakt mit den *Abies cilicica*-*Cedrus libani*-Gebirgswäldern. Im westlichen Taurus (Teke Dağı) sind einzelne *Pinus brutia*-Individuen sogar noch in 1800 m Höhe anzutreffen. *Pinus brutia* wächst auf fast allen Gesteinsarten und waldfähigen Standorten. Ihre höchste Wuchskraft und Produktivität

Foto 3: Pinus brutia-Wald der mediterranen Stufe Südanatoliens.

entfaltet sie auf Mergeln und Kalkmergeln, aber auch auf ultrabasischem Gestein sowie v. a. auf tiefgründigen, kolluvialen Böden, wie sie entlang der Gebirgsflüsse auftreten. Auf kompakten Kalk- und Sandsteinen läßt ihre Wuchsleistung deutlich nach.

Pinus brutia-Wälder zeichnen sich in Anatolien oft durch die Gleichaltrigkeit ihrer Baumschicht aus. Dieses Phänomen geht in erster Linie auf Waldbrände zurück, die für die natürliche Verjüngung bzw. großflächige Dominanz der *Pinus brutia*-Bestände als Ursache anzunehmen sind. Optimal entwickelte *Pinus brutia*-Bestände zeichnen sich durch ein relativ lichtes, bis 25 m hohes Kronendach aus und erreichen einen Deckungsgrad von ca. 80% (Abb. 9). Wo im planar-kollinen Stufenkomplex eine Strauchschicht entwickelt ist, weicht diese floristisch kaum von den benachbarten Hartlaubgebüschen ab. Die meisten *Pinus brutia*-Bestände der thermo- und meso-mediterranen Stufe sind aber von sekundärem Charakter. Sie stellen Paraklimaxbestände dar, die sich auf Kosten des Hartlaubwaldes anthropozoogen entwickelt haben. Durch waldbauliche Maßnahmen (z. B. Aufforstung von Waldbrandflächen) wurden sie zusätzlich flächenmäßig ausgedehnt und vielfach in produktive Forsten umgewandelt. Nur die Bestände, die auf langsam sich entwickelnden, nährstoffarmen meridionalen Braunerden und flachgründigen Pararendzinen an Oberhängen zu finden sind, können als edaphisch bedingt und standortkonform („primär") betrachtet werden.

Das Vorkommen von *Olea europaea* var. *sylvestris* in der Strauchschicht kann oft der Grund zur (illegalen) Rodung einzelner *Pinus brutia*-Waldteile sein; die wilden Ölbäume werden dann mit Reisern des Saat-Ölbaums (*Olea europaea* var. *europaea*) veredelt.

Aufgrund der außergewöhnlich breiten ökologischen Amplitude von *Pinus brutia* müssen die anatolischen *Pinus brutia*-Wälder, trotz der physiognomischen Uniformität ihrer Baumschicht, pflanzensoziologisch drei verschiedenen Ordnungen angeschlossen werden. Die meisten Bestände der thermo- und eu-mediterranen Stufe gehören aufgrund ihrer immergrünen Strauchschicht zu den Quercetalia ilicis. Nordwestanatolische Bestände stehen in Kontakt zu den Steppenwäldern und werden zu den Quercetalia pubescentis gestellt. Die Bestände der hö-

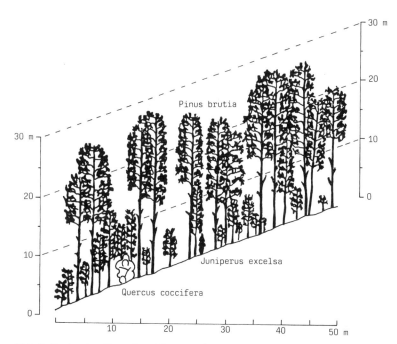

Abb. 9: Bestandsaufbau eines *Pinus brutia*-Hochwaldes bei Akseki/Cevizli, Taurus-Gebirge (630 m, Nordhang). (Aus MAYER & AKSOY 1986.)

heren Gebirgslagen (supra-mediterrane Stufe) zählen floristisch-soziologisch bereits zu den Querco-Cedretalia libani.

Als weiterer kennzeichnender Nadelbaum des mediterranen Stufenkomplexes darf *Cupressus sempervirens* nicht unerwähnt bleiben. In der Türkei kommt die breitschirmige Wildform der Zypresse im Bereich zwischen Kuşadası im Westen und Silifke im Osten vor. Im Vergleich zu *Pinus brutia* spielt sie flächenmäßig jedoch nur eine untergeordnete Rolle im Vegetationsbild. Sie tritt in der Regel als Begleitholzart in mediterranen Hartlaubgesellschaften und *Pinus brutia*-Wäldern auf, bildet aber lokal auch größere Reinbestände wie z. B. in der Region von Antalya (Köprülü Kanyon-Selge, Abb. 10). Derartige Zypressenbestände gehen wenigstens z. T. auf menschliche Eingriffe zurück, denn das Holz von *Cupressus sempervirens* ist bei der einheimischen Bevölkerung begehrt und wird dem von *Pinus brutia* als Bauholz vorgezogen. Konkurrenzfähig ist *Cupressus sempervirens* v. a. auf unbeeinflußten, steilen bis nahezu senkrechten Kalk- und Konglomerat-Felswänden. Hier wächst die Zypresse expositionsunabhängig und ist als einziger Baum imstande, auch auf den schmalsten Felsbändern und Vorsprüngen zu

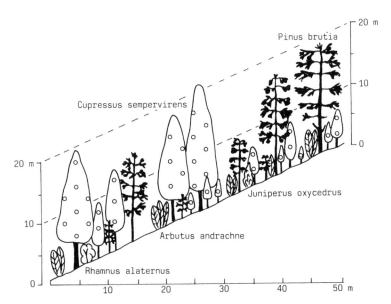

Abb. 10: Bestandsaufbau eines *Cupressus sempervirens*-Offenwaldes bei Antalya/Köprülü Kanyon-Selge (830 m, Südhang). (Aus MAYER & AKSOY 1986.)

wurzeln und zu stattlichen Individuen heranzuwachsen. Eindrucksvoll ist dies in den nordseitigen, engen Schluchten des Samsun Dağı westlich von Söke zu beobachten. Die durch Mutation aus der breitwüchsigen Form hervorgegangene Säulenzypresse ist in der Türkei, wie überall im Mittelmeergebiet, als Zier- oder Symbolgehölz an Friedhöfen und heiligen Stätten weit verbreitet.

Unter ungestörten Verhältnissen nähmen die immergrünen Hartlaubwälder (Oleo-Ceratonion) den gesamten planar-kollinen Stufenkomplex und stellenweise auch die unteren Teile der submontanen Stufe ein. Im Laufe der Jahrtausende alten Nutzungsgeschichte der mediterranen Kulturlandschaft Anatoliens sind sie jedoch v. a. auf tiefgründigen Böden mit geringer bis mäßiger Neigung vollständig gerodet und durch Kulturland ersetzt worden. Auch die verbliebenen Bestände unterliegen einem scharfen Nutzungsdruck. Sie werden in den Wintermonaten zur Brennholz- und Streugewinnung bzw. zur direkten Winterweide herangezogen und durch laufende Schneitelung und Beweidung strauchförmig gehalten (ca. 1–6 m hohe Hartlaubgebüsche = Macchien). Die Beschränkung der heutigen Hartlaubgebüsche (Macchien) auf flachgründige Felsstandorte in der aktuellen Vegetationslandschaft ist also kein Zeichen ökologischer Präferenz, sondern vielmehr ein anthropogener Effekt. Solche Macchien (Foto 4) enthalten i. d. R. noch alle Gehölzar-

Foto 4: Macchie (Hartlaubgebüsch).

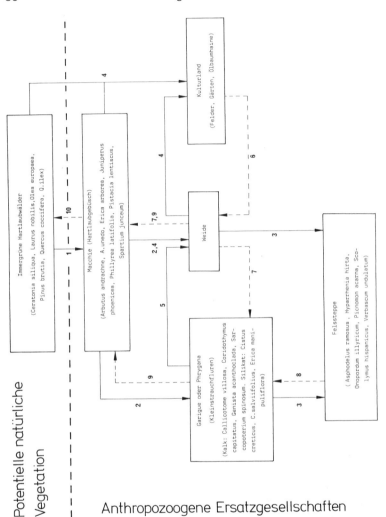

Abb. 11: Stadien der Degeneration und Regeneration in der mediterranen Stufe der West- und Südtürkei. **1** Mäßige Holzentnahme und Beweidung, **2** Andauernde Holzentnahme und Beweidung, **3** Extreme Übernutzung und Bodenerosion, vielfach irreversibel, **4** Kultivierung, **5** Beweidung, **6** Brache, Einstellung der Agrarnutzung, **7** Einstellung der Beweidung, **8** Neue Bodenbildung, meist nur über sehr lange Zeiträume möglich, **9** Regeneration (Lichtholzarten), **10** Regeneration (Schattholzarten).

ten, die auch naturnahen Hartlaubwäldern eigen sind. Je nach individu-
eller Nutzungsgeschichte ihres Wuchsorts stellen sie aber Degenerations-
oder Regenerationsstadien potentieller Hartlaubwälder dar, sofern die edaphischen Voraussetzungen nicht durch Bodenerosion irreversibel verändert worden sind (Abb. 11).

Im Fall der Übernutzung der Macchienbestände wird die Strauchschicht nach und nach zerstört und infolgedessen der Boden den winterlichen Starkregen schutzlos ausgesetzt und entsprechend erodiert.
Auf den zurückbleibenden flachgründigen, skelettreichen und fels-
durchsetzten Standorten stellt sich eine Ersatzvegetation aus Halb-
und Kleinsträuchern im Mosaik mit Annuellen- und Geophytenfluren
ein, die i. a. nicht höher als einen Meter wird. Sie wird unter dem Forma-
tionsbegriff Garigue zusammengefaßt. Ihre ostmediterrane Ausprägung
ist unter dem Namen Phrygana bekannt, ein Begriff, der als Bezeichnung für die futterarmen, aber artenreichen und intensiv duftenden
Kleinstrauchfluren der meernahen Teile Griechenlands von HELDREICH
in die geobotanische Literatur eingeführt wurde. Physiognomisch können solche Kleinstrauchgesellschaften aufgrund der Halbkugelform
vieler beteiligter Sträucher den primären und sekundären Dornpolsterfluren der inneranatolischen und irano-afghanischen Gebirge ähneln.
Im mediterranen Bereich ist diese Wuchsform allerdings oft nicht orga-
nisationstypisch, sondern geht auf Viehverbiß zurück. Wichtigste Leit-
art der küstennahen Kleinstrauchgesellschaften Anatoliens ist *Sarco-
poterium spinosum*, das seine absolute Westgrenze der Verbreitung auf
Sizilien hat und damit die ostmediterrane Phrygana von der Garigue
des westlichen Mittelmeergebiets floristisch am besten differenziert.
Auf Terra Rossa, Rendzina und ähnlichen flachgründigen Böden über
Kalkgestein treten als weitere dornige und stachelige Sträucher *Calicotome villosa*, *Genista acanthoclada* und *Anthyllis hermanniae* hinzu, ferner *Coridothymus capitatus*, *Teucrium capitatum* u. a. Lamiaceen. Solche Biotope sind auch Standorte oft individuen- und artenreicher Populationen von *Ophrys*, *Orchis*, *Serapias* u. a. Orchideengattungen. Auf
feinerdereicheren, meist aus silikathaltigen Muttergesteinen hervorge-
gangenen Lehm- und Sandböden dominieren dagegen an Zistrosen
reiche Kleinstrauchgesellschaften, in denen neben *Cistus creticus*, *C.
salviifolius* und *C. parviflorus* auch *Erica manipuliflora*, *Thymbra spicata*,
Satureja thymbra, *Lithodora hispidula* und *Fumana arabica* vorherrschen. *Cistus creticus* und *C. parviflorus* besiedeln im Gegensatz zu
C. salviifolius auch kalkreiche Standorte. Diese Zistrosen-Phrygana ist
meistens brandbedingt und stellt in der mediterranen Landschaft ein
erstes Regenerationsstadium der autochthonen Vegetation nach
Brandrodung oder auf Brachäckern dar. Oft bleibt sie unter dem lockeren Schirm einer regenerierten *Pinus brutia*-Baumschicht noch lange

erhalten. Ihre Wuchskraft nimmt allerdings aufgrund der Beschattung allmählich ab. Die zahlreichen Samen, die sie in der Samenbank des Bodens hinterläßt, ruhen während der Waldphase und können nach dem nächsten Brand oder Kahlschlag sofort wieder in Massen keimen. Zistrosen-Phryganen weisen in der Regel einen hohen Deckungsgrad (70–90%) auf. Ihre Schutzwirkung gegen Bodenerosion ist daher beträchtlich. Dasselbe gilt auch für die dicht geschlossenen, für Böden mit hohem Sandanteil typischen *Erica manipuliflora*-Phryganen.

Die meisten dieser Kleinstrauchbestände würden sich über das Stadium eines *Arbutus*-reichen Hartlaubgebüschs zu klimazonalen Hartlaubwäldern mit oder ohne *Pinus brutia* weiterentwickeln (Abb. 11). In ortsnahen Lagen stellen sie aber oft wegen fortgesetzter traditioneller Nutzung anthropozoogene Dauergesellschaften dar. Das gilt auch für offene Triften, auf denen das Horstgras *Hyparrhenia hirta* dominiert. Sie entstehen meist durch Viehtritt und nachfolgenden extremen Feinerdeverlust als Degradationsprodukt aus Phryganabeständen. Ein Charakteristikum stark beweideter Kleinstrauchfluren und Felstriften Anatoliens ist das reiche Vorkommen der beiden weißblühenden, zur Blütezeit teilweise aspektbestimmenden Liliaceen *Urginea maritima* und *Asphodelus ramosus*. Beide hochwüchsigen Geophyten werden vom Vieh gemieden und können sich als Weideunkräuter (Überweidungszeiger) ungestört ausbreiten.

Literatur: AKMAN et al. 1978–1979 AYASLIGIL 1987, FREY & KÜRSCHNER 1989, KÜRSCHNER 1984, MAYER & AKSOY 1986, QUÉZEL 1973, 1986.

2.1.3 Kältekahle Laub- und Nadelwälder der küstennahen Gebirgslandschaft

Mit zunehmender Höhe geraten die immergrünen Hartlaubgehölze und *Pinus brutia* an ihre jeweils genetisch festgelegte thermische oder synökologisch (wettbewerbsmäßig) induzierte obere Verbreitungsgrenze und werden von montanen Laub- und Nadelwäldern (mäßig winterharte und winterharte Trockenwälder, Abb. 7) abgelöst. Entsprechend der jeweiligen orographischen Geländesituation erfolgt dies i. d. R. nicht in Form einer idealen, mehr oder weniger scharfen Höhengrenze, sondern einer mosaikartigen Verzahnung der verschiedenen Waldtypen. So steigen die thermophytischen Hartlaubgesellschaften auf temperaturbegünstigten, trockenen, südexponierten Hängen höher empor, während auf den gegenüberliegenden Schatthängen bereits winterkahle (kältekahle) Laubwaldgesellschaften siedeln und weit in den thermophilen Stufenkomplex hinabsteigen. Die hauptsächlichen Elemente des montanen Stufenkomplexes sind laubwerfende *Ostrya carpinifolia-Quercus pseudocerris*-Wälder und Gebirgsnadelwälder aus *Pinus nigra* ssp. *pallasiana* oder *Cedrus libani* und *Abies cilicica*.

Leitgehölze der kältekahlen Laubwälder der montanen Stufe sind *Carpinus orientalis*, *Celtis glabra*, *Cornus sanguinea* ssp. *australis*, *Fraxinus ornus* ssp. *cilicica*, *Ostrya carpinifolia*, *Quercus cerris* und *Q. infectoria* ssp. *boissieri* sowie verschiedene Vertreter der Gattungen *Acer*, *Sorbus* und *Crataegus*. Während die Hartlaubbestände tieferer Lagen nur in den Wintermonaten als Weideland in Frage kommen, werden die Bestände der sommergrünen Laubholzarten dank ihrer größeren Höhenlage (abnehmende Sommerdürre) auch in den heißen Monaten von der Viehwirtschaft in Anspruch genommen und beweidet. Besonders dort, wo sich Tränken finden, bieten die jungen, infolge starker Schneitelung geförderten Austriebe der Laubhölzer auch in den Sommermonaten gute Weidemöglichkeiten. Vielfach finden sich daher nur noch Reste der sommergrünen, durch Waldweide stark devastierten Eichenwälder. Auf ihre ursprüngliche Verbreitung kann noch aus einzelnen, stehengebliebenen, dickstämmigen *Quercus cerris*-Individuen geschlossen werden.

Die montane bis hochmontane (oreale) Stufe nehmen im südanatolischen Taurus Gebirgsnadelwälder aus *Pinus nigra* ssp. *pallasiana* bzw. *Cedrus libani* und *Abies cilicica* ein. Letztere fehlen aber dem ägäischen Gebiet aufgrund dessen geringer Höhe. In dieser Höhenstufe sind die Winter kälter (frostreich) und häufig treten auch Spätfröste auf. Der Schneeanteil am Gesamtniederschlag nimmt erheblich zu und die thermophytischen Hartlaubgehölze und *Pinus brutia* werden von der frostresistenteren *Pinus nigra* ssp. *pallasiana* abgelöst. Pflanzensoziologisch gehören diese Wälder, zusammen mit ähnlichen Waldformationen in Syrien und im Libanon, zur Klasse Querco-Cedretalia libani.

Der größte Teil der *Pinus nigra* ssp. *pallasiana*-Wälder der Ägäischen Region beschränkt sich auf die Massive der Kaz Dağı (im Norden) und Sandras Dağı (im Süden). Sie sind durch eine dichte Strauchschicht charakterisiert, in der Ginsterarten der Gattungen *Chamaecytisus*, *Cytisus*, *Genista* und *Adenocarpus* reichlich vertreten sind (Verband: Adenocarpo-Pinion). In der Taurus-Kette kommt *Pinus nigra* ssp. *pallasiana* zwar überall vor, bildet aber nur an wenigen Stellen zusammenhängende Wälder. So fehlt sie auf dem NO-SW gerichteten Flügel des Westlichen Taurus (Batı Toroslar) fast völlig und ist hier auf die Geyik Dağları zwischen Akseki und Seydişehir beschränkt. Dagegen bildet *Pinus nigra* ssp. *pallasiana* im Mittleren Taurus (Orta Toroslar) z. B. nordöstlich von Adana (Tal des Göksu westlich Feke) oder nördlich von Saimbeyli große Bestände und ist auch in der supra-mediterranen Stufe der Amanos Dağları gut entwickelt.

Foto 5: Pinus nigra ssp. *pallasiana*-Offenwald der montanen Stufe im Taurus-Gebirge.

Pinus nigra ssp. *pallasiana* (Foto 5) hat eine weite Höhenverbreitung (zwischen 600 m und 1800 m) mit einem Optimum zwischen 900 m und 1300 m. Dies ist in erster Linie auf die große ökologische Amplitude zurückzuführen. Sie erträgt z. B. mehr Sommerwärme und Trockenheit als *Cedrus libani* und *Abies cilicica*, jedoch weniger als *Pinus brutia*, *Cupressus sempervirens* oder *Quercus coccifera*. Auch ihre Frostresistenz spielt eine große Rolle. Die Art wird besonders unter kontinentalem Klimacharakter konkurrenzkräftig (Steppenwälder Inneranatoliens, vgl. Kap. 2.4). Hinzu kommt, daß *Pinus nigra* ssp. *pallasiana*, wie *P. brutia*, äußerst bodenvag ist und auf fast allen Gesteinsarten zu wachsen vermag. Neben einer guten Vermehrungsfähigkeit zeigt sie auch eine große Widerstandskraft gegen anthropozoogene Einflüsse, die es ihr ermöglichten, während der nacheiszeitlichen Waldentwicklung nicht nur ihr eigenes Areal zu behaupten, sondern, trotz starker Beeinträchtigung durch den Menschen, zu vergrößern. Dies geschah besonders auf den Binnenseiten der nord- und südanatolischen Randketten auf Kosten von *Quercus*-Arten, die zoochor sind und von daher der anemochoren Schwarzkiefer offenbar ausbreitungsbiologisch unterlegen waren und ihr den Raum überlassen mußten. Dies wirkt sich besonders an den Standorten aus, wo die *Quercus*-Arten infolge Übernutzung nicht mehr zur Fruktifikation gelangen.

In wüchsigen *Pinus nigra* ssp. *pallasiana*-Wäldern erreicht der Deckungsgrad der Baumschicht 90–100%, bei einer Wuchshöhe bis zu 25 m (Abb. 12). Die Krautschicht ist i.a. nur schwach entwickelt bei einem durchschnittlichen Deckungsgrad von 10%. Der Grund hierfür liegt neben der Durchweidung der Wälder v.a. im sommerlichen Wasserdefizit der Standorte. AYAŞLIGIL (1987) nennt aus der Krautschicht unter *Pinus nigra* ssp. *pallasiana* im Bozburun Dağı *Doronicum orientale*, *Hieracium piloselloides* ssp. *megalomastix*, *Origanum minutiflorum*, *Ranunculus argyreus*, *Silene aegyptiaca* ssp. *aegyptiaca* und *Thymus longicaulis* ssp. *chaubardii*, daneben Weideunkräuter wie *Euphorbia kotschyana* und *Salvia tomentosa*.

Das Verbreitungsgebiet von *Cedrus libani* erstreckt sich in Südanatolien von Fethiye im Westen bis Maraş im Osten und umschließt damit einen wesentlichen Teil des Westlichen (Batı) und Mittleren Taurus (Orta Toroslar) sowie der Amanos Dağları. Die untere und obere Verbreitungsgrenze der Zedernbestände im Taurus-Gebirge liegt bei 1200–1250 m

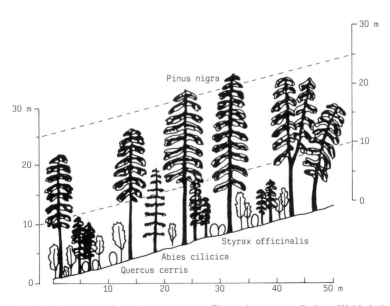

Abb. 12: Bestandsaufbau eines montanen *Pinus nigra* ssp. *pallasiana*-Walds bei Akseki/Cevizli, Taurus-Gebirge (1180 m, Südhang). (Aus MAYER & AKSOY 1986.)

bzw. 1800–2000 m, wo sie oft gleichzeitig die Waldgrenze bilden. Das potentielle Areal der Zedernwälder ist heute infolge anthropozoogener Einwirkungen aber in viele inselartige Teilvorkommen aufgelöst. Westlich der Linie Antalya-Burdur, wo *Pinus nigra* und *Abies cilicica* fast bzw. völlig fehlen, sind optimal entwickelte, großflächige Zedernwälder noch im Gebiet zwischen Fethiye, Acıpayam, Bucak und Antalya zu finden. Besonders erwähnenswert sind die Zedernwälder von Masda-Tefenni, Susuz Dağı-Kaş, Boz Dağı-Acıpayam und Çığlıkara-Elmalı (Abb. 13). In diesem Teil des Westlichen Taurus finden sich v. a. auf dem Südabfall der Beydağları im Gebiet von Kumluca in schwer zugänglichen Lagen noch naturnahe Zedernwälder, die als Urwälder bezeichnet werden

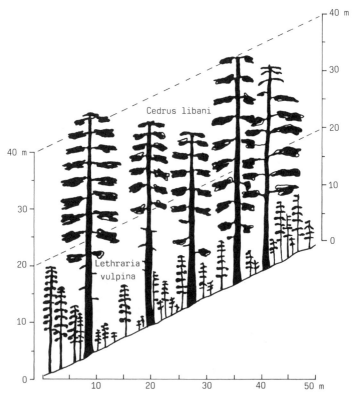

Abb. 13: Bestandsaufbau eines hochmontanen Zedernwalds bei Çığlıkara-Yalçiner/Elmalı, Taurus-Gebirge (1820 m, Osthang). (Aus MAYER & AKSOY 1986.)

*Foto 6: Abies cilicica-Cedrus libani-*Gebirgs-nadelwald der orealen Stufe im Taurus-Gebirge.

können. Einzelne Zedern erreichen hier bei einer Wuchshöhe von 26 m einen Brusthöhendurchmesser von 2 m (KANTARCI 1982). Weiter östlich (Orta Toroslar) finden sich von *Cedrus libani* dominierte Gebirgsnadel-wälder in den Hochtälern des Ceyhan und des Seyhan. *Cedrus libani* wächst am besten auf kalkhaltigen, lockeren und durchlässigen Böden. Die optimale Wuchsleistung entwickelt sie dort, wo sich in Kalkfels-klüften lehmig-sandige Feinerde mit entsprechender Humusanreiche-rung im Oberboden befindet. Allgemein erweist sich *Cedrus libani* als eine ausgesprochene Lichtholzart und besiedelt bei bewegterem Relief die steileren Hänge. In entlegenen Gebieten weisen auch Zedern-Tan-nen-Schwarzkiefer-Gebirgswälder (Foto 6) nicht selten einen recht na-turnahen Zustand auf, befinden sich allerdings hinsichtlich ihrer Ent-wicklungsdynamik oft in der Terminal- oder Zerfallsphase (z. B. auf der westlichen Abdachung der Bozburun Dağı). Totholz bedeckt hier die Bodenoberfläche bis zu 15%. Hohe Luftfeuchtigkeit durch Nebelbildung im Hochsommer und der lichte Zustand dieser Wälder schaffen günstige Bedingungen für die Entwicklung einer üppigen Epiphytenflora, die sich hauptsächlich aus lichtbedürftigeren Strauchflechten zusammensetzt. Auffallendste Art ist hier die schwefelgelbe, toxische, fast ausschließlich auf *Cedrus* sitzende *Lethraria vulpina*.

Neben *Pinus nigra* ssp. *pallasiana* und *Cedrus libani* ist *Abies cilicica* (Kilikische Tanne) die dritte wichtige Gehölzkomponente der südanatolischen Gebirgsnadelwälder. Sie fehlt westlich der Linie Antalya-Burdur, zeigt ansonsten in der Südtürkei aber ein mit der Libanonzeder nahezu deckungsgleiches Verbreitungsgebiet. Die Art zerfällt in zwei geographisch getrennte Unterarten. *Abies cilicica* ssp. *isaurica* ist auf den Westlichen Taurus beschränkt und zeichnet sich durch nackte Triebe und harzige Knospen aus. *A. cilicica* ssp. *cilicica* ist dagegen vom Mitt-

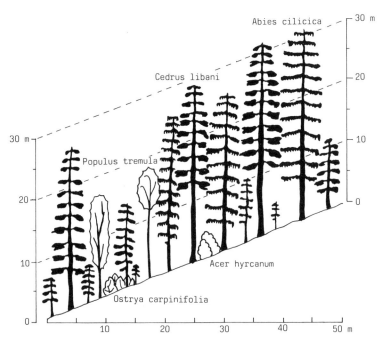

Abb. 14: Bestandsaufbau eines hochmontanen Zedern-Tannenwalds am Irmasan Geçidi/Akseki, Taurus-Gebirge (1820 m, Westhang). (Aus MAYER & AKSOY 1986.)

leren Taurus bis in den Libanon verbreitet. Der Baum ist Indikator für ein humides, aber kaltes bis sehr kaltes Klima. Kennzeichnend für den Mittleren Taurus sind Zedern-Tannen-Gebirgswälder (z.B. am Irmasan Geçidi nördlich von Akseki, Abb. 14), die in diesem Bereich vielfach die Waldgrenze bilden.

Die Wald- und Baumgrenze (bei 2100–2400 m) wird im gesamten Taurus heute vielfach von *Juniperus excelsa* (Baumwacholder) gebildet. Derartige hochmontane Baumwacholderbestände sind aber i.d.R. als Degradationsstadium der Gebirgsnadelwälder anzusehen. Baumwacholderbestände aus *Juniperus excelsa* und/oder *J. foetidissima* sind in der Türkei an keine Höhenstufe gebunden und treten auch in den höheren Lagen Inneranatoliens auf (vgl. Kap. 2.4). Die wichtigsten meso-mediterranen *Juniperus foetidissima*-Vorkommen in der Region von Termessos/Antalya stocken beispielsweise auf flachgründigen, südexponierten Kalkhängen bei 700–900 m Höhe im Kontakt zur mediterranen Hartlaubvegetation. Sie können als deren regressives Sukzessionsstadium aufgefaßt werden. Bestandsbildende *Juniperus excelsa/ J. foetidissima*-Vorkommen, in denen durchaus Wuchshöhen bis zu 20 m beobachtet werden können, sind in der Türkei an konkurrenzarme Standorte gebunden und finden sich häufig auf Dolomit, Marmor, mageren Schiefern oder aber auf Kalkschutt- und Geröllhalden.

Literatur: AKMAN 1973, AKMAN, BARBÉRO & QUÉZEL 1978–1979, AYAŞLIGIL 1987, KANTARCI 1982, KÜRSCHNER 1982, MAYER & AKSOY 1986, QUÉZEL 1973, 1986, QUÉZEL & PAMUKÇUOĞLU 1973, SCHIECHTL 1967.

2.1.4 Mediterrane Auwälder

Der für die frostfreie, immergrüne Hartlaubstufe typische gewässerbegleitende Baum ist *Platanus orientalis* (Platane), der, zusammen mit *Nerium oleander* und *Vitex agnus-castus*, i.d.R. permanent oder zumindest im Winterhalbjahr wasserführende Fließgewässer säumt. Pionierart fluviatiler Geröllflächen und Aufschüttungen mediterraner Bachbetten ist *Nerium oleander*, während *Vitex agnus-castus* eher auf sandigem bis schlickigem Schwemmaterial dominiert. Eine charakteristische Artengarnitur der zugehörigen Krautschicht ist aufgrund der häufigen Umlagerung des Bodens durch stark strömende winterliche Hochwässer kaum zu erwarten, doch trifft man in relativ ungestörten *Platanus*-Uferwäldern regelmäßig auf Nässezeiger wie *Equisetum telmateja*, *Carex pendula* oder *Angelica sylvestris* (z.B. in den Samsun Dağı). Auch *Ficus carica* (Wildfeige) ist schwerpunktmäßig ein mediterraner Gewässerbegleiter, besiedelt aber auch chasmophytisch Felsspalten und zeigt dort wasserführende Kluftsysteme an.

Eine Besonderheit Südwestanatoliens sind die *Liquidambar*-Bachau-
wälder (Foto 7), die im Gebiet zwischen Marmaris und Fethiye gut entwickelt sind. *Liquidambar orientalis* (Amberbaum) hat hier als Tertiärre-
likt die Eiszeiten überdauert, sich aber in der Nacheiszeit aus diesen
Refugialgebieten, im Wettbewerb mit konkurrenzkräftigeren Baumar-
ten, nicht wieder ausbreiten können. Bekannte Standorte dieser Relikt-
wälder liegen bei Antalya (Karacaören Barajı, Abb. 15) und östlich Marmaris (Köyceğiz Gölü).
Am Nordufer des Köyceğiz Gölü läßt sich leicht Einblick in den *Liquidambar*-Auwald nehmen. Das Waldbild, v. a. der natürliche Lianenreich-

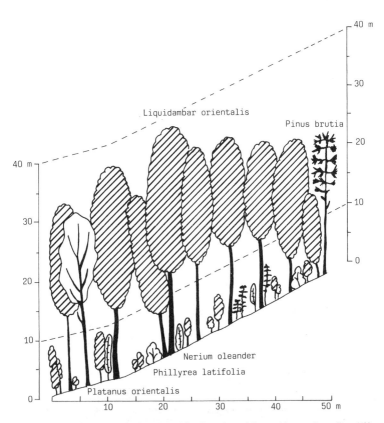

Abb. 15: Bestandsaufbau eines *Liquidambar*-Auwalds am Karacaören Barajı/An-
talya (180 m, Nordhang). (Aus Mayer & Aksoy 1986.)

Foto 7: Lianenreicher Auwald der Südwest-Türkei.

tum dieses Standorts, ist beeindruckend. Alte Exemplare von *Periploca graeca* und *Smilax excelsa* bilden dicke, korkenzieherartige Stämme aus und „würgen" sich gegenseitig meterlang. Weitere Lianen sind *Clematis vitalba*, *Hedera helix* und *Lonicera etrusca*. In der Baumschicht dominieren *Alnus orientalis*, *Fraxinus angustifolius*, *Liquidambar orientalis*, *Salix fragilis* und *Ulmus minor*. Im Unterwuchs dieses frühjahrsüberschwemmten Waldes wachsen Überflutungszeiger (Röhricht- und Wasserpflanzen) wie *Alisma plantago-aquatica, Callitriche brutia, Iris pseudacorus, Juncus heldreichianus, Lycopus exaltatus, Lysimachia punctata, Mentha aquatica, Nymphaea alba, Ranunculus sphaerospermus* und *Veronica anagallis-aquatica*. Weitere Feuchtezeiger sind *Alopecurus geniculatus, Carex distans, Equisetum telmateja, Euphorbia stricta, Oenanthe pimpinelloides, Ornithogalum umbellatum, Poa trivia-*

lis ssp. *sylvicola*, *Ranunculus marginatus* und *Rumex patientia*. Am Köyceğiz Gölü sind fast alle Amberbäume zur Harzgewinnung senkrecht angeritzt. Diese Schnitte dürfen nur von erfahrenen, eigens damit beauftragten Männern vorgenommen werden, und seit Jahrhunderten wird streng darauf geachtet, daß die Bäume, der wirtschaftliche Reichtum der Region, nicht irreversibel geschädigt werden. Amber wird auch heute noch v. a. in arabische Länder exportiert. Frisch „blutenden" Bäumen entströmt der eigenartig süßliche Geruch des Ambers. Auf dem Weg von Köyceğiz nach Marmaris trifft man immer wieder auf kleine Tälchen, in denen *Liquidambar orientalis* galeriewaldartige Bestände bildet, i. d. R. begleitet von *Myrtus communis*, *Nerium oleander*, *Platanus orientalis* und *Styrax officinalis*. Außerhalb der Südwesttürkei besitzt der Amberbaum nur noch im Inneren der vorgelagerten griechischen Insel Rhodos Reliktvorkommen.

2.1.5 Die mediterrane Agrarlandschaft

Die tiefgründigen Böden der Küstenebene und die nur wenig bis mäßig geneigten Hanglagen im mediterranen Anatolien sind bereits seit mehreren Jahrtausenden vom wirtschaftenden Menschen gerodet und in Acker- und Fruchtbaumkulturen umgewandelt worden (vgl. 2.1.2). So kommt es, daß *Olea europaea* var. *europaea*, eigentlich eine domestizierte Nutzpflanze, zum Charakterbaum und Inbegriff des Mittelmeergebiets werden konnte. Tatsächlich nehmen heute Olivenhaine zwischen Izmir und Iskenderun küstenparallel sehr große Flächen ein und sind gleichzeitig Heimat einer überaus artenreichen mediterranen Therophyten- und Geophytenvegetation. Im Frühling sind Massenpopulationen von *Allium subhirsutum, Anchusa azurea, Anemone coronaria, A. pavonia, Anthemis chia, Biscutella didyma, Calendula arvensis, Chrysanthemum coronarium, Crepis sancta, Cynoglossum creticum, Eruca sativa, Gagea graeca, Galium floribundum, Hirschfeldia incana, Leontodon tuberosus, Linaria chalepensis, Linum strictum, Malva sylvestris, Muscari comosum, Orlaya daucoides, Ornithogalum armeniacum, Plantago lagopus, Ranunculus asiaticus, R. paludosus, Rumex bucephalophorus, Salvia viridis, Scandix australis, S. grandiflora* und *Tordylium apulum* sowie zahlreicher Arten der Fabaceen-Gattungen *Trifolium, Trigonella, Medicago, Ononis, Onobrychis, Lathyrus* und *Vicia* in den regelmäßig gepflügten Ölbaumhainen ebener Lagen aufgrund ihrer Blütenpracht und Farbenvielfalt aspektbestimmend. Diese Pracht ist allerdings nur von kurzer Dauer und hat nur bis etwa Mitte Mai Bestand. Dann läßt die einsetzende Sommerdürre die Annuellen vertrocknen und zwingt die Geophyten zum Einziehen ihrer oberirdischen Organe.

Die Ackerbegleitvegetation der Getreideäcker (meist Weizenschläge) ist ebenfalls sehr reichhaltig und enthält neben mediterranen Sippen durchaus auch solche, die wir aus den Getreidefeldern Mitteleuropas kennen. Zu nennen sind z. B. *Anagallis arvensis, Aphanes arvensis, Asperula arvensis, Buglossoides arvensis, Consolida regalis, Convolvulus arvensis, Delphinium peregrinum, Hypecoum procumbens, Hypericum triquetrifolium, Lathyrus annuus, L. cicera, Leontice leontopetalum, Papaver hybridum, P. rhoeas, Ranunculus arvensis, Roemeria hybrida, Scandix pecten-veneris, Thlaspi perfoliatum, Vaccaria pyramidata, Vicia dalmatica* und *V. sativa*. Während diese Arten jedoch nördlich der Alpen zumindest z. T. an Segetalstandorte (bewirtschaftete Äcker) gebunden sind, kommen im Mittelmeergebiet viele dieser Segetalarten auch in den Kleinstrauchfluren, lichten Macchien und *Pinus brutia*-Beständen vor, wo sie im Grunde genommen ihre Primärstandorte und Heimat haben. Nach der Ernte siedeln auf den Stoppelfeldern, wie auch auf bewässerten Gemüse- und Maisfeldern, Wärmekeimer wie *Amaranthus albus, A. retroflexus, Chenopodium album, C. opulifolium, Conyza bonariensis, Chrozophora tinctoria, Heliotropium dolosum, H. hirsutissimum, Kickxia elatine* ssp. *sieberi* oder *Polygonum bellardii*. Eine andere Begleitvegetation zeigen die ausgedehnten Baumwollplantagen der großen Schwemmlandebenen mit *Abutilon theophrasti, Amaranthus blitoides, A. hybridus, Portulaca oleracea*, und zahlreichen salztoleranten Arten auf brackigen, küstennahen Standorten.

2.2 Das submediterrane Hinterland Westanatoliens

In Westanatolien lassen die von der Ägäisküste her offen nach Osten weisenden Flußtäler den maritimen Charakter des Küstenklimas weit ins Binnenland hineindringen. Auch der verhältnismäßig langsame Anstieg der Westanatolischen Gebirgsschwelle, die die Ägäis-Region von der Inneranatolischen Region trennt, sorgt dafür, daß eine breite pflanzen- und vegetationsgeographische Übergangszone zwischen der küstennahen Hartlaubvegetation und den Formationen der ausgesprochen winterkalten Binnenlandschaften entsteht. Mediterrane Kulturen wie etwa Ölbaumhaine reichen im Menderestal östlich bis Aydın, und bei Denizli findet man noch *Platanus orientalis* als Gewässerbegleiter. Die Obergrenze des meerfernen, potentiellen Quercetea ilicis-Wuchsgebiets sinkt binnenwärts aber rasch ab, und es wird von frostertragenden, submediterranen bzw. subkontinentalen Waldtypen überlagert und schließlich ganz abgelöst.

Potentielle natürliche Hauptwaldbildner sind hier winterkahle Eichen, die in diesem geschichts- und kulturträchtigen Raum so gut wie ganz der Siedlungs- und Rodungsaktivität des Menschen zum Opfer gefallen sind. Vermutlich würde in den großen Alluvialebenen von Aydın, Salihli, Denizli und Uşak *Quercus ithaburensis* ssp. *macrolepis* (Valoneneiche, Synonym: *Quercus aegilops*) die Klimaxwälder dominieren. An stehengebliebenen Überhältern in der Agrarlandschaft oder an um Heiligengräber herum erhaltenen Restwäldchen läßt sich ablesen, daß *Quercus ithaburensis* ssp. *macrolepis* in den nördlichen Quertälern Westanatoliens mit *Quercus trojana* vergesellschaftet ist, in den südlichen Muldenlandschaften dagegen *Quercus pseudocerris* co-dominant ist. Des weiteren ist im unterschiedlichen Maße eine Beimischung von *Quercus cerris*, *Q. frainetto* und *Q. pubescens* anzunehmen.
Macchienartige Ersatzgesellschaften im meerfernen Westanatolien zeigen einen hohen Anteil an *Quercus coccifera* und *Cistus laurifolius*, wobei die Zistrose wiederum auf ehemalige Brandflächen hinweist. Im Osten gehen die submediterranen *Quercus ithaburensis* ssp. *macrolepis*-Wälder in die *Quercus pubescens*- und *Pinus nigra* ssp. *pallasiana*-Steppenwälder des inneranatolischen Berglands und der Beckenumrahmung über (vgl. Kap. 2.4).
Die Valoneneiche liefert einen hochwertigen Gerbstoff, der in seiner Qualität andere pflanzliche Gerbstoffe übertrifft. In der binnenwärtigen westanatolischen Agrarlandschaft werden die Bäume daher einzeln oder in lichten Beständen (mit Aushieb der Mischbaumarten) wie Obstbäume behandelt. Die noch erhaltenen *Quercus ithaburensis* ssp. *macrolepis*-Bestände umfassen etwa 2,5% der türkischen Gesamtwaldfläche und liefern $^3/_4$ der Weltproduktion an Valoneneichen-Gerbstoffen.

Literatur: INAL 1951, QUÉZEL 1986.

2.3 Das Taurus-Gebirge

Das Taurus-Gebirge ist Teil des eurasiatischen Faltengebirgsgürtels und erstreckt sich als hoch und steil aufragende Barriere entlang der gesamten Südküste der Türkei. Dieses 50–100 km breite und fast 2000 km lange Randgebirge ist nur durch wenige Pässe passierbar, die seit Alters her eine wichtige strategische Rolle spielten. Aufgrund zahlreicher Verwerfungen, tiefer Senken und Becken zerfällt es in mehrere Komplexe mit z.T. wechselnden Streichrichtungen, für die in der älteren Literatur Namen wie Lykischer, Isaurischer, Kappadozischer, Kilikischer Taurus oder Antitaurus (östlichster Teil des Mittleren Taurus) gebräuchlich sind. Heute unterscheidet man zwischen einem Westlichen Taurus

[Batı Toroslar; zwischen Fethiye und Eğirdir/Antalya mit SSW-NNO Hauptstreichrichtung (Ak Dağ, Beydağları), zwischen Eğirdir und Alanya mit NNW-SSO Streichrichtung], einem Mittleren Taurus (Orta Toroslar; Hauptgebirgszüge sind die Geyik Dağları, Bolkar Dağları und Aladağları) und einem Östlichen Taurus (Güney Doğu Toroslar), der aus mehreren parallelen, durch Beckenlandschaften getrennten Ketten besteht (vgl. Abb. 1). Dieser Teil leitet sowohl zu den pontischen als auch iranischen Randgebirgen (Elburs, Zagros) über.

Der bogenförmige (liegende S-Form) Verlauf des Taurus wird durch die Lage der alten kristallinen Grundmassen (Kristallinmassive, Kap. 1.1) des afro-arabischen Schildes und ihrer entgegengesetzten Bewegung während der Orogenese bedingt. Die Aufwölbung dieses Deckengebirges begann zu Beginn des Mesozoikums (Trias) mit der alpidischen Orogenese und dauerte, unterbrochen durch Ruhepausen, bis in das mittlere Pleistozän an. Von besonderer Bedeutung war dabei die Bildung einer taurischen Geosynklinale während der ersten Faltungsära, in die hinein es bis ins Tertiär zur Sedimentation unterschiedlichster Ablagerungen kam, die das Gebirge heute im wesentlichen aufbauen (triassische sandige Tonschieferfolgen, Sandsteine, Mergel, Dolomite, mesozoische Serien mit Ophiolithen, Radiolarite, kretazische Kalke, Flysch, tertiäre Konglomerate und Karbonatgesteine). Am Ende des Eozäns stieg das Deckengebirge dann empor, und die Ablagerungen gelangten in eine Höhe bis über 2200 m. Im Quartär kam es zu einem Absinken des westlichen Teils und einer starken Hebung im Osten. Indikator dieser Hebung ist das heutige Niveau der pliozänen Rumpfflächen, die im östlichen Anatolien bis 1500 m über dem Meer, im Westen dagegen einige hundert Meter unter dem Meeresspiegel liegen. Der Westliche Taurus ist daher deutlich niedriger und nur wenige Gipfel reichen hier über 3000 m (z. B. Ak Dağ 3024 m, Beydağları 3086 m). Dagegen verleihen die bis zu 2000 m mächtigen Kreideablagerungen im östlichen Teil des Mittleren Taurus durch mehrere, schroffe, leuchtend weiße, weithin sichtbare und bis in die Sommermonate hinein schneebedeckte Gipfel über 3000 m (z. B. Aydos Dağı 3430 m, Medetsiz Tepe 3585 m, Demirkazık Tepe 3756 m) dem Gebirge einen ausgesprochenen Hochgebirgscharakter. Während der Eiszeiten kam es in den Hochregionen zu einer Ausbreitung von Gletschern, die den Gebirgskern z. T. erheblich glazial überformten. Zeugen dieser Vergletscherung sind zahlreiche Moränen, Kare, Trogtäler, Hängetäler und Rundhöckerlandschaften in der alpinen Stufe. Rezente Gletscher finden sich noch in den höchsten Bereichen (z. B. Bolkar Dağları, Aladağları) in Form von Wandfuß- und Blockgletschern.

Charakteristisch für den Taurus sind auch zahlreiche, auffällige Karsterscheinungen wie zerschluchtete Karstplateaus, Dolinen, Poljen, Höhlen und Karrenfelder, die die Wasserarmut in weiten Bereichen bedingen. Vielfach treten die schnell versickernden Niederschläge erst einige tausend Meter tiefer in Form großer Karstquellen am Gebirgsfuß wieder zu Tage.

Aufgrund seiner Lage zwischen dem mediterranen Winterregengebiet Südanatoliens und dem ariden, winterkalten Klima Inneranatoliens stellt der Taurus eine Großklimascheide (Luv-Lee-Effekt) und Florengrenze ersten Ranges dar. Dies spiegelt sich in den unterschiedlichen Waldformationen seiner äußeren und inneren Abdachung deutlich wider (vgl. Abb. 7, Kap. 2.1.3, 2.4). Im Gegensatz zu den europäischen Alpen und dem Pontischen Randgebirge wird der Taurus aber durch eine ausgeprägte Sommerdürre gekennzeichnet, die sich bis in die subalpine Stufe auswirkt. Dies führt zu einer semi-ariden Höhenstufung (taurische Stufenfolge, Abb. 7), bei der im montanen und hochmontanen Bereich die mesophilen Laubwälder weitgehend ausfallen und durch Gebirgsnadelwälder (Trockenwälder) ersetzt werden. Floristisch und vegetationskundlich besonders interessant sind die hochmontane und subalpine Stufe, die von einer Reihe xerophytischer Formationen geprägt werden, die von ihrem Erscheinungsbild her aus Mitteleuropa nicht bekannt sind. Diese Höhenstufen dominieren xerophytische Grasfluren, Zwerggesträuche und Dornpolsterformationen. Eine alpinoide Krummholzzone ist dagegen, wie in den meisten vorderasiatischen Hochgebirgen, nicht ausgebildet. Zu den eindrucksvollsten Landschaften in der alpin-subnivalen Stufe gehören die glazial überformten Rundhöckerlandschaften, die der Lebensraum endemitenreicher Geophyten-, Schmelzwasser- und alpiner Krautfluren sind und die im Hochsommer den Yürüken als Sommerweide (Yaylawirtschaft) dienen.

Physiognomisch auffallendste Formation vorderasiatischer Hochgebirge sind die Dornpolsterformationen (Foto 8). Sie bilden auch im Taurus die natürliche Vegetation oberhalb der Waldgrenze (primäre Formationen). Aufgrund ihres einheitlichen und eigentümlichen Aussehens (verdornte oder stachelige Halbkugelpolster) fanden sie unter Namen wie Igelpolster, Igelpoistersteppe, Dornpolstersteppe, Polsterheiden, pelouses écorchée, Kugelpolstersteppe oder Tragakanth-Heiden Eingang in die geobotanische Literatur. Sie sind uns schon von Theophrast („Historia Plantarum") überliefert, der zwischen 334 und 330 v. Chr. mit Alexander dem Großen nach Persien reiste. Ihr Entfaltungs- und Sippenzentrum liegt in den irano-afghanischen Gebirgen, zahlreiche Sippen strahlen aber bis in die mediterranen Gebirgsstöcke aus. Diese organisationstypische Dornpolsterform ist ein schönes Beispiel für parallele Evolution und entstand unter ähnlich selektiv wirkenden Umweltfaktoren in den verschiedensten Verwandschaftskreisen (z.B. Fabaceae: *Astracantha*, *Astragalus*, *Cicer*, *Onobrychis*, *Oxytropis*; Caryo-

Foto 8: Subalpine Dornpolsterformation der vorderasiatischen Hochgebirge (*Onobrychis cornuta* dominierend).

phyllaceae: *Acanthophyllum, Dianthus, Gypsophila, Minuartia*; Plumbaginaceae: *Acantholimon*).

Gemeinsam ist allen der mehr oder weniger halbkugelige Wuchs und igelartige Habitus, der entweder auf verdornte Blätter (z.B. *Acantholimon*-Arten), eine verdornte Blattrhachis des Fiederblatts (z.B. *Astracantha-, Astragalus*-Arten) oder gabelig verzweigte Sproßdornen (z.B. *Onobrychis*) zurückzuführen ist. Der Wuchs entsteht durch eine Wachstumsunterdrückung der Hauptachse, Reduktion der Sproßverlängerung (Hemmung der Internodienstreckung) und Förderung von Verzweigungen an der Spitze des Sproßsystems. Die so entstehenden Halbkugelpolster stellen phylogenetisch Endpunkte von Anpassungen dar, die unter bestimmten ökologischen Bedingungen offenbar ohne Konkurrenz sind. Edaphische Faktoren kann man i.a. dabei ausschließen. Die Ursache für die Ausbildung solcher Formationen scheint statt dessen in den klimatischen Bedingungen zu liegen. Normalerweise finden sich Dornpolsterformationen nur in Winterregengebieten mit ausgeprägter Sommerdürre von wenigstens 4 Monaten Dauer. Die Aridität wird zusätzlich durch heftige Winde verstärkt und die Lichtintensität und Einstrahlung sind sehr hoch. Tatsächlich sind Dornpolster ausge-

sprochen photophytisch und wenig schattenadaptiert. Bei einer intak-
ten Stufenfolge ist es ihnen daher kaum möglich, in Waldformationen
einzuwandern und sie etwa zu durchqueren. Erst infolge der Zerstörung
der Waldstufen und Überweidung kam es im gesamten vorderasiatischen Raum zu einer starken Ausbreitung dieser Formation und zahlreichen azonalen Vorkommen. Diese sekundären Bestände reichen heute
bis in die Offenwälder der montanen Stufe und dringen binnenwärts
auch in die Steppenformationen Inneranatoliens ein (vgl. Abb. 18).
Mikroklimatische Messungen in Dornpolstern haben gezeigt, daß sowohl die Temperatur als auch die Luftfeuchtigkeit im Inneren der Polster sehr viel ausgeglichener im Tagesgang sind als in der umgebenden
Luftschicht. Die Luftfeuchtigkeit ist im Inneren der Polster sogar meistens erhöht und wirkt als Puffer gegen das hohe Wasserdampfkonzen-
trationsgefälle. Nahezu alle Autoren stimmen darin überein, daß v. a.
dem Faktor Wind eine entscheidende Bedeutung bei der Selektion,
Verbreitung und Zusammensetzung der Dornpolsterformationen zukommt. Messungen zeigen, daß ihre Struktur zu einer Windabschwä-
chung bis zu 98 % führt, wodurch die innere Feuchtluftwolke erhalten
bleibt und das Dampfdruckgefälle zwischen assimilierenden Blättern
und umgebender Luft verringert wird. Tatsächlich kann man eine Zunahme des Anteils der Dornpolster innerhalb der Vegetation auf wind-
gefegten Hängen und Kuppen beobachten. Hier erreichen diese Pflanzen ihr ökologisches Optimum. Windexponierte Kuppen zeigen dabei
einen erhöhten Anteil an den sehr kompakten *Acantholimon*-Polstern,
während sich mit abnehmendem Windeinfluß weniger dichte
Astracantha- und *Astragalus*-Polster hinzugesellen. Dies legt den
Schluß nahe, daß die Dornpolsterform eine Präadaptation an trockene,
strahlungsintensive, windexponierte Standorte ist.
Pflanzensoziologisch werden diese Dornpolstergesellschaften des Taurus-Gebirges der Klasse Astragalo-Brometea zugeordnet. Die Gesellschaften dieser xerophytischen Klasse haben ihren Verbreitungsschwerpunkt auf früh ausapernden, windexponierten Hängen und Kuppen der subalpin-alpinen Stufe im Taurus und der Levante. Die relativ
geringe Artenzahl an Dornpolstern im Taurus-Gebirge zeigt aber, daß
wir uns hier bereits am westlichen Rand des Areals der Dornpolsterfluren befinden, das bis nach Griechenland und Albanien ausstrahlt. Im
westlichen Mediterrangebiet ist diese Formation aus Korsika, Sizilien,
Spanien (Sierra Nevada) und Marokko bekannt.
Aufgrund der klimatischen Bedingungen wird im Westlichen Taurus
eine eher mesophile, mediterrane Ordnung Daphno-Festucetalia (Griechenland, Westanatolien) unterschieden, die in Südanatolien von der
irano-turanisch geprägten Ordnung Astragalo-Brometalia (Südanatolien, Libanon) abgelöst wird. Häufige Dornpolster innerhalb dieser For-

mationen sind *Acantholimon acerosum, A. glumaceum, A. ulicinum, A. venustum, Astracantha brachyptera, A. condensata, A. microptera, A. microcephala, A. plumosa, A. wiedemanniana, Astragalus angustifolius, Dianthus erinaceus, Minuartia dianthifolia, M. juniperina* und *Onobrychis cornuta.*

Kennarten für den Westlichen Taurus sind *Anthemis rosea, Agropyron strigosum, Astragalus paecilanthus, Dianthus eretmopetalus, Odontites aucheri, Salvia chrysophylla, Tanacetum praeteritum,* für den Mittleren Taurus *Agropyron tauri, Asphodeline taurica, Asyneuma lobelioides, Bromus tomentellus, Cruciata taurica, Daphne oleoides, Dianthus zonatus, Eremurus spectabilis, Festuca callieri, F. pinifolia, Helichrysum plicatum, Marrubium globosum, Phlomis armeniaca, Rosa pulverulenta, Salvia frigida, Scutellaria orientalis, Silene supina* ssp. *pruinosa, Stachys lavandulifolia* und *Veronica cuneifolia.*

Die Dornpolsterformationen verzahnen sich eng mit zwergstrauchreichen Grasfluren, die auf verfestigten Schuttfächern vielfach bis in die montane Stufe reichen. Charakteristisch für die Kalk- und Dolomitmassive des Taurus sind basiphytische *Sesleria alba*-Rasen, die standortökologisch den primären *Sesleria varia*-Rasen (Blaugrasrasen, Urwiesen) der Alpen vergleichbar sind. Aufgrund der kurzen Vegetationszeit und Sommertrockenheit finden sich in ihnen kaum Annuelle und Geophyten. Sie sind Heimat vieler aus den Alpen bekannter Gattungen wie *Biscutella, Calamintha, Helianthemum, Globularia* und auch *Sesleria,* deren Arten auf mediterrane Stammformen zurückzuführen sind. Ursprünglich waren diese bunten, blumenreichen anatolischen Blaugrasrasen weit verbreitet, sind durch intensive Beweidung aber stark gestört und vielfach durch dornpolster- und zwergstrauchreiche Ausbildungen ersetzt. Charakteristische Gräser sind *Alopecurus lanatus, A. textilis, Bromus cappadocicus, B. tomentellus, Elymus nodosus, Festuca amethystina, F. anatolica, F. cataonica, F. ovina, F. valesiaca, Koeleria cristata, K. macrantha, Poa alpina, P. bulbosa, P. sterilis, Sesleria alba* (Syn.: *S. anatolica*) und *Stipa holosericea.* Zahlreiche krautige *Astragalus*-Arten (z. B. *A. hirsutus, A. lineatus, A. lydius, A. microrchis, A. nanus, A. pelliger, A. tauricolus*) und weitere Fabaceen (*Anthyllis vulneraria* ssp. *pulchella, Ebenus laguroides* var. *cilicica, Genista albida, G. lydia, Onobrychis sulphurea, Vicia*-Arten), Lamiaceen (*Nepeta*- und *Salvia*-Arten), Brassicaceen (*Aethionema*- und *Aubrieta*-Arten), *Pedicularis cadmea, P. comosa, Tulipa armena, T. humilis* u. a. verleihen diesen primären Rasen ihr farbenprächtiges Erscheinungsbild.

Weiteres auffallendes Landschaftselement des Mittleren Taurus sind Kalkschutthalden, die den Sockel der Gebirgsmassive bilden und v. a. im östlichen Teil des Gebirges recht ausgedehnt sein können (Foto 9). Sie entstehen unter Einfluß hoher Temperaturschwankungen, des Spaltenfrosts und physikalischer Verwitterungsprozesse durch Zerfall der steil aufragenden Felsen zu Gesteinsschutt und stellen für Pflanzen Extremstandorte dar. Aufgrund der Mobilität und Beschaffenheit dieser Schuttfächer wird zwischen aktiven (ständig neue Blockzufuhr), rutschenden und ruhenden Halden unterschieden, die aus Block- (> 25 cm Ø), Grob- (2–25 cm Ø) und Feinschutt (0,2–2 cm Ø) bestehen können. Aktive, instabile Halden sind oft vegetationsfrei oder werden von Pioniergesellschaften eingenommen, die zugleich Dauergesellschaften bleiben. Ansonsten finden sich arten- und endemitenreiche, floristisch interessante Schuttgesellschaften, die aufgrund der Artenzusammensetzung eine West-Ost Differenzierung erkennen lassen (Ordnung Heldreichietalia, mit den ökologisch ähnlichen Kennarten *Heldreichia bourgaei*, *H. bupleurifolia* im Westen und *H. rotundifolia* im Osten).

Weitere edaphische Besonderheiten von Schutthalden sind das fehlende Bodenprofil (Ausbildung einer Stein-Luftschicht) und die Verlagerung der Feinerdeschicht in Tiefen bis zu 30 cm, deren Düngung und Nährstoffanreicherung überwiegend durch eingewaschenen Flugstaub und Einschwemmung von Pflanzenresten erfolgt. Dementsprechend tief liegt der Keimort der meisten Schuttpflanzen. Die geringe Wasserspeicherkapazität und die Schuttstruktur, durch deren Beweglichkeit z. T. starke mechanische Zug- und Scherkräfte im Wurzelbereich auftreten, sind weitere Faktoren. Hinzu kommt eine, aufgrund der Höhenlage, starke UV-Strahlung und Einstrahlung, die tagsüber zu starken Erwärmungen, nachts dagegen zu einer deutlichen Abkühlung führen, durch die auch in den Sommermonaten Fröste bis in 10 cm Tiefe auftreten. Diese Faktoren haben bei Schuttbesiedlern zur Selektion zahlreicher Anpassungsmechanismen geführt. Viele zeichnen sich durch eine hohe vegetative Regenerationsfähigkeit (Bildung von Ersatztrieben und -wurzeln) und hohe Samenbildung aus, um neu entstehende Halden erfolgreich zu besiedeln. Die Diasporen werden vielfach durch den Wind transportiert oder die gesamten Fruchtstände als Schneeläufer ausgebreitet und verweht (bei vielen Brassicaceen). Trotz kurzer Vegetationszeit besitzen sie eine hohe Speicherfähigkeit und bilden bereits im Vorjahr frostresistente Blütenknospen aus. Kälteresistenz, reichliche Ausläuferbildung und ein Wurzeldimorphismus (Hauptwurzel, die als Zuganker der Verankerung dient, Seitenwurzeln, die in der Feinerdeschicht für die Wasser- und Nährstoffaufnahme sorgen) sind weitere Charakteristika.

Aufgrund ihres Sproß- und Wurzelsystems lassen sich Schuttpflanzen 5 Strategien zuordnen, denen bei der Besiedlung und Stabilisierung der Halden eine entscheidende Bedeutung zukommt. So durchspinnen die Schuttwanderer mit langen, bewurzelten Kriechtrieben den Schutt (z. B. *Thlaspi*-, *Geum*- und *Viola*-Arten), während Schuttüberkriecher sich mit

Foto 9: Hochgebirgs-Steinschuttfluren im Taurus-Gebirge (Aladağları).

schlaffen, beblätterten Trieben nur lose über den Schutt legen (z. B. *Lamium eriocephalum*). Schuttstrecker arbeiten sich dagegen durch Verlängerung (Etiolierung) und Erstarkung von Trieben durch den Schutt (z. B. *Hieracium*-Arten, *Oxyria digyna*) und Schuttdecker bilden wurzelne Decken auf dem Schutt (viele Spaliersträucher, *Cerasus*- und *Cotoneaster*-Arten). Die Schuttstauer schließlich kennzeichnen ein kräftiges Triebbündel oder Pfahlwurzeln (z. B. *Heracleum humile*, *Androsace*- und *Ranunculus*-Arten), die ein Hindernis für den bewegten Schutt darstellen. Dadurch bilden sich ruhende Inseln in bewegten Halden, die die Sukzession hin zu verfestigten Schuttfächern und den Rasengesellschaften einleiten. Vielfach kommt es auch zur Kombination mehrerer dieser Strategien.

Häufige Arten des aufgrund der geringeren Höhe an Schutthalden ärmeren Westlichen Taurus sind *Bupleurum davisii*, *Cicer incisum*, *Ferulago trachycarpa*, *Fritillaria whittalii*, *Galium eriocephalum*, *G. incanum*, *Geranium lucidum*, *G. tuberosum*, *Glaucium leiocarpum*, *Heldreichia bourgaei*, *Lamium cymbalariifolium*, *L. eriocephalum* ssp. *glandulosidens*, *Linaria corifolia*, *Nepeta cilicica*, *Ranunculus cadmicus*, *Ricotia varians*, *Rumex scutatus*, *Saponaria chlorifolia*, *Scrophularia depauperata*, *S. myriophylla*, *Vavilovia formosa* und *Veronica cuneifolia*. Im an Schutthalden reicheren Mittleren Taurus sind es v. a. *Aethionema oppo-*

sitifolium, *Androsace villosa*, *Arabis caucasica* ssp. *brevifolia*, *Astragalus*-Arten (*A. haussknechtii*, *A. tauricolus*), *Aubrieta canescens* ssp. *cilicica*, *Aurinia rupestris*, *Cerastium gnaphalodes*, *Draba bruniifolia*, *Erysimum kotschyanum*, *Galium cilicicum*, *Heldreichia rotundifolia*, *Heracleum humile*, *Jurinella moschus*, *Lamium eriocephalum* ssp. *eriocephalum*, *L. garganicum* ssp. *reniforme*, *Papaver polychaetum*, *Pedicularis cadmea*, *Scrophularia rimarum*, *Veronica caespitosa*, *V. tauricola* und *Vicia alpestris*, die dazu beitragen, daß diese Steinschutthalden mit zu den schönsten und interessantesten Hochgebirgsregionen gehören.

Endemitenreiche Standorte im Taurus sind auch die bis 600 m mächtigen Felswände (Riff- und Konglomeratkalke), die zahlreiche Felsspaltenbesiedler (Chasmophyten) beherbergen. In floristischer und pflanzensoziologischer Hinsicht ist diese Chasmophytenvegetation erst fragmentarisch untersucht. Auffallende Arten der Konglomeratfelsen tieferer Lagen im Westlichen Taurus sind *Echinops onopordum* (Endemit besonnter, meso-mediterraner Felsen), *Alkanna areolata*, *Calamintha tauricola*, *Helichrysum pamphylicum*, *Inula heterolepis*, *Phagnalon graecum*, *Ptilostemon chamaepeuce*, *Scrophularia libanotica* var. *antalyensis*, *Silene leptoclada*, *S. odontopetala*, *Stachys aleuritis*, *S. antalyensis*, *Staehelina lobelioides*, *Thalictrum orientale*, *Umbilicus horizontalis* und *Valeriana dioscoridis*. Typische Farne besonnter Felsen sind *Anogramma leptophylla*, *Ceterach officinarum* und *Cheilanthes acrostica*, in Schattlagen *Asplenium onopteris*, *A. trichomanes* und *Polypodium cambricum*.

Häufig in der montan-subalpinen Stufe sind *Alkanna oreodoxa*, *Arabis aubrietioides*, *A. deflexa*, *Asperula serotina*, *Campanula argaea*, *C. antalyensis*, *Dianthus elegans*, *Erodium pelargoniifolium*, div. *Galium*-Arten, *Omphalodes ripleyana*, *Potentilla speciosa* var. *discolor*, *Sedum hispanicum*, *S. magellense*, *Scrophularia rimarum* und *Valeriana oligantha*.

Im Mittleren Taurus gehören *Anchonium elichrysifolium*, *Arenaria kotschyana*, *Arnebia densiflora*, *Asperula laxiflora*, *Campanula cymbalaria*, *C. trachyphylla*, *Gnaphalium leucopilinum*, *Omphalodes luciliae* ssp. *cilicica*, *Onosma albo-roseum*, *Potentilla speciosa* var. *speciosa*, *Pseudonosma orientale*, *Scrophularia kotschyana*, *S. libanotica*, *S. xanthoglossa*, *Sedum album* oder *Valeriana sisymbriifolia* zu den charakteristischen Arten.

Zu den am höchsten aufsteigenden Blütenpflanzen im östlichen Mittleren Taurus (> 3500 m) gehören *Arabis caucasica* ssp. *brevifolia*, *Cerastium cerastioides*, *Saxifraga exarata*, *Veronica caespitosa* und die auffallenden, leuchtend gelben Polster von *Draba acaulis*. In der Regel sind diese Standorte aber phanerogamenfrei.

Foto 10: Glazial überformte Rundhöckerlandschaften der alpinen Stufe (Aladağları).

Die glazial überformten Landschaften der alpin-subnivalen Stufe des Taurus werden oft durch Karseen und auch die Sommermonate überdauernde Schnee- und Firnfelder gekennzeichnet (Foto 10). Entlang der hier abfließenden karbonatreichen Schmelzwässer siedeln alpine Kraut-, Geophyten- und Schmelzwasserfluren, die, in Abhängigkeit von der Sedimentgröße und dem Durchfeuchtungsgrad, aber meist nur schmalsäumig ausgebildet sind. Typische Pflanzen dieser Standorte sind *Fritillaria*- (z. B. *F. aurea, F. bithynica, F. crassifolia*), *Gagea*- (z. B. *G. fistulosa, G. glacialis, G. uliginosa*), *Muscari*- (z. B. *M. bourgaei*) und *Ornithogalum*-Arten (z. B. *O. montanum*), *Corydalis rutifolia* und *Ranunculus myosuroides*. Entlang der Karseen, in überstauten, abflußlosen Mulden und Zungenbecken von Endmoränen bilden sich, sofern die Aperzeit eine nennenswerte Stoffproduktion zuläßt, Torfböden, die von z. T. ausgedehnten Sumpfrasen eingenommen werden. Hier finden sich weitere Hochgebirgsarten wie *Carex tristis*, *Gentiana*-Arten (z. B. *G. brachyphylla* ssp. *favratii*), *Primula auriculata* oder *Taraxacum crepidifolium*, der die als Sommeryayla genutzten Sumpfrasen im Mittleren Taurus dominiert.

Literatur: AYAŞLIGIL 1987, BRINKMAN 1976, GÜDALI 1979, HAGER 1985, KÜRSCHNER 1982, 1986, QUÉZEL 1973.

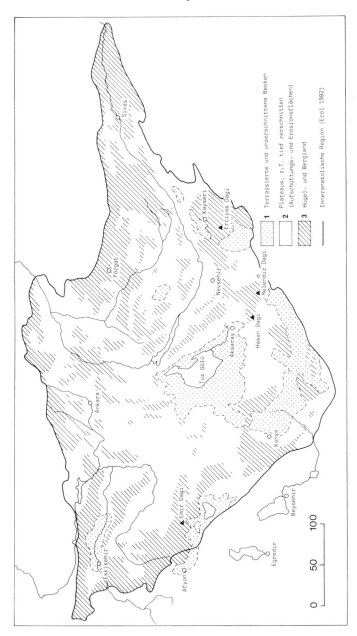

2.4 Das inneranatolische Bergland

Inneranatolien (Obere Sakarya-Subregion, Konya-Subregion, Mittlere und Obere Kızılırmak-Subregion, Abb. 16) wird im Norden durch die euxinische Gebirgsschwelle (Pontiden), im Süden durch den Taurusbogen, im Osten durch die Munzur- und Kop Dağları (anatolische Diagonale) und im Westen durch das Ägäische Bergland (Innere Westanatolische Subregion) begrenzt. Dadurch ergibt sich ein relativ abgeschlossener Landschaftsraum, der aber keine einheitliche, ebene Hochfläche darstellt, sondern durch mehrere Beckenlandschaften (Ovas), tief eingeschnittene Aufschüttungsflächen (Plateaus), Hügel- und Bergketten geprägt ist (Abb. 16).

Diese Region wird, außer vom Emir Dağ (2281 m) und Boz Dağ (2129 m), noch durch eine Reihe kleinerer und größerer Vulkankegel wie dem Karacadağ (2288 m), Hasan Dağı (3268 m), Melendiz Dağı (2963 m) und Erciyes Dağı (3917 m) eindrucksvoll überragt, deren schneebedeckte Gipfel weithin sichtbar sind. Sie liegen alle auf einer von Nordost nach Südwest verlaufenden Verwerfungslinie, entlang der das Taurus-Gebirge gegenüber dem inneranatolischen Hochland emporgehoben wurde. Dieser Vulkanismus, dem auch die Tufflandschaft um Göreme ihre Entstehung verdankt, setzte am Ende des Neogen (Tertiär) ein und dauerte bis in die historische Zeit an.

Die Höhenlage (900–1600 m) und die nördliche und südliche Abriegelung Inneranatoliens vom Meer bedingen ein semi-arides bis arides, winterkaltes Klima (Kap. 1.2) mit ausgeprägtem kontinentalen Charakter, das sich in den Vegetationsverhältnissen deutlich widerspiegelt. Vor allem die relativ geringen jährlichen Niederschläge (< 300 mm in den Becken, 300–600 mm in den Randzonen), ihre Verteilung und die extreme Trockenheit in den Sommermonaten schränken die Vegetationsperiode drastisch ein und sorgen dafür, daß die zentralen Beckenbereiche weitgehend baumfrei sind. Aus vegetationskundlicher Sicht läßt sich Inneranatolien daher in ein höher gelegenes, niederschlagsreicheres Bergland mit potentiellen natürlichen Steppenwäldern, eine winterkalte Steppe (Kap. 2.5), abflußlose Salz- und Bitterseen mit umrahmenden Salzpflanzengesellschaften (Kap. 2.6) und Süßwasserseen (Kap. 2.7) gliedern.

Abb. 16: Inneranatolische Region. **1** Potentielle Standorte primärer *Artemisia*-Steppen. **2** Potentielle Standorte primärer Federgrassteppen und zwergstrauchreicher Steppenformationen. **3** Potentielle Standorte von Offenwäldern und Gebüschen („Steppenwälder"). (In Anlehnung an LOUIS 1939, USLU 1960, FREY & KÜRSCHNER 1989.)

Potentielles Waldland ist in erster Linie das inneranatolische Hügel- und Bergland. Hier bildeten, aufgrund der gegenüber den Becken höheren Niederschläge, Trockenwälder („xero-euxinische Steppenwälder" i. S. von ZOHARY 1973) die vorherrschende Vegetation. Diese lockeren Offenwälder sind heute aber weitgehend zerstört und vielfach in Kulturland umgewandelt (Regenfeldbau-Gebiete). Berücksichtigt man die völlig devastierten Gebüschformationen, so sind nur noch 7–8% der ursprünglichen Waldfläche erhalten. Kennzeichnend sind heute sehr lockere Bestände, zwischen denen sich die Steppenvegetation der anschließenden Beckenlandschaften ausgebreitet hat. Typische Gehölze der Trockenwälder sind *Juniperus excelsa, J. foetidissima, J. oxycedrus, Pinus nigra* ssp. *pallasiana, Quercus cerris, Q. pubescens* sowie *Cotoneaster-, Crataegus-, Prunus-, Pyrus-* und *Sorbus*-Arten. Ihre ehemals weitere Verbreitung verdeutlichen zahlreiche inselartige Waldrelikte und Gebüsche auf fast allen Hügeln, die sich über 1200 m erheben. Auch die noch zahlreichen isoliert stehenden Wildobstbäume (*Crataegus azarolus, C. orientalis, Pyrus spinosa, P. elaeagnifolia*), aber auch *Quercus cerris* inmitten der ausgedehnten Getreidefelder werden als natürliche Elemente dieser Steppenwälder angesehen und zeugen von deren ehemals weiterer Verbreitung. Diese „wild orchards" (Foto 11) wurden bei der Rodung verschont und dienen häufig als Unterlage für Kultursorten bzw. als Gerbstofflieferanten (Eichenarten). Sie sind ein auffallendes Landschaftselement der Hügellandschaft zwischen Beyşehir und Konya und der Plateaulandschaft zwischen Aksaray und Kayseri.

Ursprünglich bildeten Steppenwälder einen peripheren Gürtel um ganz Inneranatolien. Ihre Relikte stehen im Norden in Kontakt mit den mesophytischen Wäldern der euxinischen Gebirgsschwelle und sind noch stärker subeuxinisch beeinflußt. Im Süden gehen sie in die oro-mediterranen Trockenwälder des Taurus-Gebirges über (mediterran-montaner Einfluß). Ihre untere Verbreitungsgrenze ist eine Trockengrenze, variiert aber je nach Lage beträchtlich. Neben den zu geringen jährlichen Niederschlagsmengen ist es v. a. die Sommertrockenheit, die ein Aufkommen von Wald verhindert. Im Westen, bei Nallihan (160 km westlich von Ankara), liegt diese Trockengrenze bei etwa 700 m, östlich von Niğde dagegen beginnen die Steppenwälder erst bei 1300 m. In der Regel sind sie auch heute noch deutlich höhenzoniert, wenn auch vielfach Durchmischungen stattgefunden haben. Am weitesten in die Steppenregion dringen die sommergrünen Eichen vor, die in höheren Lagen dann von *Pinus nigra* ssp. *pallasiana* und *Juniperus excelsa* abgelöst werden.

Die Zerstörung der Steppenwälder reicht weit in die Geschichte zurück und ist eng mit dem Übergang vom Wildbeuter und Sammler zum seß-

Erklärung der im Text verwendeten Abkürzungen

Blattgrd.	=	Blattgrund
Blattspr.	=	Blattspreite
Blätt.	=	Blätter
Blkr.	=	Blütenkrone
bltg.	=	blütig
Bltn.	=	Blüten
Bltzt.	=	Blütezeit
eingeschl.	=	eingeschlechtig
…f.	=	…förmig
Fr.	=	Frucht
Frkn.	=	Fruchtknoten
Frzt.	=	Fruchtzeit
Gr.	=	Griffel
Grd.	=	Grund
hgd.	=	hängend
K.	=	Kelch
lgd.	=	liegend
Pfl.	=	Pflanze
Sa.	=	Samen
Spr.	=	Spreite
spitzenw.	=	spitzenwärts
…st.	=	…ständig
Stbbl.	=	Staubblätter
Stg.	=	Stengel
…stgd.	=	…steigend
symm.	=	symmetrisch
♂	=	männliche Blüte
♀	=	weibliche Blüte
☿	=	zwittrige Blüte
∅	=	Durchmesser
>	=	größer als
<	=	kleiner als
±	=	mehr oder weniger
N	=	Norden
S	=	Süden
O	=	Osten
W	=	Westen
Z	=	Zentral

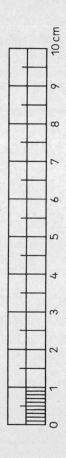

Foto 11: „Wild orchards" (Steppenwaldrelikte) im inneranatolischen Bergland.

haften Bauern (Neolithische Revolution) verknüpft. Zahlreiche frühe Bauernhochkulturen (Çatal Hüyük, Çayönü, Suberde, Hacılar, Aşıklı Hüyük) des präkeramischen Neolithikums verdeutlichen dabei, daß dieser Randzone zwischen der natürlichen Steppe und den umrahmenden Gebirgszügen vom 8. bis 5. Jahrtausend v. Chr. eine ähnlich bedeutende Rolle wie dem „Fruchtbaren Halbmond" (Zagros-Ausläufer, Südost-Türkei, Levante) zukam. Hier fanden die frühen, halbnomadischen Sammler zahlreiche kleinräumige, ökologisch-vielfältige Nischen mit optimalen Tier- und Pflanzenvorkommen, die eine Domestikation von Schaf und Ziege sowie Einkorn (*Triticum boeticum*), Emmer (*T. dicoccoides*), 2zeiliger Gerste (*Hordeum distichum*) und diversen Hülsenfrüchten förderten und damit eine planvollere Lebensgestaltung erlaubten. Bereits ab dem 5. Jahrtausend v. Chr. kam es in Inneranatolien zu ersten dörflichen Daueransiedlungen (Phase der beginnenden Dauerseßhaftigkeit; Can Hasan, Alisar Hüyük, Alaca Hüyük) und damit verbundenen großflächigen Waldrodungen und intensivierter Beweidung. Die zunehmende Spezialisierung im handwerklichen Bereich und die Kontakte mit den städtischen Hochkulturen Mesopotamiens ab dem 3. Jahrtausend v. Chr. (Ikiztepe, Horoztepe, „Königsgräber" von Alaca Hüyük, Acemhüyük/Tuz Gölü) führten zu einer weiteren kontinuierlichen

Degradation der Steppenwälder und pastoralen Selektion, die zwischen 1600 und 1200 v. Chr. einen Höhepunkt erreichte, als Inneranatolien Kernland des Hethiterreiches war (Hasanoğlan bei Ankara, Königsresidenz in Hattuşaş/Boğazköy). Weitere Entwaldungsphasen folgen in der prä-hellenistischen (Phrygierzeit; Gordion westlich von Ankara), hellenistischen und römischen Zeit, deren Auswirkungen in Strabos „Geographie" [holzlose (axylia) Bergebenen Cappadociens und Lycaoniens], Xenophons „Anabasis" [Zug der 10 000 durch holzleeres Gebiet (axylos chora)] und Marcellinus „Römische Geschichte" eindrucksvoll dokumentiert sind. Im 11. Jahrhundert verstärkten die aus Osten einwandernden Turkstämme den Weidedruck und Rohstoffbedarf, der bis heute anhält. Nicht zuletzt tragen auch die seit dem 2. Weltkrieg intensivierten Bestrebungen zur Ansiedlung der halbnomadischen Bevölkerung sowie der Bevölkerungsanstieg dazu bei, daß die heutigen Steppenwälder und Gebüsche auf wenige Restbestände an Reliktstandorten geschrumpft sind und meist nur noch infolge von Schutzmaßnahmen erhalten sind. Die heutige Türkei bemüht sich seit längerem sehr, durch großangelegte Wiederaufforstungen die Waldfläche Inneranatoliens wieder zu vergrößern. Dabei ist eine kontrollierte Weidenutzung eher eine sozial-politische Aufgabe, die im Rahmen eines beginnenden Umweltbewußtseins zu lösen sein wird.

Als typisches Beispiel eines noch erhaltenen Steppenwalds kann der Beynam Wald, 40 km südlich von Ankara in 1400 m Höhe, angesehen werden (Abb. 17). Er wird von *Pinus nigra* ssp. *pallasiana* dominiert.

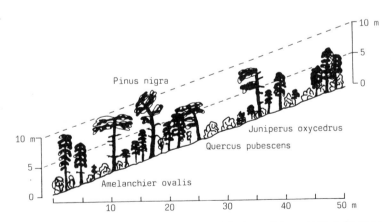

Abb. 17: Bestandsaufbau eines inneranatolischen Schwarzkiefern-Steppenwalds bei Beynam/Ankara (1420 m, Osthang). (Aus MAYER & AKSOY 1986.)

Diese Schwarzkiefern-Steppenwälder sind v. a. in der mediterran-montanen Stufe zwischen 1200–1600 m gut entwickelt und ersetzen hier oft Laubmischwaldgesellschaften. Sie stocken auf eruptiven und metamorphen Gesteinen und sind zwischen Ankara, Mudurnu-Nallihan, Beypazarı, Eskişehir und Uşak weiter verbreitet. Neben typischen Steppenarten enthalten sie, aufgrund der Lage am nördlichen und nordwestlichen Schwellenrand, noch mesophytische Elemente der nordanatolischen Laubwälder. Co-dominant in der Baumschicht ist *Quercus pubescens*. Die Strauchschicht wird von *Amelanchier ovalis*, *A. rotundifolia*, *Chamaecytisus pygmaeus*, *Cistus laurifolius*, *Euonymus verrucosa*, *Frangula alnus*, *Juniperus oxycedrus*, *Lonicera etrusca*, *Sorbus umbellata* und *Viburnum lantana* gebildet. *Genista albida*, *Morina persica*, *Phlomis armeniaca*, *Zosima absinthifolia*, *Astragalus-*, *Centaurea-*, *Salvia-*, *Stipa-*, *Teucrium-* und *Thymus*-Arten zeigen in der Zwergstrauch- und Krautschicht den starken Steppeneinfluß an.

Der mittlere Teil des inneranatolischen Berglands wird durch *Quercus pubescens*-Steppenwälder gekennzeichnet, die meist auf kompaktem Kalkfels stocken. Sie sind aber weitgehend zerstört und nur in Form fragmentarischer, niederwaldartiger Steppengebüsche erhalten. Solche Gebüsche finden sich z. B. auf den Höhenrücken östlich des Tuz Gölü, bei Karaman/Karacadağ oder in der Region um Boğazkale. Die Strauchschicht prägen hier *Amygdalus orientalis*, *Colutea cilicica*, *Cotoneaster nummularia*, *Juniperus excelsa*, *J. oxycedrus*, *Pistacia atlantica* und *Quercus pubescens*. In der Krautschicht dominieren typische Arten der *Artemisia*-Steppe (*Artedia squamata*, *Artemisia santonicum*, *Asyneuma limonifolium*, *Bupleurum sulphureum*, *Linum hirsutum* ssp. *pseudoanatolicum*, *Marrubium parviflorum*, *Pimpinella cappadocica*, *Pterocephalus plumosus*, *Scutellaria orientalis*, *Sideritis montana*, *Stachys cretica*, *Zygophyllum fabago*) und Dornpolster (*Acantholimon acerosum*, *Astracantha*-Arten, *Astragalus angustifolius*).

Vielfach beherrschen auch „wild orchards" oder völlig devastierte, kaum 80 cm hohe, durch zahlreiche Stockausschläge gekennzeichnete Eichen inselartig inmitten von Getreidefeldern das Vegetationsbild. So sind zwischen Nevşehir und Derinkuyu (Hodul Dağı) *Crataegus orientalis*, *Pyrus elaeagnifolia* und *Quercus pubescens* in Form einzelner, isoliert stehender Bäume recht häufig. In der Strauchschicht finden sich hier *Amygdalus orientalis*, *Berberis crataegina*, *Cerasus prostrata*, *Ephedra major* und *Jasminum fruticans*. Die Krautschicht besteht aus *Astracantha podperae*, *Astragalus*-Arten, *Euphorbia anacampseros*, *Galium incanum*, *Linaria corifolia*, *Paracaryum calycinum*, *Salvia cryptantha*, *S. recognita* und *Saponaria prostrata*.

Sehr oft fehlen Sträucher auch völlig, und die ehemaligen Steppenwälder sind vollständig durch sekundäre, dornpolsterreiche Gesellschaften

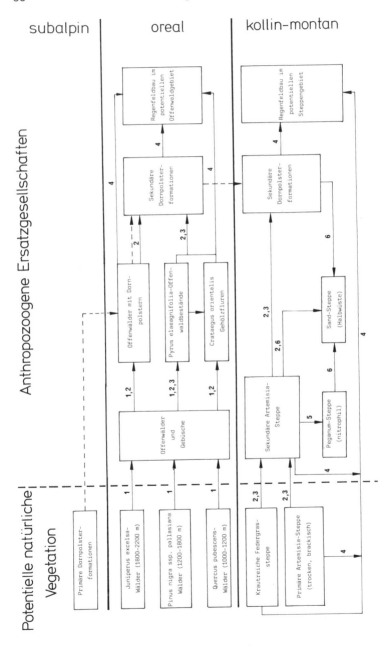

ersetzt. Diese im Frühsommer sehr farbenprächtigen Bestände sind auch in der Tufflandschaft um Göreme weiter verbreitet. Auffallende Arten sind hier *Anchusa leptophylla, A. undulata, Anthemis tinctoria, Artemisia santonicum, Astracantha microcephala, Astragalus angustifolius* ssp. *pungens, A. lydius, A. macrocephalus, A. pinetorum, A. strigillosus, Bromus tomentellus, Bungea trifida, Cerinthe minor, Consolida orientalis, Coronilla varia, Crambe orientalis, Cruciata articulata, Dianthus anatolicus, D. crinitus, Ferulago platycarpa, Globularia trichosantha, Hedysarum aucheri, H. cappadocicum, Helianthemum canum, Hypecoum imberbe, Hypericum aviculariifolium, Iberis taurica, Linum nodiflorum, Morina persica, Muscari comosum, Onosma aucheranum, O. isauricum, Ornithogalum pyramidale, Salvia cryptantha, S. hypargeia, Saponaria prostrata, Scorzonera tomentosa, Silene otites, Stipa holosericea, S. pulcherrima, Valerianella vesicaria* und *Vinca herbacea.*

Wichtige Anhaltspunkte für die Rekonstruktion, Zonierung und Artenzusammensetzung dieser ursprünglichen Steppenwälder liefern die das inneranatolische Bergland überragenden Bergstöcke und Vulkane. Aufgrund ihrer Höhe zeigen sie meist eine deutliche Vegetationsstufung, aus der, je nach dem Grad der anthropozoogenen Zerstörung, die potentielle natürliche Vegetation der Beckenumrahmung noch erkennbar ist. So stockt am Karacadağ bei Karapınar zwischen 1250 m und 1500 m ein großer, gut erhaltener, hochstämmiger Eichenwald mit *Quercus cerris* und *Q. pubescens,* der ab 1600 m von *Juniperus excelsa*-Gebüschen abgelöst wird. Eine ähnliche Vegetationsstufung zeigen auch Hasan- und Melendiz Dağı. Die Eichenwaldstufe zwischen 1250 m und 1600 m (1800 m) ist hier aber noch artenreicher und enthält neben den beiden genannten *Quercus*-Arten *Crataegus monogyna, C. orientalis, Pyrus elaeagnifolia, Quercus libani, Q. vulcanica* und *Sorbus torminalis.* Deutlicher ausgebildet ist auch die *Juniperus*-Stufe, die v. a. auf den nördlichen Ausläufern der Melendiz Dağı noch gut erhalten ist. In der subalpinen und alpinen Stufe dieser hoch aufragenden und im Frühsommer oft noch schneebedeckten Vulkane bestimmen primäre Dornpolsterfluren und alpine Steinschuttfluren das Vegetationsbild. Eine ähnliche Stufenfolge muß auch für den Erciyes Dağ angenommen werden. Seine Vulkankegel und Flanken gehören aber mit zu den am stärksten devastierten Regionen Inneranatoliens. Waldrelikte und Ge-

---

Abb. 18: Regressive Sukzession in Inneranatolien. (In Anlehnung an Birand 1970, Kürschner 1982, 1983, 1984.) Direkte Eingriffe: **1** Holzeinschlag, Schneiteln; **2** Beweidung, Überweidung; **3** Rohstoffentnahme (Sammeln von Heil- und Nutzpflanzen, Ausgraben von Wurzeln); **4** Pflügen; Indirekte Eingriffe: **5** Besiedlung, saisonale Siedlungen; **6** Erosion. ----→ Einwanderung von Dornpolstern.

büsche sind hier nur noch spärlich vorhanden und großflächig durch sekundäre Formationen ersetzt. Vor allem die montane und oreale Stufe sind seit Jahrhunderten einer intensiven Yaylawirtschaft (Sommerweide) unterworfen, die dazu führte, daß heute dornpolsterreiche Ersatzgesellschaften dominieren. Die Beschreibung Strabos („Geographie") „...denn da fast ganz Cappadocien holzarm ist, trägt zwar der Argäus einen ihn rings umgebenden Wald..." zeigt aber, daß die für Inneranatolien angenommene natürliche Vegetationsstufung noch bis in historische Zeit vorhanden war. Auch in den Elma Daǧı (1855 m) bei Ankara standen bis etwa 1940 noch einzelne, sehr mächtige und bis 600 Jahre alte Schwarzkiefern, die diese Vegetationsstufung verdeutlichen.

Viele weitere Beispiele zeigen, daß große Teile Inneranatoliens offenbar ursprünglich tatsächlich von Steppenwäldern bedeckt waren, die aufgrund der jahrtausendelangen Nutzung und Übernutzung nur noch reliktär und fragmentarisch anzutreffen sind. Diese durch den Menschen eingeleitete und geförderte regressive Sukzession, bei der ganz allmählich die potentiellen natürlichen Vegetationseinheiten (theoretische Klimaxgesellschaften) von anthropozoogenen Ersatzgesellschaften verschiedenen Grades abgelöst und ersetzt wurden, ist in Abb. 18 dargestellt. Infolge einsetzender Bodenerosion sind viele dieser Ersatzgesellschaften zu nicht mehr regenerierbaren Dauergesellschaften geworden oder vollständig in Kulturland umgewandelt worden. Dadurch ist die potentielle natürliche Vegetation in weiten Bereichen auf Dauer zerstört.

Literatur: FREY & KÜRSCHNER 1989, KÜRSCHNER 1984, LOUIS 1939, MAYER & AKSOY 1986, USLU 1960, ZOHARY 1973.

2.5 Die winterkalte Steppe

Bei der inneranatolischen winterkalten Steppe handelt es sich um die westlichsten Ausläufer des großen zentralasiatischen Steppengebietes, das über Afghanistan und den Iran bis in die Türkei reicht. Diese Exklave der irano-turanischen Florenregion unterscheidet sich klimatisch, floristisch und vegetationsmäßig auffallend von den anderen Regionen der Türkei. Im Gegensatz zu den umrahmenden Hügelketten herrscht hier ein deutlich arides, winterkaltes kontinentales Steppenklima, das aufgrund der geringen Jahresniederschläge (< 300 mm) (vgl. Kap. 1.2) jeglichen Baumwuchs verhindert. Dabei selektieren v.a. die tiefen Wintertemperaturen (absolutes Temperaturminimum Ankara $-24{,}9\,°C$, Ereǧli $-27{,}2\,°C$, Kayseri $-32{,}5\,°C$, Konya $-26{,}5\,°C$, Nevşehir $-23{,}6\,°C$, Yozgat $-23{,}7\,°C$) und die ausgeprägte Sommerdürre die Pflanzenarten

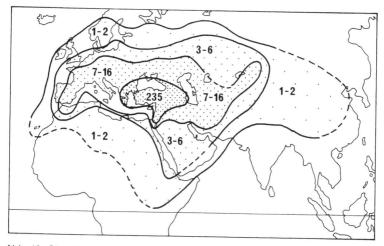

Abb. 19: Sippenzentrum der Gattung *Verbascum* in Inneranatolien. Linien gleicher Artenzahl. (Verändert nach Murbeck 1939.)

und setzen besondere Anpassungserscheinungen für eine erfolgreiche Etablierung voraus. Floristisch zeigen die hier vorkommenden Pflanzen daher nur eine geringe Verwandtschaft zu den Sippen der Pontiden und Tauriden und verdeutlichen damit die florengenetische Eigenständigkeit dieser Region. Zahlreiche Gattungen wie *Acantholimon* (~150 Arten), *Astracantha* (~300 Arten), *Astragalus* (~1000 Arten), *Centaurea* (~260 Arten) oder *Cousinia* (~400 Arten) haben in dieser irano-turanischen Region ein Evolutions- und Artmannigfaltigkeitszentrum. Hohe Artenzahlen in der inneranatolischen Exklave erreichen *Achillea, Aethionema, Alyssum, Astracantha, Astragalus, Centaurea, Cousinia, Echinops, Nepeta, Onosma, Phlomis, Salvia, Thymus* und *Verbascum*, die zahlreiche, in ihrer Verbreitung ausschließlich auf Inneranatolien beschränkte Endemiten aufweisen. Die floristische Sonderstellung Inneranatoliens verdeutlicht eindrucksvoll die Gattung *Verbascum*, die mit etwa 235 Arten hier ihr Sippen- und Entfaltungszentrum hat (Abb. 19).

Als ursprüngliche Vegetation wird im Randbereich der Beckenlandschaften, aufgrund der klimatischen Gegebenheiten und Vergleiche mit Osteuropa, eine Grassteppe (*Stipa-Bromus*-Steppe) angenommen (Foto 12). Solche Federgrassteppen kennzeichnen auch den pontisch-pannonischen Raum und schließen sich dort, wie in Inneranatolien, Steppenwäldern an, sobald die jährlichen Niederschläge unter 300 mm absinken und, infolge der Sommertrockenheit, für Baumwuchs nicht mehr ausreichen. In Inneranatolien sind Grassteppen heute aber nur noch in Relikträumen oder Schutzgebieten anzutreffen, wo durch Zäune eine Beweidung ausgeschlossen wird. Solche Gebiete finden sich z. B. um den Çubuk Barajı (Stausee) und auf dem Campus-Gelände der Hacettepe Universität in Beytepe/Ankara, aber auch bei Karapınar und im Bereich der kulturhistorischen Stätten (Teile von Kappadokien, Gordion, Hattuşaş/Boğazköy). Vielfach zeugen, wenn auch nur kleinflächig und fragmentarisch ausgebildet, noch Reste auf Hügeln, an Berghängen oder an Straßenrändern von der Vielfalt dieser ursprünglichen *Stipa-Bromus*-Grassteppe.

Wie sich der Blühaspekt einer natürlichen Grassteppe im Laufe des Jahres verändert, soll am Beispiel des Geländes (ca. 25 km^2) der Hacettepe Universität in Beytepe, 20 km südwestlich von Ankara, aufgezeigt werden. Dieses Gebiet ist seit 1971 eingezäunt und unter Naturschutz gestellt. Dadurch konnte es sich relativ ungestört regenerieren und weist inzwischen mehr als 400 Blütenpflanzenarten auf. Davon können 95% zu typischen Steppenpflanzen gerechnet werden.

Blütezeit	Bestimmende Arten
Februar – März	*Crocus olivieri*, *Gagea peduncularis*, *Gladiolus atroviolaceus*, *Senecio vernalis*
April – Juni	Volle Blütenentfaltung (Bsp. nach Blütenfarbe geordnet): Weiß: *Acanthus hirsutus*, *Astrodaucus orientalis*, *Bifora radians*, *Salvia aethiopis* Gelb: *Alyssum murale*, *Tragopogon aureus*, *Ajuga chamaepytis*, *Euphorbia macroclada*, *Potentilla recta*, *Moltkia aurea* Orange: *Glaucium corniculatum* Rot: *Centaurea carduiformis*, *Convolvulus galaticus*, *Wiedemannia orientalis* Blau/ violett: *Astragalus lycius*, *Linaria corifolia*, *Moltkia coerulea*, *Veronica multifida*, *Vinca herbacea* Dazu *Bromus tomentellus*, *Dactylis glomerata*, *Poa bulbosa*, *Stipa capillata*
Juli – August	*Alcea apterocarpa*, *Carlina oligocephala*, *Centaurea solstitialis*, *Cichorium intybus*, *Xeranthemum annuum*.

Foto 12: Federgrassteppe in Inneranatolien.

Foto 13: Artemisia santonicum-Steppe (Yavşanlık) in Inneranatolien.

Zu den Beckenzentren hin schlossen sich an die Grassteppen *Artemisia santonicum*-Steppen (primäre *Artemisia*-Steppe, Yavşanlık) an, die die Grundlage der intensiven Weidewirtschaft in Anatolien bilden. Die jahrtausendelange Beweidung und Überweidung führte zu einer starken Ausdehnung pastoral selektierter Steppen (sekundäre *Artemisia*-Steppe, Foto 13) auf Kosten dieser Yavşanlıks und der ursprünglichen Grassteppe (vgl. Abb. 18). In ihnen werden verdornte (*Acantholimon*-, *Astracantha*-, *Astragalus*-, *Cousinia*-Arten, *Eryngium campestre* u. a.), milchsaftführende (Euphorbiaceae) oder ätherische Öle (Lamiaceae) enthaltende Arten, die vom Weidevieh gemieden werden, gefördert. Vielfach sind es aber auch Giftpflanzen, die ein charakteristisches Degradationsstadium der *Artemisia*-Steppe darstellen, wie *Peganum harmala* (Zygophyllaceae), die heute oft ausgedehnte Bestände bildet (vgl. Abb. 18, regressive Sukzession). Diese Art enthält Alkaloide (Harmalin, Harmin), die auf das zentrale Nervensystem von Warmblütlern wirken und in größeren Dosen Krämpfe und Lähmungen auslösen. Unter den Gräsern erfährt durch den Weidedruck *Poa bulbosa* eine Förderung, die sich aus basalen Bulbillen (Brutknöllchen) regenerieren kann und sich dadurch dem Weidebiß entzieht.

Die Steppenformationen stocken überwiegend auf braunen und grauen Steppenböden (Sierozeme), die unter den ariden Klimabedingungen aus den neogenen Kalkmergeln entstanden. Sie besitzen ein geringes Wasserhaltevermögen, sind humusarm und besitzen unter dem A-Horizont oft eine Kalkkruste oder einen verhärteten Gipsanreicherungshorizont.

Große Teile der Steppenformationen sind seit den 50er Jahren in Ackerland umgewandelt worden. Vor allem die tiefgründigen Böden sind im Winter oft gut durchfeuchtet und werden für den Anbau von Winterweizen, aber auch Gerste (auf zur Versalzung neigenden Böden) im Trockenfarmverfahren (dry farming) genutzt. Die Aussaat erfolgt im Oktober nach den ersten Regen, geerntet wird mit Einsetzen der Dürrezeit. Dem zweiten, kleineren Niederschlagsmaximum im April/Mai, das oft „Regenperiode der 40 Nachmittage" genannt wird, kommt eine wichtige Rolle bei der Reife des Getreides zu. Klimabedingt ist der kleberreiche Hartweizen (*Triticum durum*) qualitativ hochwertig und stellt ein Exportprodukt dar. Heute werden daneben auch Zuckerrüben, Sonnenblumen, Kichererbsen und Linsen angebaut. Alle 2 Jahre folgt in der Regel eine Schwarzbrache, während der sich die kapillaren Wasservorräte im Boden regenerieren können. Die unbearbeiteten Brachen dienen auch vielen Steppenpflanzen vorübergehend als Lebensraum und fallen durch ihre bunten, z. T. üppigen Blumenteppiche aus *Bupleurum*- und *Convolvulus*-Arten, *Consolida orientalis*, *Centaurea depressa*, *Vicia villosa*, *Isatis floribunda* und *Wiedemannia orientalis* auf.

Lebenszyklus einer Annuellen (Arides Klima)

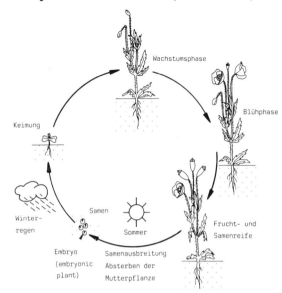

Wachstumsphase

Blühphase

Keimung

Frucht- und
Samenreife

Winter-
regen

Samen

Sommer

Embryo
(embryonic
plant)

Samenausbreitung
Absterben der
Mutterpflanze

Lebenszyklus einer Zwiebelpflanze (Arides Klima)

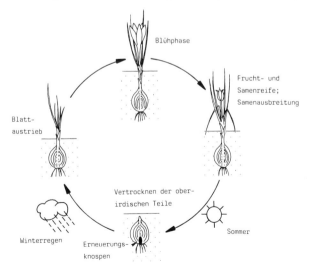

Blühphase

Frucht- und
Samenreife;
Samenausbreitung

Blatt-
austrieb

Vertrocknen der ober-
irdischen Teile

Winterregen

Erneuerungs-
knospen

Sommer

Abb. 20: RAUNKIAERsche Gestalttypen. (Verändert nach DANIN 1983.)

Physiognomisch auffallende Lebensformen in der Steppenvegetation sind verholzte Zwergsträucher (Chamaephyten), Annuelle (Therophyten) und Zwiebelpflanzen (Geophyten), die als ökologische Äquivalente Ausdruck des Klimas sind. Sie repräsentieren zugleich zwei Strategien, als „arido-passives" und „arido-aktives" Verhalten bezeichnet, die typisch für viele Steppen- und Wüstenpflanzen sind.

Dabei entziehen sich die Annuellen und Geophyten dem sommerlichen Trockenstreß (= arido-passiv) und der Winterkälte völlig, indem sie diese ungünstige Vegetationsperiode in Form von Samen (Samenbank im Boden; Therophyten; Abb. 20) oder, wie im Falle der Geophyten, in Form von Zwiebeln, Knollen oder Rhizomen geschützt unter der Erdoberfläche überdauern (Abb. 20). Da die Geophyten während der Vegetationszeit in diesen unterirdischen Organen ausreichend Nähr- und Reservestoffe speichern, können sie bereits sehr zeitig wieder im Herbst (viele *Colchicum*- und *Sternbergia*-Arten) oder im Frühjahr (*Allium*-, *Crocus*-, *Colchicum*-, *Gagea*-, *Muscari*-, *Ornithogalum*-Arten) ergrünen und blühen und verleihen zu dieser Zeit der meist grau erscheinenden Steppenlandschaft bunte Farbtupfer.

Die oft niederliegenden, polsterförmigen Zwergsträucher sind dagegen ausgesprochen „arido-aktiv". Ihre Erneuerungsknospen liegen zwar relativ nahe dem Erdboden (bis maximal 50 cm über der Erdoberfläche), sind aber im Sommer den recht hohen Temperaturen ausgesetzt. Im Winter genießen sie vielfach Schneeschutz, was dem Blattaustrieb förderlich ist. Viele dieser Zwergsträucher (z. B. *Artemisia*-Arten) bilden im Sommer sehr kleine Blätter und schränken so die Transpiration ein oder sie werfen die Blätter ganz ab. Erst im Winter und Frühjahr, nach oder während der Regenfälle, werden „normale" Blätter gebildet (Abb. 21). Ihre stark verholzte Basis schützt zudem vor den sehr hohen sommerlichen Oberflächentemperaturen, die an strahlungsintensiven Tagen fast 70 °C erreichen können.

Weitere Anpassungsstrategien vieler ausdauernder Steppenpflanzen, die in direktem Zusammenhang mit dem Wasserhaushalt stehen (Schutz vor Austrocknung, Verringerung der Transpiration) sind Kleinblättrigkeit (z. B. *Scabiosa argentea*, *Thymus*-Arten, *Ziziphora tenuior*), Rollblätter (*Festuca*-, *Stipa*-Arten) oder xeromorphe Blätter mit dicker Kutikula und eingesenkten Spaltöffnungen. Viele Boraginaceae (*Anchusa*-, *Alkanna*-, *Onosma*-Arten), Lamiaceae (*Marrubium*-, *Phlomis*-, *Salvia*-Arten) oder Scrophulariaceae (*Verbascum*-Arten) besitzen eine dichte, wollige oder filzige Behaarung, die windstille und wasserdampfgesättigte Hohlräume schafft, wodurch das Dampfdruckgefälle Blatt–Luft überbrückt wird. Häufig werden auch Blatt- und Sproßdornen gebildet (*Acantholimon*-, *Astracantha*-, *Echinops*-Arten, *Morina persica*), durch die die Verdunstung reduziert wird und womit zugleich ein Fraß-

Lebenszyklus eines Zwergstrauches (Arides Klima)

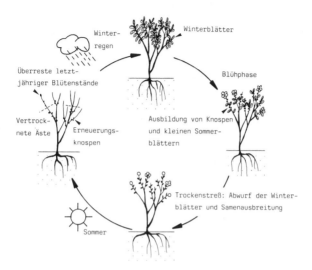

Abb. 21: RAUNKIAERscher Gestalttyp „Chamaephyt". (Verändert nach DANIN 1983.)

schutz gekoppelt ist. Weitere Arten reagieren bei Eintritt der Sommerdürre mit Blattabwurf (s. o.) oder, wie bei vielen *Euphorbia*-Arten, mit
partiellem Vertrocknen der unteren Blätter.
Typisch ist auch der Zusammenschluß vieler Steppenpflanzenindivi-
duen zu Gruppen und Polsterwuchs. Durch beides wird der mecha-
nisch-abschleifenden Wirkung der oft heftigen Winde Widerstand gelei-
stet und es werden windstille Räume geschaffen. Unterscheiden muß
man hier aber zwischen einer modifikatorischen Wirkung (Ausbildung
von Windformen bei *Linum*-, *Lotus*- und *Trifolium*-Arten) und dem orga-
nisationstypischen Polsterwuchs, wie er für *Acantholimon*- und
Astracantha-Arten, viele *Astragalus*-Arten und auch *Salvia aethiopis*
charakteristisch ist.
Eine sehr wirksame Anpassung an den monatelangen Wassermangel
stellt auch die Vergrößerung des Wurzelsystems vieler Steppenpflanzen
dar. Hierauf beruht vielfach das sehr lockere, offene Erscheinungsbild
zahlreicher Steppenformationen (diffus verteilte Vegetation), da im Untergrund eine ausgesprochene Wurzelkonkurrenz herrscht. Wurzelpro-
file verdeutlichen dabei eindrucksvoll, daß die unterirdisch gebildete

Wurzelmasse die oberirdischen Teile der Pflanzen um ein Vielfaches übersteigen kann (Abb. 22). Schon Federgräser, wie *Stipa lagascae*, erreichen mit ihren Wurzelbüscheln über 50 cm Tiefe. *Artemisia santonicum*, die Kennart der inneranatolischen Steppe, schickt ihre Wurzeln bis in 2 m Tiefe. Die gleiche Tiefe, diesmal aber mit einer Pfahlwurzel, die am Ende eine Wurzelquaste trägt, erreicht die oberirdisch völlig unscheinbar wirkende Boraginaceae *Moltkia coerulea*, und *Marrubium parviflorum* erreicht sogar Tiefen bis zu 3 m, wobei Wurzelfülle und -länge optimal verquickt sind (Abb. 22). „Rekordhalter" ist wahrscheinlich der Kameldorn *Alhagi pseudalhagi* (Fabaceae), dessen Pfahlwurzel bis fast 8 m Tiefe reichen kann und damit fast immer das Grundwasser erreicht. Durch zahlreiche Wurzelschößlinge bildet er oft ausgedehnte, aufgrund starrer Sproßdornen von Weidevieh gemiedene Bestände. Diese grünen Sproßdornen sind photosynthetisch aktiv und ermöglichen der Pflanze den Blattabwurf während der sommerlichen Trockenperiode (eine weitere Form des „arido-aktiven" Verhaltens).

Die Entfaltung und alljährliche Regeneration der Steppenflora hängt wesentlich von der Durchfeuchtung (Niederschlagsmenge) des Bodens im Winter und den Regenfällen im April/Mai ab. Dieses zweite Niederschlagsmaximum beträgt in Ankara im Durchschnitt etwa 50 mm, kann aber zwischen 23 mm und 109 mm schwanken. Dies wirkt sich auf den Blühbeginn der Steppe aus. Ein Massenauftreten von *Crocus*- und *Muscari*-Arten gleich nach der kalten Jahreszeit ist die Regel. Während in der ursprünglichen Grassteppe den Therophyten, aufgrund der Konkurrenzkraft der ausdauernden Gräser, wenig Lebensraum bleibt, behaupten sich diese in den sekundären *Artemisia*-Steppen leichter. Häufig sind es *Adonis*-Arten, verschiedene kleine Caryophyllaceae (*Holosteum umbellatum*, *Minuartia*-Arten, *Vaccaria pyramidata*), *Lallemantia iberica*, Papaveraceae (*Papaver*-, *Roemeria*-Arten) und viele Brassicaceae, die den Aspekt bestimmen. Entscheidenden Einfluß auf die Zusammensetzung der Steppenflora hat, neben der Bodenbeschaffenheit (flach-, tiefgründig), Bodenqualität, Exposition (Luv-, Leeseite, S-,N-Exposition) und Neigung die Beweidung. Generell werden dabei vier Ausbildungsformen der Steppe unterschieden, die sich oft mosaikartig miteinander verzahnen:

- *Festuca valesiaca*-Typ: frühes Regenerationsstadium der *Stipa-Bromus*-Steppe nach nur schwacher Beweidung;
- *Artemisia santonicum-Thymus squarrosus*-Typ: extensiv bis mäßig beweidet; der am häufigsten vorkommende Steppentyp;
- *Eryngium campestre-Euphorbia macroclada*-Typ: stark beweidet;
- *Peganum harmala*-Typ: stark überweidet, nitrophytisch.

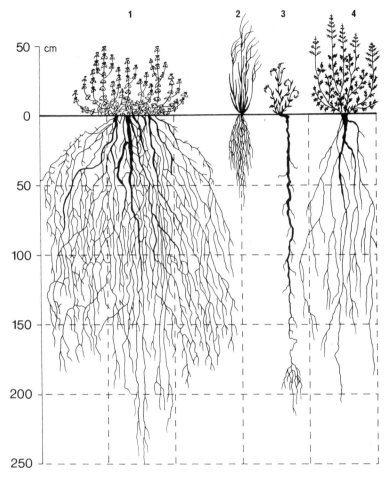

Abb. 22: Wurzelsysteme von Steppenpflanzen. **1** *Marrubium parviflorum*, **2** *Stipa lagascae*, **3** *Moltkia coerulea*, **4** *Artemisia santonicum*. (Aus BILGER 1955, verändert.)

Die Artenzusammensetzung einer typischen *Artemisia*-Steppe soll an einem Beispiel aus dem Tuz Gölü-Becken verdeutlicht werden. Charakteristische Zwergsträucher sind hier *Ajuga chia*, *Artemisia santonicum*, *Astracantha condensata*, *A. microcephala*, *Convolvulus holosericeus*, *Noaea mucronata*, *Phlomis armeniaca*, *Teucrium polium*, *Thymus leu-*

costomus, T. squarrosus. Zu den häufigsten ausdauernden krautigen Pflanzen gehören *Asperula stricta, Astragalus lydius, A. strigillosus, Bromus cappadocicus, B. tomentellus, Centaurea urvillei, Cousinia halysensis, Dianthus zonatus, Eryngium campestre, Euphorbia macroclada, Festuca valesiaca, Inula anatolica, Leymus cappadocicus, Melica cupanii, Onobrychis armena, Peganum harmala, Poa bulbosa, Polygala supina, Scabiosa argentea* und *Vincetoxicum tmoleum*. An Annuellen treten *Alyssum desertorum, Androsace maxima, Anthemis fumariifolia, Callipeltis cucullata, Centaurea depressa, C. solstitialis, Minuartia hamata, Reseda lutea* und *Ziziphora tenuior* auf, an Geophyten findet man zu fortgeschritteneren Jahreszeiten meist nur noch *Allium*-Arten (z. B. *A. scabriflorum*). Der hohe Anteil an *Eryngium campestre, Euphorbia macroclada* und *Peganum harmala* im Tuz Gölü Becken zeigt aber, daß es sich hier um eine infolge Beweidung bereits stark degradierte Form der Steppe handelt. Ursprüngliche, unbeweidete Steppen sind aber in Inneranatolien sicherlich nirgends mehr anzutreffen.

In den höher gelegenen Beckenbereichen und Übergangszonen zu den Steppenwaldresten werden die Steppenformationen zunehmend dornpolsterreicher. Zu den häufigsten Arten gehören die halbkugeligen, igelartigen Polster von *Acantholimon acerosum, Astracantha condensata, A. microcephala* (v. a. auf vulkanischen Tuffböden) und *Astragalus angustifolius*, die bis $^1/_2$ m im Durchmesser erreichen können. Vielfach zeigen neben *Bromus tomentellus* und *Festuca valesiaca* aber noch vereinzelt Federgräser wie *Stipa arabica, S. barbata, S. hohenackeriana, S. holosericea, S. lagascae, S. pulcherrima* und die auffallende, mit prächtiger bis 40 cm langer Federgranne ausgestattete *S. syreistchikowii*, daß es sich bei diesen Standorten um die Wuchsgebiete der ursprünglichen Grassteppe handelt.

Literatur: Akman, Ketenoğlu, Quézel & Demirörs 1984, Bilger 1955, Birand 1970, Danin 1983, Kürschner 1983, Murbeck 1939, Walter 1956b.

2.6 Die Vegetation der Salz- und Bitterseen

Zu den physiognomisch auffallendsten Pflanzenformationen Inneranatoliens gehören die Salzpflanzengesellschaften (Halophytenfluren) im Uferbereich der zahlreichen abflußlosen Seen und Brackwassertümpel (Foto 14). Ihre Entstehung verdanken diese Seen und Tümpel dem Einbruch zahlreicher tektonischer Becken (Konya Becken, Tuz Gölü Becken, Develi Becken) im Tertiär (Neogen), als infolge einsetzender orogener Bewegungen (alpidische Faltungsära) die neogenen Tafellandschaften zerbrachen, die umliegenden Höhenzüge gehoben wurden und der

Foto 14: Salzpflanzen-
gesellschaft (Halophy-
tenflur) am Tuz Gölü.

Beckenboden der heutigen Ovas (Becken) zurückblieb. In den Pluvialzeiten des Pleistozäns füllten sich diese Becken mit Seen, die, je nach
Klima, eine sehr unterschiedliche Ausdehnung hatten. Zur Zeit der maximalen Ausdehnung lagen die Seespiegelstände bis zu 100 m über
den heutigen, was dazu führte, daß das gesamte Konya-Becken von
einem einzigen, riesigen See eingenommen wurde (Abb. 23). Reste dieser ehemals sehr ausgedehnten Seen stellen die heutigen Salzseen dar,
in denen zahlreiche Bäche und Flüsse enden, die im Wasser gelöste
Salze mitführen, die bei der sommerlichen Verdunstung im Oberboden
zurückbleiben. Diese Inlandbecken sind ein charakteristisches Landschaftselement Inneranatoliens.
Im Zentrum des größten Beckens liegen der kleine Bulak Gölü und
Tersakan Gölü sowie der Tuz Gölü, der zu den größten Salzseen Inneranatoliens gehört. Je nach Jahreszeit und Wasserstand nimmt er eine

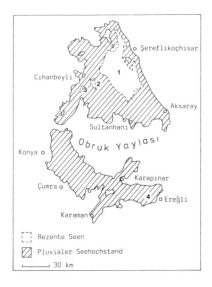

Abb. 23: Maximale glaziale Ausdehnung der inneranatolischen Seen. (Nach EROL 1978.) **1** Tuz Gölü, **2** Tersakan Gölü, **3** Bulak Gölü, **4** Sümpfe bei Ereğli.

Fläche von etwa 1100–1600 km² ein. An seiner tiefsten Stelle mißt er etwa 2 m. Die durchschnittliche Tiefe beträgt aber selbst im Frühjahr, nach den Regenfällen, kaum mehr als 30 cm. Er gehört in die Gruppe der Playa-Seen, die sich durch hohe Salzgehalte und eine negative Bilanz von Wasserzufuhr und Verdunstung auszeichnen. Sein Gesamtsalzgehalt liegt in den Sommermonaten zwischen 31–36%. Damit gehört er zu den salzreichsten Seen der Erde. Neben Kochsalz (NaCl) zeichnet er sich durch hohe Konzentrationen von Sulfat-, Magnesium- und Kaliumionen aus. Während der Eindampfungsphase können diese Ionenkonzentrationen bis auf das 10fache ansteigen, und es kommt zur Ausfällung von Kochsalz, das in bis zu 8 cm dicken Krusten abgelagert wird, und Gips. Diese Salze werden heute abgebaut und stellen einen wichtigen lokalen Wirtschaftsfaktor dar. Wichtigster Salzlieferant für den Tuz Gölü sind neben seinen Zuflüssen (Esmekaya Suyu im Süden, Insu im Westen, Melendiz Suyu im Südwesten und Beçeneközü im Osten) unter dem See liegende Salzlagerstätten. Sie entstanden in den Warmzeiten des Pleistozän, als es zu einer völligen Austrocknung des Sees kam, und sorgen durch mehrere im See gelegene Quellen für eine ständige Salzzufuhr.

Parallel zum Ostufer des Sees verläuft eine markante Verwerfung (Bruchstufe), entlang der das Tuz Gölü-Becken eingebrochen ist. Sie überragt den heutigen Beckenboden um fast 400 m und trennt diesen abflußlosen Landschaftsraum vom nur 10 km entfernten, zum Schwarzen Meer entwässernden Kızılırmak.

Weitere, größere Salzseen finden sich im Develi Becken (Çöl Gölü, Yay Gölü) und im Konya Becken, das während der Pluvialzeiten des Pleistozäns von zahlreichen Seen unterschiedlicher Größe und Tiefe bedeckt war. Reste davon sind heute der periodisch trocken fallende Hotamış Gölü, der Akgöl und die flachgründigen Ereğli-Sümpfe.

Kennzeichnend für alle Salzseen Inneranatoliens ist ihre sommerliche Einengung und Verringerung der Seefläche durch die starke Verdunstung. Die im Sommer trocken fallenden Zonen und die Umgebung der Seen werden durch zwei Typen von Salzböden, Solontschake und Solonetze, gekennzeichnet. In Senken mit hohem Grundwasserstand bilden sich überwiegend Solontschake. In diesen Böden kommt es infolge kapillaren Grundwasseraufstiegs während der Trockenperiode im Sommer zu einer Salzanreicherung im Oberboden, zu Salzausblühungen und zur Bildung dicker Salzkrusten. Solonetze sind, infolge höherer Lage und des fehlenden kapillaren Grundwasseraufstiegs, im Oberboden salzarm. Ihre Salze sind in tiefere Schichten (oftmals der Wurzelhorizont) eingewaschen. Meist handelt es sich um tonige, stark quellende Böden, die in trockenem Zustand polygonale Schrumpfungsrisse aufweisen. Nur wenige Spezialisten (Halophyten) können hier siedeln, die je nach Bodenstruktur, Salinität und Feuchtigkeit eine deutliche, meist uferparallele Zonierung aufweisen. Als Grenzkonzentration gegenüber Nicht-Halophyten setzt man einen NaCl-Gehalt des Bodenwassers von 0,5% ($\triangleq$ 5 g/l; zum Vergleich: Meerwasser enthält im Durchschnitt 3–3,5% NaCl $\triangleq$ 30–35 g/l) an. Experimentell vielfach ungeklärt ist dabei, ob es sich tatsächlich um salzliebende, also halophile und damit in ihrer Entwicklung durch den Faktor Salz geförderte Pflanzen oder nur salztolerierende Arten (halophytische Arten) handelt, die meist aufgrund von Konkurrenzphänomenen auf diese Standorte abgedrängt werden. Dementsprechend unterscheidet man unter ökophysiologischen Aspekten zwischen obligaten Halophyten (ausschließlich auf Salzstandorte beschränkte, halophile Sippen), fakultativen Halophyten (halotolerante Sippen, deren physiologisches Optimum im salzfreien bzw. salzarmen Bereich liegt) und standortindifferenten Halophyten. Voraussetzung für die Besiedlung solcher salzhaltigen Standorte ist eine Halotoleranz, die erfordert, daß die Pflanzen schadlos so hohe Salzmengen in das Zytoplasma der Zelle aufnehmen können, daß die Saugkraft der Zellen die osmotische Saugspannung des Bodenwassers übersteigt, oder aber, daß sie in der Lage sind, Salze wieder abzugeben bzw. durch „Sperren" im Wurzelbereich gar nicht erst aufzunehmen. Dazu wurden unterschiedliche Strategien entwickelt:

- Halophyten ohne Regulationsmechanismen (Kumulationstyp): Halophyten des kumulierenden Typs können innere Salzgehalte nicht aktiv regulieren. Es findet daher eine ständige Zunahme des Salzes und damit ein ständiges Ansteigen des osmotischen Druckes im Verlaufe der Vegetationsperiode statt, bis eine maximale ertragbare Konzentration bzw. ein toxischer Grenzwert erreicht sind. In der Regel ist dieser Zeitabschnitt aber lange genug, um den Entwicklungszyklus abzuschließen. Beispiele für diesen Typ finden sich innerhalb der halophytischen *Juncus*- (*J. heldreichianus*, *J. maritimus*) und *Scirpus*-Arten.

- Halophyten mit Regulationsmechanismen (Regulationstyp): Bei den regulierenden Salzpflanzen übersteigen osmotischer Druck und Ionengehalte dagegen ein erreichtes Maximum nicht. Physiognomisch auffallendster Regulationsmechanismus ist die Sukkulenz (Halo-Sukkulenz), die auch viele Salzpflanzen Inneranatoliens zeigen. Bei diesen Euhalophyten erfolgt eine aktive Salzakkumulation in der Vakuole, wobei die gleichzeitige Speicherung großer Wassermengen im Blatt (Blatt-Halosukkulenz, z. B. bei den *Salsola*- und *Suaeda*-Arten) oder im Achsengewebe (Stamm-Halosukkulenz, z. B. bei *Halocnemum strobilaceum*, *Salicornia europaea*) zu einem Verdünnungseffekt führt.

Unauffälliger, aber sehr effektiv, ist die Regulation durch Wiederausscheidung über salzsezernierende Drüsen und Haare (z. B. bei *Aeluropus litoralis*, *Atriplex tatarica*, *Cressa cretica*, *Frankenia*-Arten, *Glaux maritima*, *Limonium*-Arten) oder Rekretion durch Abwurf ganzer Pflanzenteile. Hierbei bleibt die Salzmenge im Gewebe relativ gering. Pflanzen mit dieser Strategie werden als Crinohalophyten zusammengefaßt.

Eine dritte Möglichkeit der Salzregulation besteht in der hohen Selektivität bzw. Salzundurchlässigkeit im Wurzelbereich (Wurzelfiltertyp). Zu diesen Pseudohalophyten genannten Pflanzen mit effektiven Filtern gehören in Inneranatolien diverse *Salsola*-Arten, einige Poaceae und wahrscheinlich *Gypsophila perfoliata*.

Die schädigende Wirkung der Salze für Pflanzen beruht auf osmotischen Effekten (erschwerte Wasseraufnahme), Störungen der Mineralstoffaufnahme (Störung in der Selektivität der Ionenaufnahme) und toxischen Effekten (Fällung oder partielle Zerstörung von Proteinen; Änderung der Permeabilitätseigenschaften von Membranen).

Trotz der auffallenden morphologisch-anatomischen Strukturen oder physiologischen Unterschiede gibt es für Salzpflanzen kein allgemein gültiges morphologisches oder physiologisches Charakteristikum. Sie stellen eine komplexe, ökologisch nicht einheitliche Gruppe aus den verschiedensten Verwandtschaftskreisen dar, denen lediglich gemeinsam ist, daß sie infolge der Konzentrationserhöhung des Bodenwassers durch Verdunstung in der Lage sein müssen, Anstiege der Salzkonzentration bis auf 10% und mehr zu ertragen. Besonders präadaptiert für solche Bedingungen sind dabei die Familien der Chenopodiaceae und Plumbaginaceae, die neben diesen halophytischen Sippen ja auch eine ganze Reihe nitrophytischer Besiedler von Ruderalstandorten (z. B. *Chenopodium*-Arten) und typische, schwermetallresistente Sippen (*Armeria maritima* agg.) aufweisen. Aber auch innerhalb der Apiaceae (*Ferula halophila*), Boraginaceae (*Onosma halophila*), Compositae (*Scorzonera cana*, *Taraxacum farinosum*), Convolvulaceae (*Cressa cretica*), Frankeniaceae (*Frankenia*-Arten), Iridaceae (*Gladiolus halophilus*), Poaceae (*Aeluropus litoralis*, *Puccinellia koeieana*), Primulaceae (*Glaux maritima*), Scrophulariaceae (*Verbascum*-Arten) und Tamaricaceae (*Reaumuria alternifolia*) treten in Inneranatolien halophytische Sippen auf. Aufgrund ihres äußeren Erscheinungsbildes und der exponierten Lage gehören die Salzpflanzengesellschaften mit zu den eindrucksvollsten Formationen Inneranatoliens. Die Zonierung am Beispiel des Tuz Gölü (Abb. 24) soll dies im folgenden noch verdeutlichen.

Pionier auf den am stärksten versalzten Böden unmittelbar im Anschluß an das meist vegetationslose, salzinkrustierte Seeufer ist die annuelle *Salicornia europaea*. Sie regeneriert sich jedes Jahr aus Samen neu und ist ein echt halophiler Vertreter, da, wie Versuche gezeigt haben, sowohl die Samenkeimung als auch das Wurzelwachstum durch Kochsalz gefördert werden. Vor zu hohen Salzkonzentrationen im Zellsaft schützt sich die Pflanze durch Stamm-Halosukkulenz. Sie verfügt über keinen Absalzmechanismus und nimmt daher im Laufe ihrer Entwicklung zunehmend Wasser in die Vakuolen auf und „verdünnt" so die Salzlösung. Trotzdem sind auch diesem Spezialisten Grenzen gesetzt. Bereits im Frühsommer ist vielfach zu beobachten, daß die Pflanzenbestände aus *Salicornia europaea* eine auffallende Rotfärbung zeigen, die auf einer Störung des Nitrataufnahmemechanismus beruht. Dadurch kommt es zu verringerter Chlorophyllsynthese und vermehrter Bildung des für die Chenopodiaceen charakteristischen roten Farbstoffs Betacyan. Als zweiter Vegetationsgürtel folgt auf diese einjährigen *Salicornia*-Bestände ein ausdauernder *Halocnemum strobilaceum*-Gürtel, der auf typischen, grundwassernahen Solontschakböden siedelt. *Halocnemum strobilaceum* ist ebenfalls stamm-halosukkulent (perlschnurartig verdickte Stengelglieder) und bildet inselartig verteilte Horste, die mit ihren Wurzeln aber bis in das hier hoch anstehende, salzärmere Grundwasser reichen. Der Salzgehalt im Oberboden ist oft so hoch, daß zwischen diesen Inseln kaum andere Pflanzen Fuß fassen können. Als dritte Zone schließt sich vielfach eine offene Salzwiese an, in der die

Formationskundliche Zonierung (Kürschner 1982)	Zonierung auf der Grundlage von Assoziierungen (Kürschner 1982)	Pflanzensoziologische Zonierung (Birand 1960)
Sehr offene, wüstenähnliche Salzbodenformationen	Keine Assoziierungen	Keine Assoziationen
Annuelle Salzkräuterflur	Salicornia europaea-Assoziierung	Salicornia herbacea-Assoziation
Halbstrauchige Salzpflanzenfluren	Halocnemum strobilaceum-Assoziierung	Halocnemum strobilaceum Assoziation
Offene Salzwiese	Aeluropus litoralis-Assoziierung	
Perennierende Salzkräuterfluren	Salsola inermis-Assoziierung Petrosimonia brachiata-Assoziierung	Salsola platytheca-Assoziation (Synonym: S. inermis)
Xeromorphe offene Zwerggesträuche	Peganum harmala-Assoziierung (degradierte Artemisia santonicum-Steppe)	Artemisia fragrans-Steppe (Synonym: A. santonicum)
An Quellen und Zuflüssen: Salzwasser-Röhricht	Phragmites australis-Assoziierung	
Binsenried	Juncus maritimus-Assoziierung	Juncus maritimus-Statice globulifera-Assoziation

Links: Halophytische Gesellschaften. Rechts: Abnehmender Salzgehalt.

Abb. 24: Zonierung der Salzpflanzengesellschaften am Tuz Gölü. (Verändert nach KÜRSCHNER 1983.)

Poacee *Aeluropus litoralis* dominiert. Charakteristisch für dieses Gras sind lange Ausläufer, die sich bewurzeln und über die eine schnelle vegetative Vermehrung erfolgt. Dieser Gürtel steht in engem Kontakt mit Salzkräuterfluren, die auf durch Auswaschung oberflächlich entsalzten Solonetzen siedeln. Innerhalb dieser Zone dominieren typische Versalzungsanzeiger wie *Camphorosma monspeliaca*, *Salsola inermis*, *S. macera* oder *Suaeda altissima*. Eine Reihe einjähriger Arten wie *Achillea wilhelmsii*, *Anthemis fumariifolia*, *Apera intermedia*, *Bromus anatolicus*, *Consolida glandulosa*, *Erodium cicutarium*, *Erophila verna*, *Hordeum maritimum, Lepidium cartilagineum* und *Sphenopus divaricatus* leiten zu der sich landeinwärts anschließenden *Artemisia*-Steppe über. Diese primäre *Artemisia*-Steppe ist in weiten Bereichen um den Tuz Gölü bereits durch Überweidung stark degradiert und wird durch nitrophytische *Peganum harmala*-Bestände ersetzt (vgl. Kap. 2.5). Diese Zygophyllacee ist äußerst weideresistent, da sie vom Vieh gemieden wird. Entlang der Zuflüsse und den zahlreichen Quellen unterbrechen Salzwasser-Röhrichte und Binsenriede (Salzsümpfe) diese meist uferparallelen Halophytenformationen. Neben *Phragmites australis* werden sie vor allem durch *Juncus heldreichianus, J. maritimus*, diverse, z. T. endemische *Limonium*-Arten (*L. anatolicum, L. globuliferum, L. iconicum, L. lilacinum*), dem endemischen *Linum seljukorum, Astragalus odoratus, Cladium mariscus, Eleocharis mitracarpa, E. palustris, Gladiolus halophilus, Iris orientalis, Onosma halophilum, Tetragonolobus maritimus* und *Triglochin palustris* gekennzeichnet. Großflächig finden sich solche Bestände v. a. im Süden des Tuz Gölü, wo entlang des Esmekaya Suyu und Melendiz Suyu ausgedehnte Röhrichte und Salzsümpfe ausgebildet sind.

Die beschriebenen Vegetationsgürtel treten in ähnlicher Ausbildung und Artenzusammensetzung auch an den anderen Salzseen Inneranatoliens auf. In Abhängigkeit der edaphischen Faktoren können sich aber sehr komplexe und differenzierte, kleinräumige Vegetationsmosaike ausbilden, die eine eindeutige Zuordnung zu bestimmten Gesellschaften erschweren.

Literatur: Birand 1960, Erol 1978, Irion 1977, Kürschner 1982, 1983.

2.7 Die Vegetation der Süßwasserseeufer und Feuchtstandorte (Foto 15)

Die Zahl der natürlichen Seen und Feuchtstandorte in der Türkei ist recht groß. Entsprechend dem saisonalen Wasserstand kann ihre Ausdehnung sehr unterschiedlich sein, und viele Seeufer sind daher ausgedehnt versumpft. Seen liegen im Landesinneren meist in abflußlosen Depressionen (Endseebecken am Innenrand des Taurus-Gebirges) oder intramontanen Becken des Taurus-Gebirges (südwest-anatolisches Seengebiet, Göller Bölgesi), in den Küstenregionen vielfach unweit des Meeres (ehemalige Lagunen) und in der Nähe großer Flußdelten. Sie entstanden bei der Gestaltung des anatolischen Reliefs durch die Erosion der Flüsse und Ausräumung der im Jungtertiär akkumulierten Bekkenfüllungen, tektonische Bewegungen, Abschnürung und Zuschüttung ehemaliger Meeresbuchten und Deltabildung in Grabensenken. Dieser Prozeß der Begradigung der Küsten (Ausgleichsküsten) und des Vorrückens der Schwemmlandebenen infolge hoher fluviatiler Sedimentfracht hält bis zur Gegenwart an und führte bereits in der Antike zur Verlandung vieler ehemaliger Hafenstädte (z. B. Ephesus, Milet, Priene).

Die bekanntesten und größten Seen und Feuchtgebiete in der West-Türkei sind:

– Marmara-Region: Apolyont- (Ulnabat-) und Manyas Gölü, zwei infolge tektonischer Bewegungen (Vertiefungen füllten sich mit Wasser) entstandene Flachseen südlich des Marmara-Meeres; Kocaçay-Delta (das größte ins Marmara-Meer entwässernde Flußdelta).
– Ägäis-Region: Bafa Gölü (Reststück einer alten Meeresbucht; antiker Latmischer Meerbusen) und Büyük Menderes-Delta im Westen, Köyceğiz Gölü (einer der größten Küstenseen der Türkei) und Dalyan-Delta im Südwesten.
– Mittelmeer-Region: Die großen, z.T. sehr tiefen und klaren, meist über Poljen mit Ponoren (unterirdisches, karstisches Abflußsystem) entwässernden Gebirgsseen um Burdur, Isparta und Eğirdir (Burdur Gölü, Eğirdir Gölü, Beyşehir Gölü).
– Inneranatolische Region: Eber Gölü und Akşehir Gölü östlich von Afyon, Yay Gölü (Sultansümpfe) im Develi Becken und die Ereğli-Sümpfe im Konya Becken.

An diesen Seen und Seeufern verzahnen sich zwei Vegetationskomplexe, die von Hydrophyten (Wasserpflanzen) und Helophyten (Sumpfpflanzen) dominiert werden. Die Wasserpflanzengesellschaften, Schilfgürtel (Röhrichte) und Sumpfwiesen gehören zu den azonalen Pflanzengesellschaften, da ihre Ausbildung und Artenzusammensetzung im wesentlichen allein durch den Faktor Wasser und weniger von großklimatischen Parametern (Niederschlagsmenge, -verteilung, Kälteperiode, sommerliche Dürre) bestimmt wird. Die hier auftretenden Arten sind daher fast kosmopolitisch verbreitet und unterscheiden sich nur wenig von denen in Mitteleuropa. Verantwortlich dafür ist sicherlich auch die relativ leichte Ausbreitung der Diasporen (Früchte, Samen, vegetative Vermehrungseinheiten) dieser Arten im Gefieder von Zug- und Wasservögeln. Eine Ausnahme stellen hier nur die südwest-anatolischen Auwälder dar (größere Bestände zwischen Marmaris und Fethiye und bei Antalya; optimale Bestände aufgrund des hohen Stauwasserspiegels am Köyceğiz Gölü und Dalyan-Delta), in denen mit *Liquidambar orientalis* ein Paläoendemit einer arkto-tertiären Flora überdauerte. Diese Standorte gehören zu einem der bedeutendsten Refugialräume SW. Asiens (vgl. Kap. 2.1.4).
Die heutigen Wasserpflanzen sind sekundäre Besiedler dieser Nische und umfassen nur etwa 1% aller Blütenpflanzen. Sie entstammen den verschiedendsten Verwandtschaftskreisen und haben für die hygrophytische Lebensweise eine Reihe morphologischer und physiologischer Konvergenzmerkmale entwickelt. Ihre submersen Blätter sind meist bandartig (höhere Zugfestigkeit) und/oder zerschlitzt (größere Oberfläche zum erleichterten Gasaustausch) und ohne Spaltöffnungen. Bei Schwimmblättern kommt es vielfach zu einer Entspezialisierung der

Foto 15: Süßwasserseeufervegetation (Hydrophytenvegetation) in Anatolien.

Epidermis und Ausbildung von Verdünnungsstellen (Hydropoten) in der Kutikula zum rascheren Stoffaustausch, Wachsen und Haaren (Unbenetzbarkeit). Wurzelnde Hydrophyten und Helophyten besitzen große und weiträumige Durchlüftungsgewebe (Aerenchyme), die dem Sauerstofftransport dienen und zugleich das spezifische Gewicht der Pflanze verringern („Auftauchen" nach Überflutung). Häufig sind bei Schwimmpflanzen die Leitbündel nur schwach verholzt, wodurch sich die Blattstiele bei steigendem Wasser (Hochwasser) noch strecken können. Viele Sippen zeigen eine ausgeprägte vegetative Vermehrung durch Winterknospen (Turionen), die am Gewässergrund überdauern und im Frühjahr emporsteigen. Damit besitzen sie einen „Startvorsprung" gegenüber den Arten, die sich aus Samen regenerieren müssen, und besetzen schnell die geeigneten Standorte.

Die Gruppe der Hydrophyten umfaßt sowohl völlig untergetaucht lebende und blühende Pflanzen (z. B. *Ceratophyllum*-Arten), solche, die nur vegetativ submers leben, aber an der Wasseroberfläche blühen und fruchten (z. B. *Nuphar lutea*, *Nymphaea alba*, *Ranunculus*-Arten, *Potamogeton*-Arten), und völlig frei schwimmende Pflanzen wie die Wasserlinsen (Lemnaceae) oder *Stratiotes aloides*.

Die Artenzusammensetzung ist in erster Linie vom Wasserchemismus, dem Nährstoffgehalt (eutrophe-oligotrophe Gewässer), der Wasserbewegung (Still-, Fließgewässer; Fließgeschwindigkeit, Wellenschlag) und dem Lichtgenuß (Sichttiefe; Intensität und Qualität der Strahlung, lichtabhängige Tiefenzonierung) abhängig. Die meisten Wasserpflanzengesellschaften bestehen aus verhältnismäßig wenigen Arten, die aber mangels Konkurrenz die Chance haben, sich massenhaft zu entfalten. Oft entscheidet dabei letztlich nur der Zufall der ersten Ansiedlung darüber, welche Arten das Vegetationsbild bestimmen.

Über Wasserpflanzengesellschaften, Röhrichte und Seggenriede liegen aus Mitteleuropa eine ganze Reihe detaillierter Untersuchungen zur Zonierung, Artenzusammensetzung, Dynamik, Sukzession und dem Faktorengefüge vor. Diese Ergebnisse lassen sich im wesentlichen auch auf die bisher kaum untersuchten türkischen Seen, Seeufer und Feuchtgebiete übertragen.

Den innersten Vegetationsgürtel in nicht zu tiefen (1–3 m), nährstoffreichen Stillgewässern bilden auch in der Türkei konkurrenzkräftige Schwimmblattgesellschaften aus *Nuphar lutea* und *Nymphaea alba*, *Polygonum amphibium* (in anthropogen gestörten, seichten Gewässern mit stärkeren Wasserspiegelschwankungen) und *Potamogeton natans*, (v. a. in Kleingewässern), die verlandungsfördernd wirken. Sie werden in kleineren Gewässern, Tümpeln und Gräben mit stark schwankenden Wasserständen meist durch austrocknungsresistentere, weißblühende *Ranunculus*-Arten ersetzt (Subgen. *Batrachium*, in der Türkei v. a. *Ranunculus sphaerospermus*, aber auch *R. rionii*, *R. saniculifolius*, *R. trichophyllus*).

Auf diesen Schwimmblattgürtel folgen i. d. R. ausgedehnte Röhrichte mit Helophyten, die auch die amphibische Zone fließender Gewässer und Feuchtbiotope kennzeichnen. Die Ausbildung dieser produktionskräftigen, hochwüchsigen, meist artenarmen Röhrichte ist von der Wassertiefe, der Schwankungsbreite des Grundwasserspiegels und der Fließgeschwindigkeit abhängig. Aspektbestimmend sind v. a. Poaceae und Cyperaceae, die zur Faziesbildung (Vorherrschen meist nur 1 Art) neigen [Stillwasserröhrichte aus *Phragmites australis*, *Iris pseudacorus*, *Typha*-Arten; *Butomus umbellatus*-Röhricht (auf basenhaltigen Sedimenten in stark eutrophierten Gewässern und Gräben mit schwankenden Wasserständen); *Cladium mariscus*-Ried (auf kalkoligotrophen, nassen Böden im Flachwasserbereich, sehr störanfällig); mittelhohe Bach- und Flußröhrichte aus *Glyceria*-Arten, *Phalaris arundinacea* und *Sparganium*-Arten]. In diesen Röhrichten wird das anfallende organische Material nur unvollständig zersetzt, und es entstehen semiterrestrische, organogene Naßböden, die zur weiteren Verlandung beitragen. Auf zeitweise flach überschwemmten und oft trockenfallenden Standorten finden sich von verschiedenen *Carex*- (*Carex distans*, *C. divisa*) und *Juncus*-Arten dominierte Seggenriede, *Eleocharis*-Riede

(*Eleocharis mitracarpa, E. palustris, E. quinqueflora*) und orchideenreiche Sumpfwiesen.

Alle diese Vegetationskomplexe und Gesellschaften sind in der Türkei bisher nicht eingehend untersucht. Dies gilt in besonderem Maße für die oligotrophen Gebirgsseen, über deren Wasserpflanzengesellschaften und Ufervegetation detaillierte Studien ganz fehlen. Die nachfolgenden Beispiele (vgl. auch Kap. 2.1.4) geben aber einen ersten Einblick in die Vegetation der Uferzonen und Feuchtstandorte.

Bafa Gölü: Durch den Schwemmfächer des Menderes-Deltas seit rund 1500 Jahren vom offenen Meer abgeschnürte ehemalige Meeresbucht. Inzwischen fast ganz ausgesüßt, aber noch mit leicht brackigem Wasserkörper, der deutlichen jahreszeitlichen Schwankungen unterworfen ist. Die Seefläche ist etwa 15 km lang und 5 km breit (ca. 7000 ha), bei einer maximalen Tiefe von etwa 25 m im nördlichen Teil. Aufgrund der regelmäßigen Wasserspiegelschwankungen fehlt eine stabile, zonierte Ufervegetation. Nur an der zum Menderes-Delta weisenden Westseite ist ein zwar ausgedehntes, aber artenarmes Schilfröhricht (*Phragmites australis*) entwickelt, das landseitig mit *Tamarix smyrnensis*-Brackwassergebüschen verzahnt ist. Auffällig ist der hohe Anteil und die phänologische Aspektfolge der amphibischen Helophytenvegetation der unverschilften Uferabschnitte. Im Frühjahr bedecken weithin weißleuchtende Herden des blühenden Wasserhahnenfußes *Ranunculus sphaerospermus* die ausgedehnten Seichtwasserpartien, vergesellschaftet mit anfangs submersen, später trockenfallenden Massenbeständen von *Myriophyllum spicatum* und *Potamogeton pectinatus*. Nach der sommerlichen Dürreperiode überziehen sich die freigefallenen Ufer und Schlickflächen ab September mit einem dichten Teppich von schlammbewohnenden Wärmekeimern wie *Cyperus pygmaeus, C. fuscus* und *C. flavescens*, oder, an brackigen Stellen, mit mattenartig wachsenden Kolonien von *Heliotropium curassavicum*.

Yay Gölü (Sultansümpfe): Schilfreicher Süßwasserkomplex im Develi-Becken mit Kanälen (durch Stakboote befahrbar) und schwimmenden Schilfinseln. Wasserpflanzen und Überflutungsanzeiger: *Alisma plantago-aquatica, Lythrum tribracteatum, Mentha longifolia, Nymphaea alba, Phragmites australis, Polygonum amphibium, Ranunculus sphaerospermus, Rorippa sylvestris, Typha laxmannii, Utricularia australis, Veronica anagallis-aquatica*.

Ereğli-Sümpfe: Verschilfte Steppenseen (Reste des pluvialzeitlichen Konya-Sees, vgl. Kap. 2.6), umgeben von stark überweideten, ruderalen und nitrophilen Krautfluren. Auf stark versumpften, leicht humosen

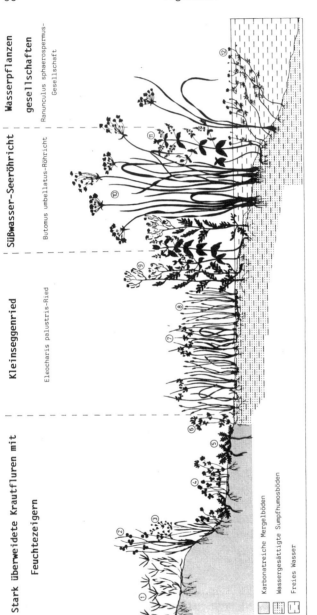

Stark überweidete Krautfluren mit Feuchtezeigern

Kleinseggenried

Süßwasser-Seeröhricht

Wasserpflanzengesellschaften

Eleocharis palustris-Ried

Butomus umbellatus-Röhricht

Ranunculus sphaerospermus-Gesellschaft

Karbonatreiche Mergelböden
Wassergesättigte Sumpfhumosböden
Freies Wasser

Abb. 25: Vegetationsabfolge an einem nährstoffreichen Süßwassertümpel bei Hortu (Ereğli-Becken, Inneranatolien). (Verändert nach KÜRSCHNER 1983.) **1** *Cynodon dactylon,* **2** *Scirpoides holoschoenus,* **3** *Juncus articulatus,* **4** *Trifolium repens,* **5** *Cirsium* sp., **6** *Lotus corniculatus,* **7** *Bolboschoenus maritimus,* **8** *Eleocharis palustris,* **9** *Rorippa sylvestris,* **10** *Butomus umbellatus,* **11** *Veronica anagallis-aquatica,* **12** *Ranunculus sphaerospermus.*

Böden ausgedehnte Kleinseggenriede, die auf staunassen Böden und im Uferbereich von *Butomus umbellatus*-Röhrichten abgelöst werden. Im Wasser dominiert *Ranunculus sphaerospermus* (zur Zonierung vgl. Abb. 25). Die Entwässerung dieser Sümpfe bei Wasserhochstand erfolgt über den Düden Gölü (Ponore, unterirdischer, karstischer Wasserabfluß).

Weitere, häufig anzutreffende Hydro- und Helophyten im Uferbereich der Süßwasserseen und Feuchtstandorte sind *Alisma lanceolatum*, *Apium graveolens*, *Barbarea plantaginea*, *Berula erecta*, *Blysmus compressus*, *Centaurium pulchellum*, *Cyperus longus*, *Eleocharis mitracarpa*, *Eupatorium cannabinum*, *Iris orientalis*, *Lythrum junceum*, *L. salicaria*, *Mentha pulegium*, *Nasturtium officinale*, *Oenanthe fistulosa*, *Orchis laxiflora*, *O. palustris* und *Typha domingensis*.

Literatur: KASPAREK 1985, 1988, KÜRSCHNER 1984, RAUS 1992, SEÇMEN & LEBLEBICI 1984.

3 Flora

3.1 Schlüssel zum Bestimmen der in der Türkei vorkommenden Pflanzenfamilien

Die nachfolgenden Bestimmungsschlüssel sind dichotom aufgebaut. Der Benutzer wird also jeweils vor eine Alternative gestellt, die an der zu bestimmenden Pflanze überprüft werden muß. Die Entscheidung fällt dann entweder zugunsten der mit einer Zahl versehenen oder zugunsten der durch einen Strich (–) am linken Seitenrand gekennzeichneten Möglichkeit. Hat man sich für eine der beiden Möglichkeiten entschieden, finden sich die Hinweise zum nächsten Fragenpaar immer am Ende der Zeile (rechter Seitenrand). Dies kann wiederum eine Zahl sein, bei der die Bestimmung fortgesetzt wird, oder ein Familien-, Gattungs- oder Artname (nur in Ausnahmefällen). Die bei diesen stehende Zahl verweist auf die Seite, wo die betreffende Familie oder Gattung vorgestellt werden. Umfangreiche Schlüssel enthalten Rückverweise bei Schlüsselziffern, die das Wiederauffinden der zuletzt gefragten Alternative erleichtern.
Die verwendeten **Abkürzungen** sind auf der Umschlaginnenseite und einer farbigen Beilagekarte erklärt.

1. Sa. frei, nicht in einen Frkn. eingeschlossen; Bäume und Sträucher mit nadel- oder schuppenf., meist immergrünen Blätt. . . . . (Gymnospermae) **2**
– Sa. in einen Frkn. eingeschlossen . . . . (Angiospermae) **6**
2. Kleine Rutensträucher; Blätt. zu Schuppen um die Stgknoten reduziert . . . . **Ephedraceae,** 250
– Bäume oder Sträucher; Blätt. nicht zu Schuppen um die Stgknoten reduziert **3**
3. Blätt. schuppenf., der Sproßachse angedrückt . . . . **Cupressaceae,** 239
– Blätt. nadelf., von der Sproßachse abstehend **4**
4. Nadeln meist in Quirlen zu 3, stechend; Frzapfen beerenartig, oft bereift . . . . **Cupressaceae (Juniperus),** 240
– Nadeln spiralig oder büschelig angeordnet; Frzapfen nicht beerenartig. **5**
5. Nadelbasis als grüner Streifen am Zweig herablaufend; Sa. mit fleischigem, rotem Becher . . . . **Taxaceae***
(nur *Taxus baccata* L.)
– Nadelbasis nicht herablaufend; Nadeln einzeln, zu 2, 3, 5 oder in Büscheln an Kurztrieben; Frzapfen verholzend . . . . **Pinaceae,** 366

---

* nicht behandelte Familien; i.a. Familien mit nur wenigen Gattungen und Arten

6 (1–) Blattspr. parallel- oder bogennervig, selten netz- oder 1nervig, einfach und ungeteilt, zuweilen stielrund, schwertf. oder nadelf.; Blätt. häufig in 2 Zeilen; Bltnorgane meist in 3zähligen Wirteln, Bltnhülle selten in K. und Blkr. gegliedert, meist 6blättrig als Perigon; Keimlinge meist nur mit 1 Keimblatt . . . . (Monocotyledoneae) **174**

– Blattspr. mit fiedrig, fingerig oder netzartig miteinander verbundenen Nerven, seltener bogen-, parallel- oder 1nervig, einfach oder zusammengesetzt; Blätt. zerstreut, wechsel- oder gegenst. oder in Wirteln, seltener in 2 Zeilen; Bltnhülle meist in 4- oder 5zähligen Kreisen, oft in K. und Blkr. gegliedert; Keimlinge meist mit 2 Keimblätt. . . . . . .
(Dicotyledoneae) **7**

7. Blkr. am Grd. nicht verwachsen (selten oben verbunden) oder Blkr. fehlend **8**

– Blkr. am Grd. verwachsen **127**

8. Bäume oder Sträucher; wenigstens die ♂ Bltn. in kätzchenf. Bltnständen **9**

– Bltn. nicht in kätzchenf. Bltnständen, falls so, dann keine Bäume oder Sträucher **13**

9. Blätt. gefiedert . . . . **Juglandaceae***
[nur *Juglans regia* L., *Pterocarya fraxinifolia* (POIR.) SPACH]

– Blätt. gelappt, gezähnt oder ganzrandig **10**

10. Sa. zahlreich, wollig behaart; ♂ Kätzchen aufrecht, Stbbl. viel länger als das Tragblatt (*Salix*) oder ♂ Kätzchen hgd. und Tragblätt. gezähnelt oder zerschlitzt (*Populus*) . . . . **Salicaceae, 419**

– Sa. 1 bis wenige, nicht wollig-behaart; ♂ Kätzchen anders. **11**

11. ♂ Bltn. in Gruppen von 2–3 dem Tragblatt angehängt; Gr. 2 . . . . **12**

– ♂ Bltn. nicht am Tragblatt angehängt; Gr. 3–6 . . . . . . **Fagaceae, 284**

12. ♂ Bltn. ohne Blkr., ♀ Bltn. mit Blkr.; Fr. von Hochblätt. eingeschlossen . . . . **Corylaceae, 235**

– ♂ Bltn. mit reduzierter Blkr., ♀ Bltn. ohne Blkr.; Fr. nicht von Hochblätt. eingeschlossen . . . . **Betulaceae***
[*Betula* L. (5 Arten), *Alnus glutinosa* (L.) GAERTN., *A. orientalis* DECNE.]

13 (8–) Perianth 2kreisig; K. und Blkr. vorhanden **14**

– Perianth 1kreisig oder 2- bis mehrkreisig, aus gleichen Hüllblätt., diese oft kronblattartig **87**

14. Stbbl. mehr als doppelt so viele wie die Blkrblätt. **15**

– Stbbl. doppelt so viele wie die Blkrblätt. oder weniger **33**

15. Frblätt. nicht verwachsen **16**

– Frblätt. verwachsen (z.T. nur durch einen gemeinsamen Gr. verbunden) **18**

16. K. dem Rand einer kegel- oder krugf. vertieften Bltnachse ansitzend, daher im unteren Teil scheinbar verwachsen . . . . . . **Rosaceae, 407**

– Kblätt. bis zum Grd. getrennt (zuweilen kronblattartig) **17**

17. Kblätt. verschieden; Stbbl. zahlreich, zentrifugal angeordnet, auf einer fleischigen Scheibe . . . . **Paeoniaceae, 362**

– Kblätt. gleich; Stbbl. zahlreich, zentripetal angeordnet, nicht einer fleischigen Scheibe entspringend . . . . **Ranunculaceae, 398**

18 (15–) Frkn. oberst. **19**

- Frkn. unterst. oder teilweise unterst.. . . . . **30**
19. Samenanlagen zentralwinkelst. oder zentral **20**
- Samenanlagen wandst. (oder bei apokarpen Gynoeceen randlich) **25**
20. Blätt. mit punktf., durchsichtigen Drüsen **21**
- Blätt. ohne Drüsen. **22**
21. Blätt. wechselst., stark duftend. . . . . **Rutaceae,** 418
- Blätt. gegenst., nicht duftend . . . . **Hypericaceae,** 296
22. Innere Blkrblätt. zu röhrenf. oder 2spaltigen Nektarien umgestaltet;
Balgfr. . . . . **Ranunculaceae,** 398
- Pfl. anders **23**
23. Stbbl. zu einer Röhre um den Gr. verwachsen; Stbbeutel nur mit 1
Stbblhälfte (monothezisch) . . . . **Malvaceae,** 345
- Stbbl. nicht verwachsen; Stbbeutel mit 2 Theken (dithezisch) . . . **24**
24. Bäume mit einfachen herzf. Blätt. oder Kräuter mit verlängerten Fr.,
die sich mit 5 Klappen öffnen . . . . **Tiliaceae,** 439
- Sträucher und Zwergsträucher mit rundlichen Blätt. oder Kräuter mit
zusammengesetzten Blätt.; Fr. anders . . . . **Zygophyllaceae,** 447
25. (19–) Wasserpfl. mit nierenf. Blätt. . . . . **Nymphaeaceae,** 350
- Landpfl.. . . . . **26**
26. Blätt. gegenst.. . . . . **27**
- Blätt. wechselst.. . . . . **28**
27. Gr. 1; Stbbl. frei; Blätt. ohne Drüsen. . . . . **Cistaceae,** 230
- Gr. 3–5; Stbbl. in Bündeln vereinigt; Blätt. mit durchsichtigen oder
schwarzen Drüsen . . . . **Hypericaceae,** 296
28 (26–) Bltn. monosymm.; Kblätt. 4. . . . . **Capparaceae,** 204
- Bltn. bilateral-, mono- oder radiärsymm.; Kblätt 2 (–3) **29**
29. Bltn. radiärsymm.; Fr. eine sich mit Poren oder Klappen öffnende Kapsel . . . . **Papaveraceae,** 363
- Bltn. bilateral- oder monosymm.; Fr. eine Kapsel oder ein Nüßchen .
Fumariaceae, 289
30 (18–) Frblätt. 8–12; K. leuchtend rot . . . . **Punicaceae,** 397
- Frblätt. weniger; K. nicht leuchtend rot **31**
31. Blätt. wechselst.; Nebenblätt. vorhanden . . . . **Rosaceae,** 407
- Blätt. gegenst.; Nebenblätt. fehlend **32**
32. Blätt. mit durchsichtigen Drüsen; Gr. 1. . . . . **Myrtaceae,** 348
- Blätt. ohne durchsichtige Drüsen; Gr. mehr als 1 . . **Hydrangeaceae***
(nur *Philadelphus caucasicus* KOEHNE, *P. coronarius* L.)
33 (14–) Frkn. oberst. (selten von einer fleischigen Scheibe umgeben) .
34
- Frkn. teilweise oder vollst. unterst.. . . . . **74**
34. Frblätt. frei **35**
- Frblätt. verwachsen (wenigstens mit gemeinsamen Gr.) oder Frkn. nur
aus 1 Frblatt **37**
35. Blätt. mit Nebenblätt.; Blkrblätt. und Stbbl. auf einem krugf. vertieften
oder becherf. Bltnboden . . . . **Rosaceae,** 407
- Blätt. ohne Nebenblätt.. . . . . **36**
36. Blätt. einfach, fleischig . . . . **Crassulaceae,** 237
- Blätt. geteilt, nicht fleischig; Balgfr.. . . . . **Ranunculaceae,** 398

37 (34–) Samenanlagen zentral, frei (parakarpes Gynoeceum) **38**
– Samenanlagen nicht zentral **39**
38. Kblätt. 2 (–3); kleine Kräuter im Wasser oder auf feuchten Standorten. . . . . **Portulacaceae***
 (nur *Montia minor* GMELIN, *M. rivularis* GMELIN, *Portulaca oleracea* L.)
– Kblätt. 4–5. **Caryophyllaceae,** 208
39 (37–) Samenanlagen zentralwinkelst. **40**
– Samenanlagen wandst., grdst. oder randlich **59**
40. Stbbl. vor den Blkrblätt. stehend. **41**
– Stbbl. auf Lücke zu den Blkrblätt. stehend **42**
41. Kletterpfl. oder Winder . . . . **Vitaceae,** 446
– Bäume oder Sträucher . . . . **Rhamnaceae,** 406
42. Kräuter oder verholzte Hemikryptophyten **43**
– Bäume oder Sträucher **55**
43. Kleine, kahle, einj. Kräuter mit gegenst. oder wirteligen Blätt.; im Wasser oder auf feuchtem Substrat . . . . **Elatinaceae***
 (nur *Elatine alsinastrum* L., *E. ambigua* WIGHT, *E. macropoda* GUSS.)
– Pfl. anders **44**
44. 2 Kblätt. kronblattartig; Stbbl. (Filamente) wenigstens zur Hälfte miteinander verwachsen . . . . **Polygalaceae,** 390
– Pfl. anders **45**
45. Blätt. mit durchsichtigen Drüsen . . . . **Rutaceae,** 418
– Blätt. ohne durchsichtige Drüsen **46**
46. Blkr. und Stbbl. entspringen auf einem Ring des Bltnbodens. . . . **47**
– Blkr. und Stbbl. entspringen direkt dem Bltnboden **49**
47. Gr. 1; Blkrblätt. in der Knospe zerknüllt . . . . **Lythraceae,** 344
– Gr. 2 oder mehr **48**
48. Blkrblätt. zahlreich; Frkn. 3–5fächerig. . . . . **Molluginaceae***
 [nur *Glinus lotoides* L., *Mollugo cerviana* (L.) SER. in DC.]
– Blkrblätt. gewöhnlich 4–5; Frkn. 2fächerig . . . . . **Saxifragaceae,** 422
49 (46–) Spaltfr., die in Teilfr. (Merikarpe) zerfallen **50**
– Kapselfr. **51**
50 Blätt. gegenst.; Diskus vorhanden . . . . **Zygophyllaceae,** 447
– Blätt. wechselst. oder alle gegenst.; Diskus fehlend . . **Geraniaceae,** 292
51 (49–) Stbbeutel öffnen sich mit Poren . . . . **Pyrolaceae***
 [*Moneses uniflora* (L.) A. GRAY, *Orthilia secunda* (L.) HOUSE, *Pyrola* L. 4
 Arten]
– Stbbeutel öffnen sich mit Rissen. **52**
52. Blätt. einfach, ganzrandig; Kapsel aufgrund von 5 falschen Scheidewänden 10fächerig; K. bleibend . . . . **Linaceae,** 343
– Pfl. anders **53**
53. Blätt. gegenst., 2lappig . . . . **Zygophyllaceae,** 447
– Blätt. wechselst. oder alle gegenst., einfach oder 3blättrig **54**
54. Blätt. einfach, gesägt; Bltn. monosymm.. . . . . . . **Balsaminaceae***
 (nur *Impatiens noli-tangere* L.)
– Blätt. 3geteilt; Bltn. radiärsymm. . . . . **Oxalidaceae***
 [nur *Oxalis* L. (4 Arten)]

55 **(42–)** Blätt. dornig; Diskus fehlend . . . . **Aquifoliaceae***
(nur *Ilex aquifolium* L., *I. colchica* Poj.)
– Blätt. nicht dornig; Bltn. um den Frkn. mit gut ausgebildetem Diskus.
56

56. Blätt. ganzrandig oder gezähnt; Stbbl. 4–5; Frkn. in den Diskus eingesenkt . . . . **Celastraceae***
[nur *Euonymus* L. (4 Arten)]
– Blätt. gelappt oder zusammengesetzt; Frkn. anders **57**
57. Blätt. gegenst., gelappt oder gezähnt; Stbbl. 4–5; Fr. aus 2 geflügelten Nüßchen . . . . **Aceraceae,** 107
– Blätt. wechselst., gefiedert; Stbbl. zahlreich **58**
58. Stbbl. 6–14; Fr. aus 5 geflügelten Nüßchen . . . . . **Simaroubaceae***
[nur *Ailanthus altissima* (Miller) Swingle]
– Stbbl. 8–10, meist zu einer Röhre verwachsen; Fr. eine Beere oder
Kapsel . . . . **Meliaceae***
(nur *Melia azedarach* L.)

59 **(39–)** Bltn. monosymm. **60**
– Bltn. bilateral- oder radiärsymm. **66**
60. Frkn. aus 1 Frblatt mit randlichen Samenanlagen; Fr. eine Hülse, meist
aufspringend **61**
– Frkn. aus mehreren Frblätt. mit wandst. Samenanlagen; Fr. keine
Hülse **62**
61. Blkr. mit aufgtgd. Knospendeckung oder nur aus 1 Kronblatt . . . . .
Caesalpiniaceae, 199
– Blkr. mit abstgd. Knospendeckung . . . . **Fabaceae,** 257
62 **(60–)** Frblätt. an der Spitze offen; Blkrblätt. z.T. geschlitzt oder gelappt . . . . **Resedaceae,** 404
– Frblätt. an der Spitze geschlossen; Blkrblätt. ganzrandig, 2spaltig
oder gesägt **63**
63. Nebenblätt. vorhanden; Stbbl. und Blkrblätt. 5 . . . . . . **Violaceae,** 445
– Nebenblätt. fehlend; Stbbl. und Blkrblätt. 4 oder 6 . . . . **64**
64. Fr. abgeflacht und geflügelt; neben 2 kurzen 4 lange Stbbl. vorhanden . . . . **Brassicaceae,** 181
– Fr. und Stbbl. anders **65**
65. Obere Blkrblätt. gespornt; Stbbl. in 2 Büscheln . . . . **Fumariaceae,** 289
– Obere Blkrblätt. nicht gespornt; Stbbl. frei . . . . . . **Capparaceae,** 204
66 **(59–)** Stbbl. vor den Blkrblätt. stehend, sich mit Klappen öffnend . .
Berberidaceae, 171
– Stbbl. anders. **67**
67. Sträucher mit endst. Bltn.; Diskus vorhanden; Fr. eine Steinfr. . . . . .
Anacardiaceae, 112
– Pfl. anders **68**
68. Stbbl. sich mit vielspaltigen, drüsigen Staminodien abwechselnd . . .
Parnassiaceae*
(nur *Parnassia palustris* L., *P. vanensis* Azn.)
– Stbbl. sich nicht mit Staminodien abwechselnd **69**
69. Blätt. mit insektenfangenden Drüsen . . . . **Droseraceae***
(nur *Drosera intermedia* Hayne, *D. rotundifolia* L.)

- Blätt. ohne insektenfangende Drüsen **70**
70. Kblätt. 2; Blkrblätt. in 2 Paaren, die des inneren Paares 3teilig. . . . . .
                        Fumariaceae, 289
- Kblätt. 4–5; Blkrblätt. anders **71**
71. Neben 2 kurzen 4 lange Stbbl. vorhanden; Fr. mit 2 Klappen aufspringend (Schote), selten geschlossen . . . . **Brassicaceae,** 181
- Stbbl. 4 bis zahlreich **72**
72. Fr. aus 1 Frblatt (Hülse); Stbbl. zahlreich; Blätt. gefiedert, selten mit zur Assimilation umgewandelten Blattstielen . . . . . . **Mimosaceae***
[*Acacia* WILLD. (5 Arten), *Albizia julibrissin* DURAZZ., *Prosopis farcta*
(BANKS & SOL.) MACBRIDE]
- Fr. eine Kapsel mit 3–5 Öffnungen **73**
73. Blkrblätt. am Grd. mit einer zungenf. Schuppe; Blätt. gegenst. . . . .
                        Frankeniaceae, 288
- Blkrblätt. am Grd. ohne Schuppe; Blätt. wechselst., meist zu Schuppen reduziert . . . . **Tamaricaceae,** 437
74 (33–) Blkrblätt. und Stbbl. zahlreich **75**
- Blkrblätt. und Stbbl. weniger als 10 . . . . **77**
75. Wasserpfl. mit flutenden Blätt. . . . . **Nymphaeaceae,** 350
- Landpfl.; Stg. und Blätt. fleischig **76**
76. Blätt. fehlend; Stg. sukkulent, dornig. . . . . **Cactaceae***
[nur *Opuntia ficus-indica* (L.) MILLER]
- Blätt. sukkulent; Stg. nicht dornig. . . . . **Aizoaceae***
[nur*Carpobrotusedulis*(L.)N.E.BR.,*Mesembryanthemum nodiflorum*L.]
77 (74–) Sträucher mit gelappten Blätt.; Samenanlagen wandst. . . . . .
                        Grossulariaceae*
[*Ribes* L. (7 Arten)]
- Pfl. anders **78**
78. Samenanlagen zentral, frei; Kblätt. 2 . . . . **Portulacaceae***
(nur *Montia minor* GMELIN, *M. rivularis* GMELIN, *Portulaca oleracea* L.)
- Samenanlagen zentralwinkelst., am Grd. oder an der Spitze des Frkn.; Kblätt. mehr als 2 . . . . **79**
79. Stbbl. vor den Blkrblätt. stehend. . . . . **Rhamnaceae,** 406
- Stbbl. auf Lücke zu den Blkrblätt. stehend **80**
80. Bltn. in Dolden, diese oft zu Köpfchen zusammengefaßt **81**
- Bltn. nicht in Dolden. **82**
81. Verholzte Kletterpfl.; Fr. eine Beere . . . . **Araliaceae***
[nur *Hedera colchica* (C. KOCH) C. KOCH, *H. helix* L.]
- Keine Kletterpfl.; Spaltfr. mit 2 Teilfr. . . . . **Apiaceae,** 114
82 (80–) Flutende Wasserpfl.; Blätt. mit aufgeblasenen Blattstielen . . .
                        Trapaceae*
(nur *Trapa natans* L.)
- Pfl. anders **83**
83. Blätt. gegenst. **84**
- Blätt. wechselst. **86**
84. Kräuter . . . . **Onagraceae,** 352
- Bäume oder Sträucher **85**
85. Gr. 1; Nebenblätt. fehlend; Fr. eine Beere oder Steinfr. . . . **Cornaceae,** 235

– Gr. mehr als 1; Nebenblätt. vorhanden; Fr. eine aufgeblasene Kapsel
Staphyleaceae*
(nur *Staphylea pinnata* L.)

86 (83–) Frblätt. 3 . . . . **Campanulaceae,** 200

– Frblätt. 2 . . . . **Saxifragaceae,** 422

87 (13–) Frkn. oberst. **88**

– Frkn. z.T. oder vollst. unterst. **114**

88. Stbbl. entspringen der Bltnhülle oder dem Rand des verbreiterten
Bltnbodens. **89**

– Stbbl. entspringen nicht der Bltnhülle, sondern dem Grd. des Frkn **93**

89. Blätt. sukkulent; Stbbl. zahlreich . . . . **Aizoaceae***
[nur *Carpobrotus edulis* (L.) N.E. BR., *Mesembryanthemum nodiflorum* L.]

– Pfl. anders **90**

90. Pfl. mit schildf. Schuppen. . . . . **Elaeagnaceae,** 250

– Pfl. ohne Schuppen **91**

91. Blätt. gegenst. . . . . **Caryophyllaceae (Paronychioideae)** 208

– Blätt. wechselst. **92**

92. Nebenblätt. vorhanden; Blätt. gelappt oder zusammengesetzt. . . . . .
Rosaceae, 407

– Nebenblätt. fehlend; Blätt. einfach, ganzrandig . . . . **Thymelaeaceae,** 438

93. (88–) Nebenblätt. zu einer Tüte (Ochrea) verwachsen **Polygonaceae,** 391

– Nebenblätt. fehlend oder anders. **94**

94. Bltn. eingeschl. **95**

– Bltn. ♀ **107**

95. Wasserpfl.; Blätt. fadenf. . . . . **Ceratophyllaceae***
(nur *Ceratophyllum demersum* L., *C. submersum* L.)

– Landpfl.; Blätt. anders. **96**

96. *Erica*-ähnliche Zwergsträucher; Fr. eine Beere . . . . . **Empetraceae***
(nur *Empetrum nigrum* L.)

– Pfl. anders **97**

97. Gr. 3; Frkn. 3fächerig **98**

– Gr. 2; Frkn. 1–2fächerig **99**

98. Kräuter; falls Sträucher, dann nicht mit ganzrandigen, immergrünen
Blätt.; Spaltfr. . . . . **Euphorbiaceae,** 254

– Sträucher mit ganzrandigen, immergrünen Blätt.; Fr. eine Spaltkapsel
Buxaceae*
(nur *Buxus balearica* LAM., *B. sempervirens* L.)

99 (97–) Harzführende Bäume und Sträucher mit gefiederten Blätt.; Bltn.
mit Diskus; Stbbl. 5; Fr. 1samig . . . . **Anacardiaceae,** 112

– Pfl. anders **100**

100. Bltn. in kugeligen, hgd. Köpfchen; Bäume mit abblätternder Borke . .
Platanaceae, 369

– Pfl. anders **101**

101. Bäume und Sträucher mit Milchsaft; Steinfr. in einem fleischigen
Bltnboden eingesenkt . . . . **Moraceae***
(nur *Ficus carica* L., *Morus alba* L., *M. nigra* L., *M. rubra* L.)

– Pfl. anders **102**

102. Sa. mit aufrechtem Embryo; Stbbl. in Knospenlage eingekrümmt; Pfl. oft mit Brennhaaren oder rauh . . . . **Urticaceae***
[*Parietaria* L. (4 Arten), *Urtica* L. (5 Arten)]
– Sa. mit gekrümmtem Embryo; Stbbl. nicht eingekrümmt **103**
103. Fr. eine Kapsel; Blkrblätt. häutig . . . . **Amaranthaceae***
[*Amaranthus* L. (10 Arten)]
– Fr. anders; Blkrblätt. grün oder fehlend **104**
104. Fr. in 2 Teilfr. zerfallend . . . . **Euphorbiaceae,** 254
– Fr. anders **105**
105. ♂ Bltn. mit 2 Blkrblätt. und bis zu 20 Stbbl.; Gr. am Grd. des Frkn. entspringend (gynobasisch); Blattgrd. scheidig . . . **Theligonaceae***
(nur *Theligonum cynocrambe* L.)
– ♂ Bltn. mit 3–5 Blkrblätt. und Stbbl.; Gr. auf der Spitze des Frkn.; Blattgrd. nicht scheidig **106**
106. Blätt. mit Nebenblätt.; Kletterpfl. oder große Kräuter mit gefiederten Blätt. . . . . **Cannabaceae***
(nur *Cannabis sativa* L., *Humulus lupulus* L.)
– Blätt. ohne Nebenblätt., Pfl. anders . . . . **Chenopodiaceae,** 221
107 (94–) Bltn. in Trauben oder zusammengesetzten Bltnständen; Beerenfr.; Blätt. wechselst., ganzrandig . . . . **Phytolaccaceae***
(nur *Phytolacca americana* L., *P. pruinosa* FENZL)
– Pfl. anders **108**
108. Bäume oder Sträucher **109**
– Kräuter oder Kletterpfl. **110**
109. Stbbl. 2; Blattgrd. nicht asymm. . . . . **Oleaceae,** 350
– Stbbl. 4–8; Blattgrd. asymm., schief . . . . **Ulmaceae,** 441
110 (108–) Samenanlagen zahlreich **111**
– Samenanlagen einzeln. **113**
111. Samenanlagen zentralwinkelst.; Blätt. pseudo-wirtelig . . . .
Molluginaceae*
[nur *Glinus lotoides* L., *Mollugo cerviana* (L.) SER.]
– Samenanlagen zentral in einem 1kammerigen (parakarpen) Frkn.; Blätt. gegenst. **112**
112. Kblätt. frei; Stbbl. nicht mit den Kblätt. alternierend. . . . .
Caryophyllaceae, 208
– Kblätt. verwachsen; Stbbl. mit den Kblätt. alternierend **Primulaceae,** 393
113 (110–) Blkrblätt. grün, häutig oder fehlend; Fr. eine Nuß. . . . .
Chenopodiaceae, 221
– Blkrblätt. häutig; Fr. eine Kapsel . . . . **Amaranthaceae***
[*Amaranthus* L. (10 Arten)]
114 (87–) Wasserpfl. oder Pfl. auf feuchten Standorten **115**
– Landpfl. **117**
115. Blätt. einfach; Stbbl. 1 . . . . **116**
– Blätt. geteilt; Stbbl. 8 (–4). . . . . **Haloragidaceae***
(nur *Myriophyllum spicatum* L., *M. verticillatum* L.)
116. Blätt. wirtelig; Fr. geschlossen . . . . **Hippuridaceae***
(nur *Hippuris vulgaris* L.)

– Blätt. gegenst.; Spaltfr. die in 4 Teilfr. zerfallen. . . . . **Callitrichaceae***
[*Callitriche* L. (6 Arten)]

117 (114–) Bäume oder Sträucher **118**
– Kräuter, Kletterpfl. oder Parasiten **120**

118. Stbbl. mit den Kblätt. alternierend . . . . **Rhamnaceae,** 406
– Stbbl. den Kblätt. gegenüber oder zahlreicher als die Kblätt. . . . **119**

119. Blätt. 5–7lappig; Frkn. 2kammerig . . . . **Hamamelidaceae,** 296
– Blätt. ganzrandig; Frkn. 1kammerig. . . . . **Santalaceae,** 421

120 (117–) Parasiten auf Zweigen mit gabeliger Verzweigung . . . .
Loranthaceae*
[nur *Arceuthobium oxycedri* (DC.) Bieb., *Loranthus europaeus* Jacq.,
Viscum album L.]

– Wurzelparasiten oder frei lebende Pfl. **121**

121. Chlorophyll-freie Wurzelparasiten . . . . **Rafflesiaceae,** 397
– Frei lebende Pfl. oder Halb-Parasiten mit Chlorophyll **122**

122. Blätt. mit herzf. Grd.; Blkrblätt. auffallend, oft bleich
Aristolochiaceae, 136
– Pfl. anders **123**

123. Bltn. eingeschl.; Blätt. gefiedert . . . . **Datiscaceae***
(nur *Datisca cannabina* L.)

– Bltn. ♀; Blätt. nicht gefiedert **124**

124. Bltn. in ährenartigen Bltnständen; Fr. durch anschwellende Blkrblätt.
zusammenbleibend. . . . . **Chenopodiaceae,** 221
– Pfl. anders **125**

125. Gr. 1; Samenanlagen grdst. oder zentralwinkelst.. . . . . **126**
– Gr. 2; Samenanlagen wandst . . . . **Saxifragaceae,** 422

126. Samenanlagen 1–4, grdst., nur 1 entwickelt sich zum Sa. . . . . .
Santalaceae, 421
– Samenanlagen und Sa. zahlreich; Samenanlagen zentralwinkelst.. . . .
Onagraceae, 352

127 (7–) Frkn. oberst. **128**
– Frkn. z.T. oder vollst. unterst. **160**

128. Bltn. radiärsymm. **129**
– Bltn. monosymm. **148**

129. Stbbl. 2; Holzpfl. . . . . **Oleaceae,** 350
– Pfl. anders **130**

130. Frblätt. frei; Blätt. sukkulent . . . . **Crassulaceae,** 237
– Frblätt. verwachsen (wenigstens durch die Gr.) oder nur 1 Frblatt vorhanden; Blätt. normalerweise nicht sukkulent. **131**

131. Chlorophyll-freie Parasiten **132**
– Pfl. mit Chlorophyll. **133**

132. Windende Stamm-Parasiten; Blkr. mit Schuppen zwischen den
Stbbl.. . . . . **Cuscutaceae***
[*Cuscuta* L. (16 Arten)]

– Wurzelparasiten; Blkr. ohne Schuppen . . . . . . **Monotropaceae***
(nur *Monotropa hypopitys* L.)

133 (131–) Blkr. häutig, 4lappig; Stbbl. 4, aus der Blkr. herausragend;
Blätt. mit Parallelnervatur . . . . **Plantaginaceae,** 368

151 (149–) Stbbl. soviel als die Blkrblattzipfel; Bltn. schwach mono-
symm. **152**
– Stbbl. weniger als die Blkrblattzipfel; Bltn. monosymm. **153**
152. Bltn. in eingerollten Wickeln; Fr. aus 4 einsamigen Teilfr. (Klausen) . .
Boraginaceae, 172
– Bltn. nicht in eingerollten Wickeln; Fr. eine vielsamige Kapsel . . . . .
Scrophulariaceae, 423
153 (151–) Samenanlagen zentralwinkelst., 4 oder mehr **154**
– Samenanlagen zentral, wandst. grdst. oder an der Spitze des Frkn.,
zahlreich oder 1–2. . . . . **158**
154. Samenanlagen zahlreich, aber nicht übereinander . . . .
Scrophulariaceae, 423
– Samenanlagen 4 oder mehr und dann übereinander (in jedem Fach in
einer vertikalen Reihe) **155**
155. Kapselfr.; Samenanlagen 4 bis zahlreich, gewöhnlich übereinander . .
156
– Keine Kapselfr.; Samenanlagen 4, Seite an Seite. **157**
156. Stgblätt. alle gegenst.; Blätt. dornig . . . . **Acanthaceae,** 106
– Obere Blätt. wechselst., nicht dornig. . . . . **Pedaliaceae***
(nur *Sesamum indicum* L.)
157 (155–) Gr. am Grd. des Frkn. (gynobasisch) oder falls an der Spitze,
dann Blkr. mit reduzierter Oberlippe; K. oft 2lippig . . . . **Lamiaceae,** 307
– Gr. an der Spitze des Frkn.; Oberlippe der Blkr. immer vorhanden; K.
radiärsymm. . . . . **Verbenaceae,** 444
158 (153–) Bltnstand ein Köpfchen; Fr. vom K. eingeschlossen, nicht aufspringend . . . . **Globulariaceae,** 295
– Bltnstand nicht köpfchenf.; Fr. eine Kapsel **159**
159. Grüne Pfl.; Blkr. gespornt. . . . . **Lentibulariaceae,** 331
– Wurzelparasiten ohne Chlorophyll; Blkr. nicht gespornt. . . . .
Orobanchaceae, 361
160 (127–) Bltnstand ein Köpfchen mit Hüllblätt., selten 1bltg. und in sekundären Köpfchen zusammengefaßt **161**
– Bltnstand anders. **164**
161. Blätt. scheinbar wirtelig; Fr. aus 2 Teilfr. . . . . **Rubiaceae,** 415
– Blätt. wechselst. oder gegenst.; Fr. eine Kapsel oder Nuß (Achäne). . .
162
162. Jede Blüte mit einem schirmf. Außenk.; Stbbl. 4, frei . **Dipsacaceae,** 247
– Schirmf. Außenk. fehlend; Stbbl. 5 . . . . **163**
163. Stbbeutel frei; Frkn. vielsamig; Kapselfr.. . . . . . . **Campanulaceae,** 200
– Stbbeutel oft verklebt; Frkn 1 samig; Nußfr. (Achänen) . . . .
Asteraceae (Compositae), 138
164 (160–) Blätt. wechselst. oder alle grdst. **165**
– Blätt. gegenst. oder wirtelig. **171**
165. Stbbeutel mit Poren; Fr. eine Beere oder Steinfr.. . . . . . **Ericaceae,** 252
– Stbbeutel mit Schlitzen; Fr. anders. **166**
166. 1bltg. Kletterpfl. mit Ranken; Stbbl. 1–5; Samenanlagen wandst.; Fr.
eine Beere . . . . **Cucurbitaceae,** 238
– Pfl. anders **167**

167. Stbbl. mehr als 5; Holzpfl.. . . . .**168**
- Stbbl. 4–5; Kräuter **169**
168. Blätt. mit durchsichtigen Drüsen; Sternhaare fehlen . . . **Myrtaceae,** 348
- Blätt. ohne Drüsen; Sternhaare vorhanden . . . . **Styracaceae,** 436
169 (167–) Stbbl. vor den Blkrblätt. stehend; Pfl. ohne Milchsaft. . . . . .
Primulaceae, 393
- Stbbl. und Blkr.blätt. alternierend; Pfl. mit Milchsaft **170**
170. Stbbeutel frei; Blkr. radiärsymm.. . . . . **Campanulaceae,** 200
- Stbbeutel verklebt; Blkr. monosymm.. . . . . **Lobeliaceae***
[nur *Laurentia gasparrinii* (TINEO) STROBL]
171 (164–) Blätt. stachelig; jede Blüte mit einem schirmf. Außenk. . . . .
Dipsacaceae, 247
- Blätt. nicht stachelig; schirmf. Außenk. fehlend. **172**
172. Stbbl. 1–3; Frkn. mit 1 Samenanlage; Fr. eine Nuß. . **Valerianaceae,** 442
- Stbbl. 4 oder mehr; Frkn. mit 2 oder mehr Samenanlagen **173**
173. Nebenblätt. blattartig, daher Blätt. scheinbar quirlig; Fr. selten eine
Beere; Frkn. gewöhnlich 2fächerig; Kräuter . . . . **Rubiaceae,** 415
- Nebenblätt. fehlend oder falls vorhanden nicht zwischen den Blattstielen; Fr. eine Beere; Frkn. 1–3fächerig; Sträucher. . . **Caprifoliaceae,** 205
174 (6) Frkn. z.T. oder vollst. unterst.; Blkrblätt. gut ausgebildet; falls Wasserpfl. dann Bltn. nicht untergetaucht **175**
- Frkn. oberst. (oder sichtbar); Blkrblätt. vorhanden oder fehlend; hierher alle Wasserpfl. mit untergetauchten Bltn.. . . . .**181**
175. Blattnerven von der Mittelrippe zum Rand verlaufend **176**
- Blattnerven parallel. **177**
176. Blätt. und Tragblätt. spiralig angeordnet; Bltn. eingeschl. mit 5 fertilen
Stbbl.; Fr. eine verlängerte Beere . . . . **Musaceae***
(nur *Musa acuminata* COLLA)
- Blätt. und Tragblätt. 2zeilig; Bltn ♀ mit 1 halb-fertilen Stbbl.; Fr. eine
warzige Kapsel. . . . . **Cannaceae***
(nur *Canna indica* L., *C. variabilis* WILLD.)
177 (175–) Mittleres Blkrblatt in ein Labellum umgewandelt; Stbbl. 1, mit
der Narbe verbunden; Frkn. spiralig gedreht, zur Frzt. gerade . . . . .
Orchidaceae, 355
- Pfl. anders **178**
178. Eingeschl. Kletterpfl. ohne Stacheln; Fr. eine Beere. **Dioscoreaceae,** 246
- Pfl. anders **179**
179. Wurzelnde oder flutende Wasserpfl.; Stbbl. 3 bis viele; Bltn. eingeschl.
oder ♀ . . . . **Hydrocharitaceae***
[nur *Egeria densa* PLANCH., *Elodea canadensis* MICHAUX, *Halophila stipulacea* (FORSSK.) ASCHERS., *Hydrocharis morsus-ranae* L., *Stratiotes aloides* L., *Valisneria spiralis* L.]
- Landpfl. (selten Sumpfpfl.); Stbbl. 3 oder 6; Bltn. ♀ **180**
180. Stbbl. 3; Blätt. oft mit der Schmalseite ansitzend („reitend"); Blkr. oft
monosymm., nie mit Nebenkrone. . . . . **Iridaceae,** 289
- Stbbl. 6; Blätt. nicht „reitend"; Blkr. oft mit Nebenkrone . . . .
Amaryllidaceae, 108

181 (174–) Bäume oder Sträucher mit großen, faltigen, fiedrigen Blätt.; Bltnstand rispig mit 1 bis mehreren spathaähnlichen Tragblätt. . . . . **Arecaceae***

[nur *Chamaerops humilis* L., *Phoenix* L. (3 Arten), *Trachycarpus fortunei* (HOOK.) H. WENDL., *Washingtonia filifera* (J. LINDEN ex ANDRÉ) H. WENDL.]

– Pfl. anders **182**

182. Pfl. nicht in Stg. und Blätt. gegliedert, sehr klein; flutende, einhäusige Wasserpfl. . . . . **Lemnaceae***

[*Lemna* L. (4 Arten), *Spirodela polyrhiza* (L.) SCHLEIDEN]

– Pfl. in Stg. und Blätt. gegliedert; Landpfl. oder wurzelnde Wasserpfl. **183**

183. Untergetauchte Wasserpfl. in Süß- oder Salzwasser **184**

– Landpfl., falls Wasserpfl. dann nicht mit untergetauchten Bltn. . . **190**

184. Wasserpfl. mit ♀ Bltn. in Ähren; Stbbl. mit 4 kronblattartigen Anhängseln; Frblätt. 4, frei, sitzend. . . . . **Potamogetonaceae***

[*Groenlandia densa* (L.) FOURR., *Potamogeton* L. (14 Arten)]

– Pfl. anders **185**

185. Meerwasserpfl. mit netzartigem Rhizom; Blätt. meist grdst., zungenf.; Bltn. in gestielten Ähren . . . . **Posidoniaceae***

[nur *Posidonia oceanica* (L.) DELILE]

– Pfl. anders **186**

186. Bltn. achselst., nicht von einer Blattscheide eingeschlossen; Süß- oder Brackwasserpfl. **187**

– Bltn. auf flachen Achsen oder in 2bltg. Ähren, am Anfang von Blattscheiden eingeschlossen; Brack- oder Meerwasserpfl. **188**

187. Blätt. gezähnt; Frkn. einzeln, mit 2–4 dünnen Narben . **Najadaceae***

[nur *Najas* L. (4 Arten)]

– Blätt. ganzrandig; Frkn. 1–9, frei; Narbe geteilt oder 2–4lappig . . . . **Zannichelliaceae***

(nur *Althenia filiformis* PETIT in SAIGEY et RASPAIL, *Zannichellia palustris* L.)

188 (186–) Bltn. in 2bltg. Ähren; Frblätt. frei, 4 oder mehr, zur Frzt. langgestielt . . . . **Ruppiaceae***

[nur *Ruppia cirrhosa* (PETAGNA) GRANDE, *R. maritima* L.]

– Bltn. einzeln oder zahlreich auf flachen Achsen entlang des Rands mit einzelnen tragblattartigen Blkrblätt.; Frblätt. 1 oder 2 . . . . . . **189**

189. Rhizome mit 1 Wurzel pro Knoten; Stg. kurz, mit ringf. Narben der abgefallenen Blätt.; Bltn. einzeln; Frblätt. 2 . . . . **Cymodoceaceae***

[nur *Cymodocea nodosa* (UCRIA) ASCHERS.]

– Rhizome mit wenigstens 2 Wurzeln pro Knoten; Stg. ohne Blattnarben; Bltn. zahlreich an einem Kolben; Frblatt 1 . . . . . **Zosteraceae***

(nur *Zostera marina* L., *Z. noltii* HORNEM.)

190 (183–) Bltnstand ein fleischiger Kolben mit kleinen Bltn. in einer Spatha; Blätt. oft gelappt, mit Netznervatur . . . . **Araceae,** 134

– Pfl. anders **191**

191. Bltnhülle häutig oder zu Borsten, Haaren oder Schuppen reduziert oder fehlend **192**

– Bltnhülle ausgebildet, niemals häutig, manchmal klein. **196**
192. Bltn. kätzchenf. in 2zeiligen oder zylindrischen Ähren, 1 bis vielbltg., jede Blüte mit einem häutigen Tragblatt **193**
– Bltn. in Köpfchen, Ähren, Rispen oder Knäueln aber niemals in kätzchenf. Ähren **194**
193. Blätt. 2zeilig; Stg. mit Knoten, hohl; Blattscheide normalerweise offen (außer bei *Bromus*); Bltn. in 2zeiligen Ährchen (manchmal nur 1bltg.), von 2 sterilen Tragblätt. (Hüllspelzen) umgeben; jede Blüte mit 1 Deckspelze und Vorspelze; Bltnhülle auf (3) 2 (–0) Schwellkörper reduziert
Poaceae, 372
– Blätt. 3zeilig; Stg. rund oder 3kantig, nicht hohl; Blattscheide geschlossen; Bltn. in 2zeiligen oder zylindrischen Ährchen; Bltn. mit 1 Tragblatt, Brakteolen immer vorhanden; Bltnhülle aus Haaren, Borsten, Schuppen oder fehlend; Frkn. manchmal vom Tragblatt (Utrikulus) eingeschlossen (bei *Carex*) . . . . **Cyperaceae,** 241
194 (192–) Bltn ♀; Blkrblätt. 6, häutig; Frkn. mit 3 oder vielen Samenanlagen. . . . . **Juncaceae,** 305
– Bltn. eingeschl.; Blkrblätt. reduziert; Frkn. mit 1 Samenanlage . . **195**
195. Bltn. in zylindrischen, braunen Ähren; Frkn. auf einem behaarten Stiel, zur Frzt. flaumig . . . . **Typhaceae,** 440
– Bltn. in kugeligen Köpfchen; Frkn. sitzend . . . . . **Sparganiaceae,** 435
196 (191–) Frblätt. 3, verwachsen (selten 3–5) **199**
– Frblätt. frei oder selten am Grd. verbunden; Wasser- oder Sumpfpfl.
197
197. Blkr., Stbbl. und Frblätt. 4zählig . . . . **Potamogetonaceae***
[*Groenlandia densa* (L.) FOURR., *Potamogeton* L. (14 Arten)]
– Blkr. 3zählig. **198**
198. Blätt. schmal; Bltnhülle kronblattartig; Balgfr. . . . . . . **Butomaceae,** 198
– Blätt. breiter; K. und Blkr. differenziert; Nußfr. . . . . . **Alismataceae,** 107
199 (196–) Bltn. in Rispen ohne Tragblätt. oder Ähren; Blkr. kblattartig; mit 1 grdst. Samenanlage pro Fach. . . . . **Juncaginaceae***
(nur *Triglochin bulbosa* L., *T. maritima* L., *T. palustris* L.)
– Bltnstand anders; Bltnhülle kronblattartig; mit mehr als 1 Samenanlage pro Fach, diese selten grdst. **200**
200. Bltnstand achsel- oder endst., von einem scheidenartigen Tragblatt umgeben; Stbbl. 3+3, alle fertil oder einige zu Staminodien reduziert
Commelinaceae*
(nur *Commelina communis* L.)
– Bltnstand eine Rispe, Dolde, Ähre oder Bltn. einzeln; Stbbl. 6 (selten 3, dann Kladodien vorhanden, oder 7–10, dann Blätt. in Wirteln) **201**
201. Blattstiele mit Ranken; Blattoberfläche durch gedrehte Blattstiele umgedreht oder mit Schuppenblatt. in deren Achseln büschelig angeordnete Nadeln (Kladodien) sitzen; Bltn. klein; Beerenfr. **202**
– Pfl. anders **203**
202. Pfl. mit breiten, stacheligen oder nadelf. Kladodien; Blätt. schuppenf. oder stachelig . . . . **Asparagaceae,** 137
– Sträucher ohne Kladodien; Blätt. breit mit 2 Ranken am Blattstiel. . .
Smilacaceae, 432

3.2 Ausgewählte türkische Pflanzenfamilien und wichtige Gattungen und Arten der Ägäis-, Mittelmeer- und Inneranatolischen Region

Die Vorstellung der Pflanzenfamilien, der typischen Gattungen und ausgewählten Arten erfolgt in alphabetischer Reihenfolge. In die folgenden Bestimmungsschlüssel wurden nur Gattungen aufgenommen, die in den im allgemeinen Textteil behandelten Regionen der Türkei vorkommen. Ausschließlich oder fast ausschließlich nord-, nordost- und südostanatolisch verbreitete Gattungen (Marmara-, Schwarzmeer-, Ostanatolische und Südostanatolische Region, Abb. 2) wurden nicht erfaßt. Mit einem Asterisk (*) versehene Gattungen treten zwar in der Ägäis-, Mittelmeer- und Inneranatolischen Region auf, werden im weiteren Text aber nicht behandelt bzw. dargestellt. Bestimmungsschlüssel, die bis zu den einzelnen Arten führen, wurden i.d.R. nur bei artenarmen Gattungen beigefügt.

Acanthaceae – Akanthusgewächse

Holzige Sträucher oder mehrjährige Kräuter; Blätt. einfach, gegenst.; Bltnstand traubig, endst., oft mit auffallend gefärbten Tragblätt.; Bltn. monosymm., 2lippig; K. 4lappig, tief geteilt; Blkr. mit 3geteilter Unterlippe, Oberlippe fehlend; Stbbl. 4; Kapselfr.

Nur 1 Gattung mit 5 Arten in der Türkei.

Acanthus L. (Akanthus)

A. hirsutus Boiss. *(26)*
Pfl. aufrecht, bis 50 cm hoch, dicht behaart; Grdblätt. langgestielt, fiederteilig, stechend, dicht behaart; Tragblätt. breit, tief geteilt, bestachelt; Bltn. grünlich-gelb, drüsig behaart; Gr. und Frkn. behaart. – <u>Bltzt.</u>

V–VII. – *Pinus brutia*-Offenwälder, Steppen (Kap. 2.5) Kulturland, 800–1800 m. – Endemisch in der Türkei. – Sehr ähnlich ist *A. syriacus* mit an der Spitze violetten Tragblätt. und kahlem Frkn. und Gr.

Aceraceae – Ahorngewächse

Bäume oder Sträucher; Blätt. gegenst., ungeteilt, fiederteilig oder 3–5lappig; Bltn. ♂ oder eingeschl.; K. und Blkr. 4–5zählig, frei; Stbbl. gewöhnlich 8, dem Diskus eingefügt; Frkn. oberst., 2fächerig; Fr. in 2 geflügelte Spaltfr. zerfallend.

Nur 1 Gattung mit 12 Arten in der Türkei.

Acer L. (Ahorn)

A. monspessulanum L. *(27)*
Bis 10 m hoher, kleiner Baum oder Strauch; Blätt. 3lappig, ledrig, mit 5–10 cm langem Blattstiel; Bltnstand scheinrispig, wenigstens 5blütig; Fr. (Nüßchen) abgerundet. – Bltzt. IV–V. – Laubmischwälder (Kap. 2.1), 300–2000 m. – Europa, Mediterrangebiet, SW.Asien. – Eine sehr variable Art mit 5 Unterarten in der Türkei.

A. sempervirens L.
Ähnlich *A. monspessulanum*, vielfach aber laubwerfend und Blattstiel sehr kurz (nur 4–15 mm lang). – Bltzt. IV–V. – Felsige Hänge und Schluchten (Kap. 2.1) bis 1100 m. – Östl. Mediterrangebiet. In der Türkei v.a. um Izmir, Fethiye und Antalya verbreitet.

Alismataceae – Froschlöffelgewächse

Sumpf- und Wasserpfl.; Blätt. grundst., z.T. flutend oder schwimmend, einfach, manchmal pfeilf.; Bltn. in quirligen oder rispenartigen Bltn.ständen, z.T. doldenartig; Bltn.hülle doppelt, 3zählig; Stbbl. 6 bis viele; Frblätt. 3 bis viele, frei oder am Grd. verbunden; Fr. gewöhnlich ein 1samiges Nüßchen.

4 Gattungen mit 6 Arten in der Türkei.

Alisma L. (Froschlöffel)

3 Arten in der Türkei

1. Blätt. breit-eif. bis länglich-elliptisch, am Grd. abgerundet bis ± herzf.;
       Narbe fadenf., ± gerade, höchstens 1/5 der Gr.länge erreichend . . .
                                                    A. plantago-aquatica

–   Blätt. schmal-lanzettlich, am Grd. keilf. zusammengezogen; Narbe
       schwach gekrümmt, mindestens die Hälfte der Gr.länge erreichend .
                                                    A. lanceolatum

       (*A. gramineum*: Gr. kürzer als der Frkn., hakig; Fr. mit 2 Rückenfur-
       chen).

A. lanceolatum With. *(28)*
Pfl. bis 130 cm hoch; Blätt. meist nicht untergetaucht, mit langen Stielen (in tiefem Wasser bis 1 m Länge), schmal-lanzettlich, zur Spitze und
zum Grd. allmählich verschmälert; Blkr. rosa, lila oder weiß, ± zugespitzt. – Bltzt. IV–IX. – An Seeufern (v.a. in stehenden Gewässern,
Kap. 2.7), Gräben und in Sümpfen bis 1900 m. – Europa, NW.Afrika,
SW.Asien.

A. plantago-aquatica L. *(29)*
Pfl. bis 150 cm hoch; Blätt. meist nicht untergetaucht, mit kürzeren
Stielen als die vorherige Art, breit-eif. bis elliptisch, an Grd. abgerundet
oder schwach herzf.; Blkr. weiß oder rosa, ± stumpf. – Bltzt. VI–IX. –
An See- und Flußufern (Kap. 2.7), Gräben und in Sümpfen. – Europa,
NW.Afrika, SW. und Z.Asien.

Amaryllidaceae – Narzissengewächse

Zwiebelstauden; Blätt. alle grdst. (außer bei *Ixiolirion*), oft 2zeilig; Bltn.
☿, z.T. auffallend gefärbt; Bltnhülle meist 6blättrig, z.T. mit Nebenkrone;
Frkn. 3blättrig, unterst.; Kapselfr.

8 Gattungen mit etwa 30 Arten in der Türkei.

1. Stg. beblättert; Bltn blau oder violett . . . .***Ixiolirion,*** 110
–   Blätt. alle grdst.; Bltn. gelb oder weiß. 2
2. Bltn. mit einer Nebenkrone. 3
–   Bltn. ohne Nebenkrone. 4
3. Stbbl. vollst. frei, kürzer als die Nebenkrone . . . .***Narcissus,*** 110

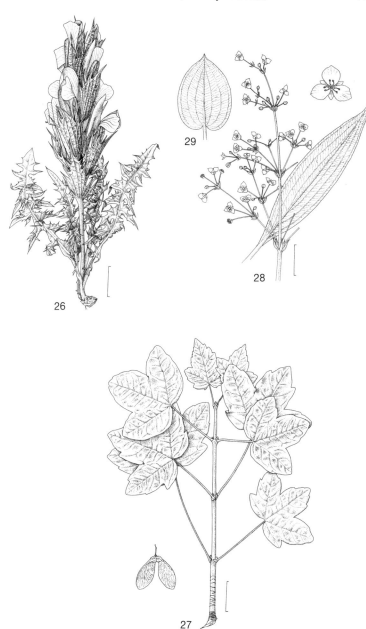

26

29

28

27

- Stbbl. im unteren Teil mit der Nebenkrone verbunden, länger als die Nebenkrone . . . . ***Pancratium,*** 112
4. (2 –) Bltn. aufrecht, meist gelb (nur bei *S. candida* weiß) . ***Sternbergia,*** 112
- Bltn. nickend, immer weiß 5
5. Bltnhüllblätt. gleich, an der Spitze gelb oder grün gefleckt . . . . . .
Leucojum*
(L. aestivum)
- Äußere Bltnhüllblätt. fast doppelt so lang wie die inneren ***Galanthus****
(9 Arten)

Ixiolirion HERBERT (Blaulilie)

Nur 1 Art in der Türkei.

I. tataricum (PALLAS) HERBERT *(30)*

Bis 50 cm hohe Zwiebelstaude; grdst. Blätt. rosettig, lineal, bis 35 cm lang, am Rand rauh; Stg. mit 1 – 3 kleinen Blätt.; Bltnstand eine Traube. oft doldenf., 2 – 8bltg.; Bltn blau oder violett. – Bltzt. V. – Felshänge, Steppen, Kulturland (Kap. 2.4), 500 – 2500 m. – SW.- und Z.Asien.

Narcissus L. (Narzisse)

9 Arten in der Türkei.

N. serotinus L. *(31)*

Bis 25 cm hohe Zwiebelstaude; grdst. Blätt. 1 – 2, fadenf., zur Bltzt. fehlend. graugrün; Stg. sehr dünn; Bltn. einzeln aufrecht, weiß; Nebenkrone orange, 6lappig. – Bltzt. IX – X. – Trockenhänge (Kap. 2.1) bis 300 m. – Mediterrangebiet.

N. tazetta L. *(32)*

Ähnlich *N. serotinus*, Blätt. aber breiter und Bltn. nicht einzeln sondern zu 2 – 10 in Dolden. – Bltzt. XI – V. – Trockenhänge, Kiefernwälder, Macchien (Kap. 2.1) bis 900 m. – Mediterrangebiet, SW.-, Z.- und O.Asien, vielfach kultiviert.

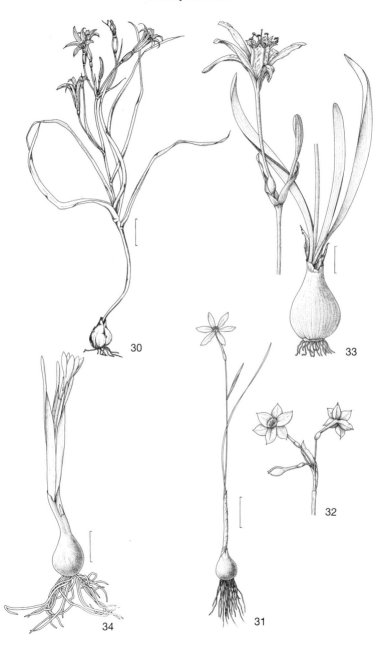

30

33

32

34

31

Pancratium L. (Meernarzisse)

Nur 1 Art in der Türkei.

P. maritimum L. *(33)*
Bis 40 cm hohe Staude mit sehr großer Zwiebel; grdst. Blätt. 2zeilig,
vor der Blüte erscheinend, breit, bis 50 cm lang, stumpf, graugrün; Stg.
zusammengedrückt; Bltn. zu 3–10 in einer Dolde, weiß; Nebenkrone
weiß, am Rand mit 12 dreieckigen Zähnen. – <u>Bltzt. VI–X.</u> – Sanddünen
der Küstenregion (Kap. 2.1) bis 10 m. – Mediterrangebiet, SW.Asien.

Sternbergia W<small>ALDST</small>. & K<small>IT</small>. **(Gewitterblume, Scheinkrokus)**

7 Arten in der Türkei.

S. candida M<small>ATHEW</small> & T. B<small>AYTOP</small>
Geophyt, mit 2–3 cm großer Zwiebel; Blätt. 4, lanzettlich, flach, kaum
gekielt, oft verdreht, graugrün; oberirdische Stg. zur Bltzt. bis 20 cm
lang; Bltn. weiß, sitzend. – <u>Bltzt. I–II.</u> – Trockenhänge (Kap. 2.1) bis
1100 m. – Endemisch im Taurus-Gebirge.

S. fischeriana (H<small>ERBERT</small>) R<small>UPR</small>. *(34)*
Ähnlich *S. candida*, Bltn. aber hellgelb; Blätt. zu 4–7. – <u>Bltzt. II–III.</u> –
Trockenhänge, Macchien (Kap. 2.1) bis 1500 m. – SW.Asien.

Anacardiaceae – Sumachgewächse

Bäume oder Sträucher; Blätt. wechselst., einfach oder gefiedert; Bltn.
klein, ♀ oder eingeschl., 5zählig; Stbbl. 5 oder 10; Fr. eine 1samige
Steinfr.

3 Gattungen mit 8 Arten in der Türkei.

Cotinus ADANSON (Perückenstrauch)

Nur 1 Art in der Türkei.

C. cogyggria SCOP. (35)

Bis 5 m hoher, laubwerfender Strauch; Blätt. einfach, ungeteilt, rundlich; Bltn. ♀; Blkr. grünlich-weiß; Frstiele verlängert und abstehend, fedrig behaart; Frstand perückenartig. – <u>Bltzt. IV–VI.</u> – Hartlaubwälder, Macchien (Kap. 2.1) bis 1300 m. – Europa, Mediterrangebiet, SW.-Asien.

Pistacia L. (Pistazie)

6 Arten in der Türkei

P. lentiscus L. (36)

Bis 3 m hoher, kleiner immergrüner Baum oder Strauch; Blätt. paarig gefiedert, mit 2–4 Fiederblattpaaren, ledrig, kahl, kurz zugespitzt; Fiederblattstiel schmal geflügelt; Bltn. gelblich oder rötlich; Fr.rot, später schwärzlich. – <u>Bltzt. III–IV.</u> – Macchien (Kap. 2.1) bis 200 m. – Mediterrangebiet, Kanarische Inseln.

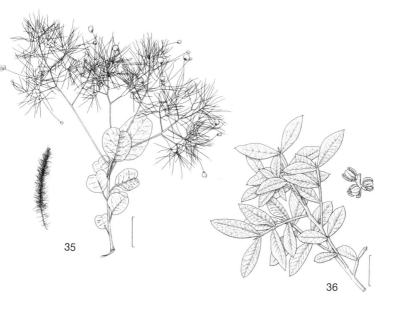

35

36

P. terebinthus L. ssp. *palaestina* (BOISS.) ENGLER

Bis 6 m hoher, laubwerfender Baum oder Strauch; Blätt. paarig oder unpaarig gefiedert, mit 2–4 Fiederblattpaaren, das letzte Fiederblättchen (wenn vorhanden) nicht größer als die anderen, oft zu einer Borste reduziert; Fiederblattstiel ungeflügelt; Bltn. bräunlich; Fr. rot, später bräunlich. – Bltzt. III–V. – Hartlaubwälder, Macchien (Kap. 2.1) und *Pinus brutia*-Wälder bis 1500 m. – Östl. Mediterrangebiet.

Rhus L. (Sumach)

Nur 1 Art in der Türkei.

Rh. coriaria L. *(Foto 16)*

Bis 3 m hoher Strauch; Blätt. gefiedert, Fiederchen breit-lanzettlich bis elliptisch, gesägt, nur schwach behaart; Blkr. grünlich-weiß; Fr. kugelig, rötlich, behaart. – Bltzt. VI–VII. – Gebüsche, Offenwälder (Kap. 2.1) bis 1900 m. – Mediterrangebiet, SW.Asien.

Apiaceae – Doldengewächse

Kräuter oder Stauden, selten Sträucher; Blätt. wechselst., meist gefiedert und mit großer Blattscheide; Stg. oft hohl, gefurcht und von Ölgängen durchzogen; Bltn. in einf. oder zusammengesetzten Dolden oder Köpfchen, oft mit Hülle (Tragblätt. der Hauptdoldenstrahlen) und Hüllchen (Tragblätt. der Döldchenstrahlen) *(37)*; Bltn. radiär- oder monosymm. (vor allem die randst. einer Dolde), meist ♀; K. oft stark reduziert oder fehlend; Blkr- und Stbbl. 5; Gr. 2, auf einem drüsigen Grpolster (Stylopodium, Diskus) aufsitzend; Fr. unterst., 2fächerig, bei der Reife in 2 einsamige Teilfr. zerfallend, die an einem Frträger (Karpophor) hängen *(37/2)*; jede Teilfr. durchziehen 5 Leitbündel über denen die 5 Rippen (2 Rand-, 3 Rückenrippen) verlaufen; Nebenrippen oft vorhanden; zwischen diesen Rippen und an den Fugenflächen Ölkanäle (dorsale und Fugen-Vittae) *(37/3)*; Frrippen oft flügelartig vergrößert, mit Haaren oder Stacheln besetzt.
Die Form und Gestaltung der Teilfr. ist ein wesentliches Merkmal für die Gliederung der Familie und für die Bestimmung der Gattungen und Arten. Von den etwa 300 Gattungen kommen 99, mit etwa 420 Arten, in der Türkei vor. Aufgrund ihres Gehaltes an ätherischen Ölen (v.a. in den Vittae der Fr.) sind die Apiaceae wichtige Gewürz-, Gemüse- und Heilpfl.

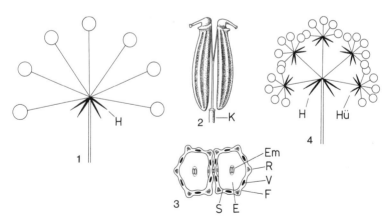

Abb. 37: **Apiaceae. 1** Einfache Dolde, **2** Spaltfrucht, **3** Spaltfrucht quer, **4** zusammengesetzte Dolde [E – Endosperm, Em – Embryo, F – Fruchtwand, H – Hülle, Hü – Hüllchen, K – Karpophor, R – Rippe, S – Samenschale, V – Vittae (Ölkanäle)].

11 **(8–)** Fr. 2 mm lang, die Rippen an der Spitze austretend . . . .
Microsciadium*
(M. minutum)

– Fr. 2–6 mm lang, Fr.rippen anders. **12**

12. Teilfr. deutlich gerippt; Hülle gefiedert . . . . *Ammi**
(A. majus, A. visnaga)

– Teilfr. undeutlich gerippt oder Rippen fehlend **13**

13. Stg. deutlich kantig; Fr. doppelkugelig . . . . *Bifora,* 123

– Stg. rund oder schwach kantig; Fr. rundlich **14**

14. Kblätt. vorhanden. . . . . *Coriandrum**
(C. sativum, C. tordylium)

– Kblätt. fehlend **15**

15. Fr. kugelig; Stg. mit Knolle . . . . *Scaligeria**
(7 Arten)

– Fr. rundlich; Stg. ohne Knolle . . . . *Anthriscus**
(8 Arten)

16 **(3–)** Bltn. weiß oder rosa. **17**

– Bltn. gelb **41**

17. Bltnstiele der äußeren Döldchenbltn. zur Frzt. oft verwachsen . . . . .
Echinophora, 126

– Bltnstiele anders **18**

18. Fr. wenigstens 3× so lang wie breit **19**

– Fr. höchstens 3× so lang wie breit **21**

19. Blattrand knorpelig, gesägt . . . . *Falcaria**
(F. falcarioides, F. vulgaris)

– Blattrand anders **20**

20. Fr. deutlich gerippt . . . . *Chaerophyllum**
(14 Arten)

– Fr. nur an der Spitze gerippt . . . . *Anthriscus**
(8 Arten)

21 **(18–)** Teilfr. deutlich geflügelt **22**

– Teilfr. undeutlich geflügelt **27**

22. Pfl. graugrün **23**

– Pfl. nicht graugrün **24**

23. Letztes Fiederblättchen am Grd. herzf., an der Spitze ganzrandig. . .
Glaucosciadium*
(G. cordifolium)

– Letztes Fiederblättchen am Grd. nur schwach herzf., an der Spitze
gesägt . . . . *Laser**
(L. trilobum)

24 **(22–)** Fr. deutlich zusammengedrückt, mit seitl. Flügeln **25**

– Fr. zusammengedrückt oder nicht, mit seitl. und rückenst. Flügeln **26**

25. Ölkanäle der Teilfr. bis zum Grd. reichend . . . . *Peucedanum**
(14 Arten)

– Ölkanäle der Fr. nicht bis zum Grd. reichend . . . . *Heracleum**
(16 Arten)

26 **(24–)** Fr. kugelig bis elliptisch, Flügel bis 4 mm breit . . . . *Prangos,* 129

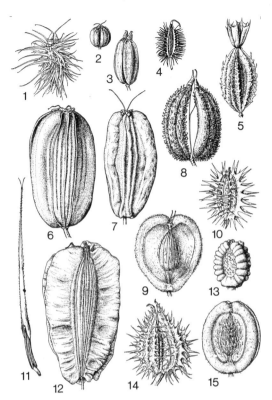

Abb. 38: **Apiaceen-Früchte. 1** *Astrodaucus orientalis,* **2** *Berula erecta,* **3** *Crithmum maritimum,* **4** *Daucus carota,* **5** *Eryngium giganteum,* **6** *Ferula communis,* **7** *Ferulago pauciradiata,* **8** *Lecokia cretica,* **9** *Malabaila lasiocarpa,* **10** *Pseudorlaya pumila,* **11** *Scandix iberica,* **12** *Thapsia garganica,* **13** *Tordylium aegaeum,* **14** *Turgenia latifolia,* **15** *Zosima absinthifolia* (alle 4× außer 11, 2×).

–	Fr. verlängert, Flügel schmaler. . . . .***Laserpitium***	
	(5 Arten)	
27	**(21 –)** Pfl. mit einer Knolle **28**	
–	Pfl. ohne Knollen. **30**	
28.	Pfl. feuchter Standorte; Kblätt. spitz, bleibend . . . .***Oenanthe,***	129
–	Pfl. trockener Standorte; Kblätt. fehlend oder sehr klein **29**	
29.	Fr. kugelig . . . .***Scaligeria***	
	(7 Arten)	
–	Fr. verlängert . . . .***Bunium,***	124

– Hülle und Hüllchen undeutlich, früh abfallend . . . . ***Prangos,*** 129
48 **(46–)** Seitliche Frflügel papierartig, so breit wie oder breiter als die Teilfr. **49**
– Seitliche Frflügel schmaler als die Teilfr., falls breiter, nicht papierartig **50**
49. Hülle und Hüllchen fehlend . . . . ***Thapsia,*** 131
– Hülle und Hüllchen vorhanden. . . . . ***Laserpitium****
(5 Arten)
50 **(48–)** Bltn. ♀ **51**
– Bltn. ♀, nur ♂ oder nur ♀ **53**
51. Pfl. mit sternf. oder widerhakigen Haaren . . . . ***Opopanax****
(3 Arten)
– Pfl. ohne sternf. oder widerhakige Haare **52**
52. Blätt. einf. gefiedert . . . . ***Pastinaca****
(5 Arten)
– Blätt. 1–3fach gefiedert . . . . ***Peucedanum****
(14 Arten)
53 **(50–)** Hülle und Hüllchen vorhanden. . . . . ***Ferulago,*** 127
– Hülle fehlend; Hüllchen fehlend oder früh abfallend . . . . . ***Ferula,*** 127
54 **(45–)** Letztes Fiederblättchen der unteren Blätt. fadenf. **55**
– Letztes Fiederblättchen der unteren Blätt. lanzettlich oder breit-oval **56**
55. Fr. schmal-elliptisch, bis 20 mm lang . . . . ***Prangos,*** 129
– Fr. kugelig, bis 5 mm lang. . . . . ***Seseli****
(11 Arten)
56 **(54–)** Fr. doppelkugelig . . . . ***Smyrnium,*** 130
– Fr. fast kugelig. . . . . ***Pimpinella,*** 129
57 **(2–)** Blätt. stachelig . . . . ***Eryngium,*** 126
– Blätt. nicht bestachelt. **58**
58. Kblätt. deutlich, gefiedert; Dolden kugelig, Döldchen 1bltg. **Lagoecia,** 128
– Kblätt. wenn vorhanden nicht gefiedert; Dolden nicht kugelig . . . **59**
59. Döldchen mit zentraler, sitzender ♀ Blüte, die äußeren ♂ Bltn. mit ihren Stielen verwachsen . . . . ***Echinophora,*** 126
– Döldchen anders **60**
60. Pfl. mit einigen widerhakigen Haaren am Stg. oder den unteren Blätt.; Fr. stachelig . . . . ***Lisaea****
(3 Arten)
– Pfl. kahl oder mit einf. Haaren **61**
61. Teilfr. deutlich zusammengedrückt *(Abb. 38/7, 15)*. **62**
– Teilfr. nicht oder nur schwach zusammengedrückt. **72**
62. Frrippen deutlich vergrößert oder schmal geflügelt **63**
– Frrippen flach **66**
63. Dorsale Frrippen stachelig *(Abb. 38/10)*. **64**
– Dorsale Frrippen nicht stachelig **65**
64. Hüllblätt. ungeteilt; äußere Blkrblätt. ausgebreitet . . . . ***Orlaya****
(O. daucoides, O. grandiflora)
– Hüllblätt. 3spaltig oder fiederteilig; Blkrblätt. nicht ausgebreitet . . . .
Pseudorlaya, 130

65 **(63–)** Pfl. einjährig, kahl . . . . **Capnophyllum***
                                              (C. peregrinum)
–   Pfl. mehrjährig, graugrün. . . . . **Ferulago,** 127
66 **(62–)** Bltn. gelb 67
–   Bltn. weiß, rosa oder violett 69
67. Frrand breit, ± aufgeblasen 68
–   Frrand schmal. . . . . **Pastinaca***
                                                      (5 Arten)
68. Ölkanäle der Fr. schmal . . . . **Malabaila,** 128
–   Ölkanäle der Fr. sehr breit . . . . **Zosima,** 132
69 **(66–)** Pfl. grau-weiß behaart, mehrjährig; Grdblätt. 3fach gefiedert . .
                                                      Zosima, 132
–   Pfl. nicht grau-weiß behaart; Grdblätt. 1–2fach gefiedert 70
70. Bltn. rosa oder violett, außen behaart; Hüllchen fehlend . . . 71
–   Bltn. weiß, kahl; Hüllchen meist vorhanden . . . . **Heracleum***
                                                      (16 Arten)
71. Ölkanäle der Fr. sehr breit, einzeln . . . . **Pastinaca***
                                                      (5 Arten)
–   Ölkanäle der Fr. fadenf. schmal, zu 3–5 . . . . **Stenotaenia***
                                                      (S. macrocarpa)
72 **(61–)** Fr. wenigstens 3× so lang wie breit 73
–   Fr. höchstens 2× so lang wie breit. 75
73. Fr. geschnäbelt (Abb. 38/11) 74
–   Fr. ungeschnäbelt . . . . **Torilis***
                                                      (7 Arten)
74. Frrippen undeutlich, nur am Schnabel deutlicher; Schnabel kurz . . .
                                                      Anthriscus*
                                                      (8 Arten)
–   Frrippen deutlich; Schnabel lang . . . . **Scandix,** 130
75 **(72–)** Pfl. ein- oder zweijährig, selten mehrjährig; Fr. stachelig-ge-
      zähnt oder bestachelt (Abb. 38/1,4,14) 76
–   Pfl. meist mehrjährig; Fr. rauh behaart, warzig oder borstig. 83
76. Pfl. mehrjährig; Bltn. gelb . . . . **Hippomarathrum***
                                                      (5 Arten)
–   Bltn. weiß oder rosa. 77
77. Pfl. mehrjährig; Fr. in den 3–4 mm langen Gr. verschmälert (Abb. 38/8)
                                                      Lecokia, 128
–   Pfl. ein- oder zweijährig; Gr. sehr kurz. 78
78. Hüllblätt. 3spaltig oder gefiedert . . . . **Daucus,** 126
–   Hüllblätt. einfach oder fehlend 79
79. Dolden mit 6 oder mehr Strahlen 80
–   Dolden mit 2–5 Strahlen 81
80. Blattscheiden deutlich. . . . . **Astrodaucus,** 123
–   Blattscheiden undeutlich . . . . **Torilis***
                                                      (7 Arten)
81 **(79–)** Blätt. einfach gefiedert . . . . **Turgenia,** 131
–   Blätt. 2–3fach gefiedert. 82

82. Fiederblättchen schmal; äußere Blkrblätt. länger als die inneren. . . . .
Caucalis*
(C. platycarpa)
– Fiederblättchen fadenf.; Blkrblätt. gleich lang . . . . . ***Turgeniopsis****
(T. foeniculacea)
83 **(75–)** Fr. deutlich geflügelt . . . . ***Laserpitium****
(5 Arten)
– Fr. nicht geflügelt **84**
84. Bltn. gelb **85**
– Bltn. weiß, rosa oder rot **86**
85. Fr. samtig behaart, 2 mm lang . . . . ***Pimpinella,*** 129
– Fr. papillös oder warzig, 4–6 mm lang . . . . ***Hippomarathrum****
(5 Arten)
86 **(84–)** Fr. mit kurzen Borsten **87**
– Fr. behaart **88**
87. Borsten in regelmäßigen Reihen . . . . ***Torilis****
(7 Arten)
– Borsten unregelmäßig über die Fr. verteilt . . . . ***Anthriscus****
(8 Arten)
88 **(86–)** Frrippen undeutlich . . . . ***Pimpinella,*** 129
– Frrippen breit, deutlich . . . . ***Seseli****
(11 Arten)
89 **(1–)** Blätt. ungeteilt, parallel-nervig **90**
– Blätt. geteilt, nur selten parallel-nervig **91**
90. Stg. und Hüllchen fehlend . . . . ***Hohenackeria****
(H. exscapa)
– Stg. und Hüllchen vorhanden . . . . ***Bupleurum,*** 124
91 **(89–)** Pfl. stachelig; Dolden einf. . . . . ***Eryngium,*** 126
– Dolden zusammengesetzt **92**
92. Fr. behaart, papillös oder warzig **93**
– Fr. kahl **96**
93. Fr. zusammengedrückt, Rand verdickt oder geflügelt **94**
– Fr. selten zusammengedrückt, Rand nicht verdickt oder geflügelt. . .
Pimpinella 129
94. Frrand perlschnurartig *(Abb. 38/13)* . . . . ***Tordylium*** 131
– Frrand glatt **95**
95. Pfl. zwei- oder mehrjährig; Ölkanäle keulenf. . . . . ***Heracleum****
(16 Arten)
– Pfl. einjährig; Ölkanäle fadenf. . . . . ***Ainsworthia****
(A. trachycarpa)
96 **(92–)** Bltn. gelb **97**
– Bltn. weiß **99**
97. Frrippen geflügelt . . . . ***Heptaptera****
(4 Arten)
– Frrippen nicht geflügelt **98**
98. Fr. stark zusammengedrückt . . . . ***Peucedanum****
(14 Arten)

– Fr. nicht zusammengedrückt, Teilfr. im Querschnitt rundlich . . . . . .
                                                                       Pimpinella 129
99 **(96–)** Grdblätt. einf., verlängert-lineal, am Rand knorpelig **Falcaria***
                                        (F. falcarioides, F. vulgaris)
– Grdblätt. rundlich oder geteilt, am Rand nicht knorpelig . **Scaligeria***
                                                          (7 Arten)

In Anlehnung an Flora of Turkey Vol. 4 (1972).

Apium L. (Sellerie)

Nur 2 Arten in der Türkei.

1. Hüllchen fehlend . . . . **A. graveolens**
– Hüllchen vorhanden . . . . **A. nodiflorum**

A. graveolens L.
Pfl. zweijährig, aufrecht, kahl, bis 1 m hoch; Stg. kantig, tief gerillt; Fiederblätt. delta- bis rautenf.; Dolden gewöhnlich blattgegenst.; Dolde
3–12strahlig; Hülle und Hüllchen fehlend; Dolde bis 20blütig; Blkr.
weißlich; Fr. seitlich zusammengedrückt, glatt. – <u>Bltzt. V–VIII.</u> – Küsten, Feuchtstandorte (Kap. 2.7) bis 200 m. – Europa, Asien, Afrika,
Amerika. – Häufig kultiviert als Sellerie.

Artedia L. (Artedie)

Monotypisch.

A. squamata L. (39)
Pfl. einjährig, aufrecht, verzweigt, kahl; Blätt. 3fach gefiedert, Fiederchen borstig; Dolde vielstrahlig, Hülle mit trockenem Grd. und borsti-
gen Teilblättchen; Blkr. weiß, innere Bltn. der Dolde steril, schwärzlich-
purpurfarben, periphere Bltn. auffallend ausgebreitet; Teilfr. sehr flach,
mit 5 Rippen. – <u>Bltzt. IV–VII.</u> – Trockenhänge, Gebüsche, Kulturland
(Kap. 2.4) bis 1500 m. – SW.Asien.

Astrodaucus Drude (Sternmöhre)

Nur 1 Art in der Türkei.

A. orientalis L. (Foto 17, 38/1)

Pfl. einjährig, aufrecht, kahl, bis 1 m hoch; Blätt. fein behaart oder kahl, 3–4fach gefiedert, mit kurzen, sehr schmalen Fiederblätt.; Blattscheiden aufgeblasen, abstehend; endst. Dolden 11–28strahlig; Hülle fehlend, Hüllchen vorhanden; Blkr. weiß, die äußeren glänzend, 2lappig; Fr. spindelf., leicht zusammengedrückt, papillös, Hauptrinnen mit kurzen, haarf. Stacheln, Nebenrippen lang und kräftig bestachelt. – Bltzt. V–VIII. – Trockenhänge, Steppen (Kap. 2.5), Kulturland bis 2500 m. – SW.Asien.

Berula W. Koch (Merk)

Nur 1 Art in der Türkei.

B. erecta Hudson

Pfl. mehrjährig, mit Ausläufern; Stg. aufrecht, gefurcht, bis 1 m hoch; untergetauchte Blätt. 3–4fach gefiedert; Grdblätt. 1fach gefiedert; Fiederblätt. ungleich gesägt; Dolden blattgegenst., 8–20strahlig, aufrecht, offen; Hüllblätt. zahlreich, oft gesägt bis gefiedert, Hüllchenblätt. gewöhnlich ganzrandig; Blkr. weiß; Fr. kurz-eif., glatt; Teilfr. oval mit 12–16 dorsalen Ölkanälen und 6–8 Fugenvittae. – Bltzt. VI–VIII. – Feuchtstandorte, Bachufer (Kap. 2.7) bis 1700 m. – Europa, N.Amerika, N.-, Z.- und SW.Asien.

Bifora Hoffm. (Hohlsame)

Ditypisch.

1. Doldenstrahlen 4–8; Stbbl. grün . . . . **B. radians**
–   Doldenstrahlen 1–3; Stbbl. dunkel-violett . . . . **B. testiculata**

B. radians Bieb.

Pfl. einjährig; Stg. abgewinkelt, bis 80 cm hoch, hohl, stinkend; Blätt. 2–3fach gefiedert, Fiederblätt. am Grd. tief eingeschnitten, oben fadenf.; Dolden end- und seitenst., 4–8strahlig; Hülle 0–1blättrig, fadenf., Hüllchen 2–3blättrig, einseitswendig; Bltn. ♀ oder ♂; Blkrblätt.

weiß, 2spaltig, oft nur 1 Lappen entwickelt; Randbltn. vergrößert; Stbbl. grün; Fr. doppelkugelig, runzlig, ohne Ölkanäle. – Bltzt. IV–VIII. – Brachen, Kulturland (oft auf Kalk) (Kap. 2.5), 700–1800 m. – S.- und Z.Europa, SW.Asien.

Bunium L. (Erdknolle)

8 Arten in der Türkei.

B. microcarpum Boiss. (40)

Pfl. mehrjährig, kahl, mit unterirdischen Sproßknollen; Stg. niederlgd. oder aufrecht, verzweigt, rund, fein gefurcht, bis 40 cm hoch; Grdblätt. bald welkend, 2–3fach gefiedert; obere Stgblätt. 1–2fach gefiedert, mit deutlichen Blattscheiden; Dolden 4–13strahlig; Bltn. weiß, 5–20 pro Döldchen; Fr. länglich-elliptisch, kahl; Gr. gebogen, Diskus kegelf. – Bltzt. V–VII. – Felshänge, Steinschutt, Offenwälder, Gebüsche (Kap. 2.3), 500–2400 m. – Östl. Mediterrangebiet. – In der Türkei werden 3 Unterarten unterschieden, die sich in der Strahlenlänge und Frform unterscheiden.

Bupleurum L. (Hasenohr)

46 Arten in der Türkei.

B. croceum Fenzl (Foto 18)

Pfl. einjährig; Stg. dick, aufrecht, bis 70 cm hoch; alle Blätt. ungeteilt; Stgblätt. elliptisch-eif., 3–8 cm, stgumfassend, gelblich; Dolden 8–12strahlig, das zentrale Döldchen reduziert; Hüllchen 5blättrig (3 große und 2 kleine Blättchen); Blkr. gelb; Fr. glatt, Rippen fadenf. – Bltzt. V–VII. – Steppen, Trockenhänge, Kulturland (Kap. 2.5), 400–1900 m. – SW.Asien.

B. sulphureum Boiss.

Pfl. einjährig, bis 40 cm hoch, gabelig verzweigt; Blätt. ungeteilt, lineal, 3–6 cm; Dolden ungleich, 4strahlig; Hüllchen häutig, zur Bltzt. glänzend; Blkr. gelblich; Fr. kahl, Rippen fadenf. – Bltzt. VI–VII. – Steppen, Trockenhänge, Kulturland (Kap. 2.4). – Endemisch in der Türkei.

Crithmum L. (Meerfenchel)

Monotypisch.

C. maritimum L. *(Foto 19, 38/3)*

Pfl. mehrjährig, reich verzweigt, bis 50 cm hoch; Stg. kahl, blaugrün überlaufen, rund, sehr fein gefurcht; Blätt. fleischig, 1–2fach gefiedert, Fiedern lineal-elliptisch; obere Stgblätt. mit Blattscheiden; Dolden 10–30strahlig; Hülle und Hüllchen zur Frzt. zurückgebogen; pro Döldchen 10–20 Bltn.; Blkr. gelblich-grün; Fr. oval, kahl, Diskus kegelf. – Bltzt. VII–X. – Felsen und Klippen am Meer (Kap. 2.1). – Europa, Mediterrangebiet, SW.Asien.

39   40   41

Daucus L. (Möhre)

5 Arten in der Türkei.

D. carota L. *(38/4)*

Pfl. zweijährig; Stg. meist verzweigt, borstig-behaart oder kahl, bis 2 m hoch; Blätt. 2–3fach gefiedert, Fiederchen sehr unterschiedlich gezähnt; Dolden meist 10strahlig, zur Frzt. einwärts gekrümmt; Blkr. weiß; im Doldenzentrum oft eine sterile, schwarz-purpurne „Mohrenblüte"; Fr. stachelig. – Bltzt. VI–IX. – Grasfluren, Trockenhänge, Sanddünen, Kulturland (Kap. 2.1) bis 2000 m. – Europa, SW.Asien. – Eine sehr variable Art.

Echinophora L. (Stacheldolde)

6 Arten in der Türkei.

E. tournefortii Jaub. & Spach *(Foto 20)*

Pfl. mehrjährig, fein behaart, stachelig, bis 40 cm hoch; Stg. rund, gestreift; Grdblätt. länglich, 1–2fach gefiedert oder fiederteilig, Fiederchen·steif, schmal-3eckig; Dolden ungleich 4–8strahlig; Blkr. weiß; Fr. ± birnenf. mit den äußeren Blüten verwachsen. – Bltzt. VII–IX. – Steppen, Salzsteppen, Kulturland (Kap. 2.5), 500–1800 m. – SW.Asien.

Eryngium L. (Mannstreu)

21 Arten in der Türkei.

E. campestre L.

Pfl. mehrjährig, bis 60 cm hoch; Stg. gewöhnlich einzeln, rund, ab der Mitte reich verzweigt; Grdblätt. sitzend, im Umriß 3eckig bis oval, ledrig, meist 3zählig, stachelig-gezähnt; Stgblätt. kleiner, die oberen mit stgumfassendem, stachelrandigem Grd.; Bltnstand gelblich-grün, weit ausladend, schirmf. mit zahlreichen, eif.-kugeligen Köpfchen; Hüllblätt. schmal, wenig bestachelt; Teilfr. mit länglichen, spitzen Schuppen bedeckt. – Bltzt. VII–IX. – Offenwälder, Trockenhänge, Kulturland (Kap. 2.4) bis 1800 m. – Europa, N.Afrika, SW.Asien.

E. maritimum L.

Pfl. mehrjährig, blaugrün bereift; Stg. kräftig, gestreift, abgewinkelt, reich verzweigt, bis 40 cm hoch; Grdblätt. ausdauernd, dickledrig, fast

kreisf., mit großen, 3eckig-stacheligen Zähnen; Stgblätt. kleiner, fast
sitzend; Bltnstand verbreitert, rispenartig, mit blauen Köpfchen; Hüllblätt. 5, 3lappig, gezähnt und stachelig; Hüllchenblätt. 3spitzig, die
Bltn. überragend. – Bltzt. VI–VIII. – Dünen am Meer (Kap. 2.1). – W.
Europa, Mediterrangebiet, SW.Asien.

Ferula L. (Steckenkraut)

17 Arten in der Türkei.

F. communis L. *(Foto 21, 38/6)*

Pfl. mehrjährig, kahl; Stg. leicht gefurcht, bis 3 m hoch und am Grd.
mehr als 3 cm dick; Blätt. stark gefiedert, die Endfiedern fadenf., oberseits grün, unterseits oft blaugrün; Blattscheiden stark aufgeblasen,
ledrig, stgumfassend; Bltnstand schirmf., die zentralen Dolden kurzgestielt bis sitzend, 20–30strahlig; Döldchen 15–40blütig; Blkr. gelb.;
Teilfr. elliptisch-eif., abgeflacht, geflügelt. – Bltzt. III–VI. – Feuchtstandorte, Macchien, Kulturland (Kap. 2.1) bis 50 m. – Europa, Kanarische Inseln, N.Afrika, SW.Asien.

F. halophila PEŞMEN

Pfl. mehrjährig; Stg. gefurcht, bis 90 cm hoch, am Grd. bis 1,5 cm dick;
Blätt. stark gefiedert, schwach stachelig-rauh; Blattscheiden oval, stark
aufgeblasen, ledrig; Bltnstand schirmartig, 12–15strahlig; Döldchen 8–
14blütig; Blkr. gelb; Teilfr. oval, Rippen fadenf., scharfkantig, mit ca. 2
mm breiten Flügeln. – Bltzt. V–VI. – Salzsteppen (Kap. 2.6) bis 900
m. – Endemisch in der Türkei.

Ferulago W. KOCH (Steckenkraut)

30 Arten in der Türkei.

F. pauciradiata BOISS. *(38/7)*

Pfl. mehrjährig, kahl, blaugrün; Stg. rund, gefurcht, bis 1 m hoch; Blätt.
3fach gefiedert, Endfiederchen tief gelappt; Bltnstand strauß.-rispig;
Dolden lang gestielt, 5–14strahlig, die randst. eingebogen; Hüllblätt.
lanzettlich, weiß berandet; Bltnstiele zur Frzt. nicht verlängert; Teilfr. elliptisch, Flügel dick, gewellt. – Bltzt. VI–VII. – Trockenhänge, Steppen
(Kap. 2.5), 200–1900 m. – Endemisch in der Türkei.

Lagoecia L. (Hasenkümmel)

Monotypisch.

L. cuminoides L. (41)

Pfl. einjährig; Stg. einfach oder nur am Grd. verzweigt, bis 40 cm hoch; Blätt. 1fach gefiedert, Fiederchen zierlich, tief gezähnt und kurz begrannt; Dolden kugelig, vielstrahlig, mit dichtgedrängten, 1blütigen Döldchen; Hüllblätt. 8–10, Hüllchenblätt. 4, fiederteilig; Blkrblätt. weiß, in 2 spitze Lappen geteilt, am Grd. verwachsen, zur Frzt. bleibend; Teilfr. schwarz mit weißen Haaren. – Bltzt. IV–VI. – Offenwälder, Macchien (Kap. 2.1) Ruderalstandorte bis 1100 m. – SO.Europa, Mediterrangebiet, SW.Asien.

Lecokia DC. (Lecokie)

Monotypisch.

L. cretica LAM. (Foto 22, 38/8)

Pfl. mehrjährig, bis 30 cm hoch; Grdblätt. 2–3fach gefiedert, mit bis zu 30 cm langen Stielen; Endfiedern elliptisch, gekerbt-gesägt; Bltnstand wenig verzweigt; Blkr. weiß; Fr. seitlich zusammengedrückt, gekrümmt, braun, dicht mit Häkchen besetzt. – Bltzt. IV. – Offenwälder, Gebüsche, Trockenhänge (Kap. 2.3) bis 800 m. – SW.Asien.

Malabaila HOFFM. (Kerndolde)

6 Arten in der Türkei.

M. secacul BANKS & SOL. (38/9)

Pfl. mehrjährig, fein behaart; Stg. schwach gefurcht, am Grd. dicht wollig, bis 75 cm hoch; Grdblätt. 1–2fach gefiedert, grau; Dolden 15–20strahlig; Döldchen 20blütig; Hüllblätt. fehlend oder frühzeitig abfallend; Fr. oval, wenig behaart, mit schmalem Rand. – Bltzt. V–VII. – Felshänge, Gebüsche (Kap. 2.3) bis 2000 m. – SW.Asien.

Oenanthe L. (Wasserfenchel)

7 Arten in der Türkei.

O. fistulosa L.

Pfl. mehrjährig, kahl, bis 90 cm hoch; Stg. fein gerillt, hohl, an den Knoten oft verengt; Stggrd. mit zylindrisch-eif. Knollen; Grdblätt. 1–2fach gefiedert, Endfiedern schmal; Stgblätt. ähnlich; Blattstiele röhrig, hohl, bauchig, länger als die Rhachis; Dolden 2–8strahlig, Strahlen zur Frzt. verdickt; Döldchen bis 40blütig; Fr. kugelig; Gr. länger als die Fr. – Bltzt. IV–VII. – Feuchtgebiete, See- und Flußufer (Kap. 2.7), 400–700 m. – Europa, NW.Afrika, SW-Asien.

Pimpinella L. (Bibernelle)

23 Arten in der Türkei.

P. tragium VILL.

Pfl. mehrjährig; Stg. kahl bis fein-filzig behaart, bis 60 cm hoch; Grdblätt. 1fach gefiedert, Fiederchen keilf. bis rundlich, deutlich gesägt; Stgblätt. gewöhnlich bis auf die Blattscheide reduziert; Dolden 6–15strahlig; Hülle und Hüllchen fehlend; Blkr. weiß, manchmal rötlich, auf der Unterseite behaart; Döldchen mit 10–20 Bltn.; Fr. eif., kurzwollig behaart. – Bltzt. VI–X. – Felshänge, Steinschutt (Kap. 2.3), 1300–3400 m. – SW.Asien.

Prangos LINDLEY (Steckenkraut)

11 Arten in der Türkei.

P. ferulacea L.

Pfl. mehrjährig; Stg. kahl oder behaart, bis 1,5 m hoch; Grdblätt. und untere Stgblätt. groß, bis 80 cm lang, gefiedert; Fiederchen fadenf.-lineal; Dolden 7–15strahlig; Blkr. gelb; Fr. mit korkigen, elliptisch bis kugeligen Teilfr., breit geflügelt, Flügel gerade oder gewellt, z.T. mit zerzupften Rändern. – Bltzt. V–VII. – Trockenhänge, Steppen (Kap. 2.5), 600–2500 m. – S.Europa, N.Afrika, SW.Asien.

Pseudorlaya MURB. (Scheinbreitsame)

Nur 1 Art in der Türkei.

Ps. pumila L. (38/10)
Pfl. ein- oder zweijährig, verzweigt, behaart, bis 15 cm hoch; Blätt. meist grdst., gefiedert, gekräuselt-behaart; Strahlen, Hüllblätt. und oft der Frkn. auffallend weiß behaart; Dolden endst., 2–5strahlig, zur Frzt. ungleich; Blkrblätt. weiß oder hellpurpurn, klein; Fr. stark zusammengedrückt, mit auffallenden Stacheln an den Rippen. – Bltzt. III–VI. – Sanddünen in Küstennähe (Kap. 2.1). – S.- und SW.Europa, NW.Afrika, SW.Asien.

Scandix L. (Venuskamm)

8 Arten in der Türkei.

S. iberica BIEB. (38/11)
Pfl. einjährig, stark verzweigt, fast kahl oder borstig behaart, bis 20 cm hoch; Blätt. 2–3fach gefiedert oder fiederteilig; Dolden 4–9strahlig; Döldchen mit 10 weißen Bltn., einige gewöhnlich steril; äußere Blkrblätt. deutlich ausgebreitet; Fr. mit langem, bewimpertem Schnabel. – Bltzt. IV–VII. – Trockenhänge, Steppen, Gebüsche, Kulturland (Kap. 2.5), 500–2000 m. – SW.Asien.

Smyrnium L. (Gelbdolde)

6 Arten in der Türkei.

S. olusatrum L.
Pfl. zweijährig; Stg. kräftig, kahl, gerippt, bis 1,5 m hoch; Grdblätt. gefiedert. Endfiederchen tief gesägt; obere Stgblätt. gefiedert oder 3geteilt, die unter der Dolde meist ungestielt; Dolden 7–12strahlig; Hülle und Hüllchen fehlend; Blkr. gelb; Fr. mit deutlichen Rückenrippen. – Bltzt. III–V. – Macchien, Ruderalstandorte und Ödland in Küstennähe (Kap. 2.1) bis 300 m. – W.- und S.Europa, N.Afrika, SW.Asien.

S. perfoliatum L.
Pfl. zweijährig; Stg. bis zur Mitte auffallend geflügelt, mit sternf. Haaren auf den Flügeln, bis 30 cm hoch; Grdblätt. gefiedert, Endfiedern gekerbt; obere Stgblätt. wechselst. oval, stgumfassend; Dolden 7–

14strahlig, Strahlen wenig behaart; Bltn gelb; Rückenrippen der Fr. undeutlich. – Bltzt. V–VI. – Offenwälder, Gebüsche (Kap. 2.2) bis 2000 m. – Europa, SW.Asien.

Thapsia L. (Purgierdolde)

Nur 1 Art in der Türkei.

Th. garganica L. (38/12)
Pfl. mehrjährig; Stg. einzeln, rund, kahl, blaugrün, gefurcht, bis 2 m hoch; Grdblätt. auf der Unterseite borstig-behaart, gefiedert, Fiederblätt. in Wirteln zu 2–5; Endfieder mit eingerolltem Rand; obere Blätt. zu breiten, ganzrandigen Blattscheiden reduziert; zentrale Dolden 5–15-, die randlichen 10–35strahlig; Blkr. gelb; Fr. groß, bis 2,5 cm lang, geflügelt, papierartig, gerillt. – Bltzt. IV–V. – Fels- und Trockenhänge, Ruderalstandorte (Kap. 2.1) bis 600 m. – S.Europa, SW.Asien.

Tordylium L. (Drehkraut)

15 Arten in der Türkei.

T. apulum L. (38/13)
Pfl. einjährig, verzweigt, behaart; Stg. gefurcht, bis 50 cm hoch; Grdblätt. und untere Stgblätt. gefiedert, mit 1–2 Paaren ovaler, gekerbter Fiederchen, die der oberen Stgblätt. schmal, gekerbt; Dolden 12–20strahlig; Hüll- und Hüllchenblätt. schmal-lineal, viel kürzer als die Bltnstiele; Bltn. weiß, 10–15 je Döldchen, die der peripheren Bltn. 2lappig, alle anderen ungeteilt; Teilfr. kugelig, mit stark verdickten, perlschnurartigen Rändern, z.T. mit Drüsenhaaren. – Bltzt. IV–V. – Felshänge, Macchien, Ruderalstandorte (Kap. 2.1) bis 600 m. – S.Europa, NW.Afrika, SW.Asien.

Turgenia Hoffm. (Haftdolde)

Monotypisch.

T. latifolia L.
Pfl. einjährig, borstig oder rauh-behaart; Stg. aufrecht, verzweigt, bis 60 cm hoch; Blätt. 1fach gefiedert, Fiederchen länglich, gesägt, beiderseits borstig-behaart; Dolden 2–5strahlig; Hüllblätt. 3–5, mit breitem,

trockenem Rand; Blkrblätt. weiß, rosa oder purpurn; Fr. dicht mit nach oben gebogenen Stacheln besetzt. – Bltzt. IV–VI. – Steppen, Kulturland (Kap. 2.5) bis 3000 m. – Europa, NW.Afrika, Z.- und SW.Asien.

Zosima HOFFM. (Zosimie)

Nur 1 Art in der Türkei.

Z. absinthifolia VENT. *(38/15, 42)*
Pfl. mehrjährig, dicht aschgrau behaart; Stg. gefurcht, bis 1 m hoch; Grdblätt. 3fach gefiedert, gestielt; Dolden endst., ungleich 10–25strahlig; Döldchen 10–20blütig, mit zahlreichen Hüll- und Hüllchenblätt.; Blkr. weißlich, grünlich oder fahl-gelb; Frkn. dicht grau-behaart; Fr. eif., aschgrau, mit aufgeblasenem Rand. – Bltzt. III–VI. – Trockenhänge, Steppen (Kap. 2.4), 400–2000 m. – SW.- und Z.Asien.

Apocynaceae – Hundsgiftgewächse

Mehrjährige Kräuter, Sträucher oder kleine Bäume; Blätt. gewöhnlich kreuzgegenst. oder in Quirlen; Bltn. 5zählig, einzeln, achselst. oder in Scheindolden; K. 5zipfelig, bleibend; Blkr. glocken- oder becherf.; Frkn. aus 2 Frblätt.; Pfl. gewöhnlich mit alkaloidführendem, giftigem Milchsaft.

4 Gattungen mit 6 Arten in der Türkei.

Nerium L. (Oleander)

Nur 1 Art in der Türkei.

N. oleander L. *(Foto 23)*
Bis 6 m hoher Strauch; Blätt. oft zu 3 quirlst., schmalelliptisch, zugespitzt, ledrig, mit kräftiger Mittelrippe und feinen Nerven; Bltn. groß, in endst., vielblütigen Scheindolden, rosa, rot oder weiß; Balgfr. bis 15 cm lang, Sa. zottig behaart; alle Pfl.teile mit bitterem, giftigem Milchsaft. – Bltzt. IV–IX. – Auf Kiesböden in austrocknenden Flußbetten (Kap. 2.1) bis 800 m, vielfach auch angepflanzt und verwildert. – Mediterrangebiet.

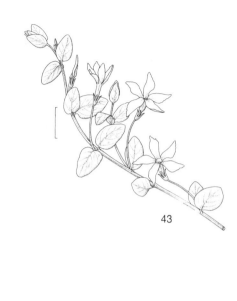

42

43

Vinca L. (Immergrün)

3 Arten in der Türkei.

V. herbacea WALDST. & KIT. *(43)*

Pfl. mehrjährig, krautig, kriechende Triebe bis 60 cm lang, alljährlich bis auf den Wurzelstock absterbend; Blätt. abfallend, sehr variabel; Blattränder und K. glatt bis kurz bewimpert; Blkr. blaß-blau bis purpur-blau, Blkrröhre bis 2 cm lang. – <u>Bltzt. III–V.</u> – Offenwälder, Trockenhänge, Steppen, Kulturland (Kap. 2.5), 400–2000 m. – Europa, SW.Asien.

Araceae – Aronstabgewächse

Mehrjährige Rhizom- oder Knollenstauden; Blätt. häufig mit Netznervatur; Bltn. eingeschl. oder ♀, in vielblütigen Kolben, am Grd. von einem auffälligen Hochblatt (Spatha) umgeben; Beerenfr.

6 Gattungen mit 23 Arten in der Türkei.

1.	Hochblatt am Grd. nicht verwachsen, nur überlappend. 2		
–	Hochblatt am Grd. verwachsen 3		
2.	Blätt. ungeteilt, mit pfeilf. Grd.. . . . . ***Arum,***	134
–	Blätt. geteilt. . . . . ***Dracunculus,***	135
3.	Bltnstg. lang; ♂ und ♀ Bltn. im Kolben unmittelbar benachbart	
	Arisarum,	134
–	Bltnstg. kurz; ♂ und ♀ Bltn. im Kolben durch sterile Bltn. voneinander getrennt 4	
4.	Blätt. ungeteilt . . . . ***Biarum*** *	
	(6 Arten)	
–	Blätt. 3lappig . . . . ***Eminium*** *	
	(3 Arten)	

Arisarum MILLER (Krummstab)

Nur 1 Art in der Türkei.

A. vulgare TARG.-TOZZ. *(44)*
Pfl. mehrjährig; Blätt. mit langem, violett-geflecktem Stiel; Blattspreite spießf.; Bltnstg. lang, bis 30 cm hoch, aufrecht, violett-gefleckt; Hochblatt bis 5 cm lang, am Grd. weißlich oder hellgrün, gestreift, im oberen Teil oft dunkelviolett-braun. – Bltzt. XI–V. – Offenwälder, Macchien (Kap. 2.1) bis 700 m. – Mediterrangebiet.

Arum L. (Aronstab)

11 Arten in der Türkei.

A. dioscoridis SM. *(45)*
Pfl. mehrjährig; Blätt. sehr lang gestielt (bis 50 cm); Blattspreite breit, spießf.; Bltnstg. lang, fast so lang wie die Blattstiele; Hochblatt bis 35 cm lang, grünlich oder violett, auf der Innenseite weißlich, im unteren Drittel auffallend violett-gefleckt; ♂ und ♀ Bltn. durch sterile Bltn. getrennt; steriler Fortsatz des Kolbens schwarz-violett. – Bltzt. III–VI. –

Trockenhänge, Offenwälder, Macchien (Kap. 2.1) bis 2500 m. – Östl.
Mediterrangebiet, SW.Asien.

Dracunculus MILLER (Schlangenwurz)

Nur 1 Art in der Türkei.

D. vulgaris SCHOTT

Pfl. mehrjährig, sehr groß, bis 1,5 m hoch; Blätt. lang gestielt, Blattscheide violett-gefleckt, Blattspreite im Umriß nierenf., tief geteilt;
Bltnstg. aufrecht, nicht gefleckt; Hochblatt bis 50 cm lang, kahl oder
selten kurz behaart, im unteren Teil grünlich oder dunkel-violett, im
oberen Teil außen grün, innen dunkel-violett bis braun; Rand gewellt;
♂ und ♀ Bltn. am Kolben nebeneinander, sterile Bltn. meist fehlend;
steriler Fortsatz des Kolbens in einen kurzen, hellbraunen Stiel und einen dunkel-violetten, keulenf. Abschnitt geteilt. – Bltzt. V–VI. – Ödland, Macchien (Kap. 2.1) bis 500 m. – Östl. Mediterrangebiet.

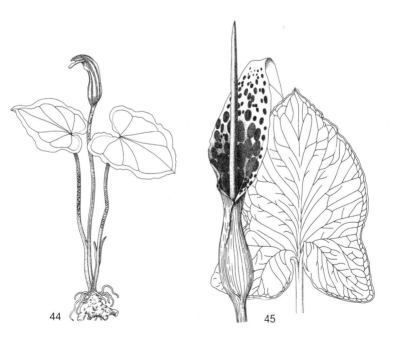

44   45

Aristolochiaceae – Osterluzeigewächse

Stauden oder verholzte Kletterpfl.; Blätt. wechselst., ganzrandig, oft mit herz- oder spießf. Grd.; Bltn. radiär- oder monosymm.; Bltnhülle einfach, verwachsen, röhrig oder glockig; Stbbl. 6–12, am Grd. zu einer Säule verwachsen; Frkn. unterst., 4–6fächerig, Narbe 6strahlig; Kapselfr.

2 Gattungen mit 25 Arten in der Türkei.

1.   Bltn. radiärsymm., glockig; Blätt. immergrün, nierenf. . . . . . ***Asarum*** *
                                                (A. europaeum)
–   Bltn. monosymm., röhrig; Blätt. sommergrün, herzf. . . . . ***Aristolochia***

Aristolochia L. (Osterluzei)

24 Arten in der Türkei.

A. maurorum L. (46)
Pfl. mehrjährig, krautig, bis 40 cm hoch; Blätt. schmal-lanzettlich, mit verlängerten Öhrchen; Bltn. bis 8 cm lang, dunkelbraun bis violettbraun, außen kahl, am Grd. kugelig erweitert; Blkrröhre u-förmig gekrümmt; zungenf. Teil plötzlich zugespitzt, schmutzig grün, rotviolett gefleckt, behaart. – Bltzt. III–VII. – Trockenhänge, Steppen (Kap. 2.5) bis 1600 m. – SW.Asien.

A. parviflora Sm.
Pfl. mehrjährig, krautig; Stg. fadenf., dünn, niederlgd.; Blätt. verlängert-rundlich, stumpf, am Grd. herzf.; Bltn. bis 3,5 cm lang, braun oder dunkelviolett; Blkrröhre gerade, gestreift, kahl; Zunge 2mal so lang wie die Blkrröhre, schmal-lanzettlich, grünlich, dunkel-violett gestreift. – Bltzt. III–V. – Hartlaubwälder, Macchien (Kap. 2.1) bis 1100 m. – Östl. Mediterrangebiet.

Asparagaceae – Spargelgewächse

Stachelige Sträucher oder kletternde Kräuter mit fleischigem Rhizom; Kurzsprosse (Kladodien) grün, gebüschelt, nadelf., oft stechend; Stgblätt. häutig, schuppenartig; Bltn. radiärsymm., einzeln oder in Rispen oder Dolden, eingeschl. oder ♀; Bltnhülle 6blättrig, frei oder am Grd. verwachsen, glockenf.; Stbbl. 6; Frkn. 3blättrig; Beeren.

1 Gattung mit 10 Arten in der Türkei.

Asparagus L. (Spargel)

A. acutifolius L. (47)
Verholzte, klimmende Sträucher mit grün-gestreiftem Stg.; Kurztriebe zu 5–10 in Büscheln, gleichlang, grün, stechend; Bltn. einzeln pro Bündel, gelblich oder grünlich; Fr. schwarz. – Bltzt. VIII–IX. – Kiefernwälder, Macchien (Kap. 2.1) bis 1500 m. – Mediterrangebiet.

A. aphyllus L. ssp. orientalis (BAKER) P. H. DAVIS (48)
Ähnlich A. acutifolius, aber stärker verholzt und kräftiger bestachelt; Kurztriebe zu 1–5 in Büscheln, ungleich lang, kräftig stechend. – Bltzt. VI–VIII. – Trockenhänge, Macchien, Dünen (Kap. 2.1) bis 600 m. – Östl. Mediterrangebiet.

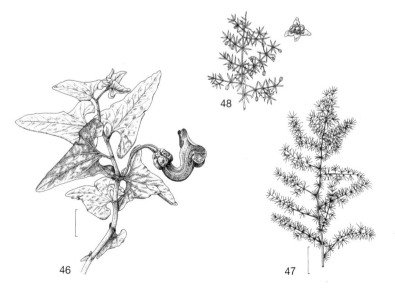

48

46   47

Asteraceae (Compositae) – Korbblütler

Sträucher, Zwergsträucher oder Kräuter; Blätt. wechselst., seltener gegenst., oft rosettig; Nebenblätt. fehlend; Bltn. zu mehreren in von Hüllblätt. umgebenen Köpfchen, oft eine Einzelblüte vortäuschend; Hüllblätt. ein- bis mehrreihig, oft dachziegelartig, die innersten zuweilen kronblattartig; Köpfchenboden mit oder ohne spelzenartige, borstenf. oder haarf. Spreublätt.; Bltn. ♂, eingeschl. oder geschl.los, polysymm. oder monosymm.; Kblätt. undeutlich, in Schuppen, Borsten oder Haare umgewandelt (Pappus), die zur Frzt. als Flugorgan der Ausbreitung der Fr. dienen; Blkrblätt. 5, stets verwachsen, entweder röhrenf. oder trichterf. oder der Länge nach aufgeschlitzt und zur Bltz. flach ausgebreitet, zungenf.; Stbblätt. 5, Filamente frei, die Antheren oft röhrig verwachsen, den Pollen auf die „Griffelbürste" übertragend; Frblätt. 2, zu einem unterst. Frkn. verwachsen; Achänen (Nüsse, deren Frwand mit der Samenschale verwachsen ist).

Die Asteraceae sind in der Türkei mit 133 Gattungen und etwa 1156 Arten vertreten. Als Unterscheidungsmerkmale dienen in erster Linie die Anordnung der Köpfchen, die Hüllblätt., die Spreublätt., der K. (Pappus) und die Achänen.

1.   Köpfchen mit Zungen- und Röhrenbltn. oder nur mit Röhrenbltn. *(Abb. 49/1–3)*; Pfl. i.a. ohne Milchsaft (Ausnahme: *Gundelia*) (Asteroideae)**2**
–   Köpfchen nur mit Zungenbltn. *(Abb. 49/4)*; Pfl. oft mit Milchsaft (Cichorioideae) **45**
2.   Blätt. und/oder Hüllblätt. stachelig **3**
–   Weder Blätt. noch Hüllblätt. stachelig **13**
3.   Blätt. und Hüllblätt. stachelig oder dornig; Pfl. meist distelartig (außer *Pallenis*) **4**
–   Nur Blätt. oder nur Hüllblätt. stachelig; Pfl. nicht distelartig. **11**
4.   Köpfchen in einem großen, kugeligen oder halbkugeligen Bltnstand vereinigt (4–8 cm ∅) **5**
–   Köpfchen nicht in einem kugeligen oder halbkugeligen Bltnstand. . **6**
5.   Pfl. mit Milchsaft; Köpfchen 5–7bltg. in dichten, halbkugeligen Bltnständen mit Hochblatthülle; Hüllblätt. und Tragblätt. verwachsen und hart werdend. . . . . **Gundelia,** 157
–   Pfl. ohne Milchsaft; Köpfchen 1bltg., zu einem kugeligen Bltnstand vereinigt; Hüllblätt. schmal, nicht verwachsen. . . . . **Echinops,** 156
6.   Innere Hüllblätt. zungenartig verlängert, ausgebreitet, Zungenbltn. vortäuschend und gefärbt, länger als die Bltn.. . . . . **Carlina,** 148
–   Innere Hüllblätt. nicht verlängert und ausgebreitet, keine Zungenbltn. vortäuschend **7**
7.   Blätt. ganzrandig; Randbltn. zungenf., gelb . . . . **Pallenis,** 163

- Blätt. anders; alle Bltn. röhrenf., oft tief 5spaltig **8**
8. Köpfchenboden tief grubig *(Abb. 49/5)*, Grubenränder häutig, gezähnt
   Onopordum, 163
- Köpfchenboden nicht tief grubig **9**
9. Pappusstrahlen lang fedrig behaart . . . . (55 Arten) **Cirsium***
- Pappusstrahlen haarf., nicht lang fedrig behaart **10**

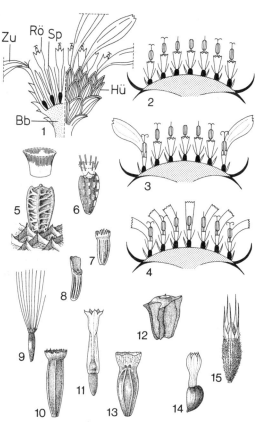

Abb. 49: **1–4 Asteraceen-Köpfchen: 1** Übersicht (Bb Bltnboden, Hü Hüllblatt, Rö Röhrenblüte, Sp Spreublatt, Zu Zungenblüte), **2** Köpfchen mit Röhrenbltn., **3** Köpfchen mit Zungen- und Röhrenbltn., **4** Köpfchen mit Zungenbltn. **5–15 Asteraceen-Achänen: 5** *Onopordum myriacanthum* (5×), **6** *Cousinia vanensis* (4×), **7** *Anthemis tinctoria* (6×), **8** *Anthemis auriculata* (9×), **9** *Pulicaria odora* (9×), **10** *Tanacetum zahlbruckneri* (9×), **11** *Achillea vermicularis* (9×), **12** *Chrysanthemum coronarium* (9×), **13** *Tripleurospermum parviflorum* (9×), **14** *Artemisia santonicum* (16×), **15** *Xeranthemum cylindricum* (4×).

10. Pappus am Grd. verbunden, als Ganzes abfallend . . . . . ***Carduus*** *
   (16 Arten)
– Pappus am Grd. nicht verbunden; Pappushaare einzeln abfallend oder
   Pappus fehlend *(Abb. 49/6)* . . . . ***Cousinia,*** 154
11 **(3–).** Randbltn. zungenf., weiß; Blätt. gefiedert, stachelig zugespitzt
                                                 Anthemis, 145
– Alle Bltn. röhrenf. **12**
12. Hüllblätt. mit einem einfachen, langen Stachel . . . . ***Jurinea,*** 160
– Hüllblätt. mit einem gefiederten, dornigen Anhängsel. . . ***Centaurea,*** 148
13 **(2–).** Köpfchen mit randst. Zungenbltn. und zentralen Röhrenbltn.
   (Abb. 49/3); Zungenbltn. gewöhnlich 3 zipfelig (selten 5- oder mehr-
   zipfelig), deutlich länger als die Röhrenbltn. **14**
– Alle Bltn. des Köpfchens röhrenf., die randst. zuweilen vergrößert und
   steril oder schwach zungenf. (dann kürzer als die zentralen Röhrenbltn.). **24**
14. Zungenbltn. leuchtend gelb oder orange **15**
– Zungenbltn. weiß, cremefarben, rot, lila, violett oder blau. **20**
15. Köpfchenboden mit Spreublätt. **16**
– Köpfchenboden ohne Spreublätt. **17**
16. Köpfchen zahlreich, in Doldenrispen; Pappus fehlend *(Abb. 49/11)*;
   Spreublätt. rundlich, gefranst oder spitz; Blätt. oft stark fiederteilig . .
                                                 Achillea, 145
– Köpfchen einzeln; Pappus meist krönchenartig oder öhrchenf. *(Abb.
   49/7,8)*, manchmal fehlend; Spreublätt. mit Stachelspitze **Anthemis,** 145
17 **(15–).** Pappus vorhanden, haarf. **18**
– Pappus fehlend oder ein Krönchen bildend. **19**
18. Pappus in 2 Reihen, die äußere Reihe kurz, ein Krönchen bildend
   (Abb. 49/9). . . . . ***Pulicaria,*** 166
– Pappus vollst. haarf.. . . . . ***Inula,*** 160
19 **(17–).** Pfl. mehrjährig; Köpfchen wenige bis viele in Doldenrispen (selten einzeln); Achänen alle ± gleich, mit einem endst. oder seitlichen
   Krönchen *(Abb. 49/10)*. . . . . ***Tanacetum,*** 168
– Pfl. einjährig (selten mehrjährig); Köpfchen einzeln; Achänen 2gestaltig,
   die der Zungenbltn. anders als die der Röhrenbltn.; Pappus fehlend. . .
                                                 Chrysanthemum, 154
20 **(14–).** Köpfchenboden mit Spreublätt. **21**
– Köpfchenboden ohne Spreublätt. **22**
21. Krone der Röhrenbltn. am Grd. ohne Fortsatz; Achänen mit Krönchen
   (Abb. 49/7); Spreublätt. stachelspitzig . . . . ***Anthemis,*** 145
– Krone der Röhrenbltn. am Grd. taschenf., die Spitze der Achäne um-
   fassend *(Abb. 49/11)*; Achänen ohne Krönchen; Spreublätt. nicht sta-
   chelspitzig . . . . ***Achillea,*** 145
22 **(20–).** Achänen 2gestaltig, die der Zungenbltn. 3eckig oder 3flügelig
   (Abb. 49/12), die der Röhrenbltn. seitlich zusammengedrückt . . . . .
                                                 Chrysanthemum, 154
– Achänen gleich (die der Zungenbltn. manchmal mit Krönchen, die der
   Röhrenbltn. ohne Krönchen) **23**

23. Köpfchenboden zur Reife halbkugelig oder kegelf.; Achänen deutlich 3rippig, mit 1–2 rotbraunen Drüsen an der Spitze *(Abb. 49/13)* . . . .

Tripleurospermum*
(24 Arten)

– Köpfchenboden zur Reife flach oder vorgewölbt; Achänen undeutlich 5–10rippig . . . . **_Tanacetum,_** 168

24 **(13–).** Köpfchenboden mit Spreublätt. oder Borsten bzw. Haaren **25**
– Köpfchenboden ohne Spreublätt. **34**

25. Stark duftende Zwergsträucher oder Kräuter; Köpfchen klein, 5–6 mm, in ährigen, rispigen oder kopfigen Bltnständen; Blkr. klein, undeutlich *(Abb. 49/14)* . . . . **_Artemisia,_** 148
– Köpfchen größer (> 10 mm), nicht in kugeligen Bltnständen; Blkr. deutlich **26**

26. Innere Hüllblätt. trockenhäutig, zungenartig verlängert und gefärbt; Pappus aus 5–15 kurzen Schuppen *(Abb. 49/15)* . . **_Xeranthemum,_** 171
– Innere Hüllblätt. nicht verlängert **27**

27. Bltn. in den Achseln von Spreublätt. oder Borsten; Pappus nicht haarf. **28**
– Bltn. von zahlreichen Haaren oder Borsten umgeben; Pappus haarf. oder aus Borsten **29**

28. Weißfilzige Meeresküstenpfl.; Achänen von schwammartigen Anhängseln der Blkrröhre eingeschlossen *(Abb. 50/1)* . . . . **_Otanthus,_** 163
– Pfl. anderer Standorte; Grd. der Blkrröhre anders . . . . . **_Anthemis,_** 145

29 **(27–).** Köpfchen verschiedenblütig, die randlichen Bltn. geschl.los oder selten ♀, die zentralen Bltn. ♀, röhrenf. **30**
– Köpfchen gleichblütig (selten verschiedenblütig) mit funktionell ♂ Randbltn. **32**

30. Pfl. ein- oder zweijährig **31**
– Pfl. mehrjährig; Hüllblätt. mit Anhängsel oder ohne; innerer Pappus kürzer oder nicht differenziert . . . . **_Centaurea,_** 148

31. Hüllblätt. mit deutlichem Anhängsel; Achänen zur Reifezeit ± kahl; innerer Pappus kürzer oder nicht differenziert *(Abb. 50/2)* oder Pappus fehlend. . . . . **_Centaurea,_** 148
– Hüllblätt. ohne Anhängsel; Achänen zur Reifezeit samtig oder behaart; Pappus meist aus Borsten, der innere Teil aus 5–10 kurzen, 3eckigen Schuppen *(Abb. 50/3)* . . . . **_Crupina,_** 156

32 **(29–).** Pappus aus langen, fedrig behaarten Strahlen . . . . **_Cirsium*_**
– Pappusstrahlen nicht fedrig behaart. **33**

33. Stglose, alpine Kräuter; Pappus abfallend, innerer Pappus nicht differenziert . . . . **_Jurinella,_** 161
– Pfl. mit Stg., krautig; Pappus bleibend, innerer Pappus aus 2–3 längeren Borsten . . . . **_Jurinea,_** 160

34 **(24–).** Köpfchen verschiedenbltg., d.h. neben breiteren Zwitterbltn. auch fadenf. oder kleine zungenf. ♀ Bltn. vorhanden **35**
– Köpfchen gleichbltg **40**

35. Wenigstens die Zwitterbltn. mit einem Pappus aus Haaren, Schuppen oder Borsten **36**

– Pappus zu einem Krönchen reduziert; Achänen sehr klein (< 1 mm).
Artemisia, 148

36. Hüllblätt. krautig, die inneren meist mit häutigen Rändern 37
– Hüllblätt. alle deutlich hautrandig oder vollst. häutig. 38

37. Köpfchen bis 1 cm breit; Blätt. grün; Pappus in 2 Reihen, die äußere
Reihe ein Krönchen bildend *(Abb. 49/9)* . . . .**Pulicaria,** 166
– Köpfchen > 1 cm breit (falls kleiner, dann Blätt. grau- oder weißfilzig);
Pappus nur aus Haaren bestehend . . . .**Inula,** 160

38. Köpfchen einzeln; Pappushaare weniger als 10. . . . . .**Phagnalon,** 164
– Köpfchen wenige oder zahlreich, in dichten Doldenrispen (selten einzeln, dann aber Hüllblätt. auffallend gefärbt); Pappushaare zahlreich
39

39. Hüllblätt. bräunlich oder weiß; ♀ Bltn. zahlreicher als die Zwitterbltn.
Gnaphalium, 157
– Hüllblätt. gelb, strohfarben oder orange, seltener karminrot oder weiß;
♀ Bltn. weniger als die Zwitterbltn.. . . . .**Helichrysum,** 158

40. Pappus haarf.; Pfl. nicht aromatisch duftend 41
– Pappus fehlend oder krönchenartig, nicht haarf.; Pfl. aromatisch duftend. 43

41. Pfl. groß (bis 1,5 m); Blätt. gegenst., fiedrig . . . .**Eupatorium***
(nur *E. cannabinum*)
– Pfl. kleiner; Blätt. wechsel- oder grdst. 42

42. Hüllblätt. alle häutig, weißlich, gelb oder orange . . . .**Helichrysum,** 158
– Hüllblätt., wenigstens die äußeren, krautig, grün, die inneren oft häutig. . . . .**Inula,** 160

43. Köpfchen klein, 1–2 mm, oft hängend . . . .**Artemisia,** 148
– Köpfchen größer, ± aufrecht. 44

44. Blätt. ± kahl, fein zerschlitzt; Achänen 3rippig mit 1–2 braunroten
Drüsen an der Spitze *(Abb. 49/13)* . . . .**Tripleurospermum***
(24 Arten)
– Blätt. grau-filzig, ± ganzrandig oder zerschlitzt; Achänen 5–10rippig,
ohne Drüsen *(Abb. 49/10)*. . . . .**Tanacetum,** 168

45 **(1–).** Pappus fehlend oder aus Schuppen oder Borsten, nicht haarf.
46
– Wenigstens einige Achänen mit einem Pappus aus weichen Haaren,
selten nur gewimpert 47

46. Blätt. meist grdst.; Pappus fehlend; Achänen schmal, die äußeren
bleibend, gekrümmt, zur Frzt. sternf. ausgebreitet und vollst. von den
Hüllblätt. eingeschlossen, die inneren abfallend *(Abb. 50/5)* . . . . . .
Rhagadiolus, 166
– Stg. beblättert; Blätt. schmal, ganzrandig; Achänen zur Frzt. sternf.
ausgebreitet, eingekrümmt, an der Spitze mit grannenf. Borsten *(Abb.
50/6)*. . . . .**Koelpinia,** 161

47. Pappus der inneren Achänen aus fedrigen Haaren 48
– Pappus, wenigstens der inneren Achänen, aus einfachen, glatten oder
rauhen Haaren oder Wimpern 51

48. Achänen (wenigstens die inneren) deutlich geschnäbelt *(Abb. 50/7)*. .
49

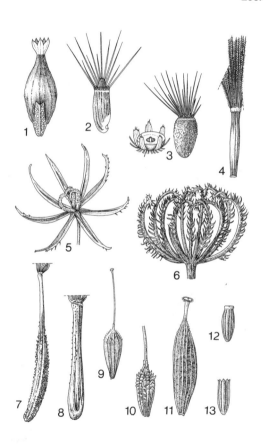

Abb. 50: **Asteraceen-Achänen. 1** *Otanthus maritimus* (9×), **2** *Centaurea solstitialis* (4×), **3** *Crupina crupinastrum,* Detail: innerer Pappus (4×), **4** *Inula inuloides*
(9×), **5** *Rhagadiolus stellatus,* **6** *Koelpinia linearis,* **7** *Tragopogon pratensis* (5×), **8**
Scorzonera phaeopappa (5×), **9** *Lactuca serriola* (9×), **10** *Taraxacum cyprium* (7×),
11 *Cicerbita mulgedioides* (9×), **12** *Hieracium* sp., **13** *Pilosella* sp. (Pappus z.T.
entfernt).

In Anlehnung an Davis & Grierson (1975).

Achillea L. (Schafgarbe)

Etwa 40 Arten in der Türkei, für deren Bestimmung die Fiederblätt. und die Zahl und Farbe der Zungenbltn. (in frischem Zustand) wichtig sind.

A. biebersteinii AFAN. (51)

Pfl. aufrecht, 10–100 cm; Stg. längsstreifig, abstehend behaart; Blätt. behaart, 2–3fach gefiedert, Rhachis ganzrandig; Doldenrispen aus 30–200 Köpfchen; Hüllblätt. oval bis 3eckig verlängert, bleich, behaart; Zungenbltn. 4–5, goldgelb, 1–2 mm; Röhrenbltn. 10–30. – Bltzt. V–IX. – Nadelwälder, Steppen (Kap. 2.5), Felsstandorte, Ödland bis 3500 m. – SO.Europa, SW.- und Z.Asien.

A. wilhelmsii C. KOCH (52)

Pfl. 10–35 cm; Blätt. wollig-behaart, oft verkahlend, 1–2fach gefiedert, Fiederchen dachziegelig; Doldenrispen aus 5–40 Köpfchen; Hüllblätt. lanzettlich, stumpf oder spitz, schmal hautrandig, angepreßt behaart; Zungenbltn. 3–5, hellgelb, 1–1,5 mm; Röhrenbltn. 15–25. – Bltzt. V–VII. – Steppen (Kap. 2.5), Ödland, 500–2200 m. – SW.Asien.

Anthemis L. (Hundskamille)

Eine schwierige, gegenwärtig in starker Artbildung (Evolution) befindliche Gattung. Aus der Türkei sind 50 Arten bekannt, für die eine kritische Revision und Abgrenzung der einzelnen Sippen noch aussteht.

A. chia L. (53)

Pfl. einjährig, 10–35 cm; Stg. aufrecht, schwach behaart; Blätt. 2fach gefiedert, 2,5–7 cm, im Umriß verlängert lanzettlich; Köpfchen mit Zungen- und Röhrenbltn., Köpfchenstiel 5–10 cm; Hüllblätt. kahl, mit schmalen, dunklen Rändern; Spreublätt. verlängert, plötzlich zugespitzt, abfallend; Zungenbltn. 15–20, weiß; Röhrenbltn. am Grd. stark aufgeblasen, die Achäne einhüllend. – Bltzt. III–VI. – Wegränder und Kalkböden in Küstennähe (Kap. 2.1) bis 1000 m. – S.Europa und SW.-Asien. – A. chia wird im Frühjahr oft als Blumenschmuck verkauft.

A. cretica L. ssp. cassia (BOISS.) GRIERSON (54)

Pfl. mehrjährig, Stg. aufsteigend, 15–30 cm; Blätt. gefiedert, 3–7 cm, weiß-behaart; Köpfchen mit weißen Zungen- und gelben Röhrenbltn. oder nur aus Röhrenbltn.; Hüllblätt. mit schmalem, hell- bis dunkelbraunem Rand; Achänen gerippt, mit Öhrchen. – Bltzt. VI–VIII. – Nadelwälder und Steinschutthalden (Kap. 2.3), 750–2200 m. – Türkei.

A. kotschyana Boiss. *(55)*
Pfl. mit verholztem Grd., grau behaart; Stg. 10–40 cm, aufrecht, mit 1 Köpfchen; Blätt. 2fach gefiedert, im Umriß verlängert-oval, 1,5–4 cm, am Grd. des Stg. konzentriert; Köpfchen mit 12–20 gelben Zungen- und Röhrenbltn. oder nur aus Röhrenbltn.; Hüllblätt. lanzettlich, behaart, mit bleichen oder dunklen Rändern; Achänen weißlich oder strohfarben, schwach gerippt, mit seitlichem Krönchen. – Bltzt. V–IX. – Laub- und Nadelwälder, Zwerggesträuche (Kap. 2.3) und Kalkfelsen, 400–2800 m. – SW.Asien.

A. rigida Heldr. *(Foto 24)*
Pfl. einjährig, niederliegend, grau-wollig, vom Grd. an verzweigt, 2–10 cm; Blätt. 2fach gefiedert, im Umriß länglich-oval; Köpfchen nur mit Röhrenbltn., Köpfchenstiele zur Reifezeit verdickt und abwärts gebogen; Köpfchenboden konvex; innere Hüllblätt. lanzettlich, spitz, schmal hautrandig; Achänen zylindrisch, 10rippig, mit kurzem Krönchen. – Bltzt. III–V. – Sandstrände und Felsen am Meer (Kap. 2.1). – Östl. Mediterrangebiet.

A. rosea Sm. *(56)*
Pfl. einjährig, angedrückt-behaart; Stg. einfach oder vom Grd. an verzweigt, 3–20 cm; Blätt. 2–3fach gefiedert, im Umriß länglich-oval, 0,5–2 cm; Köpfchen mit 10–15 lila-malvenfarbenen Zungenbltn. und Röhrenbltn.; Köpfchenstiele zur Reifezeit schwach verdickt, Köpfchenboden kegelf.; innere Hüllblätt. länglich, abgerundet oder zugespitzt, hautrandig; Achänen feingestreift, mit Krönchen oder geöhrt. – Bltzt. III–VI. – Kalkfelsen und Hänge (Kap. 2.1) bis 1800 m. – Endemisch im östl. Mediterrangebiet.

A. tinctoria L. *(57)*
Pfl. mehrjährig, grau-grün bis weißlich, oft dicht angedrückt behaart; Stg. vom Grd. an verzweigt, aufrecht, 20–60 cm, jeweils mit 1 Köpfchen; Blätt. 2–3fach gefiedert, im Umriß länglich-oval, 1–5 cm; Köpfchen mit 20 gelben oder cremefarbenen Zungenbltn. und Röhrenbltn. oder nur mit Röhrenbltn.; Hüllblätt. z.T. dicht weißfilzig, die inneren mit braunem Rand, an der Spitze gewimpert; Spreublätt. verlängert, spitz, so lang wie die Röhrenbltn.; Achänen deutlich gerippt, Krönchen ganzrandig. – Eine sehr variable Sippe, die in 5 Varietäten unterteilt wird. – Bltzt. V–X. – Gebüsche, Zwerggesträuche (Kap. 2.4), Kalkhänge und Felder bis 1900 m. – Europa, SW.Asien.

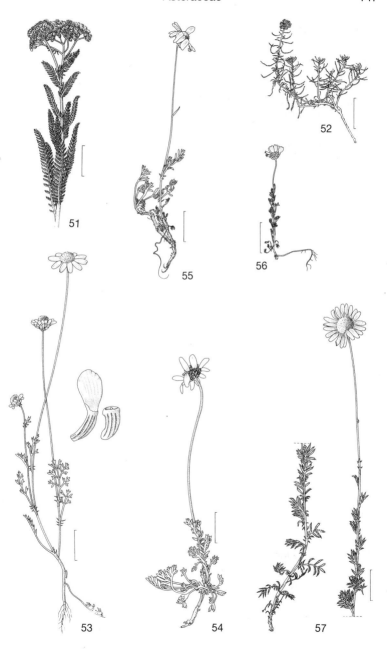

Artemisia L. (Beifuß)

Aromatisch duftende, windbestäubte ein- oder mehrjährige Kräuter und Zwergsträucher, die zu den charakteristischen Steppenelementen Zentralanatoliens (*Artemisia*-Steppe) gehören. Viele der 23 türkischen Arten blühen erst sehr spät im Jahr und sind im nicht-blühenden Zustand nur schwer zu bestimmen.

A. santonicum L. (*A. fragrans* WILLD.) (58)
Zwergstrauch; grdst. Rosetten zur Bltz. fehlend; Stg. aufrecht, verzweigt, bis 60 cm, dicht weiß-wollig; Blätt. 2–3fach gefiedert, auf beiden Seiten weiß behaart; Bltn. in verzweigten Rispen, Seitenzweige lang, rechtwinklig abstehend; Köpfchen verlängert, 2–3 mm breit, 2–8 bltg.; äußere Hüllblätt. krautig, spinnwebartig-filzig, die inneren länger, häutig. – Bltz. VII–X. – Salzböden und Steppe (Kap. 2.5) bis 1500 m. – Z.- und O.Europa, Z.- und S.Rußland, SW.Asien.

A. taurica WILLD. (59)
Ähnlich *A. santonicum*, aber grdst. Rosettenblätt. zur Bltz. vorhanden; Rispen mit kurzen, aufrechten Seitenzweigen; Köpfchen oft nickend. – Bltz. VII–IX. – Zwerggesträuche, Steppe (Kap. 2.5) und Felder, 900–1900 m. – S.Rußland, Türkei.

Carlina L. (Eberwurz)

9 Arten in der Türkei.

C. oligocephala BOISS. & KOTSCHY
Pfl. mit holzigem, verzweigtem Stamm; Stg. aufrecht, 15–50 cm, wenig verzweigt, mit grdst. Blattrosette; Stgblätt. unterseits weiß-filzig, lang stachelig; Köpfchen bis 2 cm breit; äußere Hüllblätt. 2–5 cm, die mittleren weiß-filzig, die inneren strohfarben. – Bltz. VII–IX. – Laub- und Nadelwälder, Zwerggesträuche (Kap. 2.5) und Steinschutthalden bis 2000 m. – Endemisch im östl. Mediterrangebiet.

Centaurea L. (Flockenblume)

Mit etwa 180 Arten eine der artenreichsten Gattungen in der Türkei (Sippenzentrum). Aufgrund vieler kleinräumiger Endemismen ohne erkennbare nächste Verwandte taxonomisch sehr schwierig. Als Hauptunterscheidungsmerkmal dient das Hüllblattanhängsel (trotz erheblicher Variabilität innerhalb eines Köpfchens) und die Bltnfarbe. Vegetativ wichtige Merkmale sind die Wuchsform, die Blätter (v.a. bei zweijährigen Pfl.) und die Ausgestaltung des Wurzelstocks (Verzweigungstyp, Pfahlwurzel etc.).

C. carduiformis DC. (60)

Pfl. zweijährig, mit verdickter Pfahlwurzel; Stg. aufrecht, 10–90 cm, nur im oberen Teil verzweigt, mit 3–5 Köpfchen; Stg. und Blätt. borstig oder spinnwebartig-wollig behaart; Blätt. 1–2fach gefiedert; Köpfchen 15–30 mm, rundlich; Hüllblattanhängsel 3eckig, 10–30 mm, allmählich in einen Dorn verschmälert, braun, mit zahlreichen Wimpern; Bltn. rosaviolett oder weißlich, die Adern oft orange. – Bltzt. VI–VII. – Steppe (Kap. 2.5), 500–2300 m. – SW.Asien.

58   59   60

C. chrysantha WAGENITZ (61)

Pfl. mehrjährig, mit kurzem, meist unverzweigtem Stg.; Blätt. leierf. gefiedert, beiderseits dicht weiß-filzig, die Endfieder mit kurzer Stachelspitze; Köpfchen verlängert-rundlich, 15–20 mm; Hüllblattanhängsel
mit 2–4 Paaren seitlichen Wimpern und oft zurückgekrümmtem Dorn;
Bltn. gelb; Achänen ohne Pappus. – Bltzt. VI. – Zwerggesträuche,
Felshänge (Kap. 2.3), 1000–2200 m. – Endemisch in der Südtürkei
(Aladağları).

C. depressa BIEB. (62)

Pfl. einjährig, 10–60 cm; Blätt. ganzrandig, lanzettlich, filzig behaart,
die unteren oft gelappt; Köpfchen 14–18 mm, rundlich; Hüllblattanhängsel schwarzbraun gesäumt, mit zahlreichen hellen Zähnchen; Bltn.
leuchtend blau; Achänen mit langem, bärtigem Hilum und langem (5–
9 mm) Pappus. – Bltzt. V–VII. – Felder, Wegränder, Steppen (Kap.
2.5) bis 2300 m. – SW.- und Z.Asien. – Ersetzt hier die mehr nördlich
verbreitete C. cyanus (Kornblume). Weitere, einjährige, blau blühende
Arten in der Türkei: C. pinardii (ohne Pappus); C. cyanus (sehr schmale,
1–2 mm breite Blätter; kurzer Pappus).

C. drabifolia SM. (63)

Pfl. mehrjährig, in dichten Polstern, mit mehreren sterilen Rosetten und
zahlreichen, einfachen Stg. bis 40 cm hoch; Blätt. weiß-filzig bis verkahlend, lanzettlich, ganzrandig oder schwach gezähnt; Köpfchen zylindrisch; Hüllblattanhängsel klein, strohfarben oder braun, zurückgekrümmt, mit 2–5 Wimpern und einem endst. Dorn; Bltn. gelb; Achänen
mit fedrigem, 7–13 mm langen Pappus. – Bltzt. VI–VIII. – Steinschutthalden, Felsstandorte, Zwerggesträuche (Kap. 2.3). – Endemisch in der
Türkei. – Sehr ähnlich ist C. kotschyi, bei der die sterilen Rosetten
meistens fehlen.

C. iberica SPRENGEL (64)

Pfl. ein- oder zweijährig, bis 1 m hoch, wiederholt verzweigt; Seitenzweige meist kurz unterhalb eines Köpfchens und dieses überragend;
Blätt. schwach behaart, die unteren gestielt, leierf. oder gefiedert, die
mittleren und oberen sitzend; Köpfchen rundlich bis tassenf.; Hüllblattanhängsel mit stechendem, strohfarbenem Dorn und 2–3 Paar Seitendornen am Grd.; Bltn. hell-violett; Achänen mit kurzem Pappus. – Bltzt.
VI–VIII. – Wegränder, Felder, Ruderalstandorte, Steppen (Kap. 2.5). –
SO.Europa, S.Rußland, SW.- und Z.Asien. – Sehr ähnlich ist C. calci-
trapa, die aber schmälere Köpfchen und pappuslose Achänen besitzt.

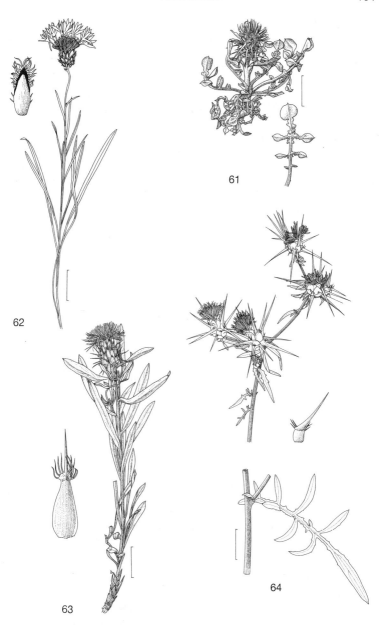

61

62

63

64

C. lycia BOISS. *(65)*

Pfl. mehrjährig, filzig, 25–40 cm; grdst. Blätt. leierf. oder einfach, obere Blätt. ungeteilt, 2–5 mm breit; Köpfchen 12–15 mm; Hüllblattanhängsel groß, kreisf., hyalin mit hellbraunem Zentrum, am Rand gezähnelt oder zerschlitzt; Bltn. rosa-violett; Achänen mit 3–4 mm langem Pappus. – Bltzt. VI–VII. – Felsstandorte (Kap. 2.3), 800–1800 m. – Endemisch im östl. Mediterrangebiet.

C. mucronifera DC. *(66)*

Pfl. mehrjährig, mit verholztem Wurzelstock und zahlreichen sterilen Trieben; blühende Stg. einzeln, bis 40 cm; Blätt. langgestielt, grau- bis weiß-filzig, verlängert-lanzettlich, 5–15 mm; Köpfchen bis 25 mm breit; Hüllblattanhängsel groß, fast kreisf., hyalin, klein-gezähnelt; Bltn. rosa-violett, die äußeren ausgebreitet; Achänen mit 2–5 mm langem Pappus. – Bltzt. VI–VIII. – Felsstandorte und Steinschutthalden (Kap. 2.3), 1600–3000 m. – Endemisch in der Türkei.

C. solstitialis L. *(67)*

Pfl. einjährig, 15–60 cm, durch anliegende Haare filzig; grdst. Blätt. geteilt, zur Bltzt. meist verwelkt; Stgblätt. lanzettlich, schmal herablaufend; Köpfchen 11–16 × 6–15 mm, spinnwebartig-filzig; Hüllblattanhängsel ein 8–30 mm langer, strohfarbener Dorn mit 2–4 feinen Seitendornen; Bltn. gelb oder lila; Achänen 2gestaltig: die äußeren matt, ohne Pappus, die inneren glänzend und mit weißem Pappus. Aufgrund der Bltnfarbe und Hüllblattdornen werden 3 Unterarten unterschieden. – Bltzt. VI–IX. – Kiefernwälder, Trockenhänge, Steppe (Kap. 2.5) und Ödland bis 1900 m. – S.Europa, S.Rußland, SW.Asien. In W.- und Z.Europa eingeschleppt.

C. urvillei DC. *(68)*

Pfl. zwei- (?) oder mehrjährig, 5–30 cm; Stg. einfach oder vom Grd. an verzweigt; Blätt. spinnwebartig-filzig, leierf.; Köpfchen groß, kugelig, 20–40 mm; Hüllblattanhängsel sehr variabel (5 Unterarten) mit zahlreichen Wimpern und einem bis zu 30 mm langem Dorn; Bltn. rosa-violett oder weißlich, die äußeren schwach ausgebreitet; Spreublätt. borstenf., 15–20 mm lang. Eine vielgestaltige Sippe, nahe verwandt mit *C. carduiformis*. – Bltzt. VI–VIII. – Macchien, Kiefern-Offenwälder, Steppen (Kap. 2.5), Felsstandorte bis 2000 m. – Östl. Mediterrangebiet, SW. Asien.

C. virgata LAM. *(69)*

Pfl. mehrjährig, reich verzweigt, 20–70 cm hoch; Blätt. spinnwebartig-filzig, gefiedert, die oberen Stgblätt. ganzrandig; Köpfchen spindelf.,

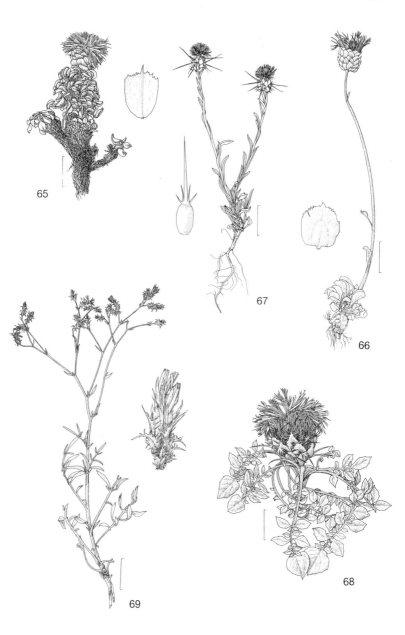

einzeln oder zu zweit am Ende der Seitenzweige, oft abfallend; Hüllblattanhängsel klein, strohfarben mit violett-braunen Flecken, meist zurückgekrümmt, beiderseits mit 5–10 Wimpern; Bltn. violett, 4–10; Pappus sehr kurz oder fehlend. Eine sehr variable Sippe, die in der Türkei in 4 Gruppen zerfällt. – Bltzt. VI–IX. – Trockenhänge, Steppen (Kap. 2.5) und Ödland bis 2000 m. – SO.Europa, SW.- und Z.Asien.

Chrysanthemum L. (Wucherblume)

2 Arten in der Türkei

1. Blätt. 1fach gefiedert; Achänen der Zungenbltn. nicht geflügelt . . . .
Ch. segetum
– Blätt. 2–3fach gefiedert; Achänen der Zungenbltn. geflügelt. . . . . .
Ch. coronarium

Ch. coronarium L. *(70)*
Pfl. kahl, 15–70 cm; Blätt. 2–3fach gefiedert; Köpfchen bis 2 cm breit; Hüllblätt. rundlich-verlängert, mit braunem häutigem Rand; Zungenbltn. 12–15, schwefelgelb oft auch cremefarben oder weiß; Röhrenbltn. gelb; Achänen der Zungenbltn. scharf 3kantig, mit 1,5 mm breiten Flügeln; Achänen der Röhrenbltn. zusammengedrückt. – Bltzt. IV–VI. – Wegränder, Kultur- und Ödland in Küstennähe (Kap. 2.1) bis 500 m. – Mediterrangebiet, SW.Asien.

Cousinia CASS. (Cousinie)

Distelartige Pfl. mit etwa 38 Arten in der Türkei und einem Mannigfaltigkeitszentrum in der Irano-turanischen Florenregion (Iran, Afghanistan).

C. halysensis HUB.-MOR. *(71)*
Pfl. mehrjährig, verzweigt, bis 40 cm hoch; Stg. dünn, spinnwebartig-wollig bis verkahlend; Blätt. bestachelt, unterseits weißwollig behaart; grdst. Blätt. verlängert-lanzettlich, mit bis zu 15 Paaren von Seitenfiedern; Stgbl. allmählich an Größe abnehmend, am Stg. herablaufend; Köpfchen zahlreich, rundlich, bis 2 cm breit, 15–20bltg.; Hüllblätt. zahlreich, zurückgekrümmt; Bltn. gelb. – Bltzt. VI–VIII. – Steppen (Kap. 2.5), 900–1100 m. – Endemisch in Inneranatolien.

70

71

73

72

Crepis L. (Pippau)

Etwa 36 Arten in der Türkei.

C. macropus BOISS. & HELDR.
Pfl. mehrjährig, reich verzweigt, bis 50 cm hoch, mit ± verholztem Grd. und Pfahlwurzel; Stg. mit mehreren Köpfchen, kahl oder filzig; grdst. Blätt. elliptisch, gefiedert, mit gezähnten Fiederchen; Stgblätt. schmal-verlängert; Köpfchenstiele bis 20 cm lang; Köpfchen 30–55bltg.; innere Hüllblätt. dicht weiß-filzig, mit dunkler und fadenf. Spitze; Köpfchenboden bewimpert; Zungenbltn. gelb; Gr.äste gelb; Achänen ungeschnäbelt, rotbraun, mit bis zu 10 kleinen, stacheligen Rippen. – Bltzt. VI–VII. – Felsstandorte (Kalk), Steppe (Kap. 2.5), Kulturland, 750–1600 m. – Endemisch in Inneranatolien.

Crupina (PERS.) **DC. (Schlupfsame)**

3 Arten in der Türkei.

C. crupinastrum (MORIS) VIS. **(72)**
Pfl. einjährig, bis 80 cm hoch; untere Blätt. fiederteilig, Fiederchen gesägt, Rhachis oberseits wollig; Köpfchen gestielt, spindelf., zur Frzt. halbkugelig; Hüllblätt. elliptisch, spitz, grün oder violett gestreift; Blkr. rot oder violett; Blkrröhre mit glatten, unverzweigten Haaren; Achänen zusammengedrückt und deutlich gekielt, mit schmal-elliptischem, seitlichem Hilum; äußerer Pappus 5–10 mm lang. – Bltzt. IV–VI. – Kiefern-Offenwälder, Steppe (Kap. 2.5), Kalkhänge und Kulturland bis 1400 m. – Mediterrangebiet, SW.Asien.

Echinops L. (Kugeldistel)

Eine schwierige, merkmalsarme Gattung mit wenigen gut abgegrenzten Arten. In der Türkei werden 17 Arten unterschieden.

E. pungens TRAUTV. **(Foto 25)**
Stg. bis 1 m hoch, meist nur oben verzweigt, kahl, mit drüsigen Haaren oder spinnwebartig-wollig; Blätt. stachelig, sehr groß, 1–2fach gefiedert, spinnwebartig-drüsig oder oberseits ohne Drüsen, unterseits wollig, mit drüsigen Haaren auf den Nerven; obere Stgblätt. stgumfassend; Köpfchenstand kugelig, bis 8 cm im Durchmesser, hellblau oder weißlich, auf blattlosen Stg.; Einzelköpfchen 2,5 cm; Hüllblätt. 20–28, kahl,

die inneren am Grd. schwach verbunden; Blkr.röhre 7–9 mm, mit drüsigen Haaren; Pappusborsten bis zu 1/3 ihrer Länge verbunden. – Bltzt. VI–VIII. – Felsstandorte, Kalkhänge, Steppe (Kap. 2.5), Wegränder und Ödland, 1100–2700 m. – SW.Asien. – Eine in Größe, Grad der Blattfiederung, Behaarung und Form der Hüllblätt. sehr variable Art, die in 4 Varietäten (z.T. mit Artstatus bei anderen Autoren) zerfällt.

Gnaphalium L. (Ruhrkraut)

6 Arten in der Türkei.

G. leucopilinum Boiss. (73)

Pfl. mehrjährig; grdst. Blätt. spatelf., abgerundet, am Grd. verschmälert; Köpfchenstiele 2–4 cm, mit 2–5 länglichen Blätt.; Köpfchen 1–3, 5–6 mm breit; äußere Hüllblätt. rundlich, zugespitzt, mit dunkelbraunen Spitzen, die inneren lineal mit hellen Spitzen; ♀ Bltn. 20, ♂ Bltn. etwa 10; Achänen mit kurzen, stumpfen Haaren bedeckt; Pappushaare einzeln abfallend. – Bltzt. VII–VIII. – Felsen (Kap. 2.3), 1600–3700 m. – Endemisch in S.- und SO.Anatolien. – Ähnlich dem mitteleuropäischen G. supinum; durch die spatelf. Blätter und stumpfen Haare auf der Achäne unterschieden.

Gundelia L. (Gundelie)

Monotypisch.

G. tournefortii L. (Foto 26)

Pfl. mehrjährig, bis 1 m hoch, mit Milchsaft (Ausnahme bei den Asteroideae); Stg. und Blätt. kahl oder schwach spinnwebartig-behaart; Blätt. steif, sitzend oder mit am Stg. herablaufenden, stacheligen Flügeln, gefiedert, mit stacheligen Rändern und deutlichen Nerven; untere Blätt. bis 30 cm lang, nach oben an Größe abnehmend; Köpfchen 4–8bltg., in dichten, verholzenden kugeligen Bltnständen, jedes Köpfchen mit einem dornig-berandeten Tragblatt, das in einen bis 7 cm langen Dorn endet; Bltn. grün, gelb, weiß, maronenfarbig oder rot; Achänen kahl, mit ± ganzrandigem oder gefranstem Krönchen. Die verholzten Köpfchen werden als Ganzes ausgebreitet. – Bltzt. V–VI. – Offenwälder, Steppe (Kap. 2.5), felsige Kalkhänge und Ödland bis 2500 m. – SW.Asien. – Aufgrund der Verdornung der Tragblätt. und der Blattfiederung werden 3 Varietäten unterschieden, deren Abgrenzung aber durch Zwischenformen erschwert wird. G. tournefortii dient als

Winterfutter. Aus dem Milchsaft wird ein Kaugummi (kenger sakızı) hergestellt, die Samen werden als Kaffee-Ersatz (kenger kahvesi) geröstet.

Helichrysum GAERTNER (Strohblume)

18 Arten in der Türkei.

H. arenarium (L.) MOENCH ssp. aucheri (BOISS.) DAVIS & KUPICHA (74)
Pfl. angedrückt grau-filzig, ohne Drüsen; köpfchentragende Stg. bis 50 cm, sterile Triebe mit auffallend geschwollenem Blattgrund; grdst. Blätt. spatelf., wollig behaart, Stgblätt. schmaler; Köpfchen fast kugelig, zahlreich; Hüllblätt. gelb; Bltn. alle ♀. – Bltzt. V–VIII. – Trockene Kalk- und Sandböden, Steppe (Kap. 2.5) bis 3200 m. – Endemisch in Z.- und N.Anatolien. – 3 Unterarten: *H. arenarium* ssp. *erzincanicum (74/1)*, ssp. *aucheri (74/2)*, ssp. *rubicundum (74/3)*.

H. orientale (L.) DC.
Pfl. am Grd. verholzt, dicht weiß-filzig, ohne Drüsen, bis 60 cm hoch; Blätt. länglich-lanzettlich, auf beiden Seiten weiß-filzig; Köpfchen halbkugelig, 5–8 mm, zahlreich; Hüllblätt. stumpf, ± dachziegelig, leuchtend gelb; Randbltn. ♀. – Bltzt. III–VI. – Macchien (Kap. 2.1), Kalkfelsen und Kiefernwälder bis 700 m. – Mediterrangebiet.

H. plicatum DC. (75)
Pfl. drüsig oder fast kahl bis wollig-filzig; köpfchentragende Stg. bis 50 cm hoch, aus verholzten, waagrechten Stämmchen, sterile Triebe nicht auffallend geschwollen; grdst. Blätt. länglich, Stgblätt. halbstgumfassend; Köpfchen fast kugelig, 4–9 mm; Hüllblätt. stumpf bis gespitzt, schwach dachziegelig, oft mit länglichen Falten, gelb oder cremefarben; Bltn. alle ♂ oder die Randbltn. ♀. – Bltzt. VI–VIII. – Gebüsche, Offenwälder, felsige Hänge (Kap. 2.3), 1400–3500 m. – SO.Europa, SW.Asien. – 3 Unterarten: *H. plicatum* ssp. *plicatum (75/1)*, ssp. *polyphyllum (75/2)*, ssp. *pseudoplicatum (75/3)*.

Inula L. (Alant)

27 Arten in der Türkei.

I. aucherana DC.

Pfl. mehrjährig; Stg. aufsteigend, bis 75 cm hoch, oberwärts verzweigt, mit weißen, abstehenden Haaren, am Grd. dicht weiß-wollig; untere Blätt. gelblich, verlängert-lanzettlich, zugespitzt oder abgerundet, am Grd. verschmälert, ganzrandig oder gezähnt, schwach behaart; Stgblätt. sitzend, halbstgumfassend; Köpfchen zu 3–20, mit Zungen- und Röhrenbltn.; Hüllblätt. 4–5reihig, dachziegelig, die äußeren mit zurückgekrümmten Spitzen, fein drüsig; Zungenbltn. 20–45, gelb-orange; Achänen kahl oder an der Spitze schwach behaart. – Bltzt. V–IX. – Auf feuchten, salzhaltigen Standorten (Kap. 2.6), 500–1900 m. – Türkei, W.Iran.

I. heterolepis BOISS. *(76)*

Pfl. mehrjährig, mit verholztem Wurzelstock, dicht weiß-filzig; Stg. zahlreich, bis 40 cm hoch, oberwärts verzweigt; grdst. Blätt. rundlich-elliptisch mit bis zu 7 cm langen Stielen, stumpf oder spitz, ganzrandig, die oberen Stgblätt. sitzend; Köpfchen zahlreich; Hüllblätt. 4–5reihig, dachziegelig, die äußeren stumpf, weiß-filzig, die inneren zugespitzt; ♀ Bltn. röhrenf.; Achänen in der oberen Hälfte fein behaart; Pappus weiß, aus 10–15 rauhen Haaren. – Bltzt. VI–VIII. – Kalkfelsen und Steinschutthalden (Kap. 2.1) bis 1500 m. – Östl. Mediterrangebiet.

I. viscosa (L.) AITON *(Foto 27)*

Pfl. halbstrauchig, klebrig-drüsig, bis 2 m hoch; Blätt. lanzettlich, spitz, am Grd. verschmälert und ± geöhrt, ganzrandig bis gesägt; Köpfchen zahlreich, klein, in Rispen; Hüllblätt. 4–5reihig, dachziegelig, ± häutig mit grüner Mittelrippe; Zungenbltn. bis 10, kurz; Achänen an der Spitze zusammengezogen, drüsig behaart; Pappus aus bis zu 20 rauhen, am Grd. verbundenen Haaren. – Bltzt. VI–XI. – Sumpfige Standorte (Kap. 2.1) und Ödland bis 800 m. – Europa, Mediterrangebiet.

Jurinea CASS. (Silberscharte)

Eine schwierige, taxonomisch sehr unterschiedlich gefaßte Gattung mit 17 Arten in der Türkei.

J. consanguinea DC.
Pfl. mehrjährig; Stg. grün, schwach spinnwebartig, im unteren Teil wenig beblättert; grdst. Blätt. 4–10 cm, grün, unterseits weißwollig, ganzrandig oder gefiedert, mit zurückgerollten Rändern; Stgblätt. viel kleiner, die oberen ungeteilt; Köpfchen einzeln auf langen Stielen, halbkugelig, bis 3 cm breit; Hüllblätt. bis 5reihig, lanzettlich, 60–130, meist angedrückt, die äußeren verhärtend, die inneren z.T. drüsig; Bltn. lila, violett oder tief rot; reife Achänen längsstreifig. – Bltzt. V–VIII. – Offenwälder (Kap. 2.2), Steppen, Felder und Ödland bis 1900 m. – SO.Europa, Türkei.

Jurinella Jaub. & Spach **(Zwergscharte)**

Nur 1 Art in der Türkei.

J. moschus (Habl.) Bobrov ssp. moschus (Foto 28)
Mehrjährige, alpine Rosettenpfl. mit Pfahlwurzel; Blätt. gestielt, einfach bis leierf., 1–7lappig, oberseits wollig und dicht drüsig-grubig, unterseits weiß-spinnwebartig; Köpfchen einzeln in jeder Rosette, sitzend, bis 5 cm breit; Hüllblätt. 4–5reihig, die äußeren zurückgekrümmt; Bltn. rosa–lila, stark duftend; Achänen längsgestreift; Pappus abfallend. – Bltzt. VII–VIII. – Steinschutthalden (Kap. 2.3) und Felshänge, 1500–3700 m. – SW.Asien.

Koelpinia Pallas **(Koelpinie)**

1 Art in der Türkei.

K. linearis Pallas (77)
Pfl. einjährig, verzweigt, bis 40 cm hoch; Blätt. schmal, ganzrandig, schwach behaart; blühende Stg. mit bis zu 5 Köpfchen auf kurzen Stielen, fruchtende Köpfchen bis 3 cm breit; Hüllblätt. 2reihig, die inneren viel länger als die äußeren; Zungenbltn. gelb; Achänen sternf. zurückgekrümmt (Abb. 50/6), gestreift, mit kurzen, hakigen Borsten. – Bltzt. V–VI. – Trockene Sand-, Kalk- und Salzböden bis 1400 m (Kap. 2.1). – Östl. Mediterrangebiet, Z.- und SW.Asien.

Lactuca L. (Lattich)

8 Arten in der Türkei.

1. Bltn. blau, lila oder malvenfarbig; Pfl. mehrjährig . . . . . *L. intricata*
– Bltn. hellgelb; Pfl. zweijährig . . . . *L. serriola*

L. intricata Boiss.

Pfl. mehrjährig, mit dicker Pfahlwurzel und bleibenden, alten Blattscheiden; Stg. steif, sparrig verzweigt, kahl, blaugrün; Blätt. fast alle grdst.,
unregelmäßig gefiedert, auf der Mittelrippe weiß-kräuselig behaart;
Stgblätt. sitzend, mit kleinen Öhrchen; Bltnstand aus zahlreichen Köpfchen; Köpfchen einzeln, 9–18 mm, zur Frzt. verlängert; Hüllblätt. 11–
16, 3eckig, kahl; Bltn. blau, lila oder malvenfarbig; Achänen geschnäbelt; Pappus strohfarben. – Bltzt. VI–VIII. – Gras- und Felshänge,
Steinschutthalden (Kap. 2.3), 1100–2500 m. – Östl. Mediterrangebiet.

L. serriola L.

Pfl. zweijährig, bis 1,5 m hoch; Stg. kahl, im unteren Teil borstig-stache-
lig; Blätt. senkrecht in eine Ebene gestellt, geöhrt, blaugrün, fiedrig-
gelappt, stachelig-bewimpert, auf der Mittelrippe stark bestachelt;
Bltnstand reich verzweigt, mit vielen Köpfchen; Hüllblätt. 13–15, 3rei-
hig, kahl, oft violett überlaufen; Bltn. hellgelb, dicht behaart; Achänen
mit zahlreichen schmalen Streifen und dünnem Schnabel *(Abb. 50/9)*. –
Bltzt. VII–IX. – Gras- und Felshänge, Wegränder, Ödland (Kap. 2.5) bis
1800 m. – Europa, N.Afrika, SW.- und Z.Asien.

Leontodon L. (Löwenzahn)

9 Arten in der Türkei.

L. oxylepis Boiss. & Heldr. var. oxylepis (78)

Pfl. mehrjährig, mit Pfahlwurzel, bis 35 cm hoch, mit dünnen Sternhaaren und verzweigten Haaren bedeckt; Stg. unterhalb des Köpfchens
nicht geschwollen; Blätt. lanzettlich, spitz, ganzrandig bis schwach gezähnt, filzig; Hüllblätt. mehrreihig, behaart, die äußeren oft spreizend,
die inneren lang zugespitzt; Bltn. gelb; Achänen geschnäbelt; Pappus
schmutzig-weiß, aus 15–25 Haaren. – Bltzt. VI–VIII. – Zwerggesträuche, Steinschutthalden (Kap. 2.3), 1000–2600 m. – Türkei, Libanon.

Onopordum L. (Eselsdistel)

17 Arten in der Türkei.

O. polycephalum Boiss. *(Foto 29)*
Pfl. zweijährig, bis 2 m hoch, spinnwebartig-filzig; Stg. geflügelt, oberwärts reich verzweigt, vollst. beblättert; Flügel bis 1 cm breit, bestachelt; grdst. Blätt. verlängert-lanzettlich, fiederteilig, mit 3eckigen, bestachelten Fiederlappen; Stgblätt. schmaler, mit großen bestachelten Fiederlappen; Köpfchen zu 2–16, gestielt, bis 3 cm breit, Stiele 1–2 cm lang und schmal geflügelt; Hüllblätt. aufrecht, spinnwebartig-behaart, mit kahlen Stacheln; Bltn. bis 2,5 cm lang, violett, Blkrzipfel ungleich. – Bltzt. VI–VIII. – Kulturland, Steppen (Kap. 2.5), 1400–2200 m. – Endemisch in der Türkei.

O. turcicum Danin
Ähnlich *O. polycephalum*, Köpfchen aber auf 2–7 cm langen Stielen und breiter (bis 4 cm). – Bltzt. VII–VIII. – Kulturland, Steppen (Kap. 2.5), 800–2100 m. – Türkei, Kaukasus, Iran.

Otanthus Hoffmanns. & Link

Monotypisch.

O. maritimus (L.) Hoffmanns. & Link *(79)*
Pfl. mehrjährig, weiß-wollig; Stg. aufrecht, bis 50 cm hoch, ± dicht beblättert; Blätt. lanzettlich, spitz, sitzend mit halbstgumfassendem Grd., Blattrand gesägt; Köpfchen 3–8; Hüllblätt. dicht wollig; Spreublätt. lanzettlich, bis 3 mm lang, wollig; Bltn. röhrenf., gelb, am Grd. herablaufend, die Achänen z.T. einhüllend; Pappus fehlend. – Bltzt. V–XI. – Sandige Küstendünen und Sandstrand (Kap. 2.1). – Europa, Mediterrangebiet.

Pallenis Cass.

1 Art in der Türkei.

P. spinosa (L.) Cass. *(80)*
Pfl. einjährig, bis 60 cm hoch, mit abstehenden, am Grd. geschwollenen Haaren; Blätt. einfach, lanzettlich, zugespitzt, mit gezähntem Rand, auf beiden Seiten behaart; obere Stgblätt. an Größe abnehmend, mit

Stachelspitze, sitzend, halbstgumfassend; Köpfchen einzeln, endst., bis 1,5 cm breit; äußere Hüllblätt. 8–10, stachelig-zugespitzt, unterseits deutlich 3nervig, die inneren lanzettlich, spitz; Zungenbltn. gelb, 4–7 mm; Spreublätt. spitz, bis 6 mm lang; Achänen der Zungenbltn. zusammengedrückt, mit 2 Flügeln; Pappus schuppenf. – Bltzt. IV–VIII. – Kalkfelsen, Felsstandorte (Kap. 2.1) und Wegränder bis 250 m. – Europa, Mediterrangebiet.

Phagnalon CASS. (Steinimmortelle)

3 Arten in der Türkei.

1. Stg. und Blätt. weiß-filzig, wenigstens auf der Unterseite; Blattränder oft zurückgerollt, wellig oder gezähnelt 2
– Nur der Stg. weiß-filzig, die Blätt. grün; Blattränder flach, ganzrandig
   Ph. kotschyi
2. Hüllblätt. bis 1 mm breit, alle spitz oder zugespitzt . . . *Ph. graecum*
– Hüllblätt. breiter, die mittleren stumpf oder abgerundet *Ph. rupestre*

Ph. graecum BOISS. (81)
Pfl. mehrjährig, bis 60 cm hoch; Blätt. lanzettlich, zugespitzt, Blattränder zurückgerollt, gewellt oder mit wenigen kurzen Zähnen; obere Stgblätt. meist ganzrandig, unterseits weiß-filzig; Köpfchen einzeln, bis 1,5 cm breit; äußere Hüllblätt. 3eckig, spitz, die mittleren lanzettlich mit hyalinem Rand; Achänen behaart. – Bltzt. III–V. – Kalkfelsen und Felsstandorte (Kap. 2.1) bis 700 m. – N.Afrika und östl. Mediterrangebiet.

Pilosella HILL (Mausohr-Habichtskraut)

15 Arten und etwa 9 Hybriden (meist apomiktische Formenschwärme) in der Türkei. Zwischen fast allen Arten, die an einem Standort zusammen vorkommen, werden Hybriden beobachtet.

P. hoppeana (SCHULTES) C. H. & F. W. SCHULTZ ssp. cilicica (NAEG. & PETER) SELL & WEST
Pfl. mehrjährig, mit kurzen, dicken Ausläufern; Blätt. zahlreich, rundlich verlängert, oberseits mit dichten Sternhaaren und Drüsenhaaren; köpfchentragende Stg. bis 40 cm hoch, meist ohne Blätt., mit 1 Köpfchen; Hüllblätt. lanzettlich, plötzlich in eine abgerundete Spitze verschmälert, dicht sternhaarig; Zungenbltn. gelb, die äußeren meist mit einem dunkelroten Streifen auf der Außenseite. – Bltzt. VII. – Kiefernwälder,

Steinschutthalden (Kap. 2.3), 1500–2800 m. – SO.Europa, Türkei, Kaukasus. – 5 Unterarten, die aufgrund des Haarkleides (Vorhandensein bzw. Fehlen von Stern- und Drüsenhaaren) und den Drüsenhaaren auf der Hülle unterschieden werden.

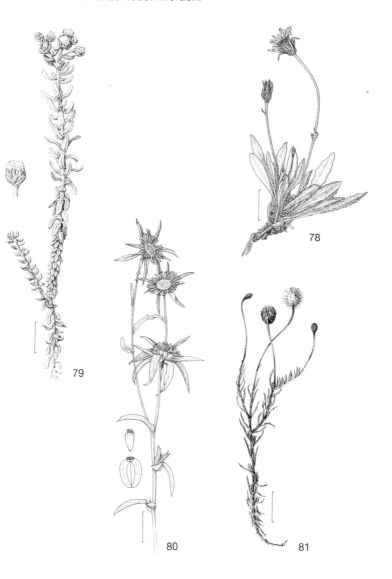

Pulicaria GAERTNER (Flohkraut)

6 Arten in der Türkei.

P. dysenterica (L.) BERNH. *(82)*

Pfl. mehrjährig, flockig-spinnwebartig behaart, bis 80 cm hoch; Stg. verzweigt; Blätt. verlängert-lanzettlich, spitz, am Grd. herzf. geöhrt, ± gezähnelt, auf beiden Seiten behaart, unterseits drüsig; Köpfchen in Doldenrispen zu 3–70, bis 1,5 cm breit; Hüllblätt. 4–5reihig, schmal zugespitzt, behaart, drüsig, an der Spitze oft violett; Zungenbltn. gelb, zahlreich; Achänen 10rippig, an der Spitze schwach behaart. – Bltzt. VII–IX. – Flußufer, oft in Küstennähe bis 1600 m (Kap. 2.7). – Europa, N.Afrika, Türkei.

Rhagadiolus SCOP. (Sternlattich)

4 Arten in der Türkei.

Rh. stellatus (L.) GAERTNER *(83)*

Pfl. einjährig, rauhhaarig, bis 60 cm hoch; grdst. Blätt. gezähnt bis fiedrig-gelappt, Stgblätt. kleiner und ± ganzrandig; Hüllblätt. 2reihig, die äußeren zur Frzt. spreizend, kahl oder rauhhaarig; Zungenbltn. gelb; äußere Achänen sternf. ausgebreitet, von den Hüllblätt. eingeschlossen, innere Achänen eingekrümmt *(Abb. 50/5)*, kahl oder behaart; Pappus fehlend. – Bltzt. III–V. – Macchien (Kap. 2.1), Fels- und Schutthänge, Ödland bis 1500 m. – Mediterrangebiet, SW.Asien.

Scorzonera L. (Schwarzwurzel)

39 Arten in der Türkei. Eine taxonomisch schwierige Gattung aus mehreren Komplexen nahe verwandter Arten, deren diagnostische Merkmale noch unsicher sind. Von *Tragopogon* durch die ungleichen Hüllblätt. zu unterscheiden.

1. Wenigstens einige grdst. Blätt. grob gezähnt oder gelappt; Bltn. gelb; einige Hüllblätt. schwarz gehörnt . . . . **S. cana**
– Blätt. ganzrandig, Blattrand manchmal gewellt; Bltn. lila bis violett . . .
S. phaeopappa

82

83

84

85

S. cana (C. A. Meyer) Hoffm. (84)

Pfl. mehrjährig, bis 60 cm hoch, mit zylindrischem Wurzelstock und Blattresten am Grd.; grdst. Blätt. ganzrandig bis fiederteilig, 3–20 cm lang, behaart, + flockig oder kahl; Köpfchen 1–7 pro Stg.; Hüllblätt. lanzettlich, schwarz gehörnt; Bltn. gelb, wenigstens 1,5× so lang wie die Hüllblätt.; Achänen zylindrisch, auffallend gestreift, kahl. – Bltzt. V–VIII. – Felshänge, Steinschutthalden, Zwerggesträuche (Kap. 2.3) bis 4000 m. – Z.- und S.Europa, SW.Asien. – Ein sehr variabler Formenschwarm (4 Varietäten) ohne deutliche geographische Abgrenzung. Sehr ähnlich ist S. laciniata (kurze Zungenbltn., Pfl. ein- bis zweijährig).

S. phaeopappa (Boiss.) Boiss.

Pfl. mehrjährig, bis 40 cm hoch, mit dickem, zylindrischem Wurzelstock; Blätt. ganzrandig, spinnwebartig behaart oder kahl, am Grd. halbstgumfassend, Blattrand oft gewellt; Köpfchen 1–3 pro Stg.; Bltn. lila bis violett; Achänen schmal zylindrisch, glatt oder warzig. – Bltzt. IV–VI. – Offenwälder und Kalkschutthänge (Kap. 2.3) bis 2100 m. – SW.-Asien. – Sehr ähnlich, und nur schwer von S. phaeopappa zu unterscheiden sind S. mollis (Bltn. gelb) und S. suberosa (Wurzelstock knollig).

Tanacetum L. em. Briq. (Wucherblume)

44 Arten in der Türkei.

T. armenum (DC.) Schultz Bip.

Zwergstrauch; köpfchentragende Stg. bis 15 cm hoch, schwach behaart, drüsig, oberwärts blattlos; Blätt. gefiedert, schwach behaart, drüsig-punktiert; Köpfchen einzeln, bis 1 cm breit; Hüllblätt. mit braunem Hautrand; Zungenbltn. etwa 10, weiß; Achänen mit 4–7 hellen Rippen, Krönchen fehlend oder winzig. – Bltzt. VII–VIII. – Offene Nadelwälder (Kap. 2.3), Kalkfelsen, 1000–2900 m. – Türkei.

T. parthenium (L.) Schultz Bip.

Pfl. mehrjährig, bis 60 cm hoch; Blätt. 1–2fach gefiedert, bis 15 cm lang, schwach behaart, auf beiden Seiten drüsig punktiert; Köpfchen zahlreich (bis zu 30) in Doldenrispen; Hüllblätt. gekielt, mit hellem Rand; Zungenbltn. 12–20, weiß; Achänen mit 5–6 weißlichen Rippen, Krönchen unregelmäßig gesäumt. – Bltzt. V–IX. – Schattige Wälder (Kap. 2.1), Flußufer, Felshänge und Ödland bis 2500 m. – Auf der Nord- und Südhalbkugel vielerorts eingebürgert.

Taraxacum WIGGERS **(Kuhblume)**

Eine in der Türkei etwa 50 Arten umfassende Gattung mit vielen polyploiden Apomikten und Kleinarten, deren Verbreitung weitgehend un-
bekannt ist. Für eine sichere Bestimmung sind Gr.farbe und reife Achänen unerläßlich.

T. crepidiforme DC. **(Foto 30)**
Pfl. mehrjährig, kahl; Blätt. zungenf., ± ganzrandig, mit hellen, oft geflügelten Blattstielen; Hülle dunkelgrün, die äußeren Hüllblätt. angedrückt,
oft mit breitem, weißem Rand; Zungenbltn. auf der Außenseite purpurn
oder violett, innen gelb; Gr. und Narbe schwarz; Achänen strohfarben,
mit einem kurzen, dicken Schnabel, selten ohne Schnabel. – Bltzt.
VI–VIII. – Alpine Sumpfwiesen und Schmelzwasserfluren (Kap. 2.3),
1500–3700 m. – SW.Asien.

T. farinosum HAUSSKN. & BORNM. **(85)**
Pfl. mehrjährig; Blätt. dick, grau, gelappt mit stumpfen Seitenlappen;
köpfchentragende Stg. dicht spinnwebartig behaart; Hülle bis 12 mm
lang, äußere Hüllblätt. hell-rot, mehlig bestäubt, mit hellem Rand, ±
dachziegelig; Zungenbltn. hellgelb, auf der Außenseite rötlich; Narben
gelb; Achänen grau, warzig, mit dickem, kurzem Schnabel. – Bltzt.
VI–IX. – Salzsümpfe und Salzsteppen (Kap. 2.6), 800–1200 m. –
Endemisch in der Türkei.

Tragopogon L. **(Bocksbart)**

20 Arten in der Türkei, deren sichere Bestimmung ohne Kenntnis der
Bltnfarbe und der Achänen sehr schwierig ist.

T. aureus BOISS.
Pfl. mehrjährig, kahl oder spärlich wollig-behaart, bis 30 cm hoch, unverzweigt; Stg. unterhalb des Köpfchens nicht geschwollen; Blätt. lanzettlich; Hülle am Grd. wollig, Hüllblätt. 8, kürzer als die Blkr., zur Frzt.
2–3 cm lang, mit schwarzen und weißen Haaren; Bltn. goldgelb. –
Bltzt. VI–IX. – Steppe (Kap. 2.5), Felsstandorte und Wegränder, 1700–
2300 m. – Endemisch in der Türkei.

T. latifolius BOISS. **(86)**
Pfl. ein- (?) bis mehrjährig, bis 80 cm hoch, verzweigt; Blätt. lanzettlich,
nach oben verschmälert, anliegend behaart, mit gewelltem Rand; Hüllblätt. 8–13, wollig, kürzer als die Bltn., z.T. mit schwarzen Haaren, zur

Frzt. 3–4,5 cm lang; Bltn. gelb; Achänen mit kurzen Schuppen, undeutlich geschnäbelt. – <u>Bltzt. V–VII.</u> – Steppe, Grasfluren (Kap. 2.3), 850–2000 m. – SW.Asien.

T. longirostris SCHULTZ BIP.
Pfl. zweijährig, kahl oder schwach wollig behaart, bis 80 cm hoch; Stg. unverzweigt oder wenig verzweigt, unterhalb des Köpfchens geschwollen; Blätt. schmal; Hüllblätt. 5–8, verschmälert, länger als die Bltn., zur Frzt. 4–8 cm lang; Bltn. hell- oder dunkel-violett; Achänen lederfarben, mit 10 Reihen kurzer Schuppen und langem Schnabel. – <u>Bltzt. IV–VII.</u> – Gebüsche, Felshänge, Wegränder (Kap. 2.1) und Ödland bis 2300 m. – SW.Asien.

86 87

Xeranthemum L. (Spreublume)

4 Arten in der Türkei.

1. Äußere Hüllblätt. stachelig zugespitzt, kahl; Pappus aus 5 Schuppen
.... **2**
– Äußere Hüllblätt. stumpf, entlang des Mittelnervs filzig; Pappus aus 10–15 Schuppen . . . . **X. cylindraceum**
2. Junges Köpfchen eif.; Pappusschuppen weniger als 2× so lang wie die Achäne. **3**
– Junges Köpfchen spindelf.; Pappusschuppen 2× so lang wie die Achäne . . . . **X. longipapposum**
3. Innere Hüllblätt. lineal-elliptisch, strahlend, purpurn-violett . . . .
X. annuum
– Innere Hüllblätt. lanzettlich-spitz, aufrecht, strohfarben **X. inapertum**

X. annuum L. (87)

Pfl. einjährig, bis 50 cm hoch, weiß-filzig mit auffallenden, dünnen verzweigten Stg.; Blätt. verlängert-elliptisch, sitzend; Köpfchen 5–15 mm breit, kahl; äußere Hüllblätt. anliegend, stachelspitzig, strohfarben mit feinem rotbraunen Mittelnerv; innere Hüllblätt. weiß, leuchtend violett oder purpurn, Zungenbltn. vortäuschend, nach der Bltz. bleibend; Achänen mit 5 Schuppen. – <u>Bltzt. VI–IX</u>, die gesamte Pfl. bleibt aber als Trockenpfl. noch lange am Standort erhalten. – Steppe (Kap. 2.5), Trockenhänge und Straßenränder bis 1950 m. – S.Europa, Kaukasus, SW.Asien.

Berberidaceae – Sauerdorngewächse

Sträucher oder Stauden; Blätt. wechsel- oder grdst.; Bltn. zwittrig, 3-(selten 2-)zählig, in Trauben oder Rispen; Blkrblätt. mit grdst. Nektarien oder Honigschuppen; Stbbl. 2klappig; Frkn. oberst., einfächerig.

4 Gattungen mit 8 Arten in der Türkei.

Berberis L. (Sauerdorn, Berberitze)

5 Arten in der Türkei.

B. crataegina DC. (88)

Bis 2 m hoher Strauch; Borke der blühenden Langtriebe dunkel-rotbraun, glänzend, ohne schwarze Korkporen; Blätt. schmal-eif., etwa 3×

länger als breit, gesägt bis ganzrandig, an Kurztrieben in der Achsel
kürzerer Dornen; Bltnstand 1–3 cm, mit 6–15 gelben Bltn.; Beeren erst
rot, dann schwarz. – Bltzt. V–VI. – Steinige Hänge (Kap. 2.4), Gebüsche, 800–1500 m. – SW.Asien.   In Nordanatolien treten Übergangsformen zur dort sympatrischen *B. vulgaris* auf, die sich durch eine gelb-
lich-graue Borke mit schwarzen Korkporen unterscheidet. In SW.Ana-
tolien *B. cretica*, mit nur 4–10 Bltn. pro Bltnstand und längeren Dornen
(länger als die Blätt.).

88

Boraginaceae – Rauhblattgewächse

Meist rauh behaarte Kräuter, seltener Sträucher; Blätt. ungeteilt, wech-
selst., Nebenblätt. fehlend; Bltn. oft in schneckenf. eingerollten
Bltnständen (Wickel), radiärsymm. oder leicht monosymm., ☿, 5zählig,
Blkrröhre oft durch 5 hohle Ausstülpungen (Schlundschuppen) verengt
Frkn. oberst., 2blättrig, durch eine falsche Scheidewand in 4 Fäche
geteilt (Klausen), zur Frzt. in 4 einsamige Nüßchen zerfallend.

35 Gattungen mit etwa 310 Arten in der Türkei. Zu ihrer Unterscheidung
ist v.a. die Form und Ausgestaltung der 4 Teilfrüchte (Klausen) wichtig

1. Verholzte Zwergsträucher . . . . ***Lithodora,*** 176
– Kräuter (an der Basis aber oft verholzt). 2
2. Pfl. kahl 3
– Pfl. dicht behaart 4
3. Blkr. tellerf. ausgebreitet, blau; Teilfr. geflügelt . . . . . ***Omphalodes,*** 178
– Blkr. röhrig, gelb, Schlund rötlich; Teilfr. ungeflügelt. . . . . ***Cerinthe,*** 176
4 **(2–).** Einige Stbbl. deutlich aus der Blkr. herausragend 5
– Alle Stbbl. in die Blkr. eingeschlossen 8
5. Bltn. schwach monosymm., fast 2lippig. . . . . ***Echium****
(9 Arten)
– Bltn. radiärsymm., röhrig. 6
6. Blkr. lang-röhrig, hgd.; Stbbeutel spießf., am Grd. verbunden 7
– Blkr. kurz-röhrig, aufrecht; Stbbeutel frei . . . . ***Moltkia,*** 176
7. Blkrblattzipfel länger als breit . . . . ***Podonosma,*** 180
– Blkrblattzipfel breiter als lang . . . . ***Onosma,*** 178
8 **(4–).** Pfl. einjährig; K. zur Frzt. mit 5 oder 9 schmalen, oberwärts oft eingekrümmten Zipfeln; Klausen zu 2, birnenf. . . . . ***Rochelia,*** 181
– K. 5zipfelig; Klausen nicht birnenf. 9
9. Bltnstand ohne Tragblätt. 10
– Bltnstand wenigstens im unteren Teil mit Tragblätt. 13
10. Pfl. meist einjährig; Blkr. weiß, ohne Schlundschuppen; Narbe groß, kegelf. . . . . ***Heliotropium****
(14 Arten)
– Blkr. mit Schlundschuppen; Bltn. farbig. 11
11. Blkr. trichterf., zylindrisch oder glockig; Klausen geflügelt. 12
– Blkr. tellerf. ausgebreitet; Klausen kahl, ungeflügelt. . . . . ***Myosotis,*** 177
12. Stbbeutel aus der Blkr. herausragend . . . . ***Rindera,*** 181
– Stbbeutel nicht aus der Blkr. herausragend . . . . ***Paracaryum,*** 180
13 **(9–).** Blkr. ohne Schlundschuppen. 14
– Blkr. mit deutlichen Schlundschuppen 16
14. Blkr. lang-röhrig; Bltn. hgd., kurz gelappt. . . . . ***Onosma,*** 178
– Blkr. kurz-röhrig; Bltn. aufrecht, deutlich gelappt. 15
15. Pfl. oft drüsig-behaart; Klausen gestielt, mit waagrechtem oder herabgekrümmtem Schnabel . . . . ***Alkanna,*** 174
– Pfl. ohne Drüsenhaare; Klausen sitzend, Schnabel aufrecht ***Arnebia,*** 175
16. Klausen birnenf., geflügelt, bestachelt. . . . . ***Lappula,*** 176
– Klausen ungeflügelt 17
17. Bltn. trichterf., immer hgd., nur kurz eingeschnitten . . ***Symphytum****
(21 Arten)
– Bltn. nicht hgd., bis zur Blkrröhre tief eingeschnitten 18
18. Schlundschuppen deutlich, 3eckig verlängert, unbehaart . ***Anchusa,*** 174
– Schlundschuppen kurz, abgerundet, geschlitzt oder bewimpert. . . .
Nonea, 177

Alkanna Tausch **(Alkannawurzel)**

31 Arten in der Türkei. Zur sicheren Bestimmung müssen Bltn. und reife Klausen vorhanden sein.

A. aucheriana* A. DC. *(89)
Pfl. polsterf., bis 25 cm hoch, weißfilzig; Blätt. verlängert-lanzettlich; Bltnstand zur Frzt. bis 10 cm lang; Tragblätt. lanzettlich, so lang wie der K.; Bltn. blau bis violett, außen kahl; Klausen dicht warzig, Schnabel gerade, waagrecht abstehend. – Bltzt. III–VI. – Trockenhänge, Offenwälder, Macchien (Kap. 2.1) bis 1300 m. – Endemisch in der Südtürkei.

A. orientalis* L. *(90)
Pfl. mehrjährig, bis 60 cm hoch, dicht drüsig-behaart; grdst. Blätt. verlängert-lanzettlich, am Rand gewellt; Stgblätt. eif.; Bltn. gelb oder weiß, außen kahl; Klausen warzig, Schnabel zurückgekrümmt. – Bltzt. IV–VIII. – Felsstandorte, Steppen (Kap. 2.5) bis 2500 m. – Mediterrangebiet, SW.Asien.

***A. tinctoria* (L.)** Tausch *(91)*
Pfl. mehrjährig, bis 40 cm hoch, behaart; Blätt. verlängert-lanzettlich dicht weiß behaart; Bltnstand zur Frzt. bis 20 cm lang; Tragblätt. lanzettlich, kaum länger als der K.; Bltn. blau, außen kahl; Klausen netzigwarzig, Schnabel plötzlich zurückgekrümmt. – Bltzt. IV–VII. – Trockenhänge, Gebüsche, Macchien (Kap. 2.1) bis 800 m. – Mediterrangebiet.

Anchusa L. **(Ochsenzunge)**

14 Arten in der Türkei. Die Sippen um *A. barrelieri* (All.) Vitman werden heute in der Gattung *Cynoglottis* (Gusul.) Vural & Kit Tan zusammengefaßt.

A. azurea* Miller *(92)
Pfl. mehrjährig, aufrecht, bis 1,5 m hoch, rauh behaart; Blätt. verlängert-elliptisch, krautig, am Rand gewellt, dicht steif behaart; Bltnstand zur Frzt. verlängert; K. fast bis zum Grd. geteilt, zur Frzt. verlängert; Kzipfel fadenf., aufrecht; Bltn. tiefblau oder violett, manchmal weiß; Stbbl. an der Spitze der Blkrröhre, die Schlundschuppen überlappend; Klausen verlängert, aufrecht. – Bltzt. IV–VII. – Kulturland, Macchie (Kap. 2.1), Steppen bis 2500 m. – Eurasien.

A. strigosa LABILL.

Ähnlich *A. azurea,* K. aber kleiner und zur Frzt. nicht verlängert; Kzipfel spreizend. – <u>Bltzt. V–VI.</u> – Trockenhänge, Ödland, Macchien (Kap. 2.1) bis 3000 m. – SW.Asien.

Arnebia FORSSK. (Arnebie)

5 Arten in der Türkei.

A. densiflora (NORDM.) LEDEB. *(Foto 31)*

Pfl. mehrjährig, mit verholztem Grd.; Stg. einfach, bis 40 cm hoch, behaart, am Grd. von den alten Blattscheiden umgeben; Blätt. lanzettlich, angedrückt-behaart, die unteren gestielt, die oberen sitzend und am Stg. herablaufend; Bltnstand dicht, bis 12 cm im Durchmesser; Bltn. gelb, außen schwach behaart; K. tief geteilt; Stbbl. eingeschlossen. – <u>Bltzt. V–VIII.</u> – Felsstandorte, Steinschutt (Kap. 2.3), 800–2800 m. – Griechenland, Türkei.

Cerinthe L. (Wachsblume)

4 Arten in der Türkei.

C. minor L.
Pfl. zwei- oder mehrjährig, aufrecht, bis 80 cm hoch, kahl; grdst. Blätt.
spatelf., gestielt; Stgblätt. verlängert-lanzettlich bis elliptisch, stumpf,
ungestielt, stgumfassend; Bltn. gelb, rötlich oder violett überlaufen, fast
bis zur Mitte gespalten; Blkrröhre gerade, Zipfel zugespitzt; K. tief geteilt, am Rand bewimpert. – Bltzt. VI–VII. – Steppen, Ödland (Kap.
2.5) bis 2400 m. – Eurasien.

Lappula FABRICIUS (Igelsame)

7 Arten in der Türkei, die sich nur mit Hilfe reifer Klausen sicher bestimmen lassen.

L. barbata (BIEB.) GÜRKE (Foto 32)
Pfl. zweijährig, reich verzweigt, oft grau-behaart, bis 60 cm hoch; Blätt.
schmal, lanzettlich, die grdst. zur Bltzt. verwelkt; Bltn. hell- bis dunkelblau, deutlich gestielt, die Blkrblattzipfel tellerf. ausgebreitet; Kblätt.
schmal-lanzettlich; Klausen birnenf., am Rand mit widerhakigen Stacheln besetzt. – Bltzt. V–VII. – Steppen, Ödland (Kap. 2.5), 800–3000
m. – Balkan, SW.Asien.

Lithodora GRISEB.

Nur 1 Art in der Türkei.

L. hispidula (SM.) GRISEB.
Bis 30 cm hoher, verzweigter Zwergstrauch; Blätt. schmal-lineal,
stumpf oder zugespitzt, sitzend, oberseits rauhhaarig, unterseits angedrückt behaart; Blattrand flach oder zurückgerollt; Bltn. endst., weiß,
später lila bis rötlich-violett oder blau, kahl; K.tief geteilt, Kzipfel angedrückt behaart; Klausen weiß, 3kantig, warzig. – Bltzt. II–V. – Offenwälder, Macchien (Kap. 2.1) bis 900 m. – Östl. Mediterrangebiet.

Moltkia LEHM. (Moltkie)

2 Arten in der Türkei.

1. Bltn. blau . . . . *M. coerulea*
 − Bltn. gelb . . . . *M. aurea*

M. aurea BOISS. *(Foto 33)*

Ähnlich der nachfolgenden *M. coerulea*, Bltn. aber gelb und Klausen ungeschnäbelt. − Bltzt. IV–VI. − Steppen (Kap. 2.1), 300–1300 m. − Endemisch in der Türkei.

M. coerulea (WILLD.) LEHM. *(93)*

Pfl. mehrjährig, steif grau behaart, bis 20 cm hoch; grdst. Blätt. verlängert-lanzettlich, stumpf; Stgblätt. sitzend, länglich, zugespitzt; Bltnstand zur Bltzt. köpfchenartig, zur Frzt. verlängert; Bltn. tief blau, Blkrblattzipfel zurückgekrümmt; Klausen mit deutlichem, fast waagrechtem Schnabel. − Bltzt. IV–VI. − Steppen (Kap. 2.5), 700–1900 m. − SW.Asien.

Myosotis L. (Vergißmeinnicht)

23 Arten in der Türkei.

M. lithospermifolia (WILLD.) HORNEM.

Pfl. mehrjährig, dicht behaart, bis 35 cm hoch; Rosettenblätt. schmalelliptisch, stumpf; Stgblätt. lineal, zahlreich; Bltnstand reich verzweigt; Bltn. gestielt, hellblau; K. bleibend, dicht behaart und mit zahlreichen hakigen Borsten; Klausen grauschwarz, eif. stumpf. − Bltzt. IV–VIII. − Felsstandorte, Offenwälder, Gebüsche (Kap. 2.3) bis 2400 m. − SW.-Asien.

Nonea MEDIKUS (Mönchskraut)

18 Arten in der Türkei.

N. macrosperma BOISS. & HELDR. *(Foto 34)*

Pfl. mehrjährig, rauh-behaart, mit dicker Wurzel; Stg. vom Grd. an verzweigt, bis 25 cm hoch; grdst. Blätt. verlängert-lanzettlich, Stgblätt. kürzer und schmaler, kurz am Stg. herablaufend; Bltn. gelb, Schlundschuppen und Bltnstand lang behaart; K. bis 1/3 geteilt, Zipfel 3eckig; Klausen behaart, mit seitlichem Schnabel. − Bltzt. IV–VI. − Steppen, Kultur- und Ödland (Kap. 2.5), 700–1900 m. − Endemisch in der Türkei.

Omphalodes MILLER **(Hundsvergißmeinnicht)**

4 Arten in der Türkei.

O. luciliae BOISS. ssp. *cilicica* (BRAND) BORNM. *(94)*
Pfl. mehrjährig; Stg. aufsteigend oder niederlgd., windend, bis 25 cm
lang; Blätt. gestielt, verlängert-rundlich, kahl, die oberen Stgblätt. sitzend; Bltn. hellblau, tellerf. ausgebreitet, mit 5 weißlichen, sackf.
Schlundschuppen; K. tief geteilt, Zipfel schmal-elliptisch, zur Frzt.
schüsself.; Klausen geflügelt. – Bltzt. VI–IX. – Felsen (Kap. 2.3) 1200–
3400 m. – Endemisch im Taurus-Gebirge.

Onosma L. **(Lotwurz)**

90 Arten in der Türkei. Eine sehr schwierige Gattung, für deren sichere
Bestimmung neben der Lebensform v.a. Form und Ausgestaltung der
Behaarung sehr wichtig sind.

O. armena DC. *(95)*
Ähnlich der nachfolgenden *O. aucheriana,* aber die kurzen krausen
Stghaare wenigstens z.T. sternf. angeordnet; Bltn. keulenf.; Khaare im
trockenen Zustand intensiv gelb; Klausen 3kantig, plötzlich zugespitzt. – Bltzt. V–VII. – Trockenhänge, Steppen (Kap. 2.3) bis 3000
m. – Endemisch in der Türkei.

O. aucheriana DC.
Pfl. mehrjährig, borstig behaart, bis 30 cm hoch; Blätt. verlängert-spatelf., am Rand eingerollt, angedrückt behaart, Höcker der Blatthaare
mit sternf. angeordneten Borsten; Bltnstand einzeln, gekrümmt; Bltn.
< 2 cm, weiß, cremefarben oder schwefelgelb, verlängert-glockig, be-
haart; Kzipfel fadenf., borstig behaart, Borstenhaare kahlen Höckern
entspringend; Klausen eif., gekielt. – Bltzt. V–VIII. – Offenwälder, Gebüsche, Steppen (Kap. 2.5) bis 3000 m. – Östl. Mediterrangebiet.

O. halophila BOISS. & HELDR. *(96)*
Pfl. mehrjährig, bis 25 cm hoch; Stg. einfach, aufsteigend, durch rückwärts gerichtete Borsten rauh; Blätt. lanzettlich, zugespitzt, angedrückt
behaart, Höcker der Blatthaare kahl oder fehlend; Blattrand zurückgerollt; Bltnstand mit 1–2 endst. Wickeln; Bltn. cremefarben, bis 2 cm
lang, glockig, kahl bis schwach papillös; Stbbl. eingeschlossen; K. angedrückt-behaart; Klausen eif., grau, ohne Kiel. – Bltzt. VI. – Salzsteppen (Kap. 2.6), 900–1100 m. – Endemisch in Inneranatolien.

O. taurica WILLD. *(97)*
Pfl. niederlgd., mehrjährig, bis 30 cm hoch; Stg. lang behaart, Blatthaare sternf. behaarten Höckern entspringend; Grdblätt. lang gestielt;
Stblätt. lanzettlich, stumpf, die oberen sitzend, dicht weißlich behaart;
Bltnstand mit 1–2 Wickeln; Bltn. weiß, cremefarben oder gelb, glockig,
kahl, auf sehr kurzen Stielen; Klausen bräunlich, mit kurzem Schnabel
und undeutlichem Kiel. – Bltzt. III–VI. – Offenwälder, Gebüsche, Felshänge (Kap. 2.3) bis 2400 m. – Balkan, SW.Asien.

Paracaryum (DC.) BOISS. (inkl. Mattiastrum BRAND)

27 Arten in der Türkei, für deren sichere Bestimmung reife Klausen vorhanden sein müssen.

P. lithospermifolium (LAM.) GRANDE ssp. *cariense* (BOISS.) R. MILL
(98)
Pfl. mehrjährig, niederlgd. bis aufsteigend, reich verzweigt, seidig-wol-
lig behaart, bis 30 cm hoch; grdst. Blätt. rundlich, Stgblätt. schmaler;
Bltnstand deutlich eingerollt, zur Frzt. locker; Bltn. rot-violett, mit kurzer
Röhre, Blkr. schwach gelappt; Schlundschuppen breiter als lang, an
der Spitze papillös; Klausen rundlich, z.T. stark widerhakig, Flügel deutlich gezähnt, Zähne oft gekrümmt. – Bltzt. IV–VIII. – Felshänge, Steinschutt (Kap. 2.3), 800–3100 m. – Östl. Mediterrangebiet.

Podonosma BOISS.

Nur 1 Art in der Türkei.

P. orientalis (L.) FEINBRUN [*Onosma orientalis* (L.) L.] *(Foto 35)*
Pfl. mehrjährig, reich verzweigt, niederlgd. bis aufsteigend, lang behaart; Stg. bis 20 cm hoch; Blätt. lanzettlich, sitzend, zugespitzt, behaart, Blatthaare kahlen Höckern entspringend; Bltnstand dicht, später
verlängert; Bltn. blau, zylindrisch, Blkrblattzipfel verlängert, zugespitzt
und zurückgekrümmt, deutlich länger als breit; Stbbl. aus der Blkr. her
ausragend; Klausen klein, warzig, mit gekrümmtem, abstehendem
Schnabel. – Bltzt. V–VII. – Felsen (Kap. 2.3), 600–1200 m. – SW.
Asien.

Rindera PALLAS

3 Arten in der Türkei.

R. lanata (LAM.) BUNGE *(99)*
Pfl. mehrjährig, aufrecht; Stg. einzeln, selten verzweigt, bis 60 cm hoch, schwach behaart; grdst. Blätt. lang-gestielt, rundlich bis verlängert, weich behaart oder verkahlend und mit vielen kalkinkrustierten Hökkern; Stgblätt. lineal, die oberen breit-lanzettlich, zugespitzt, stgumfassend; Bltnstand reich verzweigt; Bltn. rosa-violett, glockig, mit kurzer Röhre; Schlundschuppen mit Anhängsel; K. dicht weiß-wollig; Stbbl. in der Blkr. eingeschlossen; Klausen rundlich, glatt, mit 1 gewellten Flügel. – Bltzt. V–VIII. – Trockenhänge, Wiesen, Bachufer (Kap. 2.3), 1300–3100 m. – SW.Asien.

Rochelia REICHENB. (Rochelie)

3 Arten in der Türkei.

R. disperma (L. f.) C. KOCH
Pfl. einjährig, verzweigt, sehr klein (bis 3 cm hoch); grdst. Blätt. spatelf., stumpf; Stgblätt. schmal-lineal, sitzend, zugespitzt; Blkr. himmelblau; K. tief 5teilig, Zipfel zur Frzt. verlängert und eingekrümmt. – Bltzt. III–VI. – Felsstandorte, Gebüsche, Steppen (Kap. 2.5), 350–2100 m. – Mediterrangebiet, SW.Asien.

Brassicaceae – Kreuzblütler

Kräuter oder Zwergsträucher, selten Halbsträucher; Blätt. wechselst.; Bltn. in einfachen Trauben oder Doppeltrauben, selten in Scheindolden, fast stets ohne Tragblätt.; Kblätt 4; Blkrblätt. 4, kreuzweise angeordnet; Stbbl. meist 6, in 2 Kreisen, davon 2 kürzere, äußere und 4 längere, innere, am Grd. häufig Honigdrüsen; Frkn. oberst., 2blättrig, durch eine falsche Scheidewand in 2 Fächer geteilt; Fr. eine 2klappig aufspringende Schote oder ein Schötchen. Die Brassicaceae enthalten viele Zier- und Nutzpfl., die als Gemüse, Salate, Tierfutter, Gewürze und Ölsaat Verwendung finden. Viele sind infolge des Gehaltes an Senfölglykosiden scharf riechend und schmeckend.

86 Gattungen mit etwa 515 Arten in der Türkei. Zur sicheren Bestimmung sind reife Fr. notwendig.

1. Fr. ein Schötchen, höchstens 3mal so lang wie breit *(Abb. 100/1)*. . 2
– Fr. eine Schote, wenigstens 3mal so lang wie breit *(Abb. 100/2)*. . 45
2. Fr. nußartig, rundlich, hart, i.d.R. sich nicht öffnend. 3
– Fr. nicht nußartig, i.d R. sich öffnend 10
3. Blätt. halb-stgumfassend, geöhrt oder mit pfeilf. Grd. 4
– Blätt. nicht halb-stgumfassend 8
4. Frstiele dick, die Fr. dem Stg. angedrückt 5
– Frstiele dünn, die Fr. nicht dem Stg. angedrückt 6
5. Fr. 2teilig, der obere Teil kugelig, der untere stielartig. . . **Rapistrum***
   (R. rugosum)
– Fr. nicht 2teilig; Fr. birnenf. . . . . **Myagrum***
   (M. perfoliatum)
6 (4–). Pfl. kahl 7
– Pfl. behaart . . . . **Neslia***
   (N. apiculata, N. paniculata)
7. Bltn. gelb; Grdblätt. ungeteilt. . . . . **Boreava,** 191
– Bltn. weiß; Grdblätt. leierf.-gefiedert . . . . **Calepina***
   (C. irregularis)
8 (3–). Frstiele dem Stg. angedrückt 9
– Frstiele abstehend; Bltnstand reich verzweigt. . . . . **Crambe,** 192
9. Bltn. weiß; Fr. glatt, mit deutlichem, gekrümmtem Schnabel . . . . . .
   Euclidium*
   (E. syriacum)
– Bltn. gelb; Fr. warzig . . . . **Ochthodium***
   (O. aegyptiacum)
10 (2–). Fr. parallel zur falschen Scheidewand zusammengedrückt (breit-
   septiert) *(Abb. 100/2)* 11
– Fr. senkrecht zur falschen Scheidewand zusammengedrückt (schmal-
   septiert) *(Abb. 100/1)* 26
11. Pfl. kahl oder nur mit einfachen Haaren. 12
– Pfl. mit gegabelten, verzweigten, sternf. oder schuppenf. Haaren 16
12. Bltn. violett; Fr. hgd. . . . . **Ricotia,** 196
– Bltn. weiß oder gelb. 13
13. Stgblätt. halb-stgumfassend, geöhrt oder mit pfeilf. Grd. 14
– Stgblätt. nicht halb-stgumfassend, gestielt oder sitzend; Fr. rundlich,
   hgd. . . . . **Peltaria***
   (P. angustifolia)
14. Niedere, mehrjährige Pfl. der alpinen Stufe . . . . **Thlaspi***
   (34 Arten)
– Aufrechte, ein- bis zweijährige Pfl. 15
15. Bltn. gelb bis weißlich; Stgblätt. mit spitzen Öhrchen . . . **Camelina***
   (7 Arten)
– Bltn. weiß; Stgblätt. mit abgerundeten Öhrchen . . . . **Thlaspi***
   (34 Arten)
16 (11–). Innere Kblätt. am Grd. ausgesackt; Bltn. gelb oder violett . . .
   Fibigia*
   (5 Arten)
– Innere Kblätt. am Grd. nicht ausgesackt 17

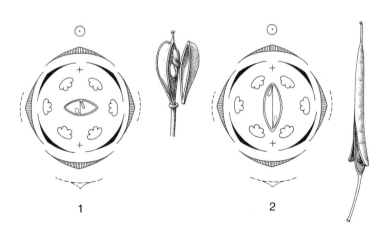

Abb. 100: **Brassicaceae.** Blütendiagramm und Früchte (**1** schmalseptiertes Schötchen, z.B. *Thlaspi alpinum;* **2** breitseptierte Schote, z.B. *Nasturtium officinale*).

27. Pfl. kahl oder mit einfachen Haaren; Fr. 2samig **28**
– Pfl. kahl oder mit einfachen, gabeligen oder sternf. Haaren; Fr. 4- bis
vielsamig. . . . . ***Capsella*****
(*C. bursa-pastoris, C. rubella*)
28. Pfl. vom Grd. an verzweigt, rauh-papillös . . . . ***Iberis,*** 195
– Pfl. ab der Mitte verzweigt, kahl oder mit einfachen Haaren . . . . .
Lepidium**
(5 Arten)
29 (**26**–). Fr. hgd.; Blkr. gelb . . . . ***Isatis,*** 195
– Fr. aufrecht; Blkr. weiß, rosa oder gelb **30**
30. Schötchen nicht oder nur schwach geflügelt oder gehörnt **31**
– Schötchen deutlich geflügelt oder gehörnt **41**
31. Fr. aus 2 gleichen Teilen, breiter als lang; Blkr. weiß oder gelb . . . **32**
– Fr. länger als breit; Bltn. weiß, gelb oder rosa **33**
32. Pfl. einjährig; Bltn. gelb . . . . ***Biscutella,*** 191
– Pfl. mehrjährig; Bltn. weiß. . . . . ***Heldreichia,*** 194
33 (**31**–). Pfl. behaart. **34**
– Pfl. kahl **37**
34. Pfl. mehrjährig **35**
– Pfl. ein- oder zweijährig. **36**
35. Schötchen sich nicht öffnend, 4–5 mm . . . . ***Cardaria*****
(*C. draba*)
– Schötchen aufspringend, 1–4 mm. . . . . ***Lepidium*****
(5 Arten)
36 (**34**–). Schötchen herzf.-dreieckig, deutlich zusammengedrückt . . .
Capsella**
(*C. bursa-pastoris, C. rubella*)
– Schötchen rundlich, schwach aufgeblasen . . . . ***Thlaspi*****
(34 Arten)
37 (**33**–). Blkr. rosa bis hellviolett **38**
– Blkr. weiß oder gelb **39**
38. Gr. der Fr. kurz oder fehlend . . . . ***Aethionema,*** 187
– Gr. der Fr. bis 1,5 mm lang . . . . ***Thlaspi*****
(34 Arten)
39 (**37**–). Blätt. schmal, kreuzgegenst., am Rand rauh . . ***Aethionema,*** 187
– Blätt. anders **40**
40. Pfl. aufrecht, mehrjährig, v.a. an Salzstandorten . . . . . . ***Lepidium*****
(5 Arten)
– Pfl. mehrjährig, polsterf. aus der alpinen Stufe oder Pfl. einjährig . . .
Thlaspi**
(34 Arten)
41 (**30**–). Pfl. behaart. **42**
– Pfl. kahl. **43**
42. Blätt. stgumfassend; Blkrblätt. 3 mm . . . . ***Lepidium*****
(5 Arten)
– Blätt. nicht stgumfassend; Blkrblätt. 4–9 mm . . . . ***Iberis,*** 195
43 (**41**–). Äußere Blkrblätt. verlängert; Bltnstand eine flache Scheindolde
Iberis, 195

–   Blkrblätt. gleich lang. **44**

44. Pfl. einjährig, mit unterschiedlichen Schötchen (heterokarp); Frstand zusammengezogen, oder mehrjährige Pfl. mit meist rosa Bltn . . . . .
                                                      Aethionema, 187

–   Pfl. ein- oder zweijährig; Schötchen gleich; Frstand nicht zusammengezogen, oder mehrjährige Pfl. mit meist weißen oder gelben Bltn . .
                                                             Thlaspi*
                                                          (34 Arten)

45 **(1 –).** Fr. geschnäbelt, 2teilig, mit einem unteren, oft kurzem Teil und einem dünnen oberen Teil **46**

–   Fr. nicht geschnäbelt **56**

46. Fr. in mehrere Teile zerfallend (Gliederschote) **47**

–   Fr. sich mit 2 Klappen öffnend **51**

47. Blätt. fleischig, kahl; Pfl. der Meeresküste . . . .***Cakile****
                                                       (C. maritima)

–   Blätt. nicht fleischig, Pfl. behaart. **48**

48. Gr. mit an der Fr. herablaufenden Lappen; Fr. nur schwach 2teilig . .
                                                    Chorispora*
                                                        (3 Arten)

–   Gr. kopfig; Fr. deutlich 2teilig **49**

49. Unterer Teil der Fr. sehr kurz. . . . .***Raphanus****
                                                   (R. raphanistrum)

–   Unterer Teil der Fr. deutlich. **50**

50. Blkr. weiß oder gelb; oberer Teil der Fr. rundlich, 1samig **Rapistrum***
                                                     (R. rugosum)

–   Bltn. gelb mit violetten Adern; oberer Teil der Fr. sehr lang. . . . . . .
                                                 Enarthrocarpus*
                                                     (E. arcuatus)

51 **(46–).** Pfl. einjährig, bereift; Stgblätt. ganzrandig, halbstgumfassend, oval-elliptisch . . . .***Conringia****
                                                       (6 Arten)

–   Stgblätt. anders **52**

52. Gr. an der Fr. herablaufend. . . . .***Eruca***
                                                     (E. sativa)

–   Gr. kopfig. **53**

53. Frklappen mit 1 deutlichen Mittelnerv . . . .***Brassica****
                                                   (5 Arten)

–   Frklappen mit 3 – 7 Nerven **54**

54. Bltn. violett oder weißlich-violett. . . . .***Erucaria****
                                                   (E. hispanica)

–   Bltn. weiß oder gelb. **55**

55. Fr. dem Stg. angedrückt; Schnabel am Grd. geschwollen . . . .
                                                 Hirschfeldia*
                                                   (H. incana)

–   Fr. abstehend, Schnabel rundlich oder abgeflacht . . . . . .***Sinapis****
                                             (S. alba, S. arvensis)

56 **(45–).** Blätt. fiederteilig oder gefiedert **57**

–   Blätt. einfach, ganzrandig bis gelappt. **65**

57. Pfl. durch gabelteilige Haare weißfilzig; Blkrblätt. sehr groß (> 2 cm);
Fr. an der Spitze deutlich gehörnt . . . . ***Matthiola,*** 196
− Pfl. einfach behaart oder kahl, Blkr.blätt. < 2 cm 58
58. Bltn. gelb. 59
− Bltn. weiß, violett oder rotviolett 63
59. Blätt. 2–3fach gefiedert . . . . ***Descurainia****
(D. kochii, D. sophia)
− Blätt. einfach-gefiedert 60
60. Stgblätt. halb-stgumfassend, geöhrt 61
− Stgblätt. nicht halb-stgumfassend. 62
61. Blkrblätt. 2–5 mm; Sa. in 2 Reihen pro Fach . . . . ***Rorippa****
*(7 Arten)
− Blkrblätt. 6–12 mm; Sa. in 1 Reihe pro Fach . . . . ***Barbarea,*** 191
62 **(60−).** Pfl. mehrjährig, mit Ausläufern . . . . ***Rorippa****
*(7 Arten)
− Pfl. ein- oder zweijährig, ohne Ausläufer . . . . ***Sisymbrium****
*(9 Arten)
63 **(58−).** Fr. hgd.. . . . . ***Ricotia,*** 196
− Fr. aufrecht oder abstehend 64
64. Blätt. am Grd. lang geöhrt; Sa. in 2 Reihen pro Fach . . ***Nasturtium****
(N. officinale)
− Blätt. am Grd. nicht geöhrt oder mit fadenf. Öhrchen; Sa. in 1 Reihe
pro Fach . . . . ***Cardamine****
*(11 Arten)
65 **(56−).** Pfl. kahl oder nur mit einfachen Haaren. 66
− Pfl. behaart, Haare verzweigt, stern- oder schuppenf.. 73
66. Grdblätt. herzf., lang gestielt; Bltn. weiß 67
− Grdblätt. anders; Bltn. weiß, gelb oder rotviolett. 68
67. Fr. aufrecht, abstehend. ***Alliaria****
(A. petiolata)
− Fr. hgd. . . . . ***Sobolewskia****
(S. clavata)
68 **(66−).** Bltn. violett oder rotviolett 69
− Bltn. gelb oder weiß. 70
69. Pfl. kahl; Fr. hgd. ***Ricotia,*** 196
− Pfl. behaart; Fr. deutlich schotenartig. . . . . ***Hesperis,*** 195
70 **(68−).** Stgblätt. halb-stgumfassend, am Grd. geöhrt oder pfeilf.. . . 71
− Stgblätt. gestielt oder sitzend . . . . ***Sisymbrium****
*(9 Arten)
71. Fr. wenigstens 5mal so lang wie breit 72
− Fr. weniger als 5mal so lang wie breit . . . . ***Rorippa****
*(7 Arten)
72. Zwei- oder mehrjährige Pfl. feuchter Standorte; Grdblätt. lang gestielt . . . . ***Barbarea,*** 191
− Ein- oder zweijährige Pfl. trockener Standorte; Grdblätt. fast sitzend . .
Conringia*
*(6 Arten)

73 (65–). Pfl. einjährig **74**
– Pfl. zwei- oder mehrjährig **78**
74. Gr. mit 2 an der Fr. herablaufenden Lappen **75**
– Gr. kopfig, nicht an der Fr. herablaufend **76**
75. Untere Stgblätt. gezähnt bis gefiedert; Fr. gehörnt . . . . . ***Matthiola,*** 196
– Untere Stgblätt. ganzrandig; Fr. nicht gehörnt . . . . ***Malcolmia****
(6 Arten)
76 (74–). Bltn. gelb. . . . . ***Erysimum,*** 194
– Bltn. weiß, violett oder rotviolett **77**
77. Blätt. gefiedert; Fr. fast sitzend, gedreht . . . . ***Torularia****
(*T. contortuplicata, T. torulosa*)
– Blätt. einfach oder gezähnt; Fr. gestielt . . . . ***Arabis,*** 190
78 (73–). Gr. mit 2, an der Fr. herablaufenden Lappen **79**
– Gr. kopfig, nicht an der Fr. herablaufend **81**
79. Innere Stbbl. verbunden; Fr. gegliedert . . . . . . ***Sterigmostemum****
(*S. incanum, S. sulphureum*)
– Stbbl. frei; Fr. nicht gegliedert **80**
80. Fr. abgeflacht, an der Spitze gehörnt . . . . ***Matthiola,*** 196
– Fr. nicht abgeflacht, nicht gehörnt . . . . ***Hesperis,*** 195
81 (78–). Bltn. gelb. **82**
– Bltn. weiß, rosa oder violett **86**
82. Innere Stbbl. verbunden . . . . ***Anchonium****
(*A. elichrysifolium*)
– Stbbl. frei **83**
83. Bltn. hellgelb; Stgblätt. geöhrt und halb-stgumfassend **84**
– Bltn. dunkelgelb; Stgblätt. nicht geöhrt **85**
84. Stgblätt. kahl . . . . ***Turritis,*** 196
– Stgblätt. behaart. . . . . ***Arabis,*** 190
85 (83–). Pfl. groß, bis 50 cm hoch; Fr. dicht behaart . . . ***Cheiranthus****
(*Ch. cheiri*)
– Pfl. kleiner; Fr. nicht dicht behaart . . . . ***Erysimum,*** 194
86 (81–). Bltn. violett, weiß oder rosa; Kblätt. am Grd. ausgesackt. . **87**
– Bltn. weiß; Kblätt. am Grd. nicht ausgesackt . . . . ***Draba,*** 192
87. Bltn. weiß, manchmal leicht violett; Stgblätt. geöhrt . . . . . . ***Arabis,*** 190
– Bltn. violett, selten weiß; Stgblätt. nicht geöhrt. **88**
88. Pfl. mit 2spaltigen Haaren; Fr. 4kantig. . . . . ***Erysimum,*** 194
– Pfl. mit einfachen oder gegabelten Haaren; Fr. im Querschnitt zylindrisch. . . . . ***Aubrieta,*** 190

In Anlehnung an H<small>EDGE</small> (1965)

Aethionema R. B<small>R</small>. (Steintäschel)

36 Arten in der Türkei. Eine taxonomisch sehr schwierige Gattung, für deren sichere Bestimmung Bltn. und Fr. notwendig sind.

A. arabicum (L.) DC. *(101)*

Pfl. einjährig, verzweigt, bis 15 cm hoch; Blätt. breit-oval, gestielt; Stgblätt. stgumfassend; Bltnstand gedrängt; Bltn. weiß oder rosa-lila; Fr. breit-oval, geflügelt, mit kurzem Gr. – Bltzt. IV–VI. – Felshänge, Steppen (Kap. 2.5), 600–2700 m. – Östl. Mediterrangebiet, SW.Asien.

A. oppositifolium (PERS.) HEDGE *(102)*

Pfl. mehrjährig, polsterf., mit einzelnen, bis 5 cm hohen blütentragenden Stg.; Blätt. gegenst., fleischig, rundlich, sitzend, am Rand rauh; Bltnstand kopfig; Kblätt. violett; Blkrblätt. rosa oder lila; Fr. ungeflügelt, ganzrandig. – Bltzt. VI–VII. – Steinschutt (Kap. 2.3) 2000–3000 m. – SW.Asien.

A. coridifolium DC. *(103)*

Pfl. mehrjährig, mit zahlreichen Stg., bis 20 cm hoch; Blätt. fleischig, verlängert-lanzettlich, abgerundet, fast sitzend, meist auf die sterilen Stg. beschränkt; Bltnstand kopfig, zur Frzt. verlängert; Bltn. rosa bis violett; Fr. deutlich bootf., herzf., geflügelt, am Rand gewellt oder gekerbt. – Bltzt. V–VII. – Steinschutt (Kap. 2.3), 1600–2700 m. – SW.-Asien.

Alyssum L. (Steinkresse)

90 Arten in der Türkei.

A. condensatum BOISS. & HAUSSKN. *(104)*

Pfl. mehrjährig, niederlgd. bis aufsteigend, fertile Stg. bis 20 cm hoch; Blätt. rundlich-spatelf., zugespitzt; Blkrblätt. gelb, rundlich, kahl oder schwach behaart; Fr. verlängert, schmal elliptisch, Frklappen ungleich, im Querschnitt S-förmig, dicht grau sternf. behaart. – Bltzt. V–VII. – Offenwälder, Steinschutt (Kap. 2.3). – SW.Asien.

A. murale WALDST. & KIT. ssp. *murale (105)*

Pfl. mehrjährig, bis 60 cm hoch; Blätt. lanzettlich bis verlängert-lanzettlich, nach oben an Größe zunehmend, spitz, sternf. behaart; Bltn. gelb, kahl oder schwach behaart; Fr. rundlich oder elliptisch, zusammengedrückt, dicht behaart, ungeflügelt, am Rand gewellt. – Bltzt. IV–VII. – Offenwälder, Gebüsche (Kap. 2.4) und Steppen bis 2300 m. – Europa, SW.Asien.

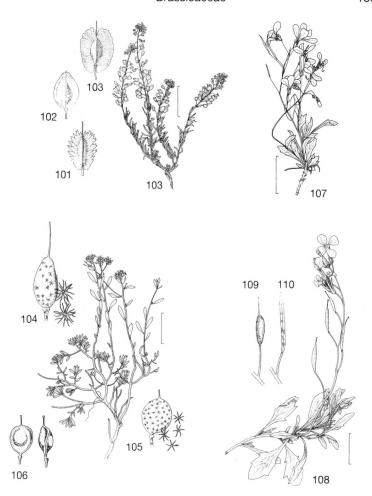

A. sibiricum WILLD. (106)

Pfl. mehrjährig, dicht polsterf., mit verholzten Stg.; blütentragende Stg. bis 20 cm hoch; Blätt. spatelf., aschgrau sternf. behaart; Stgblätt. verlängert. oft abfallend; Blkr. gelb; Fr. breit-oval, spärlich behaart, im Querschnitt S-förmig. – Bltzt. V–VII. – Steppen (Kap. 2.5) bis 2200 m. – Balkan, SW.Asien.

Arabis L. (Gänsekresse)

17 Arten in der Türkei.

A. caucasica WILLD. **ssp.** *brevifolia* **(DC.)** CULLEN *(107)*
Pfl. mehrjährig; Stg. aufsteigend oder aufrecht; Grdblätt. rosettig, gestielt, ganzrandig mit 2–5 Zähnen; Stgblätt. verlängert, am Grd. geöhrt, dicht sternf. behaart; Bltn. weiß; Fr. zusammengedrückt, aufrecht. – Bltzt. VIII. – Felsstandorte, Steinschutt (Kap. 2.3). – SW.Asien. – Steht der alpinen *A. alpina* sehr nahe.

Aubrieta ADANSON **(Blaukissen)**

7 Arten in der Türkei.

A. canescens (BOISS.) BORNM. **ssp.** *cilicica* **(BOISS.)** CULLEN *(108)*
Pfl. mehrjährig; Stg. niederlgd., bis 25 cm lang; Blätt. sehr variabel, ganzrandig oder gezähnt; Kblätt. am Grd. ausgesackt; Bltn. groß, violett; Fr. um 13 mm lang, aufrecht, mit Sternhaaren. – Bltzt. V–VI. – Felsstandorte, Steinschutt (Kap. 2.3), 1300–1600 m. – Endemisch im Taurus-Gebirge.

A. deltoidea (L.) DC. *(109)*
Pfl. mehrjährig; Blätt. schmal, verlängert-rundlich, tief gezähnt; innere Kblätt. am Grd. ausgesackt; Bltn. groß, violett; Fr. 9–13 mm lang, mit Sternhaaren und einfachen Haaren. – Bltzt. IV–VII. – Felsstandorte, Steinschutt (Kap. 2.3), 500–2100 m. – Europa, Mediterrangebiet, SW.Asien.

A. pinardii BOISS. *(110)*
Pfl. mehrjährig; Blätt. schmal-verlängert, gezähnt, die unteren fast gegenst.; Bltn. groß, rosaviolett; Fr. eine deutliche Schote mit Sternhaaren. – Bltzt. VI. – Felsstandorte, Steinschutt (Kap. 2.3), 1000–2000 m. – Endemisch im Taurus-Gebirge.

Aurinia (L.) DESV. **(Steinkraut)**

3 Arten in der Türkei.

A. saxatilis (L.) DESV.
Pfl. mehrjährig, am Grd. verholzt, vollst. mit sternf. Haaren bedeckt; Grdblätt. spatelf., gezähnt, filzig; Stgblätt. verlängert-lineal; Bltn. bleich-

gelb, 4–6 mm; Fr. abgeflacht, kahl, rundlich. – <u>Bltzt. IV–V.</u> – Felsstandorte, Schutt (Kap. 2.1) bis 1200 m. – Europa, SW.Asien.

Barbarea R. Br. (Barbarakraut)

10 Arten in der Türkei.

B. plantaginea DC.
Pfl. zweijährig, kahl, bis 60 cm hoch, im oberen Teil oft stark verzweigt; Grdblätt. fiederteilig, mit großer Endfieder und breitgeflügeltem Blattstiel; obere Stgblätt. stgumfassend, gezähnt; Bltn. gelb; Fr. kantig, bis 35 mm lang. – <u>Bltzt. IV–VI.</u> – Flußufer, Feuchtstandorte (Kap. 2.7), 1000–2100 m. – SW.Asien.

Biscutella L. (Brillenschötchen)

Nur 1 Art in der Türkei.

B. didyma L. (111)
Pfl. einjährig, bis 40 cm hoch; Stg. einfach oder verzweigt; Grdblätt. gezähnt, mit steifen, einfachen Haaren; Stgblätt. halb-stgumfassend, ganzrandig; Bltn. gelb; Fr. brillenartig, kahl oder behaart. – <u>Bltzt. III–VI.</u> – Felsstandorte, Macchien (Kap. 2.1) bis 400 m. – Europa, SW.-Asien.

Boreava Jaub. & Spach

2 Arten in der Türkei.

1.   Fr. mit 4 breiten Flügeln; Blkrblätt. spatelf. . . . . **B. orientalis**
–   Fr. ungeflügelt; Blkrblätt. verlängert-lanzettlich. . . . . **B. aptera**

B. orientalis Jaub. & Spach (112)
Pfl. einjährig, bis 30 cm hoch, ab der Mitte verzweigt; Grdblätt. verlängert-lanzettlich, geöhrt oder mit pfeilf. Grd., ganzrandig; Stgblätt. pfeilf.; Bltn. gelb; Fr. geflügelt. – <u>Bltzt. V–VI.</u> – Steppen, Kulturland, Ruderalstandorte (Kap. 2.5), 300–1600 m. – SW.Asien.

Clypeola L. (Schildkraut)

6 Arten in der Türkei.

C. ciliata Boiss.
Habituell ähnlich der nachfolgenden *C. jonthlaspi,* Fr. aber ungeflügelt und am Rand sehr dicht behaart. – <u>Bltzt. IV–V.</u> – Offenwälder, Zwerggesträuche (Kap. 2.3) bis 1000 m. – Endemisch im Taurus-Gebirge.

C. jonthlaspi L. (113)
Pfl. einjährig, bis 30 cm hoch, einfach oder verzweigt; Blätt. schmalverlängert, oft spatelf.; Bltn. gelb; Fr. variabel, rundlich, immer geflügelt, mit warzigen Haaren. – <u>Bltzt. IV–V.</u> – Felsstandorte, Steinschutt (Kap. 2.3). – Europa, Mediterrangebiet, SW.Asien.

Crambe L. (Meerkohl)

3 Arten in der Türkei.

1.	Pfl. kahl; Fr. 2geteilt, der untere Teil stielf., 1–4 mm lang **C. maritima**
–	Pfl. behaart, nur selten kahl; unterer Teil der Fr. nur 1 mm lang . . . **2**
2.	Oberer Teil der Fr. netzig, warzig; Bltnstand zusammengezogen. . . . **C. tatarica**
–	Oberer Teil der Fr. glatt; Bltnstand locker . . . . **C. orientalis**

C. orientalis L. (114)
Pfl. mehrjährig, bis 1,2 m hoch, reich verzweigt; Blätt. rauh, sehr groß, gelappt oder gezähnt, oft fiederteilig; obere Stgblätt. kleiner, ganzrandig; Bltn. weiß, selten gelb; Fr. 2geteilt, der obere Teil halbkugelig, 1samig, der untere stielf., kurz. – <u>Bltzt. V–VII.</u> – Steppen, Felder, Ruderalstandorte (Kap. 2.5), 500–2800 m. – SW.Asien.

Draba L. (Felsenblümchen)

16 Arten in der Türkei.

D. acaulis Boiss. (Foto 36)
Pfl. mehrjährig, polsterf., mit zahlreichen kleinen polsterf. Blattrosetten; Stg. blattlos, sehr kurz, behaart; Blätt. lanzettlich bis lanzettlich-rundlich, sitzend, ganzrandig, dicht weiß und weich behaart; Bltn. gelb; Fr. elliptisch, spitz, behaart, 2mal so lang wie breit. – <u>Bltzt. VI.</u> – Felsstandorte, Steinschutt (Kap. 2.3), 1700–3000 m. – Endemisch im Taurus-Gebirge.

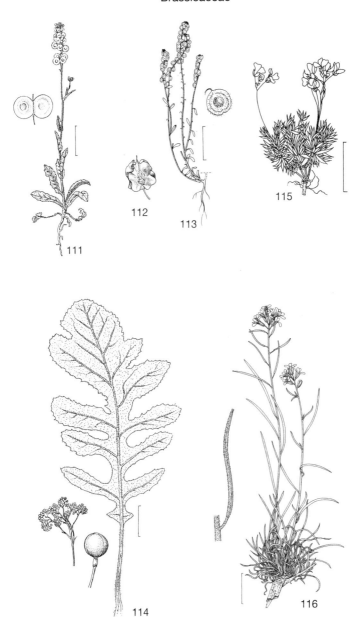

111

112

113

115

114

116

D. bruniifolia STEVEN *(115)*

Pfl. mehrjährig, polsterf.; Stg. bis 10 cm hoch, blattlos, dicht behaart oder kahl (Unterscheidungsmerkmal für die Unterarten); Blätt. lineal, steif, mit bewimpertem Rand, kahl, einfach oder sternf. behaart; Bltn. strahlend gelb; Fr. rundlich, behaart. – Bltzt. III–VII. – Felsstandorte, Steinschutt (Kap. 2.3), 1500–3000 m. – SW.Asien. – Eine sehr variable Art mit 6 Unterarten und 2 Varietäten in der Türkei.

Erysimum L. (Schöterich)

37 Arten in der Türkei. Eine schwierige Gattung für deren sichere Bestimmung Grdblätt., Bltn. und Fr. vorhanden sein müssen.

E. crassipes FISCHER & MEYER *(116)*

Pfl. mehrjährig, aufrecht; Stg. schwach geflügelt, behaart; untere Stgblätt. schmal, fadenf., dicht grau behaart, Haare 2spaltig; Bltn. hellgelb; Fr. bis 3 mm breit, behaart; Gr. kurz. – Bltzt. V–VII. – Felsstandorte, Steppe, Kulturland (Kap. 2.5) bis 2100 m. – SW.Asien.

E. kotschyanum GAY

Pfl. mehrjährig, polsterf., mit sterilen Rosetten; Stg. schwach behaart, bis 10 cm hoch; Blätt. schmal fadenf. bis nadelf., dicht grau behaart, Haare 2spaltig; Kblätt. am Grd. ausgesackt; Bltn. strahlend gelb; Fr. abgeflacht, mit deutlichem Mittelnerv, behaart; Gr. bis 4 mm lang. – Bltzt. V–VI. – Felsstandorte, Steinschutt (Kap. 2.3), 1200–3000 m. – Endemisch im Taurus-Gebirge.

Heldreichia BOISS. (Heldreichie)

4 Arten in der Türkei.

H. rotundifolia BOISS. *(117)*

Pfl. mehrjährig, mit dünnem, verholztem Rhizom; Stg. bis 40 cm hoch, oberwärts verzweigt; Blätt. meist alle grdst., langgestielt, rundlich bis herzf., gelappt; Bltn. weiß, oft lila überlaufen; Fr. breit, am Grd. abgerundet oder keilf. verschmälert, oft violett überlaufen; Gr. 0,5–1 mm lang. – Bltzt. V–VII. – Felsstandorte, Steinschutt (Kap. 2.3), 2000–2900 m. – Endemisch im Taurus-Gebirge und Ostanatolien. – Weitere Steinschuttarten sind *H. bourgaei* (im Westlichen Taurus endemisch), mit ganzrandigen, schmalen Blätt. und *H. bupleurifolia* (Taurus, Libanon) mit spatelf. Blätt.

Hesperis L. (Nachtviole)

31 Arten in der Türkei.

H. bicuspidata (WILLD.) POIRET

Pfl. mehrjährig; Stg. aufrecht, bis 40 cm hoch, behaart; Haare sternf.-gabelig, z.T. drüsig; untere Blätt. gezähnt bis leierf.-gefiedert; Stgblätt. sitzend, halbstgumfassend; Kblätt. am Grd. ausgesackt; Bltn. hell- oder dunkelviolett; Fr. eine Schote. – Bltzt. V–VII. – Felsstandorte, Steppen (Kap. 2.5), 1300–2800 m. – SW.Asien.

Iberis L. (Schleifenblume)

7 Arten in der Türkei.

I. sempervirens L. (118)

Pfl. oft halbstrauchig, verholzt, bis 30 cm hoch; Blätt. verlängert-spatelf., sitzend, ganzrandig, immergrün; Bltn. weiß oder lila; Fr. länger als breit, an der Spitze tief ausgerandet, geflügelt. – Bltzt. IV–VI. – Felsstandorte, Steinschutt (Kap. 2.3), 1000–2400 m. – Mediterrangebiet (beliebte Zierpfl. in Europa).

I. taurica DC. (119)

Ähnlich I. sempervirens, Pfl. aber ein- oder zweijährig, weiß behaart, bis 20 cm hoch; Blätt. spatelf., schmaler. – Bltzt. IV–VI. – Felsstandorte, Steinschutt, Zwerggesträuche (Kap. 2.5), 400–3000 m. – Balkan, SW.Asien.

Isatis L. (Waid)

31 Arten in der Türkei.

Eine sehr schwierige Gattung, deren Arten sehr variabel sind. Sicherstes Merkmal zur Bestimmung ist die hgd. Fr. (Schötchen).

I. floribunda BORNM. (Foto 37, 121)

Pfl. mehrjährig, bis 60 cm hoch; Stg. deutlich spitzwinklig verzweigt, mit dichtem scheindoldigem Bltnstand; Blätt. dünn, behaart; Grdblätt. sehr schmal, mittlere Stgblätt. geöhrt; Bltn. gelb; Fr. schmal, verlängert, dicht filzig behaart, schmal geflügelt; Flügel sehr dick. – Bltzt. V–VI. – Steppen (Kap. 2.5) Kulturland, 900–1500 m. – Endemisch in Inneranatolien.

Weit verbreitet im Taurus-Gebirge ist die variable *I. cappadocica* (8 Unterarten), die sich durch behaarte oder kahle, sehr breit geflügelte Fr. und dünne Flügel *(120)* unterscheidet.

Matthiola R. Br. (Levkoje)

9 Arten in der Türkei.

M. longipetala (Vent.) DC. *(122)*
Pfl. einjährig, bis 50 cm hoch, aufrecht; Blätt. gezähnt oder fiederspaltig; Bltn. weißlich, gelblich oder rotviolett; Fr. kantig, bis 15 cm lang, an der Spitze mit 2 oder 3 deutlichen Hörnern, das dritte Horn meist sehr kurz. – Bltzt. IV–VIII. – Felsstandorte, Gebüsche, Steppen, Ödland (Kap. 2.5) bis 1300 m. – Mediterrangebiet, SW.Asien.

M. tricuspidata (L.) R. Br. *(123)*
Ähnlich *M. longipetala,* aber Fr. an der Spitze mit 3 gleichlangen Hörnern. – Bltzt. IV–VIII. – Küstendünen (Kap. 2.1). – Mediterrangebiet.

Ricotia L. (Ricotie)

6 Arten in der Türkei.

R. carnosula Boiss. & Heldr.
Pfl. einjährig, kahl; Blätt. gefiedert, die Fiederchen 3spaltig oder fiederspaltig, schmal; Bltn. weiß bis hellviolett, groß (bis 2 cm im Durchmesser; bei der sehr ähnlichen *R. sinuata* kleiner); Fr. schmal-verlängert, mit bis zu 12 Sa. (*R. sinuata* nur 7–8 Sa.). – Bltzt. III–IV. – Felsstandorte (Kap. 2.1) bis 700 m. – Endemisch in der Südtürkei.

Turritis L. (Turmkraut)

2 Arten in der Türkei.

1.	Bltn. hellgelb; Fr. dem Stg. angedrückt; Sa. in 2 Reihen . . *T. glabra*
–	Bltn. weiß, oft mit lila Spitzen; Fr. abstehend; Sa. in 1 Reihe　*T. laxa*

***T. laxa* (Sm.) Hayek**

Pfl. ein- oder zweijährig; Stg. aufrecht, bis 60 cm hoch, kahl; Rosettenblätt. rundlich, tief gezähnt, mit Sternhaaren; Stgblätt. verlängert, ganzrandig, am Grd. mit großen Öhrchen; Bltn. weiß, oft mit lila Spitzen; Fr.
steif, abstehend. – Bltzt. IV–VI. – Felsstandorte, Steinschutt (Kap. 2.3),
1200–1800 m. – Östl. Mediterrangebiet, SW.Asien.

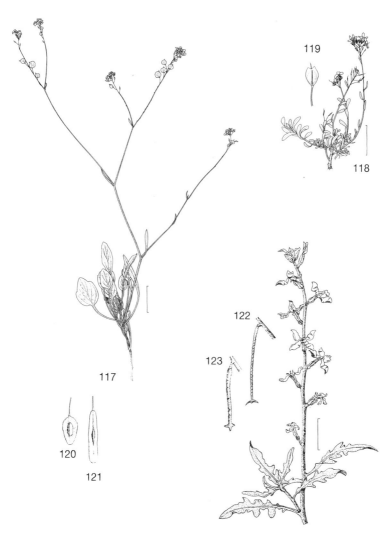

Butomaceae – Schwanenblumengewächse

Mehrjährige, kahle Wasser- oder Sumpfpfl.; Blätt. grdst., schmal; Bltnstand doldenartig; Bltn. ♀, radiärsymm.; Bltnhülle 6blättrig; Stbbl. 9; Balgfr. Monotypisch.

Butomus L. (Schwanenblume)

B. umbellatus L. *(124)*
Stg. bis 1,5 m hoch, am Grd. bis 15 mm dick, die Blätt. überragend; Blätt. schmal, 3–9 mm breit, schwach verdreht, im Querschnitt 3kantig; Bltndolde 10–40bltg.; äußere Bltnhülle auf der Rückseite grünlich bis violett; innere Bltnhülle weiß mit violetten Adern. – Bltzt. V–IX. – See-ufer, Gräben, Feuchtstandorte (Kap. 2.7) bis 2300 m. – Eurasien, NW.Afrika.

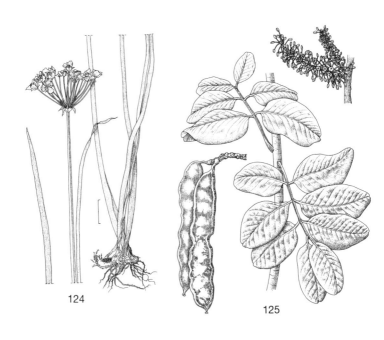

124

125

Caesalpiniaceae

Bäume, Sträucher oder Lianen der Tropen und Subtropen, nur selten Kräuter; Blätt. wechselst., 1–2fach gefiedert, selten ungeteilt, meist mit Nebenblätt.; Bltnstände achsel- oder endst., z. T. stammbürtig (Kauliflorie, vgl. *Cercis*); Bltn. ♀, selten eingeschl., monosymm., selten radiärsymm., oft auffallend groß und gefärbt und mit zahlreichen Reduktionserscheinungen im Bau der Bltnhülle; Kblätt. ursprünglich 5, die 2 oberen oft verbunden; Blkrblätt. 5 oder weniger, mit dachziegelig-aufsteigender Knospendeckung (das oberste Kronblatt ist das innerste; vgl. die umgekehrte Anordnung bei den Fabaceae); Stbbl. meist 10; Frkn. oberst.; Fr. eine Hülse.

4 Gattungen mit 4 Arten in der Türkei. *Caesalpinia gilliesii* und *Gleditsia triacanthos* aber nur als Straßenbäume angepflanzt.

1. Bäume mit fleischigen Hülsen; Blkr. fehlend. . . . . *Ceratonia*
– Bäume mit ledrigen Hülsen; Blkrblätt. groß, lila oder rosa . . . *Cercis*

Ceratonia L. (Johannisbrotbaum)

Nur 1 Art im Mediterrangebiet.

C. siliqua L. *(125)*

Immergrüner, bis 10 m hoher Baum; Blätt. unpaarig gefiedert, mit 5–11 ledrigen, breit-elliptischen, oberseits glänzend-dunkelgrünen, unterseits hellgrünen Fiederblättchen; Nebenblätt. klein, hinfällig; Bltnstand ca. 50bltg.; Bltn. eingeschl. oder ♀, grün; K. hinfällig; Blkrblätt. fehlend; Stbbl. 5, frei; Hülse hgd., flach zusammengedrückt, bis 20 cm lang und 2 cm breit, vielsamig, zunächst grün-fleischig, später dunkelbraun-trocken, sich nicht öffnend. – Bltzt. IX–XI. – Küstennahe Hartlaubwälder und Macchien, thermophil (Kap. 2.1) bis 300 m. Auch als Fruchtbaum gepflanzt. – Mediterrangebiet. – Die zucker- und proteinreichen Fr. sind eßbar und werden auch als Viehfutter verwendet. Reife Samen dienten früher als Feingewicht („Karat"). Zur herbstlichen Bltzt. stark honigduftend und meist dicht von Bienen umschwärmt.

Cercis L. (Judasbaum)

Nur 1 Art in der Türkei.

C. siliquastrum L.

Laubwerfender Strauch oder bis 10 m hoher Baum; Blätt. ungeteilt, fast kreisrund, 7–10 cm im Durchmesser, am Grd. herzf.; Nebenblätt. hinfällig; Bltn. bis 2 cm lang, leuchtend rosa, gestielt und zu mehreren auf Kurztrieben gebüschelt, die vor den Blätt. meist direkt aus dem Holz älterer Zweige hervorbrechen; K. glockenf., 5zähnig; Blkrblätt. ungleich, die 3 oberen kürzer als die unteren; Stbbl. 10, frei; Hülse flach, bis 10 cm lang und bis 2 cm breit, sich 2klappig öffnend. – Bltzt. IV–V. – Mediterrane Wälder und Gebüsche (Kap. 2.1) bis 1400 m, oft als Zierbaum angepflanzt. – S.Europa, SW.Asien, – Im Westen des Verbreitungsgebiets die ssp. *siliquastrum* (mit kahlen Bltn. und Fr.), im Osten die ssp. *hebecarpa* (mit behaarten Bltn. und Fr.). Beide Unterarten sind in der Türkei durch Übergangsformen verbunden.

Campanulaceae – Glockenblumengewächse

Mehr- oder einjährige Kräuter, meist milchsaftführend; Blätt. wechselst., ungeteilt oder gelappt, ohne Nebenblätt.; Bltn. einzeln in Trauben, Rispen, Ähren oder Köpfchen; Bltn. radiärsymm., selten schwach monosymm., glockig, trichterf., meist blau oder lila, selten weiß; Stbbeutel frei, sich nach innen öffnend und den Pollen auf „Fegehaare" des Gr. entleerend; Frkn. unterst., meist 3blättrig; Kapselfr.

6 Gattungen mit 146 Arten in der Türkei. Allein die Gattung *Campanula* umfaßt hier gegenwärtig etwa 105 Arten.

1.	Blkr. und K. 8–10spaltig . . . . **Michauxia,**	202
–	Blkr. und K. 5spaltig **2**	
2.	Blkr. fast bis zum Grd. geteilt . . . . **Asyneuma,**	201
–	Blkr. meist gelappt, nie bis zum Grd. geteilt **3**	
3.	Blkr. tellerf. ausgebreitet; Kapsel verlängert-zylindrisch . . **Legousia***	
	(4 Arten)	
–	Blkr. meist glockig oder trichterf.; Kapsel meist rundlich **Campanula,**	201

Asyneuma GRISEB. & SCHENK

15 Arten in der Türkei, 8 davon endemisch.

A. limonifolium (L.) JANCHEN *(126)*
Pfl. mehrjährig, aufrecht, bis 1 m hoch; Stg. oberwärts verzweigt, kurz behaart; Blätt. in dichter Rosette, meist lineal-lanzettlich, gewellt, stumpf; Bltnstand locker-ährig bis rispig; Bltn. blau-violett, einzeln oder zu 2–4, kurz gestielt; Blkrzipfel kahl oder papillös. – Bltzt. V–VII. – Offenwälder, Gebüsche, Steppen (Kap. 2.), 400–2400 m. – Mediterrangebiet, SW.Asien.

Weitere Arten sind *A. amplexicaule* (ohne grdst. Blattrosette und mit stgumfassenden Blätt.), *A. rigidum* (ohne grdst. Blattrosette und fast sitzenden Bltn.) und *A. virgatum* (zweijährig, mit aufrechtem, dickem Stg.).

Campanula L. (Glockenblume)

105 Arten in der Türkei. Grdblätt. und reife Kapseln sind oftmals für eine sichere Bestimmung erforderlich.

C. cymbalaria SM. *(127)*
Pfl. mehrjährig, reich verzweigt, meist kahl, mit hgd., kriechenden oder aufsteigenden Stg.; Grdblätt. in Rosetten, rundlich bis nierenf., mit 5–7 gezähnten Lappen oder 2zähnig; Stgblätt. ähnlich, mit kürzerem Blattstiel; Bltnstand locker, 1–3 Bltn. auf langen, fadenf. Stielen; Kzipfel oft zurückgekrümmt; Blkr. blau oder violett-blau, glockig, bis zur Hälfte geteilt, Zipfel zugespitzt, kahl; Narben 3, kurz; Kapsel kugelig, gestreift, sich mit 3 Poren am Grd. öffnend. – Bltzt. V–VIII. – Felsen (Kap. 2.3), 1000–2700 m. – Östl. Mediterrangebiet.

C. glomerata L. ssp. *hispida* (WITASEK) HAYEK
Pfl. mehrjährig, rauh behaart, bis 80 cm hoch; Blätt. sehr variabel; grdst. und untere Blätt. verlängert-lanzettlich, selten rundlich, gesägt bis gekerbt, mit bis 15 cm langem Blattstiel; obere Stgblätt. schmaler, sitzend, oft stgumfassend; Bltn. sitzend, in dichten, achselst. Knäueln und endst. in Köpfchen, von breit 3eckigen Hochblätt. umgeben; Bltn. violett-blau bis lavendelblau, verlängert-glockig, bis 1/3 geteilt, kahl oder behaart; Kzipfel aufrecht, borstig-behaart; Narben 3; Kapsel kugelig, behaart, sich mit 3 Poren am Grd. öffnend. – Bltzt. VI–IX. – Offenwälder, Gebüsche, Grasfluren (Kap. 2.3) bis 2700 m. – Eurasien. – Un-

terscheidet sich durch kleinere Bltn. und die dichte, rauh-borstige Behaarung von der mitteleuropäischen *C. glomerata* ssp. *glomerata*.

C. lyrata LAM.
Pfl. zwei- oder mehrjährig, rauh behaart, bis 70 cm hoch, oberwärts verzweigt; untere Blätt. leierf. oder rundlich verlängert bis herzf., gesägt, mit langem, gelapptem Blattstiel; Bltn. gestielt oder fast sitzend, in Rispen oder Trauben; Blkr. violett-blau, zylindrisch bis schmal-trichterf.; K. dicht rauh behaart, zwischen den Kzipfeln breit-ovale Anhängsel; Narben 5. – Bltz. IV–VII. – Felsstandorte (Kap. 2.1) bis 1700 m. – Endemisch in der Türkei.

C. rapunculus L. *(128)*
Pfl. zweijährig, mit dicker Wurzel, kahl oder schwach rauh behaart; Stg. bis 1 m hoch, meist unverzweigt; grdst. und untere Stgblätt. rundlich, stumpf, fast ganzrandig; obere Stgblätt. sitzend oder fehlend; Bltn. einzeln, selten zu 2–3, in langen Ähren, auf sehr kurzen, dünnen Stielen; Blkr. weißlich oder hellblau, trichterf., nur wenig länger als der K., bis 1/3 geteilt, kahl; Kzipfel fadenf., lang zugespitzt, aufrecht bis spreizend, kahl; Narben 3; Kapsel verlängert, gestreift, sich mit 3 Poren an der Spitze öffnend. – Bltz. V–VII. – Offenwälder, Gebüsche, Ödland (Kap. 2.2) bis 2000 m. – Eurasien, NW.Afrika.

C. stricta L. *(129)*
Pfl. mehrjährig, rauh behaart; Stg. niederlgd. bis aufsteigend, reich verzweigt, bis 50 cm hoch; untere Stgblätt. rundlich-verlängert, zugespitzt oder stumpf, ganzrandig oder gesägt-gezähnt; obere Stgblätt. lanzettlich, sitzend, zugespitzt; Bltn. sitzend, aufrecht, in lockeren achselst. Ähren oder endst. und einzeln; Blkr. blau-violett, trichterf., fast bis zur Hälfte geteilt, filzig oder kahl; Kzipfel 3eckig bis lanzettlich, stumpf, aufrecht, zwischen den Zipfeln stumpf-rundliche, zur Frzt. aufgeblasene Anhängsel, die die Kapsel vollst. umschließen; Narben 3; Kapsel verlängert-rundlich. – Bltz. VI–IX. – Felsstandorte, Steinschutt, Zwerggesträuche (Kap. 2.3), 1200–3100 m. – SW.Asien.

Michauxia L'HÉR. (Michauxie)

4 Arten in der Türkei.

M. campanuloides AITON *(130)*
Pfl. zweijährig, kräftig, bis 1,5 m hoch; Stg. am Grd. sehr dick, behaart, mit rispigen oder ährigen Bltnständen; grdst. und untere Stgblätt. mit

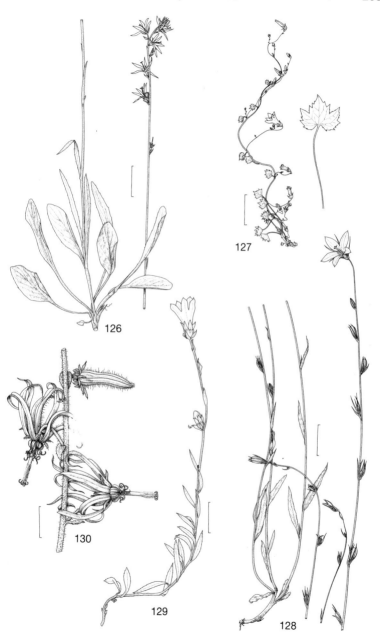

lang-geflügelten Blattstielen; obere Stgblätt. sitzend, z.T. halbstgumfassend; Blätt. beiderseits rauh behaart; Bltn. lang gestielt, hgd.; Blkr.
weiß, tief geteilt, die Zipfel zungenf. und zurückgekrümmt, außen steif
behaart; K. geteilt, mit zurückgekrümmten Anhängseln zwischen den
Kzipfeln, steif behaart; Gr. lang, am Grd. steif behaart. – Bltzt. V–VIII. –
Trockenhänge, Ödland (Kap. 2.1) bis 1700 m. – Östl. Mediterrangebiet.

M. thyrsoidea BOISS. & HELDR.
Pfl. zweijährig, grau-filzig, bis 40 cm hoch; Stg. fast vom Grd. an Bltn.
tragend; Blätt. lang gestielt, lanzettlich, rauhhaarig, Blattstiel geflügelt;
obere Stgblätt. breiter, stgumfassend; Bltn. einzeln oder in Büscheln zu
2–4, kurz gestielt, meist hgd.; Blkr. weiß, nur bis 1/3 geteilt, glockig,
außen filzig behaart; Gr. kurz. – Bltzt. VI. – Felsen, Steinschutt
(Kap. 2.3), 900–2000 m. – Endemisch im Taurus-Gebirge.

Capparaceae – Kaperngewächse

Sträucher oder Kräuter; Blätt. wechselst., ohne oder mit verdornten
Nebenblätt.; Bltn. monosymm., Bltnhülle 4zählig; Stbbl. 6 oder zahlreich; Frkn. oberst., auf einem Gynophor; Fr. eine 2klappige Kapsel
oder eine Beere.

2 Gattungen mit 5 Arten in der Türkei.

1. Blätt. 3teilig . . . . *Cleome**
(3 Arten)
– Blätt. ungeteilt . . . . *Capparis*

Capparis L. (Kapernstrauch)

C. spinosa L. *(131)*
Mehrjähriger, meist niederlgd. oder herabhgd. Strauch, 10–100 cm;
Blätt. fast kreisrund, ganzrandig, kahl, oft etwas fleischig, meist mit
deutlichen Nebenblattdornen; Bltn. groß, bis 7 cm breit, weiß, mit
4 K.-, 4 Blkr.- und zahlreichen Stbbl.; Fr. eine fleischige, vielsamige
Kapsel. – Bltzt. VII–VIII. – Küstenfelsen (Kap. 2.1), Mauern, Ruderalstandorte bis 600 m. – Mediterrangebiet, SW.Asien. – Formenreich in
bezug auf Blatt- und Nebenblattmerkmale. In der Türkei werden 3 Va-

rietäten unterschieden. Ähnlich ist die ebenfalls variable *C. ovata* mit länglich-zugespitzten, oft behaarten Blätt. Die in Essig eingelegten Bltnknospen sind eßbar (Kapern).

131

Caprifoliaceae – Geißblattgewächse

Sträucher, Lianen oder seltener Kräuter; Blätt. gegenst., meist ohne (selten mit winzigen) Nebenblätt.; Bltn. ☿, (3-)5zählig; Blkrblätt. verwachsen; Stbbl. in der Blkrröhre befestigt; Frkn. unterst.; Fr. eine Steinfr. oder Beere.

3 Gattungen mit 13 Arten in der Türkei.

1.	Blätt. gefiedert; Bltn. in Scheindolden. . . . . ***Sambucus*** *
	(S. ebulus, S. nigra)
–	Blätt. ungeteilt. **2**
2.	Bltn. in blattachselst. Paaren oder endst. Wirteln . . . . . . ***Lonicera***
–	Bltn. in Scheindolden . . . . ***Viburnum***

Lonicera L. (Heckenkirsche)

7 Arten in der Türkei.

L. caucasica PALLAS ssp. orientalis (LAM.) CHAMB. & LONG (132)
Bis 3 m hoher Strauch; Blätt. kurz gestielt, eif. oder elliptisch, zugespitzt, unterseits meist zottig behaart; Bltnpaare blattachselst. auf 6–
14 mm langen Stielen; Blkr. 2lippig, 10–13 mm lang, rosa oder weiß;
Beeren schwarz. – Bltzt. V–VII. – Offenwälder, Gebüsche (Kap. 2.2),
500–2700 m. – SW.Asien. – In NO.Anatolien, im Kaukasus und N.Iran
die ssp. caucasica (mit kahlen Blätt.). Beide Unterarten sind in der Türkei durch Übergangsformen verbunden.

L. nummariifolia JAUB. & SPACH
Bis 9 m hoher Strauch oder kleiner Baum; Blätt. rundlich oder eif.-lan-
zettlich, stumpf, drüsig behaart; Stiele der blattachselst. Bltnpaare 1–
3 mm, kürzer als die Blattstiele; Blkr. 2lippig, bis 20 mm lang, gelb; Beeren gelblich, später schwarz werdend. – Bltzt. V–VI. – Trockenhänge,
Gebüsche, Offenwälder (Kap. 2.4), 1000–2600 m. – Östl. Mediterrangebiet, SW.Asien. – Die stark und lang drüsig behaarten Pflanzen der
SW.Türkei (etwa zwischen Denizli und Kaş) werden als endemische
Unterart (ssp. glandulifera) abgetrennt.

Viburnum L. (Schneeball)

4 Arten in der Türkei.

V. lantana L. (133)
Bis 6 m hoher Strauch; Blätt. bis 10 cm lang, ungeteilt, eif., gesägt, mit
runzeliger Oberfläche, unterseits dicht sternhaarig; Bltn. gelblich, in
einer 6–10 cm breiten Scheindolde; Beeren oval, erst rot, dann
schwarz. – Bltzt. VI–VII. – Offenwälder, Gebüsche (Kap. 2.2), 1000–
2000 m. – Europa, NW.Afrika, SW.Asien.

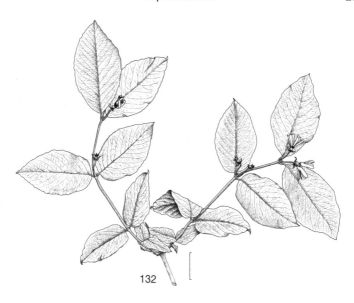

132

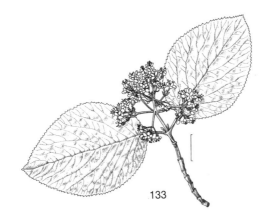

133

Caryophyllaceae – Nelkengewächse

Kräuter oder (selten) Sträucher; Blätt. ungeteilt, ganzrandig, gekreuztgegenst. oder selten wechsel- oder quirlst., mit oder ohne häutige Nebenblätt.; Bltn. 4–5zählig, radiärsymm., meist ⚥, oft in Dichasien; Kblätt. frei oder röhrig verwachsen; Stbbl. 8–10; Frkn. oberst.; Gr. 2, 3 oder 5; Fr. eine Kapsel oder (selten) Beere oder Achäne.

37 Gattungen mit etwa 503 Arten in der Türkei. Vielfach werden aufgrund der kronblattlosen Bltn. und der einsamigen Schließfrucht die Gattungen *Corrigiola** (nur *C. litoralis*), *Herniaria, Paronychia* und *Scleranthus* als eigene Familie Illecebraceae abgetrennt.

Arenaria L. (Sandkraut)

46 Arten in der Türkei.

A. kotschyana FENZL *(134)*

Pfl. mehrjährig, niederlgd., mit 4 – 20 cm langen Kriechsprossen, kahl bis spärlich behaart, ohne Drüsen; Blätt. bis 25 mm lang, lineal-lanzettlich, nicht stechend, mit einem Mittelnerv und 2 deutlichen Randnerven; Bltn. 1 – 6, endst.; Kblätt. durch den hervortretenden Mittelnerv leicht gekielt. – Bltzt. VI – VIII. – Felshänge, Steinschutt (Kap. 2.3), 900 – 2800 m. – Endemisch in den inner- und südostanatolischen Gebirgen. – Die Population des Ak Dağ (Blätt. nur 5 – 8 mm lang, nur 1 – 3 Bltn.) gilt als eigene Unterart ssp. *stenophylla.* Ähnlich sind die dicht drüsig behaarte *A. antitaurica* (Nemrut Dağı) und die ebenfalls drüsige, breitblättrigere *A. tmolea* (endemisch in Westanatolien).

A. ledebouriana FENZL *(135)*

Pfl. mehrjährig, polsterf., bis 25 cm hoch, kahl oder drüsenhaarig; Blätt. bis 10 mm lang, pfriemlich, hart, stechend; Bltnstand lockerrispig, 20 – 50bltg.; Kblätt. bis 3,5 mm lang, zugespitzt, kahl, eif.; Blkrblätt. etwa 2 × länger als die K. – Bltzt. VI – VIII. – Zwerggesträuche, Felsstandorte und Steinschutt (Kap. 2.3), 900 – 2700 m. – Endemisch in Inner-, S.- und SO.Anatolien. – Ähnlich sind *A. acerosa* (mit mehr westlicher Verbreitung und längeren, drüsig behaarten Kblätt.) und *A. acutisepala* (mit kontrahierten Bltnständen, im Raum Erzincan häufig).

Cerastium L. (Hornkraut)

31 Arten in der Türkei.

C. brachypetalum PERS.

Pfl. einjährig; Stg. aufrecht, bis 35 cm hoch, drüsig behaart; Blätt. elliptisch, behaart; Bltnstand locker, ausgebreitet; Bltnstiele länger als der K.; Kblätt. bis 6,5 mm lang, an der Spitze mit einem Büschel langer Haare; Blkrblätt. so lang wie der K.; Kapselzähne aufrecht, am Rand zurückgerollt. – Bltzt. III–VI. – Offenwälder, Gebüsche (Kap. 2.3) bis 1700 m. – Mediterrangebiet. – Formenreich. In der Türkei nur die ssp. *roeseri.* Sehr ähnlich ist *C. glomeratum* mit zusammengezogenem Bltnstand (Bltnstiele nicht länger als der K.).

C. cerastioides (L.) BRITTON

Pfl. mehrjährig, lockerrasig, mit niederlgd. bis aufstg. Stg., bis 15 cm hoch; Blätt. schmal-lanzettlich, kahl; Bltn. in 1–3bltg. Trugdolden; Tragblätt. krautig; Kblätt. bis 6,5 mm lang, lanzettlich, spitz, mit häutigem Rand; Blkrblätt. 8–10 mm lang, weiß; Kapselzähne nach außen gekrümmt; Frstiele herabgebogen. – Bltzt. VI–VIII. – Felshänge, Steinschutt (Kap. 2.3), 1800–2800 m. – Zirkumarktisch-alpin in Europa, Asien und N.Afrika.

C. gnaphalodes FENZL (136)

Pfl. mehrjährig, z.T. polsterf., mit aufstg., bis 15 cm hohen Stg.; die jungen Blätt. und Bltnstiele dicht weiß-wollig behaart; Blätt. eif.-elliptisch; Bltnstand 1- bis wenigbltg., steif aufrecht; Tragblätt. und Kblätt. breit-hautrandig, wollig behaart; Blkrblätt. 10–13 mm lang, weiß; Kapselzähne aufrecht, nicht nach außen gerollt. – Bltzt. VI–IX. – Felshänge, Steinschutt (Kap. 2.3), 2000–4000 m. – Endemisch in der Türkei.

Dianthus L. (Nelke)

69 Arten in der Türkei.

D. anatolicus BOISS. (137)

Pfl. mehrjährig, bis 40 cm hoch; Blätt. lineal, lang zugespitzt; Bltn. einzeln oder zu 2–3, mehr als 5 mm lang gestielt; Außenkblätt. (4) 6, schmal eif., hautrandig, stumpf, 1/3 bis 1/2 mal so lang wie der 8,5– 11 mm lange K.; Blkrblattplatte 2,5–3,5 mm lang, schmal-lineal, weiß, nicht bärtig, schwach gezähnt. – Bltzt. VI–VII. – Steinige Hänge, Ge-

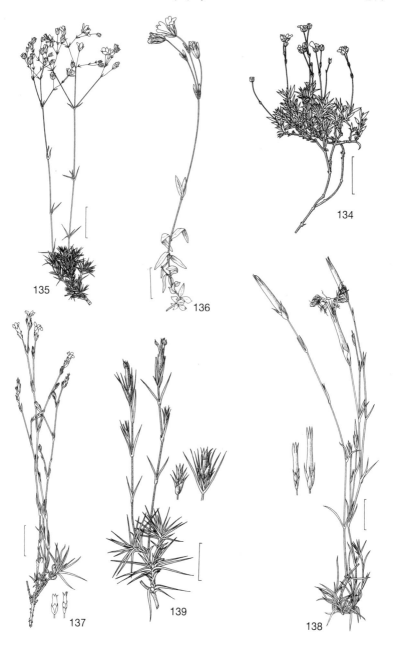

büsche, Zwerggesträuche (Kap. 2.3), 500–2200 m. – Endemisch in der
Türkei.

D. crinitus SM. (138)

Pfl. mehrjährig; Stg. aufrecht, bis 30 cm hoch, einfach oder wenig verzweigt; Blätt. lineal, ca. 8 cm lang; Stgblätt. aufrecht, kürzer als das
zugehörige Internodium; Bltn. einzeln auf wenigstens 2 cm langen Stielen; Außenkblätt. 4–6 (8), eif., begrannt, 1/3 so lang wie der 25–40 mm
lange K.; Kzähne mit grannenartiger Spitze und kurz bewimperten Rändern; Blkrblattplatte 12–17 mm lang, bis über die Mitte fiedrig zerschlitzt, weiß oder hellrosa, nicht bärtig. – Bltzt. IV–VIII. – Steppen,
Felshänge, Steinschutt (Kap. 2.5) bis 2600 m. – Östl. Mediterrangebiet,
NW.Afrika, SW.Asien.

D. erinaceus BOISS. (139)

Pfl. mehrjährig, bis 30 cm hoch, blaugrün bereift; Grdblätt. sparrig mit
stark verdickten Rändern und stechender Spitze; Blätt. der Langtriebe
kaum stechend; Bltn. einzeln oder zu 2; Außenkblätt. 6–10, schmal-
eif., hautrandig, lang begrannt, etwa so lang wie der 16–18 mm lange
K.; Kzähne 6–8 mm, hautrandig, stachelspitzig; Bltn. rosa mit dunklerem Schlund; Blkrblattplatte 5–6 mm lang, rosa, bärtig, am Rand gezähnt. – Bltzt. VI–VII. – Felsstandorte, Steinschutt (Kap. 2.3), 1700–
1900 m. – Endemisch in der Westtürkei.

D. micranthus BOISS. & HELDR. (140)

Ähnlich D. anatolicus, K. jedoch weniger als $3 \times$ so lang wie breit;
Außenkblätt. 4 (–6). – Bltzt. IV–VI. – Steinige Hänge, Steinschutt
(Kap. 2.3), 1300–3400 m. – SW.Asien.

D. orientalis ADAMS (141)

Pfl. mehrjährig, mit kriechendem, verholztem Grd.; Stg. bis 40 cm hoch,
einfach oder wenig verzweigt; Blätt. lineal, 2–7 cm lang und 0,5–3 mm
breit; Bltn. einzeln auf wenigstens 2 cm langen Stielen; Außenkblätt. 4–
14, grannenartig zugespitzt; K. 17–24 mm lang; Kzähne 6–9 mm lang;
Blkrblattplatte fiedrig zerschlitzt, rosa, bärtig. – Bltzt. VI–IX. – Felswände, Steinschutt (Kap. 2.3), 500–3200 m. – NW.Afrika, SW.Asien.

D. strictus BANKS & SOL. (142)

Pfl. mehrjährig; Stg. aufrecht oder aufstg., bis 70 cm hoch; Blätt. lang
zugespitzt; Außenkblätt. eif., begrannt, warzig, mit 0,5 mm breitem
Hautrand, etwa 1/2 so lang wie der 8–15 mm lange, warzige K.;
Blkrblattplatte 4–10 mm lang, keilf. bis verkehrt eif., bärtig, deutlich ge-

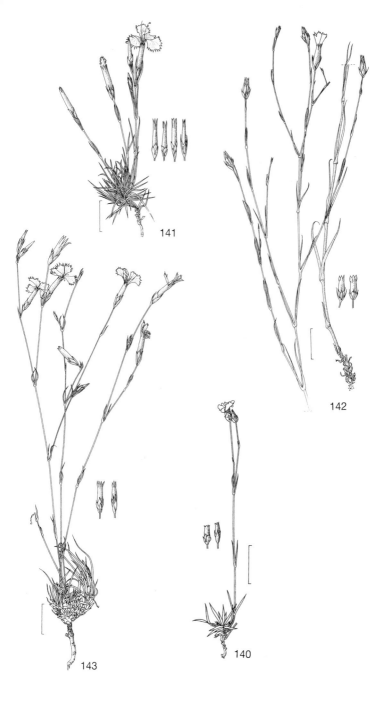

141

142

143

140

zähnt, rosa mit dunkleren Linien. – <u>Bltzt. V–VII.</u> – Kulturland, Trockenhänge (Kap. 2.1) bis 1800 m. – Östl. Mediterrangebiet, SW.Asien.

D. zonatus FENZL (143)
Pfl. mehrjährig; Stg. aufrecht, verzweigt, bis 30 cm hoch; Blätt. lineal
mit verdickten Rändern; Bltn. einzeln auf ca. 5 cm langen Stielen;
Außenblätt. 4–6 (–8), eif., häutig oder krautig, meist mit grannenartiger Spitze, 1/2 bis 3/4 so lang wie der 13–19 mm lange, hellgrüne, an
den Zähnen rot getönte K.; Kzähne 3,5–6,5 mm lang, hautrandig, kurz
bespitzt; Bltn. rosa mit dunklerem Schlund; Blkrblattplatte 5–11 mm
lang, bärtig, am Rand gezähnt, unterseits gelb. – <u>Bltzt. IV–IX.</u> – Zwerggesträuche, felsige Hänge (Kap. 2.3), 700–2600 m. – SW.Asien.

Gypsophila L. (Gipskraut)

51 Arten in der Türkei.

G. eriocalyx BOISS. (144)
Pfl. mehrjährig, am Grd. verholzt; Stg. aufstg. bis aufrecht, bis 40 cm
hoch, behaart oder verkahlend; Blätt. fleischig, lineal, oft 3kantig, 1–
3 cm lang, kahl oder behaart; Bltnstand aufrecht, verzweigt, mit dicht
zusammengezogenen, vielbltg., behaarten Teilbltnständen; K. glok-
kenf., abstehend papillös behaart; Blkrblätt. 3–4 mm lang, weiß. –
<u>Bltzt. VI–VIII.</u> – Steppe, Gipsböden (Kap. 2.5), 650–1600 m. –
Endemisch in der Türkei. – Ähnlich ist die ebenfalls endemische, samtig behaarte, breiterblättrige G. lepidioides.

G. perfoliata L.
Pfl. mehrjährig; Stg. aufstg., bis 1,2 m hoch, am Grd. drüsig behaart
oder kahl, oberwärts reich verzweigt; Blätt. lanzettlich bis eif., sitzend,
2–10 cm lang und bis 3,5 cm breit; Bltnstand locker, ausladend;
Bltnstiele 2–15 mm; K. glockenf.; Blkrblätt. weiß oder hellrosa. – <u>Bltzt.
VI–VIII.</u> – Salzböden, Steppe (Kap. 2.6) bis 1500 m. – SO.Europa,
SW.Asien.

G. viscosa MURRAY
Pfl. einjährig, blaugrün, kahl; Stg. bis 50 cm hoch, aufrecht, oberwärts
verzweigt und klebrig; Blätt. lanzettlich, 1–6 cm lang; Bltnstiele haar-
fein, 5–15 mm lang; K. glockenf.; Blkrblätt. 4–5 mm lang, weiß oder
hellrosa. – <u>Bltzt. IV–VI.</u> – Steppen, Kulturland, Ruderalstandorte
(Kap. 2.5) bis 1400 m. – SW.Asien.

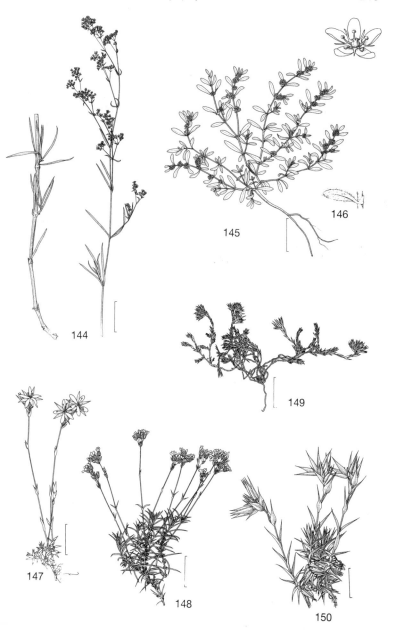

144

145

146

147

148

149

150

Herniaria L. (Bruchkraut)

6 Arten in der Türkei.

H. glabra L. *(145)*
Pfl. einjährig, niederlgd., oft mattenbildend, hell- bis gelbgrün; Blätt. eif., kahl, nicht größer als 7 × 3 mm; Bltnknäuel kahl. – Bltzt. V–VIII. – Zwerggesträuche, Kulturland (Kap. 2.3), 1200–2800 m. – Eurasien, NW.Afrika. – Fast ganz kahl ist auch die mehrjährige, in den Erciyes Dağı endemische *H. argaea*.

H. incana LAM. *(146)*
Pfl. mehrjährig; Stg. am Grd. verholzt, graugrün, mit dichter, abstehender Behaarung; Stg. niederlgd., bis 25 cm lang; Blätt. lanzettlich-spatelig, 12 × 3 mm, wie die Bltnknäuel dicht weißgrau behaart. – Bltzt. V–VIII. – Trockene, steinige Hänge, Zwerggesträuche (Kap. 2.3) bis 2300 m. – Mediterrangebiet, SW.Asien. – Ähnlich stark behaart ist auch die einjährige *H. hirsuta*.

Minuartia L. (Miere)

44 Arten in der Türkei.

M. dianthifolia (BOISS.) HAND.-MAZZ. *(147)*
Pfl. mehrjährig, polsterf., bis 25 cm hoch; Blätt. lineal-lanzettlich, 5–15 mm lang, 5–9nervig, kahl oder drüsig behaart; Bltnstand 1–6bltg; Kblätt. 6–12 mm lang, 7–15nervig; Blkrblätt. und Kapsel kürzer als der K. – Bltzt. VI–VIII. – Felsige Hänge, Steinschutt (Kap. 2.3), 1600–3000 m. – Endemisch in der Türkei.

M. juniperina (L.) MAIRE & PETITM. *(148)*
Pfl. mehrjährig, polsterf., bis 25 cm hoch; Stg. am Grd. mit kugeligen achselst. Blattbüscheln; Blätt. abstehend, rundlich-pfriemlich, steif und stechend, 8–30 mm lang; Bltnstand 3–12bltg., meist zusammengezogen; Bltnstiele 5–15 mm lang; Kblätt. 4–6 mm, 1–3nervig; Blkrblätt. und Kapsel länger als der K. – Bltzt. VI–VII. – Felsige Hänge, Steinschutt (Kap. 2.3), 900–2700 m. – Östl. Mediterrangebiet, SW.Asien.

M. leucocephala (BOISS.) MATTF. *(149)*
Pfl. mehrjährig, bis 10 cm hoch, mehr oder weniger stark behaart; Bltnstand ein dichtes, endst. Knäuel von 4–10 Bltn.; Bltnstiele 0,5–3 mm lang; Kblätt. 4–6 mm, deutlich 3nervig; Blkrblätt. so lang wie der

K. – <u>Bltzt. VI–VIII.</u> – Felshänge, Steinschutt (Kap. 2.3), 1600–2500 m. – Endemisch in der S.Türkei.

M. pestalozzae (Boiss.) Bornm. *(150)*
Ähnlich *M. dianthifolia,* aber dichtere Dornpolster bildend. – <u>Bltzt. VI–VIII.</u> – Zwerggesträuche, Steinschutt (Kap. 2.3), 1600–2200 m. – Endemisch im Westlichen Taurus.

Paronychia Miller (Mauerraute)

29 Arten in der Türkei.

P. argentea Lam.
Pfl. mehrjährig, mattenbildend, mit niederlgd., bis 30 cm langen Stg.; Blätt. elliptisch-lanzettlich, bis 1 cm lang, kahl, stachelspitzig; Nebenblätt. kürzer; Bltnknäuel 10–15 mm im Durchmesser, achsel- und endst.; Tragblätt. silbrig-trockenhäutig, länger als die 2–2,5 mm langen Bltn.; Kblätt. ohne Hakenhaare, hautrandig, begrannt. – <u>Bltzt. III–VI.</u> – Trockene, sandige bis lehmige Stellen in der mediterranen Stufe (Kap. 2.1) bis 600 m. – Mediterrangebiet, SW.Asien. – Ähnlich sind *P. arabica* mit hakenhaarigem K. (Gebiet von Erzincan und Sivas) und *P. polygonifolia* mit kürzeren Tragblätt. und kleineren Bltnknäueln (Westlicher Taurus).

Saponaria L. (Seifenkraut)

18 Arten in der Türkei.

S. prostrata Willd. *(Foto 38)*
Pfl. ein-, zwei- oder mehrjährig; Stg. niederlgd. bis aufstgd., sparrig verzweigt, lang und abstehend weiß behaart; Blätt. spatelig oder eif.; Bltnstand doldig, vielbltg., dicht; K. 9–14 mm lang, im Frzustand aufgeblasen; Bltn. rosa, Nebenkrone vorhanden. – <u>Bltzt. IV–VII.</u> – Steppe, Kulturland (Kap. 2.5), 300–1500 m. – SW.Asien. – Ausdauernde Populationen (ssp. *anatolica*) besiedeln Abhänge aus Vulkan- und Tonschiefergestein im Gebirge oberhalb 800 m, einjährige (ssp. *prostrata*) dagegen vornehmlich Äcker und Brachen unterhalb 1300 m. Ähnlich ist *S. kotschyi* (Pfl. drüsig-klebrig; K. zur Frzt. nicht aufgeblasen).

S. pumilio BOISS.

Pfl. mehrjährig, polsterf., mit 1–4 (–8) cm hohen Bltnstg.; Blätt. lineal, kahl oder bewimpert; Bltnstände drüsenhaarig, 3–10bltg.; K. ca. 8 mm lang; Bltn. karminrot, mit kleiner Nebenkrone; Kapsel so lang wie der K. – <u>Bltzt. V–VII.</u> – Felshänge und Steinschutthalden (Kap. 2.3), 1800–2400 m. – SW.Asien.

Silene L. (Leimkraut)

129 Arten in der Türkei.

S. compacta FISCHER *(Foto 39)*

Pfl. zweijährig (selten kurzlebig mehrjährig), kahl; Stg. aufrecht, bis 1,2 m hoch, am Grd. mit einer Rosette aus lanzettlich-spatelf. Blätt.; Stgblätt. zahlreich, eif., stgumfassend; Bltnstand kopfig zusammengezogen, vielbltg., in den Achseln des oberen Stgblattpaars; K. 16–20 mm lang; Blkrblätt. nicht tief eingeschnitten, kräftig rosa; Karpophor 8–12 mm lang. – <u>Bltzt. V–VIII.</u> – Offenwälder, Gebüsche (Kap. 2.4) bis 2100 m. – Östl. Mediterrangebiet, SW.Asien.

S. dichotoma EHRH.

Pfl. einjährig (selten kurzlebig mehrjährig); Stg. aufstgd. bis aufrecht, bis 80 cm hoch, behaart; Blätt. eif.-lanzettlich, die unteren gestielt, die oberen sitzend, meist waagrecht, einseitswendig; K. 7–15 mm lang, mit 10 deutlich behaarten Nerven; Blkrblätt. tief eingeschnitten, weiß, seltener rosa; Karpophor 1,5–2 mm lang. – <u>Bltzt. IV–VIII.</u> – Steppen, Kulturland (Kap. 2.5) bis 2100 m. – Europa, N.Afrika, SW.Asien.

S. italica (L.) PERS. *(151)*

Pfl. mehrjährig; Stg. aufrecht, bis 80 cm hoch, behaart; Blätt. eif. bis lanzettlich, 1nervig; Bltnstand eine ausladende, lockere Rispe; K. 15–21 mm lang, kurzhaarig; Blkrblätt. tief 2teilig, weiß oder crèmefarben; Karpophor 7–11 mm lang. – <u>Bltzt. V–VII.</u> – Offenwälder, Gebüsche (Kap. 2.1) bis 2400 m. – Europa, N.Afrika, SW.Asien. – Ähnlich ist die im Gebiet von Izmir endemische *S. splendens* mit breit-elliptischen, 3nervigen Blätt.

S. olympica BOISS.

Pfl. mehrjährig, horstbildend; Stg. bis 30 cm hoch, kahl; Grdblätt. lanzettlich, bis 5 cm lang, am Rand behaart; Stgblätt. kleiner, lineal; Bltnstand eine steif aufrechte Traube, untere Bltn. sich gegenseitig berührend oder überlappend; K. 5–9 mm lang, kahl; Blkrblätt. einge-

151

152

schnitten, weiß; Karpophor 1,5–4 mm lang. – <u>Bltzt. V–VIII.</u> – Steinige Hänge (Kap. 2.4), 400–2200 m. – Endemisch in der Türkei. Beschrieben vom Bithynischen Olymp (Ulu Dağ bei Bursa).

S. sedoides POIRET *(Foto 40)*

Pfl. einjährig, drüsig behaart; Stg. aufrecht, ästig, bis 15 cm hoch; Blätt. eif., stumpf, sitzend, meist etwas fleischig; Bltnstand umgekehrt pyramidenf., verzweigt; Bltn. aufrecht; K. 5–7 mm lang, drüsig, zur Frzt. nicht aufgeblasen; Blkrblätt. rosarot; Karpophor 2–3 mm lang. – <u>Bltzt. V–VI.</u> – Salzbeeinflußte Felsküsten (Kap. 2.1) bis 50 m. – Mediterrangebiet.

S. supina BIEB. ssp. pruinosa (BOISS.) CHOWDH. *(152)*

Pfl. mehrjährig; Stg. aufstgd. bis aufrecht, 10–50 cm hoch, behaart; Blätt. lanzettlich, meist dicht grauhaarig, ohne sterile Seitentriebe in den Blattachseln; Bltnstand eine aufrechte, lockere Traube oder Rispe; K. kurzhaarig, manchmal drüsig, 11–16 mm lang; Blkrblätt. tief eingeschnitten mit 2 linealen Zipfeln, crèmefarben oder grünlich; Karpophor 4–8 mm lang; K. zur Frzt. dem Karpophor eng anliegend. – Bltz. V–VII. – Zwerggesträuche, felsige Hänge, Steinschutt (Kap. 2.3) bis 2100 m. – SW.Asien.

Telephium L. (Zierspark)

2 Arten in der Türkei.

1. Blätt. elliptisch, 2–4 (–6)mal länger als breit. . . . .
    T. imperati ssp. *orientale*
–   Blätt. elliptisch, 7–15mal länger als breit . . . . . . *T. oligospermum*

T. imperati L. ssp. *orientale* (Boiss.) Nyman
Pfl. mehrjährig, blaugrün, kahl, mit holzigem Rhizom; Stg. niederlgd. bis aufstgd., unverzweigt, 10–30 cm lang; Blätt. wechselst., meist einseitswendig, eif.-elliptisch, unterseits mit deutlichem Mittelnerv; Nebenblätt. klein, häutig; Bltnstand endst., kopfig, 2–8 (–20)bltg.; Kblätt. 3–5 mm lang; Blkrblätt. etwas kürzer, weiß; Kapsel kurz geschnäbelt, sich 3zähnig öffnend, mit 11–16 Sa. – Bltz. V–VII. – Offenwälder, Zwerggesträuche, steinige Hänge (Kap. 2.3) bis 2200 m. – Mediterrangebiet, SW.Asien.

Vaccaria Medikus (Kuhkraut)

Monotypisch.

V. pyramidata Medikus
Pfl. einjährig, kahl, aufrecht, 15–60 cm hoch, oberwärts ästig; Blätt. lanzettlich, spitz, stgumfassend, blaugrün; Bltnstand eine lockere, reich verzweigte Rispe; Bltn. rosa, ohne Nebenkrone; Gr. 2; K.röhrig verwachsen, mit 5 grünen Flügeln; Kapsel sich mit 4 Zähnen öffnend. – Bltz. IV–VII. – Steppen, Kulturland (Kap. 2.5) bis 2000 m. – SW.Asien. Archäophyt in Europa und N.Afrika.

Chenopodiaceae – Gänsefußgewächse

Sträucher, Halbsträucher oder Kräuter; Stg. oft fleischig (sukkulent) und stark gegliedert; Blätt. einfach, oft fleischig oder zu Schuppen reduziert, wechsel- oder gegenst.; Bltn. klein, unscheinbar, ♀ oder eingeschl., mit fehlender oder grüngefärbter Bltnhülle; Bltnhülle zur Frzt. oft auffallend vergrößert (flügelartig), fleischig oder verhärtend; Fr. nußartig, ganz oder teilweise von der Bltnhülle umgeben und mit dieser abfallend.

Die Chenopodiaceen sind mit 31 Gattungen und 99 Arten in der Türkei vertreten. Sie tolerieren v. a. salzreiche Böden und Ruderalstandorte und sind daher häufig entlang der Meeresküsten, im Uferbereich von Salzseen und in Salzsümpfen sowie auf gestörten Standorten zu finden. Viele Vertreter fallen durch ein Wasserspeichervermögen (Blatt- und Stammsukkulenz) und die Rückentwicklung der Blätt. auf.

Atriplex L. (Melde)

In der Türkei mit 14, meist einjährigen Arten vertreten [Ausnahme: *A. halimus* (Strauch bis 3 m Höhe)]. Eine sichere Bestimmung ist oft nur mit Hilfe der Frhülle (Brakteolen) möglich, wird aber durch deren große Variabilität bei einigen Arten erschwert.

A. halimus L. (153)
Bis 3 m hoher, reich verzweigter Strauch mit Blasenhaaren; Blätt. silbrig-weiß, rundlich bis rhombisch oder 3eckig, am Grd. oft pfeilf., ganzrandig. gelappt oder gezähnt; Bltn. in dichten Knäueln in endst. Ähren; ♂ Bltn. undeutlich, mit 5 häutigen Blkrblätt. an der Spitze der Knäuel, ♀ Bltn. am Grd. der Bltnknäuel; Frhülle 4–5 mm, rundlich bis nierenf., ganzrandig oder gezähnt, glatt oder netznervig. – Bltzt. IV–X. – Salzböden und Sande im Küstenbereich (Kap. 2.1). – Mediterrangebiet, SW.Asien.

A. tatarica L. (154)
Pfl. einjährig, bis 1,5 m hoch, mit schorfigen Schuppen bedeckt; Blätt. vielgestaltig, 3eckig, pfeilf. oder lanzettlich, meist unregelmäßig gekerbt oder gezähnt; ♀ Bltn. ohne Blkr., in den Blattachseln oder in endst. Ähren; Frhülle groß, 7 × 7 mm, rhombisch, oft 3lappig, netznervig; ♂ Bltn. mit 5 Bltkrblätt. Aufgrund der Ausgestaltung der Frhülle werden 3 Varietäten unterschieden. – Bltzt. V–VIII. – Salzböden (Kap. 2.6), Ruderalstandorte bis 1200 m. – Mediterrangebiet, SW.- und Z.Asien.

Camphorosma L. (Kampferkraut)

Nur 1 Art in der Türkei.

C. monspeliaca L. (155)
Zwergstrauch mit kurzen, sterilen Zweigen und längeren, bltntragenden Zweigen, Stg. weich behaart; Blätt. wechselst., pfriemlich, steif, mit deutlichem Mittelnerv; Bltn. einzeln, in Ähren zusammengelagert; Blkrblätt. 4, bis zur Mitte verwachsen, häutig, mit grüner Spitze; Stbbl. 4; Gr. 2–3, fadenf., mit Papillen. – Bltzt. VI–VIII. – Salz- und Sandböden (Kap. 2.6) bis 3000 m. – SO.Europa, N.Afrika, Asien.

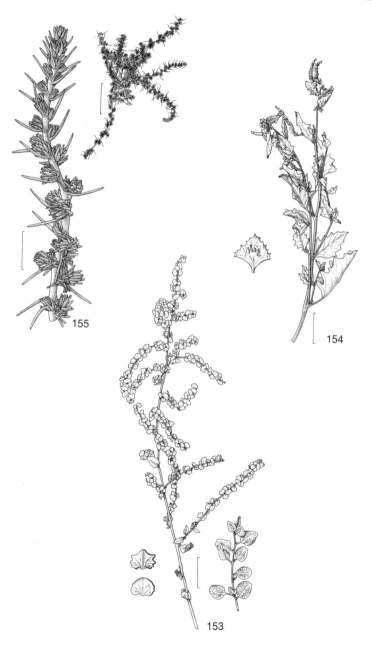

155

154

153

Chenopodium L. (Gänsefuß)

15 Arten in der Türkei. Für eine sichere Bestimmung werden reife Samen benötigt.

Ch. foliosum (MOENCH) ASCHERSON *(156)*
Pfl. ein- oder mehrjährig, nahezu kahl, 20–70 cm hoch; Blätt. 3eckig, pfeilf. oder rhombisch; Bltn. in dichten, sitzenden Knäueln, grün, zur Frzt. auffallend rot und fleischig. Sa. dunkelbraun, am Rand glatt oder gefurcht, dicht punktiert. – Bltzt. V–VII. – Zwerggesträuche (Kap. 2.3), 1200–2800 m. – Bergregionen von Europa, N.Afrika, Asien.

Cyathobasis AELLEN

Monotypisch.

C. fruticulosa (BUNGE) AELLEN *(157)*
Pfl. mit verholztem Grd., verzweigt, bis 25 cm hoch; Blätt. gegenst., steif und zurückgekrümmt, 4–6 mm lang, am Grd. stgumfassend; Blattrand schmal häutig; Blkrblätt. 5, häutig mit einem braunen Streifen, an der Spitze z. T. gewimpert; Stbbl. herzf., ohne Anhängsel; Staminodien breit, rund, bewimpert. – Bltzt. VII–VIII. – Salzböden, Steppe (Kap. 2.6), 900–1200 m. – Endemisch in Inneranatolien.

Halimione AELLEN (Salzmelde)

2 Arten in der Türkei.

1. Frhülle bis 5 mm lang, glockenf., 3lappig . . . . . . *H. portulacoides*
– Frhülle bis 2 mm lang, rundlich, mit kleinen warzigen Anhängseln. . .
                                             H. verrucifera

H. portulacoides (L.) AELLEN *(158)*
Strauch, bis 1,5 m hoch; Blätt. groß, bis 7 cm lang, schmal elliptisch oder lanzettlich, nur schwach zugespitzt; Bltn. einzeln in achselst. Scheinähren oder endst., ♀ Bltn. ohne Blkr., ♂ Bltn. mit 5 Blkrblätt.; Frhülle groß, 2–3lappig. – Bltzt. VI–VIII. – Sandige Salzböden (Kap. 2.6), entlang von Bewässerungskanälen und um Wasserstellen bis 900 m – Europa, N.Afrika, Asien.

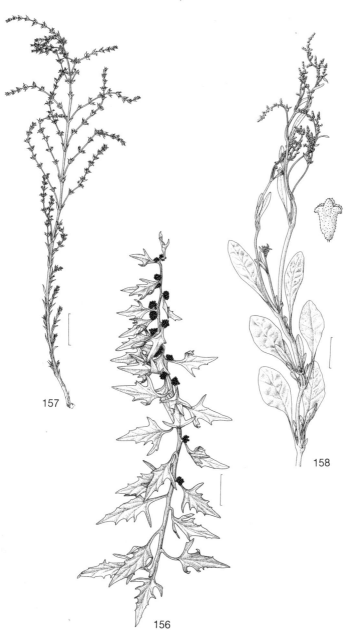

157

156

158

Halocnemum BIEB.

Monotypisch.

H. strobilaceum (PALLAS) BIEB. *(159)*

Zwergstrauch, stark verzweigt, mit gegliederten, knotigen Stg.; Blätt. gegenst., klein, schuppenf.; Bltn. zu 3 in der Achsel der schuppenf. Blätt.; Bltnhüllblätt. 3, breit-oval, stumpf, häutig, 2 mit grünen Spitzen; Stbbl. 1. – Bltzt. VII–IX. – Salzsümpfe und im Uferbereich von Salzseen (Kap. 2.6) bis 1000 m. Bildet oft ausgedehnte, einartige Salzpflanzenfluren. – In S.Europa, N.Afrika und Asien weit verbreitet.

Noaea MOQ.

2 Arten in der Türkei.

1.   Pfl. einjährig, ohne Dornen . . . . *N. minuta*
–   Pfl. mehrjährig, mit Dornen . . . . *N. mucronata*

N. mucronata (FORSSK.) ASCHERSON & SCHWEINF. *(160)*

Zwergstrauch, Zweige gewöhnlich in einen Dorn auslaufend; Blätt. 10– 25 mm, aus breitem Grd. pfriemlich oder fädig; Blkr. kahl, 3–4 mm lang, geflügelt. – Bltzt. V–VII. – Zwerggesträuche, Steppen (Kap. 2.5), 500– 2000 m. – N.Afrika und Asien. – Eine sehr variable Art, deren Extreme trotz Übergangsformen oft als eigene Unterarten angesehen werden.

Salicornia L. (Queller)

Eine schwierige Gattung, deren Arten nur an Hand von Frischmaterial oder fixiertem Material und mit Bltn. eindeutig bestimmt werden können. Die 3 bisher aus der Türkei nachgewiesenen Arten werden meist in dem Aggregat *S. europaea* zusammengefaßt.

S. europaea L. agg. *(161)*

Pfl. einjährig, bis 40 cm hoch, niederlgd. oder aufrecht, einfach oder stark verzweigt, grün, gegen Ende der Vegetationsperiode und auf zu salzreichen Standorten oft purpurrot gefärbt; Stg. fleischig, gegliedert; Blätt. kreuzgegenst., stark reduziert, mit fleischigem, halbstgumfassendem und herablaufendem Grd.; Bltn. in unscheinbaren endst. Ähren; Bltnhülle fleischig, 3–4lappig. – Bltzt. VII–IX. – Küstensalinen und im Uferbereich von Salzseen (Kap. 2.6), Salzsümpfe bis 1000 m. Extrem

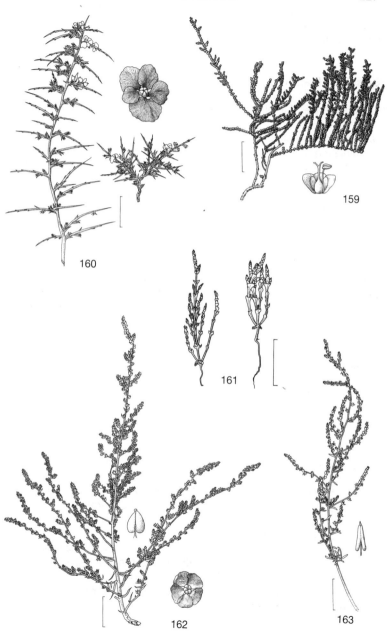

salztolerant, bildet an den Salzseen Inneranatoliens oft den ersten Vegetationsgürtel. – Europa, SW.- und Z.Asien.

Salsola L. (Salzkraut)

15 Arten in der Türkei.

S. inermis FORSSK. *(162)*
Pfl. einjährig, reich verzweigt, im unteren Teil mit langen Haaren; Blätt.
lineal bis kugelig, 4–6 mm lang; Bltn. einzeln, auf verlängerten Zweigen; Bltnhüllblätt. oval, verlängert, mit langen Haaren, an der Spitze
gewimpert. Frflügel abgerundet; Stbblanhängsel kurz, rund. – Bltzt. V–
VII. – Salzböden (Kap. 2.6), Steppe, 900–950 m. – N.Afrika, SW.Asien.

S. nitraria PALLAS *(163)*
Pfl. einjährig, 25–60 cm hoch, reich verzweigt. Stg. kahl oder schwach
behaart; Blätt. kahl, mit breitem Grd. sitzend, stumpf, 5 mm lang; Blkr.
kahl, schmal bis oval-lanzettlich, mit krautigem zentralem Teil und einem breiten häutigen Rand; Frflügel schwärzlich, später braun. Stbbl.
schmal, mit einem zugespitzten Anhängsel. – Bltzt. V–VII. – Sandige
Salzböden (Kap. 2.6), Steppe, 800–950 m. – SW.Asien.

Suaeda L. (Sode)

Eine schwierige Gattung, für deren sichere Bestimmung reife Früchte
(Sommer- und Herbstfrüchte) vorhanden sein müssen. In der Türkei
bisher 8 Arten bekannt.

S. altissima (L.) PALLAS *(164)*
Pfl. einjährig, reich verzweigt, bis 2 m hoch; Blätt. pfriemlich, 30 ×1 mm;
Bltn. in 3- bis vielbltg. Knäueln; Blkrblätt. an der Spitze kapuzenf.; Gr.
8 (–4), fadenf., dicht papillös. – Bltzt. VII–IX. – Sandige Salzböden
(Kap. 2.6), Ruderalstandorte, 900–1250 m. – SO.Europa, SW.Asien.

S. carnosissima POST *(165)*
Pfl. einjährig, aufrecht, rot überlaufen; Blätt. verlängert lanzettlich, 10–
15 × 2 mm, spitz, weiß gesäumt; Bltnhülle schmal, bis zur Hälfte verwachsen, mit grünem Fleck und häutigem Rand; Sa. rund, glatt. –
Bltzt. V–VIII. – Dünen, Salzböden (Kap. 2.6) und Kulturland, 900–
1200 m. – Endemisch in SW.Asien.

S. maritima (L.) Dum. ssp. prostrata (Pallas) Soó (S. prostrata Pallas) (166)
Pfl. einjährig, niederlgd. bis aufstgd., vom Grd. an ästig verzweigt; auch die Bltntriebe verzweigt; Blätt. länglich-lineal; Tragblätt. abstehend, kürzer bis nur wenig länger als die Bltnknäuel; Bltnhüllblätt. rundlich; Sa. zusammengedrückt, mit netzartiger Struktur. – Bltzt. VI–IX. – Küsten (Kap. 2.1). – Europa, Asien.

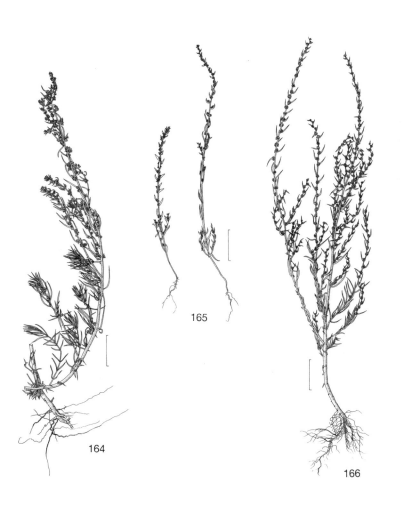

164

165

166

Cistaceae – Zistrosengewächse

Sträucher, Zwergsträucher und Kräuter; Blätt. einfach, gegen- oder wechselst.; Nebenblätt. vorhanden oder fehlend; Bltn. radiärsymm.; Kblätt. 5 oder 3, oft sehr ungleich; Blkrblätt. 5, in der Knospe gedreht; Stbbl. zahlreich; Fr. eine Kapsel.

5 Gattungen mit 28 Arten in der Türkei.

Cistus L. (Zistrose)

5 Arten in der Türkei.

1. Bltn. weiß 2
– Bltn. rosa 4
2. Kblätt. 5 3
– Kblätt. 3, am Grd. abgerundet; Blattoberseite kahl. . . *C. laurifolius**
3. Blattoberseite mit Sternhaaren; Bltnstand 1–3bltg.; Bltn. 2–4 cm; Kapsel anlgd. behaart . . . . *C. salviifolius*
– Blattoberseite rauh bis kahl; Bltnstand 3–10bltg.; Bltn. 2 cm; Kapsel fast kahl . . . . *C. monspeliensis**
4 **(1–).** Bltn. 3–6 cm; Blattoberseite grün . . . . *C. creticus*
– Bltn. 2–3 cm; Blattoberseite graufilzig. . . . . *C. parviflorus*

C. creticus L.
Bis 1 m hoher, aufrechter Strauch; Blätt. verlängert-oval, grün; Bltn. rosa, 3–6 cm; Gr. so lang wie die Stbbl.; Kapsel dicht anliegend behaart. – <u>Bltzt. III–VI.</u> – Macchien (Kap. 2.1) bis 1000 m. – Mediterrangebiet, SW.Asien.

C. parviflorus LAM. (Foto 41)
Kleiner, bis 60 cm hoher Strauch; Blätt. rundlich-elliptisch, 1–3 cm lang, mit grauen Sternhaaren; Bltn. 2–3 cm, rosa; Gr. kürzer als die Stbbl. – <u>Bltzt. III–IV.</u> – Macchien in Küstennähe (Kap. 2.1) bis 100 m. – Östl. Mediterrangebiet.

C. salviifolius* L. *(167)
Kleiner, bis 50 cm hoher Strauch; Blätt. rundlich-elliptisch, mit Sternhaaren auf beiden Seiten; Bltn. langgestielt, weiß, 2–4 cm; Kblätt. am
Grd. herzf., ungleich; Gr. sehr kurz oder fehlend; Kapsel dicht behaart. – <u>Bltzt. III–V.</u> – Macchien (Kap. 2.1) bis 500 m. – Mediterrangebiet, SW.Asien.

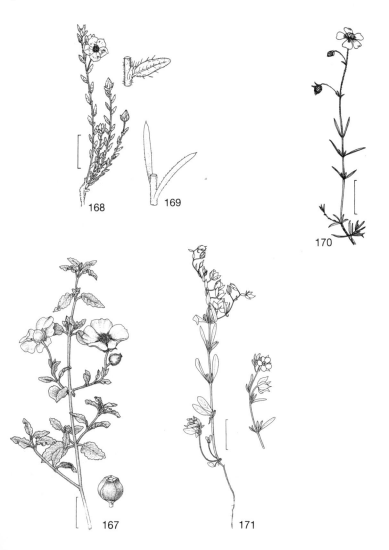

168   169   170   167   171

Fumana SPACH (Zwerg-Sonnenröschen)

9 Arten in der Türkei.

F. arabica (L.) SPACH *(168)*
Pfl. mehrjährig, bis 25 cm hoch; Blätt. wechselst., verlängert-elliptisch; Bltnstand 3–5bltg.; K. ungleich; Blkr. gelb, 2 cm im Durchmesser. – Bltzt. III–VI. – Macchien (Kap. 2.1) und *Pinus brutia*-Wälder bis 1000 m. – Mediterrangebiet, SW.Asien.

F. procumbens (DUNAL) GREN. & GODRON *(169)*
Zwergstrauch; Stg. behaart; Blätt. nadelf., sitzend, wechselst.; Bltn. einzeln, bis 2 cm im Durchmesser, gelb; Bltnstiel zur Frzt. zurückgekrümmt; Kapsel 5–6 mm, zur Reifezt. vom K. umschlossen. – Bltzt. V–VIII. – Felshänge und Steppen (Kap. 2.5), 600–1700 m. – Mediterrangebiet, SW.Asien.

F. thymifolia (L.) VERLOT *(170)*
Zwergstrauch mit aufsteigenden oder aufrechten Ästen, bis 20 cm hoch; Blätt. wenigstens am Grd. gegenst., schmal, oft deutlich eingerollt; Bltn. zu 3–8, langgestielt, gelb. – Bltzt. III–IV. – Sanddünen, Macchien, Kiefernwälder (Kap. 2.1) bis 250 m. – Mediterrangebiet, SW.Asien.

Helianthemum ADANSON (Sonnenröschen)

12 Arten in der Türkei.

H. ledifolium (L.) MILLER *(171)*
Pfl. einjährig, bis 60 cm hoch; Blätt. gegenst., verlängert; Bltn. in beblätterten Rispen zu 5–10, gelb; Bltnstiele auch zur Frzt. aufrecht, so lang wie oder kürzer als der K.; Kblätt. zugespitzt. – Bltzt. V–VI. – Trockenhänge, Gebüsche (Kap. 2.3), 500–1400 m. – Mediterrangebiet, N.Afrika, SW.Asien.

H. nummularium MILLER
Pfl. mehrjährig, am Grd. verholzt; Blätt. schmal-elliptisch, oft am Rand zurückgerollt; K. ungleich; Bltn. gelb, bis 2 cm im Durchmesser. – Bltzt. IV–VIII. – Felshänge, Steppen (Kap. 2.5), 650–2200 m. – Europa, Mediterrangebiet. – Aufgrund der sehr variablen Behaarung werden 4 Unterarten unterschieden.

Convolvulaceae – Windengewächse

Zwergsträucher oder Kräuter, oft mit windendem Stg.; Blätt. einfach, wechselst., ohne Nebenblätt.; Bltn. groß, meist trichterf. bis fast radf., radiärsymm.; Blkr. in der Knospenlage gedreht; Frkn. oberst.; Kapselfr.

4 Gattungen mit 40 Arten in der Türkei.

Convolvulus L. (Winde)

33 Arten in der Türkei.

C. assyricus GRISEB. (172)

Polsterf. Zwergstrauch; Stg. bis 8 cm hoch; Blätt. sitzend, verlängert-spatelf., abstehend behaart; Bltn. einzeln, endst., rosa-violett, bis 2 cm groß; Kblätt. behaart, die äußeren am Grd. nicht ausgesackt. – Bltzt. V–VI. – Trockenhänge, Steppen (Kap. 2.5), 800–2100 m. – Endemisch in der Türkei. – Sehr ähnlich ist *C. compactus,* mit etwas kleineren, meist weißen Bltn. und silbrig-behaarten Blätt.

Cressa L. (Salzkresse)

Nur 1 Art in der Türkei.

C. cretica L. (173)

Pfl. mehrjährig, grau-behaart, am Grd. verholzt; Stg. bis 15 cm hoch; Blätt. sitzend, lanzettlich, am Grd. abgerundet; Bltn. klein, weiß, tief geteilt, behaart, auf kurzen Stielen in Rispen; Stbbl. aus der Blüte herausragend; K. stumpf, so lang wie die Blkrröhre. – Bltzt. VI–VIII. – Salzsteppen (Kap. 2.6) bis 1000 m. – In der Nordhemisphäre weiter verbreitet.

Ipomoea L. (Trichterwinde)

3 Arten in der Türkei, eine davon *(I. purpurea)* nur angepflanzt.

1. Blätt. verlängert, ganzrandig oder stumpf-gelappt: Bltn. weiß bis crèmefarben . . . . *I. stolonifera*
– Blätt. am Grd. pfeilf.; Bltn. violett . . . . *I. sagittata*

I. stolonifera (CYR.) J. F. GMELIN *(174)*

Pfl. mit kriechenden, an den Knoten wurzelnden und unterirdischen Stg.; Blätt. fleischig, verlängert, ganzrandig oder am Grd. 2- bis 4lappig; Bltn. einzeln, sehr groß, weiß bis crèmefarben. – <u>Bltzt. VI–IX.</u> – Sanddünen, Strand in Meeresnähe (Kap. 2.1). – Mediterrangebiet.

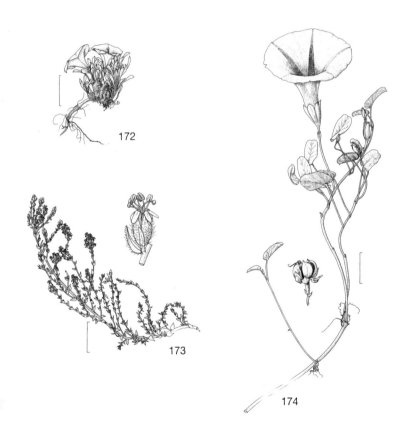

172

173

174

Cornaceae – Hartriegelgewächse

Bäume oder Sträucher, selten Stauden; Blätt. ungeteilt, gegenst., ohne Nebenblätt.; Bltn. 4zählig, ♀ radiärsymm., in Dolden oder Doldentrauben; Frkn. unterst.; beerenartige Steinfr.

Nur 1 Gattung mit 2 Arten in der Türkei.

Cornus L. (Hartriegel)

1. Bltnstand eine endst. Doldentraube; Fr. kugelig. . . . . *C. sanguinea*
– Bltnstand eine blattachselst. Dolde; Fr. länglich-elliptisch . . . *C. mas*

C. mas L.

Bis 5 m hoher Strauch oder kleiner Baum; Blätt. elliptisch-lanzettlich, bis 9 cm lang; Dolden bis 2,5 cm breit, vor den Blätt. erscheinend; Bltn. gelb; Steinfr. hgd., erst gelb dann rot. – <u>Bltzt. III–V.</u> – Laubwälder, Gebüsche (Kap. 2.2) bis 1500 m. – Europa, SW.Asien. – Wegen der frühen Bltzt. und der eßbaren Fr. mitunter kultiviert.

C. sanguinea L. *(175)*

Bis 4,5 m hoher Strauch oder kleiner Baum; Zweige meist rötlich; Blätt. eif.-lanzettlich, bis 10 cm lang; Scheindolden bis 4,5 cm breit, nach den Blätt. erscheinend; Bltn. weiß; Steinfr. kugelig, schwarz. – <u>Bltzt. V–VI.</u> – Offenwälder, Gebüsche (Kap. 2.2) meist über Kalkgestein, bis 1400 m. – Europa, SW.Asien. – In der Türkei formenreich. Pfl. mit einfachen, gekräuselten Haaren auf der Blattunterseite gehören zur typischen Unterart (ssp. *sanguinea*); Pfl. mit kurzen, 3eckigen Kzähnen und blattunterseits glatten, 2schenkeligen Haaren werden als ssp. *australis,* und solche mit glatten Haaren und bis 1,5 mm langen, lanzettlichen Kzähnen als ssp. *cilicica* bezeichnet. Alle diese Unterarten sind aber durch Zwischenformen miteinander verbunden.

Corylaceae – Haselnußgewächse

Holzpfl.; Blätt. wechselst., einfach, gezähnt; Bltnhülle fehlend oder unscheinbar; ♂ Bltn. in hgd. Kätzchen; Stbbeutel an der Spitze mit einem Haarbüschel; Nußfr. von einer Hülle umgeben.

3 Gattungen mit 6 Arten in der Türkei.

1.   ♀ Bltn. und Fr. in verlängerten Ähren 2
–   ♀ Bltn. in knospenf., aufrechten Bltnst.; Fr. eine becherf. umhüllte
     Nuß; Frhülle tief zerschlitzt . . . .**Corylus***
                                        (3 Arten)
2.   Frhülle offen, 3teilig, gezähnt . . . .**Carpinus***
                                (C. betulus, C. orientalis)
–   Frhülle das Nüßchen umschließend; Frstände zapfenartig. . . **Ostrya**

Ostrya Scop. (Hopfenbuche)

Nur 1 Art in der Türkei.

O. carpinifolia Scop. *(176)*
Strauch oder bis 15 m hoher Baum; junge Zweige oft lang behaart;
Blätt. 2zeilig, 5–10 cm lang, am Grd. herzf., am Rand scharf doppelt-
gesägt, leicht asymm., oberseits glänzend grün; ♂ Kätzchen hgd., bis
12 cm lang; Frstände bis 6 cm lang. – <u>Bltzt. III–IV.</u> – Offenwälder, Gebüsche (Kap. 2.2) bis 1700 m. – Mediterrangebiet, SW.Asien.

175

176

Crassulaceae – Dickblattgewächse

Stauden oder Kräuter, mit wechselst., gegen- oder grdst., einfachen, flachen bis stielrunden Blätt., vielfach sukkulent; Bltn. 4–5zählig, radiärsymm. ☿; Stbbl. so viele oder doppelt so viele wie die freien oder verwachsenen Blkrblätt.; Frkn. meist mehrere, frei oder am Grd. verwachsen; Balgfr.

6 Gattungen mit 75 Arten in der Türkei.

1.	Blätt. lang gestielt, kreisf., herzf. oder schildf. . . . . **Umbilicus***	
	(6 Arten)	
–	Blätt. meist sitzend, allmählich in den Blattstiel verschmälert, rundlich bis zylindrisch 2	
2.	Blkrblätt. deutlich verwachsen; Blätt. nicht gespornt . . . . **Rosularia**	
–	Blkrblätt. frei oder nur am Grd. verwachsen; Blätt. oft gespornt . . .3	
3.	Blätt. gegenst., verbunden; Blkrblätt. 3–4; Stbbl. 3–4 . . . **Crassula***	
	(C. tillaea)	
–	Blätt. wechselst. oder gegenst., nicht verbunden; Blkrblätt. 5–6 . . . **Sedum**	

(Blkrblätt. 8–15; Stbbl. 16–20: **Sempervivum***)

Rosularia (DC.) Stapf

12 Arten in der Türkei.

R. aizoon (Fenzl) Berger (177)

Pfl. mehrjährig, mit bleibenden Rosetten; Stg. blattlos, seitlich entspringend, bis 10 cm hoch; Blätt. verlängert-rundlich, drüsig-behaart, am Rand bewimpert; Bltnstand rispig, 5–10bltg., drüsig-behaart; Bltn. hellgelb; Fr. drüsig-behaart. – Bltzt. VI–VII. – Felsstandorte, Steinschutt (Kap. 2.3), 1500–3000 m. – SW.Asien.

R. libanotica (Lab.) Muirhead

Pfl. mehrjährig, mit bleibenden Rosetten; Stg. blattlos, seitlich entspringend, bis 30 cm hoch; Blätt. sitzend, spatelf., stumpf, grün bis graugrün, dicht behaart oder kahl; Bltnstand locker, 2–120bltg.; Bltn. weiß bis rosa, glockenf.; Fr. klein, drüsig oder kahl. – Bltzt. VI–VIII. – Felsstandorte (Kap. 2.3) bis 2400 m. – Östl. Mediterrangebiet. – Eine sehr variable und formenreiche Sippe, die in mehrere geographische Gruppen zerfällt.

Sedum L. (Fetthenne)

40 Arten in der Türkei.

S. laconicum BOISS. & HELDR. *(178)*
Pfl. mehrjährig, kahl, mit sterilen Trieben; Stg. bis 15 cm hoch; Blätt. verlängert, kantig, 6–8 mm lang, am Grd. gespornt; Bltnstand reich verzweigt, an jedem Ast 1–6 Bltn.; Bltn. gelb, mit rotem Mittelnerv; Stbbl. 10; Fr. kahl. – Bltzt. VI–VIII. – Felsstandorte, Steinschutt (Kap. 2.3), 1200–3000 m. – Östl. Mediterrangebiet.

S. tenellum BIEB.
Ähnlich *S. laconicum,* Bltn. aber weiß, oft rot oder violett überlaufen; Fr. kahl, mit sitzenden Drüsen. – Bltzt. VI–VIII. – Felsstandorte, Steinschutt, Schneetälchen (Kap. 2.3), 1700–3400 m. – SW.Asien.

177

178

Cucurbitaceae – Kürbisgewächse

Stauden oder Kräuter, die meist mit Hilfe von Ranken klettern; Blätt. wechselst., einfach; Bltn. radiärsymm., 5zählig, eingeschl. oder zweihäusig; Blkr. glockig-trichterf.; Frkn. unterst., 3fächerig; Fr. eine z.T. sehr große Beere.

Eine überwiegend tropisch verbreitete Familie mit einer ganzen Reihe wirtschaftlich bedeutender Nutzpflanzen.

8 Gattungen mit etwa 15 Arten (z.T. kultiviert) in der Türkei.

Ecballium A. Rɪcн. (Spritzgurke)

Monotypisch.

E. elaterium (L.) A. Rɪcн. *(Foto 42)*
Pfl. mehrjährig; Stg. niederliegend, bis 25 cm lang, ohne Ranken; Blätt. breit-3eckig, herzf., dick, mit gewelltem Rand, oberseits rauhhaarig, unterseits dicht filzig; Bltn. hellgelb, einhäusig; die ♂ Bltn. in Rispen, die ♀ einzeln, achselst.; Blkrblätt. am Grd. verwachsen; Fr. hängend, bestachelt, verlängert-elliptisch, zur Reifezt. die Sa. bei Berührung herausschleudernd (Spritzgurke). – Bltzt. IV–X. – Ödland, Wegränder und Schuttplätze (Kap. 2.1) bis 600 m. – Mediterrangebiet, SW.Asien.

Cupressaceae – Zypressengewächse

Immergrüne Bäume oder Sträucher mit gegenst., schuppenf. oder quirlig angeordneten nadelf. Blätt.; Zapfen klein, holzig oder beerenartig.

3 Gattungen mit 9 Arten in der Türkei.

Arceuthos Aɴт. & Koтscнʏ (Steinwacholder)

Monotypische Gattung, die von vielen Autoren zu *Juniperus* gestellt wird.

A. drupacea (Lab.) Aɴт. & Koтscнʏ
Kleiner Baum mit breiter Krone; Blätt. nadelf., mit 2 Spaltöffnungsstreifen; Zapfen 2–2,5 cm, fast kugelig, braun bis schwarz, mehlig bestäubt; Sa. 3, zu einem festen Stein verbunden. – Felsstandorte, Offenwälder, Gebüsche (Kap. 2.3), 1000–1600 m. – Östl. Mediterrangebiet.

Cupressus L. (Zypresse)

Nur 1 Art in der Türkei.

C. sempervirens L. *(179)*
Hoher, einhäusiger Baum, mit z.T. sehr schlanker Krone (nur bei Kultur-
formen); Blätt. schuppenf., dachziegelig, mit einer elliptischen Drüse;
Zapfen kugelig, 2–3 cm, braun-grau. – Kalkfelshänge, Offenwälder
(Kap. 2.1) bis 1200 m. – Östl. Mediterrangebiet, N.Iran. – Sehr häufig
angepflanzt und verwildert. Größere natürliche Vorkommen vor allem in
der Südtürkei (Köprülü Kanyon Nationalpark).

Juniperus L. (Wacholder)

7 Arten in der Türkei.

J. excelsa BIEB. *(180)*
Bis 20 m hoher Baum; Zweige im Querschnitt zylindrisch; alte Blätt.
3eckig, schuppenf., angedrückt, auf der Rückseite mit einer länglichen
Drüse; Zapfen kugelig, 7–10 mm, dunkel violett-braun; Sa. 4–6. –
Charakterart der Gebirgswälder im Taurus und dort oft die Waldgrenze
bildend (Kap. 2.3, 2.4), 300–2300 m. – SO.Europa, SW.Asien, Afrika.

J. foetidissima WILLD. *(181)*
Aufrechter, bis 10 (selten bis 20 m) hoher Baum; Zweige im Querschnitt
deutlich quadratisch; alte Blätt. 3eckig, zugespitzt, mit z.T. abstehenden Spitzen und undeutlicher Drüse auf der Rückseite; Zapfen kugelig,
6–9 mm, dunkelbraun bis schwarz; Sa. 1–2. – Häufig strauchf. oberhalb der Baumgrenze (Kap. 2.4) und oft mit *J. excelsa* verwechselt. –
SO.Europa, SW.Asien.

J. oxycedrus L. *(182)*
Strauch oder kleiner Baum; Blätt. nadelf., grün, mit 2 deutlichen
Spaltöffnungsstreifen; Zapfen kugelig, 2 cm, dunkelrot bis braun. –
Hartlaubwälder, Macchien (Kap. 2.1) und Kiefernwälder bis 1500 m. –
Mediterrangebiet, SW.Asien.

J. phoenicea L.
Bis zu 4 m hoher, kleiner Baum (in der Türkei); Blätt. schuppenf., rhombisch, angedrückt, mit einer verlängerten Drüse auf der Rückseite; Zapfen kugelig, 10 mm, zur Frzt. dunkelrot; Sa. 3–9. – Macchien und

Gebüsche in Küstennähe (Kap. 2.1) bis 350 m. – Mediterrangebiet, SW.Asien.

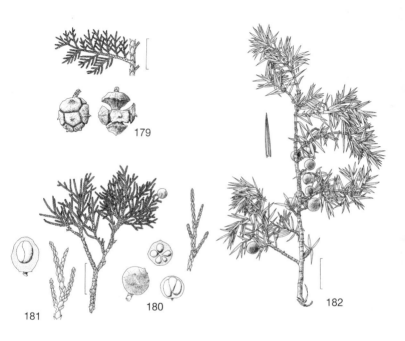

179

181   180   182

Cyperaceae – Sauergräser

Kräuter oder Stauden meist feuchter Standorte; Stg. oft 3kantig, selten knotig; Blätt. 3zeilig, meist mit geschlossener Scheide; Bltn. klein, ⚥ oder eingeschl., stets in den Achseln trockenhäutiger Tragblätt. (Spelzen) in 1- bis mehrbltg. Ährchen; Ährchen einzeln, in Köpfchen oder verzweigten Bltnständen; Bltnhülle fehlend oder in Form von Borsten oder Haaren; Stbbl. 2–3; Frkn. oberst.; Nußfr.

21 Gattungen mit 135 Arten in der Türkei.

1.   Stg. mit einem einzigen, endst. kugelig-eif. Bltnstand; Blätt. alle reduziert zu spreitenlosen Blattscheiden . . . . ***Eleocharis,*** 244

Blysmus PANZER (Quellried)

Nur 1 Art in der Türkei.

B. compressus (L.) LINK *(183)*

Pfl. mehrjährig mit lang kriechenden Ausläufern; Stg. aufrecht, bis 40 cm hoch, oberwärts 3kantig; Grdblätt. spreitenlos, Scheiden braun; obere Blätt. grün, flach, stumpf, am Rand rauh; Bltnstand endst. aus 2–17 Ährchen; Bltn. ♀; Spelzen verlängert-lanzettlich, gold- oder rotbraun, zugespitzt; Bltnhülle aus 5 Borsten; Stbbl. 3. – Bltzt. V–VIII. – See- und Flußufer, Feuchtstandorte (Kap. 2.7), 1000–3200 m. – Eurasien.

Bolboschoenus PALLA (Meersimse)

Nur 1 Art in der Türkei.

B. maritimus (L.) PALLA

Pfl. mehrjährig, mit lang kriechenden Ausläufern; Stg. aufrecht, bis 1,5 m hoch, 3kantig, glatt, oberwärts rauh, mit 4–6 Knoten; Blattscheiden 3kantig, rostrot; Blattspreiten gekielt, rauh, oft länger als der Stg.; Bltnstand endst., aus zahlreichen gestielten Ährchen oder Köpfchen, am Grd. mit abstehendem, z.T. den Bltnstand überragendem Hüllblatt; Spelzen häutig, an der Spitze ausgerandet, begrannt; Bltnhülle aus 1– 6 fadenf., braunen, oft hinfälligen Borsten. – Bltzt. V–IX. – Süß- und Salzwassersümpfe, Flußufer, Feuchtstandorte (Kap. 2.7) bis 2000 m. – Eurasien.

Carex L. (Segge)

86 Arten in der Türkei.

C. atrata L. (184)

Pfl. rasenf., mit kurzen Ausläufern; Stg. schlank, glatt, 3kantig, bis 70 cm hoch; grdst. Blattscheiden dunkelbraun; Blätt. flach, 3–5 mm breit, kürzer als der Stg., am Rand oft rauh; Ährchen getrenntgeschl., die oberen ♂, die unteren mit ♀ Bltn. zu 2–5, länglich-eif., gestielt, das untere meist lang gestielt; endst. Ährchen am Grd. mit ♂ Bltn.; Tragblätt. schwarz; Fr. gelbbraun, kahl, mit kurzem Schnabel; Narben 3. – Bltzt. VI–VII. – Alpine Rasen, Steinschutt, Feuchtstandorte (Kap. 2.3) 1900–3400 m. – Eurasien.

C. divisa HUDSON

Pfl. lockerrasig, mit weit kriechenden, verholzten Ausläufern und schwarz-braunen, netzig-zerfasernden Schuppenblätt.; Stg. bis 70 cm hoch, 3kantig, rauh, meist nur am Grd. beblättert; Blätt. sehr schmal, oft eingerollt, graugrün; Bltnstand einfach, verlängert; Ährchen gleichgeschl., zu 3–8 mit ♂ und ♀ Bltn.; Tragblätt. grannenartig zugespitzt, rötlich-braun, mit hellem Mittelnerv und weißlichen Rändern, so lang wie die Fr.; Fr. braun, eif., mit kurzem, aber deutlich 2spaltigem Schnabel; Narben 2. – Bltzt. IV–VII. – Feuchtstandorte (Kap. 2.7) bis 2800 m. – Eurasien.

Cladium R. Br. (Schneide)

Nur 1 Art in der Türkei.

C. mariscus (L.) POHL (185)

Pfl. mehrjährig, bis 2,5 m hoch, mit Ausläufern; Stg. rund oder stumpf 3kantig, hohl; Blätt. lineal, gekielt, bis 10 mm breit, am Rand sehr rauh; Blattscheiden geschlossen; Bltnstand endst., Ährchen zu 3–10 in langgestielten Köpfchen. – Bltzt. V–VII. – Ufer, Gräben, Feuchtstandorte (Kap. 2.7) bis 1000 m. – Eurasien, Afrika, N.Amerika.

Cyperus L. (Zypergras)

11 Arten in der Türkei.

C. longus L.
Pfl. mehrjährig, aufrecht, bis 1,5 m hoch, mit dicken Ausläufern; Blätt. bis 10 mm breit, kürzer als der beblätterte Stg.; Bltnstand eine große Scheindolde mit 2–10 lang gestielten Ästen; Spelzen rotbraun, mit grünem Mittelnerv; Fr. 3kantig; Narben 3. – <u>Bltzt. V–IX.</u> – See- und Flußufer, Gräben (Kap. 2.7) bis 1900 m. – Mediterrangebiet, SW.Asien.

C. rotundus L.
Ähnlich *C. longus,* Ausläufer aber sehr dünn; Stg. bis 60 cm hoch; Blätt. alle grdst. – <u>Bltzt. V–IX.</u> – Flußufer, Feuchtstandorte (Kap. 2.1) bis 700 m. – Fast kosmopolitisch.

Eleocharis R. Br. (Sumpfried)

7 Arten in der Türkei. Zur sicheren Bestimmung sind reife Früchte notwendig.

E. mitracarpa Steudel *(186)*
Pfl. mehrjährig, mit Ausläufern; Stg. aufrecht, rundlich, bis 60 cm hoch, feingerillt, am Grd. oft rotviolett; Ährchen vielbltg., braun; Tragblätt. mit breitem, häutigem Rand; unterste Tragblätt. steril, am Grd. nur das halbe Ährchen umfassend; Bltnhüllblattborsten 3–4, zuweilen rudimentär, kürzer als die Fr.; Gr. am Grd. mützenf. angeschwollen, so breit oder breiter als lang; Narben 2. – <u>Bltzt. IV–IX.</u> – See- und Flußufer, Gräben, Feuchtstandorte (Kap. 2.7) bis 2400 m. – SW.Asien.

E. palustris (L.) Roemer & Schultes *(187)*
Ähnlich *E. mitracarpa,* aber der angeschwollene Grgrd. kegelig, deutlich länger als breit. – <u>Bltzt. IV–IX.</u> – See- und Flußufer, Feuchtstandorte (Kap. 2.7) bis 2000 m. – Eurasien.

Scirpoides Séguier (Kugelsimse)

Nur 1 Art in der Türkei.

S. holoschoenus (L.) Sojak
Pfl. mehrjährig, mit kurzen Ausläufern; Stg. bis 1,3 m hoch, rundlich, aufrecht; Blattscheiden hellbraun, obere Blattspreiten fadenf., rinnig;

Gesamtbltnstand scheinbar seitenst., von einem die Fortsetzung des Stg. bildenden Hochblatt überragt; Bltnstand aus 1 sitzenden und mehreren seitlichen, gestielten Köpfchen; Tragblätt. dunkelbraun, gewimpert. – <u>Bltzt. IV–VIII.</u> – See- und Flußufer, Gräben, Feuchtstandorte (Kap. 2.7) bis 3000 m. – Eurasien.

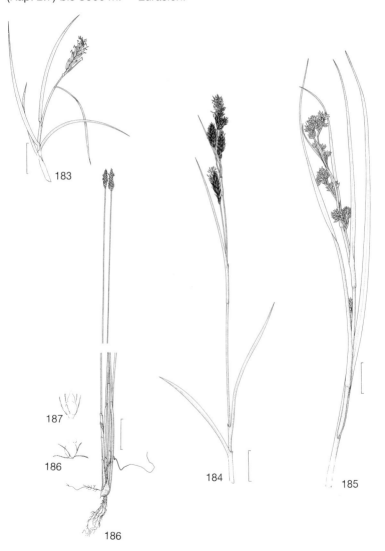

183

187

186

184

185

186

Dioscoreaceae – Schmerwurzgewächse

Ausdauernde Kräuter mit knolligem oder verholztem Wurzelstock; 2häusig; Bltn. klein, in achselst. Trauben; Bltnhülle 6lappig; Frkn. unterst., 3kammerig; Fr. eine Kapsel oder Beere.

Nur 1 Gattung in der Türkei.

Tamus L. (Schmerwurz)

1 Art mit 2 Unterarten in der Türkei.

T. communis L. *(188)*

Ausdauernde Kletterpfl. mit großen, schwärzlichen, unterirdischen Knollen; Stg. biegsam, bis 4 m lang, selten verzweigt; Blätt. lang gestielt, oberseits glänzend, bogennervig; Bltn. unscheinbar, grünlichgelb, in achselst. Trauben, eingeschl., ♂ oft mit glockiger, ♀ mit fast freier Bltnhülle; Fr. eine scharlachrote Beere. – Bltzt. III–VI. – Macchien (Kap. 2.1). – Offenwälder und Felsstandorte bis 1600 m. – Europa, SW.Asien.

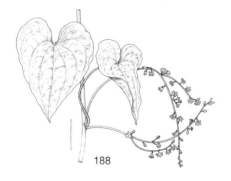

188

Dipsacaceae – Kardengewächse

Kräuter oder Stauden; Blätt. gegenst., am Grd. oft paarweise verwachsen, ganzrandig oder fiederteilig; Bltn. in von einer Hochblatthülle umgebenen Köpfchen oder Ähren, ♀, mit oder ohne Tragblätt. (Spreublätt.); K. borstenf., oft noch mit häutigem, oben schirmartigen Außenk.; Blkr. röhrig, 4–5spaltig; Stbbl. 4.; Frkn. unterst.; Fr. vom Außenk. gekrönt.

7 Gattungen mit 86 Arten in der Türkei.

1.	Blkr. 4spaltig.	2
–	Blkr. 5spaltig.	3
2.	Spreublätt. ledrig.	*Cephalaria**
		(31 Arten)
–	Spreublätt. krautig, klein oder fehlend	*Knautia**
		(9 Arten)
3.	K. mit 5 Borsten	*Scabiosa*
–	K. mit 10–24 Borsten	*Pterocephalus*

Pterocephalus ADANSON (Flügelkopf)

9 Arten in der Türkei.

P. pinardii BOISS. *(189)*
Polsterf. oder niederlgd. Zwergstrauch mit 1–4 Stg.; Blätt. gestielt, verlängert-lanzettlich, behaart, tief gelappt oder fiederteilig; Hochblatthülle kürzer als die Bltn.; Bltn. rosa oder violett; Blkr. breit-gezähnt; Außenk. behaart, Schirm gezähnt; K. mit 14–21 Borsten. – Bltzt. VI–VIII. – Felsstandorte, Zwerggesträuche (Kap. 2.3), 1000–2800 m. – Endemisch in der Türkei.

P. plumosus (L.) COULTER *(190)*
Pfl. einjährig, aufrecht, bis 50 cm hoch, drüsig behaart; untere Blätt. verlängert, gezähnt oder fiederteilig, mit großer Endfieder; obere Blätt. fiederspaltig; Hochblatthülle so lang wie oder länger als die Bltn.; Bltn. malvenfarben, die äußeren Bltn. mit zugespitzten Blkrblätt.; Außenk., drüsig-behaart, an der Spitze gezähnt; Schirm fehlend; K. mit 10–15 Borsten. – Bltzt. V–VIII. – Felsstandorte, Steppen (Kap. 2.4) bis 1700 m. – Balkan, SW.Asien.

Scabiosa L. (Skabiose)

30 Arten in der Türkei.

S. argentea L. *(191)*
Pfl. zwei- oder mehrjährig, kahl oder behaart, bis 60 cm hoch; untere Blätt. gefiedert, Fiederchen schmal; obere Blätt. ungeteilt; Hochblatthülle länger oder kürzer als die Bltn.; Köpfchen ausgebreitet, zur Frzt. kugelig; Bltn. weiß oder crèmefarben, oft violett überlaufen; Außenk. behaart, mit 8 Gruben, Schirm kurz, mit 20–26 austretenden Nerven; K. sehr kurz gestielt. – Bltzt. V–IX. – Trockenhänge, Steppen, Ödland (Kap. 2.1) bis 2500 m. – S.Europa, SW.Asien.

S. atropurpurea L. ssp. *maritima* (L.) ARC.
Pfl. zwei- oder mehrjährig, kahl oder behaart, bis 60 cm hoch; untere Blätt. gestielt, verlängert, ganzrandig, gezähnt oder fiederteilig; obere Blätt. sitzend, gefiedert; Hochblatthülle kürzer als die Bltn.; Köpfchen ausgebreitet, zur Frzt. eif.-verlängert; Bltn. lila bis bläulich-malvenfarbig, die äußeren mit ganzrandigen Blkrblätt.; Außenk. mit 8 Schlitzen, Rippen behaart; Schirm mit eingerolltem Rand; K. langgestielt. – Bltzt. V–VIII. – Wegränder, Kulturland, Dünen (Kap. 2.1) bis 1200 m. – Mediterrangebiet.

S. columbaria L. ssp. *ochroleuca* (L.) ČELAK.
Pfl. mehrjährig, behaart, bis 80 cm hoch; untere Blätt. und Blätt. der sterilen Triebe gestielt, lanzettlich, gezähnt oder leierf.-gefiedert; obere Blätt. sitzend, gefiedert; Hochblatthülle kürzer als die Bltn.; Köpfchen groß, ausgebreitet, zur Frzt. kugelig; Bltn. gelb oder crèmefarben; Außenk. mit 8 Schlitzen, Rippen behaart; Schirm groß, 16–22nervig; K. kurz gestielt. – Bltzt. V–IX. – Eurasien, N.Afrika.

S. rotata BIEB. *(192)*
Pfl. einjährig, behaart, bis 40 cm hoch, meist vom Grd. an verzweigt; untere Blätt. verlängert-lanzettlich, ungeteilt; obere Blätt. gefiedert; Hochblatthülle länger als die Bltn., z.T. bis 2mal so lang; Köpfchen groß, zur Frzt. kugelig; Bltn. rosa-violett; Außenk. lang behaart, mit verlängerten Schlitzen; Schirm groß, mit 28–30 oft violetten Nerven; K. lang-gestielt. – Bltzt. V–VII. – Offenwälder, Steppen (Kap. 2.5), 300–2500 m. – SO. Europa, SW.Asien.

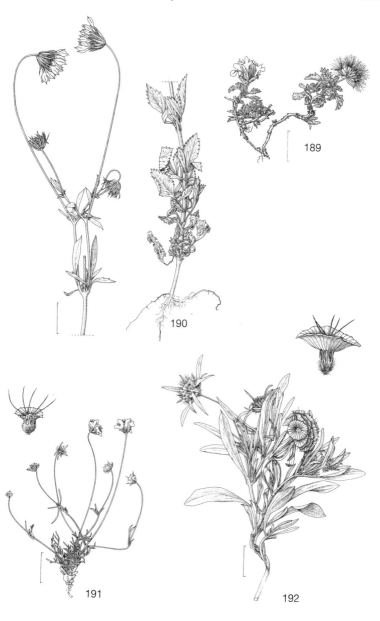

Elaeagnaceae – Ölweidengewächse

Bäume oder Sträucher mit stern- oder schildf. Haaren; Pfl. daher gold-
braun, glänzend; Blätt. wechselst.; Bltn. in Trauben, Ähren oder Büscheln, ♀ oder eingeschl.; Blkr. 2–4lappig; Frkn. oberst.; Fr. eine einsamige Nuß, durch die fleischigen Blkrblätt. steinfruchtartig.

2 Gattungen mit 2 Arten in der Türkei.

Elaeagnus L. (Ölweide)

Nur 1 Art in der Türkei.

E. angustifolius L. *(193)*
Bis 7 m hoher, dorniger Strauch oder Baum; junge Zweige und Blätt.
mit silbrigen Schuppen bedeckt; Blätt. wechselst.; Bltn. einzeln oder in
Büscheln, achselst., ♀ oder ♂ und ♀ – Bltn. auf derselben Pflanze;
Bltnhülle röhrig-glockig, außen silbrig, innen gelb, stark duftend; Fr.
eine Nuß mit fleischiger Bltnhülle (steinfruchtartig); Sa. sehr ölreich
(26% Öl). – Bltzt. IV–VI. – Flußufer, Trockenhänge (Kap. 2.4) bis
3000 m. – Europa, Östl. Mediterrangebiet, SW.Asien. – Häufig kultiviert und entlang von Wasserläufen verwildert.

Ephedraceae – Meerträubelgewächse

Rutensträucher mit zu Schuppen reduzierten, gegenst. Blätt.; zweihäusig; ♂ Bltn. zu mehreren in kurzen büschelf. Ähren, ♀ Bltn. einzeln
oder paarweise; Fr. beerenartig, 2samig.

Nur 1 Gattung mit 3 Arten in der Türkei.

Ephedra L. (Meerträubel)

1.   Sprosse niederliegend, hgd. oder kletternd . . . . *E. foemina*
–   Sprosse steif aufrecht . . . . *E. major*

E. foemina Forssk. *(194)*

Sprosse blaugrün, bogig niederlgd. oder an fremden Stützen kletternd, leicht zerbrechlich; ♂ Bltn. bis zu 10 pro Büschel; ♀ Bltn. paarweise; Beerenfr. rot. – Bltzt. IV–V. – Felsen, Trockenhänge, Gebüsche (Kap. 2.1) in Küstennähe bis 500 m. – Östl. Mediterrangebiet, O.Afrika, SW.Asien.

E. major Host *(195)*

Aufrechter, bis 2 m hoher Strauch; Zweige drahtig, grün, wirtelig oder gegenst.; ♂ Bltn. zu 4–8 pro Büschel; ♀ Bltn. einzeln; Beerenfr. rot oder gelb. – Bltzt. IV–VI. – Steinige Hänge (Kap. 2.1), 300–3000 m. – Mediterrangebiet, SW.- und Z.Asien.

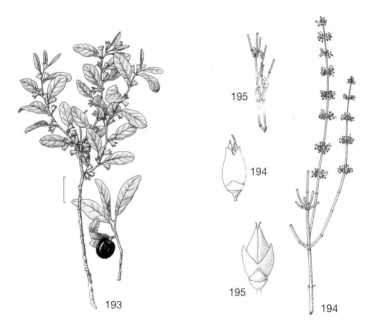

Ericaceae – Heidekrautgewächse

Zwergsträucher, Sträucher oder kleine Bäume; Blätt. flach, breit, ledrig, nadelf. oder linealisch und eingerollt; Bltnstand traubig oder rispig; Bltn. radiär- oder leicht monosymm., 4–5zählig; K. frei oder am Grd. verwachsen; Blkrblätt. verwachsen oder frei; Stbbl. 8–10, Stbbeutel sich an der Spitze mit Löchern oder Schlitzen öffnend, oft mit hornf. Anhängsel; Pollen in Tetraden; Fr. eine Kapsel, Beere oder Steinfr.

8 Gattungen mit 20 Arten in der Türkei.

Arbutus L. (Erdbeerbaum)

2 Arten in der Türkei.

1. Blattspreite mindestens 2mal so lang wie breit, gesägt; Bltnrispe hgd.;
Bltzt. Herbst . . . .*A. unedo*
– Blattspreite weniger als 2mal so lang wie breit, ganzrandig; Bltzt.
Frühjahr . . . .*A. andrachne*

A. unedo L. (196)
Immergrüner, bis 5 m hoher Strauch oder Baum mit dunkelbrauner, rissiger Rinde; junge Zweige drüsenhaarig; Blätt. wechselst., ledrig, glänzend, deutlich gesägt und zugespitzt, Lorbeerblatt-ähnlich; Bltnstand eine hgd. Rispe; Blkr. glockig, weiß-grünlich bis rötlich, außen kahl, innen lang behaart; Stbbl. 10, am Grd. angeschwollen, behaart; Stbbeutel mit Anhängseln; Fr. erdbeerartig, erst gelbrot, dann rot, warzig, eßbar. – Bltzt. X–IV. – Macchien (Kap. 2.1), meist auf kalkarmen Böden, oft zusammen mit *A. andrachne,* bis 300 m. – Kanarische Inseln, NW.Afrika, Mediterrangebiet, W.Europa.

A. andrachne L. (197)
Ähnlich *A. unedo,* aber Borke rotbraun, sich in größeren Stücken ablösend; Drüsenhaare der jungen Zweige unauffällig; Blätt. ganzrandig; Bltnstand eine aufrechte, drüsenhaarige Rispe; Bltn. weiß; Fr. orangefarben, Papillen undeutlich und untereinander verbunden. – Bltzt. II–V. – Macchien, *Pinus brutia*-Offenwälder (Kap. 2.1) bis 800 m. – Östl. Mediterrangebiet, SW.Asien.

Erica L. (Erika, Heide)

4 Arten in der Türkei.

1. Bltn. 4zählig 2
– Bltn. 5zählig . . . .***E. bocquetii*, E.sicula****
2. Stg. dicht behaart; Blätt. meist zu 3, quirlst. . . . .***E. arborea***
– Stg. weiß, fast kahl; Blätt. meist zu 4, quirlst. . . . . .***E. manipuliflora***

E. arborea L. (198)

Immergrüner, bis 4 m hoher Strauch; Stg. vor allem jung dicht behaart;
Blätt. in Quirlen gewöhnlich zu 3; Bltnrispen endst., reichblütig; Bltn.
4zählig, weiß oder fahl-rosa, kahl, duftend; Stbbl. 8; Stbfäden mit behaartem Anhängsel; Stbbeutel mit langen schlitzf. Öffnungen; Gr. 1–
2 mm; Fr. eine vielsamige Kapsel. – Bltzt. III–VII. – Macchien, lichte
Mischwälder auf sauren Böden (Kap. 2.1) bis 900 m. – Kanarische Inseln, Mediterrangebiet, O.Afrika. SW.Asien.

E. manipuliflora SALISB.

Ähnlich *E. arborea;* Bltnstand traubig an sehr kurzen Seitentrieben;
Bltn. weiß oder rosa; Stbfäden ohne Anhängsel; Stbbeutel mit länglichen, endst. Poren; Gr. 3–7 mm. – Bltzt. V–XI. – Macchien, *Pinus
brutia*-Wälder, Trockenhänge (Kap. 2.1) bis 1500 m. – Mediterrangebiet, SW.Asien.

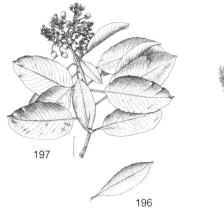

197

196

198

Euphorbiaceae – Wolfsmilchgewächse

Ein- oder mehrjährige Kräuter und Sträucher, oft mit Milchsaft; Blätt. einfach, wechsel- oder gegenst.; Bltn. eingeschl., 1- oder 2häusig; ♂ Bltn. mit 1 oder vielen Stbbl.; ♀ Bltn. mit 2–3fächerigem Frkn.; Kapselfr.

5 Gattungen mit etwa 102 Arten in der Türkei.

1. Pfl. mit Milchsaft; Bltn. ohne Bltnhülle, mit Scheinblüten (Cyathium) aus einzelnen Stbbl. (♂ Bltn.) und 1–3blättrigen Frkn. (♀ Blüte) die von becherf. verwachsenen Hochblätt. und elliptischen oder halb-mondf. Honigdrüsen umgeben sind . . . . ***Euphorbia***
   – Pfl. ohne Milchsaft; Bltn. mit Bltnhülle **2**
2. Blätt. gegenst. . . ˌ . . . . ***Mercurialis****
   (3 Arten)
   – Blätt. wechselt. **3**
3. Blätt. ganzrandig; Bltn. einzeln oder zu mehreren achselst.; Fr. glatt .
   Andrachne*
   (A. aspera, A. telephioides)
   – Blätt. gezähnt oder gelappt; Fr. warzig oder stachelig **4**
4. Blätt. schwach gelappt; Pfl. mit Sternhaaren . . . . . . ***Chrozophora****
   (Ch. tinctoria)
   – Blätt. handf. gelappt; Pfl. kahl . . . . ***Ricinus****
   (R. communis)

Euphorbia L. (Wolfsmilch)

94 Arten in der Türkei.

E. characias L. (Foto 43)
Pfl. mehrjährig, kräftig, bis 1 m hoch, blühende Stg. zweijährig, am Grd. mit Blattnarben; Stgblätt. lanzettlich, kurz gestielt oder sitzend, grau-grün; Hochblätt. verwachsen; Scheindolden 10–45strahlig; Honigdrü-sen gelblich, kurz- oder lang-gehörnt; Fr. glatt bis dicht behaart. – Bltzt. I–V. – Kiefernwälder, Hartlaubwälder, Macchien (Kap. 2.1) bis 1000 m. – Östl. Mediterrangebiet.

E. dendroides L. (Foto 44)
Kahler, bis 2 m hoher Strauch; Stgblätt. lanzettlich, ganzrandig; Hoch-blätt. rhombisch bis nierenf., gelblich; Scheindolden 5(–8)strahlig; Ho-nigdrüsen rundlich, mit 2 kurzen Hörnern; Fr. kahl. – Bltzt. III–V. –

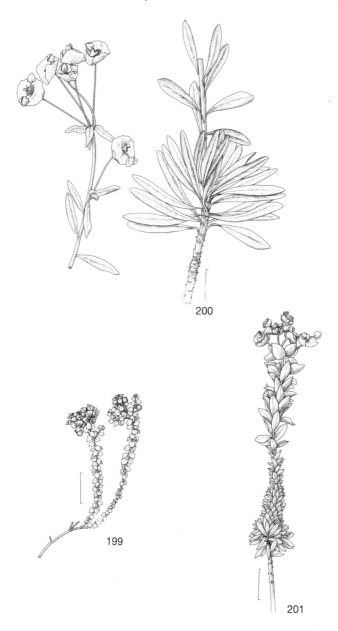

200

199

201

Felsstandorte, Macchien in Küstennähe (Kap. 2.1) bis 400 m. – Mediterrangebiet.

E. herniariifolia WILLD. (199)

Pfl. mehrjährig, niederlgd., am Grd. oft verholzt, kahl oder behaart; Blätt. kurz gestielt, rundlich, stumpf; Scheindolden 2–4strahlig; Honigdrüsen gehörnt; Fr. mit 2 Flügeln, hellgrau, grubig-punktiert. – Bltzt. IV–IX. – Felsstandorte, Steinschutt, Offenwälder (Kap. 2.3) bis 3000 m. – Östl. Mediterrangebiet, SW.Asien.

E. kotschyana FENZL (200)

Pfl. mehrjährig, aufrecht, bis 80 cm hoch, mit verholztem Grd.; Blätt. verlängert-elliptisch, stumpf, oberseits stark glänzend, unterseits graugrün; Hochblätt. verwachsen, gelblich; Scheindolden 5(–8)strahlig; Honigdrüsen gehörnt; Fr. kahl oder behaart. – Bltzt. V–VIII. – Felsstandorte, offene Nadelwälder (Kap. 2.3) bis 2500 m. – Östl. Mediterrangebiet.

E. macroclada BOISS. (Foto 45)

Pfl. mehrjährig, graugrün, bereift, bis 70 cm hoch; Stgblätt. verlängert-lanzettlich, mit deutlicher, handf. Nervatur; Hochblätt. breit-oval bis nierenf., gelblich; Scheindolden 5–9strahlig; Honigdrüsen gehörnt, die 2 Hörner oft geteilt; Fr. behaart, bereift. – Bltzt. V–IX. – Offenwälder, Steppen (Kap. 2.4) 200–2500 m. – SW.Asien. – Als Weideunkraut sehr weit verbreitet.

E. macrostegia BOISS.

Ähnlich E. kotschyana, Stgblätt. aber breiter, oberseits nur schwach glänzend, unterseits kahl oder behaart; Fr. immer kahl. – Bltzt. IV–VII. – Offenwälder (Kap. 2.3) 600–2100 m. – SW.Asien.

E. paralias L. (201)

Pfl. mehrjährig, polsterf., kahl, graugrün, fleischig, bis 70 cm hoch; Stg. dicht beblättert, mit verholztem Grd.; Stgblätt. dachziegelig, verlängert-lanzettlich; Hochblätt. breit-lanzettlich; Scheindolden 3–6strahlig; Honigdrüsen kurz gehörnt, orange; Fr.warzig. – Bltzt. IV–IX. – Sandige Küsten, Strand (Kap. 2.1) bis 10 m. – Kanarische Inseln, Mediterrangebiet, SW.Asien.

Fabaceae – Schmetterlingsblütler

Ein- oder mehrjährige Holzpfl., Halbsträucher oder Kräuter; Blätt. wechselst., meist gefiedert oder gefingert, selten ungeteilt; Nebenblätt. stets vorhanden; Bltn. ☿, monosymm., schmetterlingsf., mit absteigender Knospendeckung (das oberste Blkrblatt ist das äußerste); K. 5zählig, oft verwachsen; Blkr. 5blättrig, das obere Kronblatt meist vergrößert (Fahne), die 2 seitlichen kleiner, frei (Flügel) und die beiden unteren verwachsen (Schiffchen); Stbbl. 10; Stbfäden alle oder bis auf einen zu einer Röhre verwachsen, selten frei; Frkn. oberst., 1blättrig; Fr. eine sich meist 2klappig öffnende, in 1samige Glieder zerfallende oder schneckenf. gewundene Hülse, seltener nußartig und geschlossen bleibend.

Eine äußerst artenreiche, weltweit verbreitete Familie mit hoher wirtschaftlicher Bedeutung (wertvolle Futter- und stärkereiche Nutzpflanzen). In den extratropischen Gebieten überwiegen krautige Sippen, in den Tropen die holzigen. Die Fabaceen treten besonders als Luftstickstoffsammler („Gründüngung") in den eurasiatischen Steppen- und Halbwüsten hervor. Zahlreiche Gattungen besitzen ihr Sippen- und Mannigfaltigkeitszentrum im östlichen Mediterrangebiet und SW.Asien (z. B. *Astracantha, Astragalus, Lens, Medicago, Onobrychis, Trifolium, Trigonella, Vicia*).

In der Türkei ist die Familie mit 69 Gattungen und etwa 980 Arten vertreten.

1. Blätt. mit Drüsen oder Drüsenhaaren 2
   – Blätt. nicht drüsig 7
2. Blätt. drüsig-behaart 3
   – Blätt. drüsig-punktiert 6
3. Hülse spiralig oder schneckenf. aufgerollt . . . .***Medicago*, 275**
   – Hülse gerade oder sichelf. gekrümmt. 4
4. Nebenblätt. nicht mit dem Blattstiel verwachsen. . . . .***Cicer*, 267**
   – Nebenblätt. mit dem Blattstiel verwachsen. 5
5. Alle 10 Stbbl. röhrig verwachsen; Hülsen rund, gegliedert oder aufgeblasen . . . .***Ononis*, 278**
   – 1 Stbbl. frei, 9 röhrig verwachsen; Hülsen seitlich flach zusammengedrückt, oft nieren- oder sichelf.. . . . .***Trigonella*, 282**
6 (2–). Blätt. 3geteilt . . . .***Psoralea*, 278**
   – Blätt. gefiedert . . . .***Glycyrrhiza*** *
                                                                         (6 Arten)
7 (1–). Blätt. ungeteilt oder zu Ranken reduziert 8
   – Blätt. aus mehreren Teilblättchen zusammengesetzt. 12

In Anlehnung an Flora of Turkey Vol. 3 (1970).

Adenocarpus DC. (Drüsenhülse)

Nur 1 Art in der Türkei.

A. complicatus (L.) GAY

Aufrechter, bis 4 m hoher Strauch; Blätt. 3zählig, oft gebüschelt, Blattfiedern lanzettlich, unterseits behaart, oberseits kahl; Bltn. 10–15 mm lang, gelb, in zusammengezogenen endst. Trauben; K. 2lippig, 5zähnig, 5–7 mm lang, behaart, oft mit Drüsen; Fahne, Flügel und Schiffchen etwa gleich lang; Hülse 2–3 cm lang, mit warzigen Drüsen und spärlichen Haaren. – Bltz. V–VIII. – Offenwälder, Gebüsche (Kap. 2.2) bis 1400 m. – Mediterrangebiet, SW.Asien.

Alhagi Adanson **(Kameldorn)**

2 Arten in der Türkei.

1. Hülse kahl. . . . .*A. pseudalhagi*
 –   Hülse behaart . . . .*A. mannifera*

A. pseudalhagi (Bieb.) Desv. *(202)*
Kleiner, kahler, bis 1 m hoher Dornstrauch; Blätt. ungestielt, eif.-lanzett-
lich, ungeteilt; Bltn. 7 – 10 mm lang, rosa, einzeln oder paarweise zu 3 –
8 an 1 – 5 cm langen, dornigen Seitentrieben; K. 2 mm lang, kahl; Buchten zwischen den Kzipfeln rund; Hülse braun, kahl, 8 – 30 mm lang, 1 –
5samig, zwischen den Sa. stark eingeschnürt. – Bltzt. VI – VIII. – Salzstellen, Ufer, Grabenränder (Kap. 2.6) bis 1200 m. – SW.-, Z.- und
O.Asien.

Anagyris L. **(Stinkstrauch)**

Nur 1 Art in der Türkei.

A. foetida L. *(203)*
Aufrechter, unbewehrter, sommerkahler, bis 3 m hoher Strauch mit un-
angenehmem Geruch; Blätt. 3zählig, Blattfiedern elliptisch; Bltn. ca.
2 cm lang, gelb, zu 2 – 12 in kurzen, blattachselst. Trauben; Fahne sehr
kurz, oft mit schwarzem Fleck; Stbbl. frei; Hülse 10 – 20 cm lang, seitlich zusammengedrückt und zwischen den gelben oder violetten Sa.
mehr oder weniger eingeschnürt, kahl. – Bltzt. III – V. – Gebüsche und
Trockenhänge der mediterranen Stufe (Kap. 2.1) bis 1000 m. – Mediterrangebiet, SW.Asien. – Für das Weidevieh giftig und daher stellenweise als Weideunkraut verbreitet.

Anthyllis L. **(Wundklee)**

3 Arten in der Türkei.

A. vulneraria L. ssp. *pulchella* (Vis.) Bornm.
Pfl. ein-, zwei- oder mehrjährig, krautig, niederlgd. bis aufstgd., 20 cm
hoch, seidig-anlgd. behaart; Grdblätt. oft auf die Endfieder reduziert,
Endfieder der übrigen Blätt. meist deutlich größer als die Seitenfiedern;
Bltstand ein langgestieltes, vielbltg. Köpfchen mit 2 asymmetrischen,

fingerf. geteilten Tragblätt.; K. 5–9 mm lang, mehr oder weniger aufgeblasen, mit verengter Öffnung, zur Frzt. die 1–2samige Hülse umschließend; Bltn. gelb oder rot. – Bltzt. VII–VIII. – Zwerggesträuche, Steinschutt (Kap. 2.3), 2000–3200 m. – SO.Europa, SW.Asien. – *A. vulneraria* ist sehr variabel in bezug auf Bltngröße und Bltnfarbe, Wuchsform
und Behaarung. Häufig im Hochgebirge ist auch die ssp. *boissieri,* mit
aufrechtem Wuchs, am Grd. rosettig gehäuften Blätt., an der Spitze
rotgefärbtem, 9–11 mm langem K. und blaßgelben Bltn. Die thermophytischen Populationen der küstennahen Standorte haben dunkelrote
Bltn. und gehören zur ssp. *rubriflora.*

Astracantha PODLECH (Tragant)

Mit über 100 Arten eine der artenreichsten, auffallendsten (halbkugelige
Dornpolster, „Igelpolster") und schwierigsten Gattungen in der Türkei.
Zur sicheren Bestimmung dieser erst 1983 von *Astragalus* abgetrenn-
ten Gattung sind Bltn. und Fr. (Hülsen) notwendig.

A. condensata (LEDEB.) PODLECH *(204)*

Dornpolster, bis 15 cm Höhe; Blattrhachis verdornt, bis 3 cm lang, gerade; Fiederblättchen in 4–6 Paaren, schmal-elliptisch, bestachelt, angedrückt behaart; Nebenblätt. 3eckig-oval, weiß behaart; Bltnstand kugelig, 2–3 cm im Durchmesser, 5–20bltg.; Bltn. violett, sitzend, zu 3
pro Blattachsel; Fahne 13–15 mm lang; Tragblätt. lanzettlich, gekielt;
Vorblätt. lineal, 10–13 mm lang, dicht behaart; K. dicht behaart, bis
15 mm lang, meist bis zum Grd. geteilt. – Bltzt. V–VII. – Offenwälder,
Zwerggesträuche, Dornpolsterfluren (Kap. 2.3), 900–3000 m. –
Endemisch in der Türkei. – Ähnlich und nahe verwandt sind *A. brachyptera* (mit 18–20 mm langer Fahne), *A. podperae* (Vorblätt. nur bis
10 mm lang) und *A. wiedemanniana* (mit längerer, 20–25 mm langer
Fahne).

A. microcephala (WILLD.) PODLECH *(205)*

Dornpolster; Blattrhachis verdornt, bis 2 cm lang, behaart; Fiederblättchen elliptisch, in 4–6 Paaren, weiß-filzig; Nebenblätt. schmal-lanzettlich, kahl, bewimpert, bis zur Hälfte miteinander verbunden; Bltnstand
kugelig bis verlängert, 1,5 cm im Durchmesser, 10–20bltg.; Bltn. gelb,
violett geadert, sitzend, zu 2–3 pro Blattachsel; Fahne 8–10 mm lang;
Tragblätt. spatelf., zur Spitze hin behaart; K. dicht behaart, bis 6 mm
lang, meist bis zum Grd. geteilt. – Bltzt. VI–VIII. – Steppen (Kap. 2.5),
900–2700 m. – SW.Asien. Eine der häufigsten Dornpolsterarten Inneranatoliens.

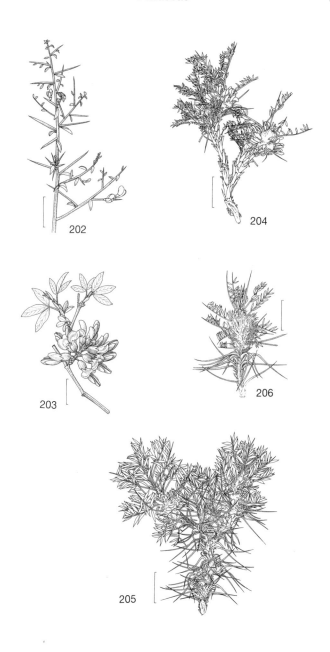

202

204

203

206

205

A. plumosa (Willd.) Podlech *(206)*

Dornpolster; Blattrhachis verdornt, bis 5 cm lang, gerade; Fiederblättchen schmal-elliptisch, in 3–6 Paaren, kurz seidig-behaart; Nebenblätt. 3eckig-lanzettlich, filzig; Bltnstand kugelig, 2–3 cm im Durchmesser, 5–20bltg.; Bltn. rosa bis violett, sitzend, zu 1–2 pro Blattachsel; Fahne 16–22 mm lang; Tragblätt. lineal, gekielt, an der Spitze filzig; K. einfach behaart, bis 20 mm lang, fast bis zum Grd. geteilt. – Bltzt. VI–VIII. – Offenwälder, Zwerggesträuche, Dornpolsterfluren (Kap. 2.3) bis 2800 m. – Endemisch in der Türkei.

Astragalus L. (Tragant)

Mit 286 Arten die größte und sicherlich taxonomisch schwierigste Gattung der Fabaceen in der Türkei. Zur sicheren Bestimmung sind Bltn. (Farbe, Gestalt und Form der Fahne) und Fr. (Hülsen) notwendig.

A. angustifolius Lam. *(Foto 46)*

Dornpolster mit verdornter Blattrhachis; Fiederblättchen elliptisch bis rundlich, oft bestachelt, in 7–12 Paaren, auf beiden Seiten seidig-behaart oder verkahlend; Nebenblätt. lanzettlich, weiß behaart, über die Hälfte miteinander verbunden; Bltnstandsstiel länger (ssp. *pungens*) oder kürzer (ssp. *angustifolius,* ssp. *longidens*) als die Blätt.; Bltn. in 3–14bltg. Trauben, rosa-violett, gelb oder weißlich; Fahne 15–18 mm lang; K. röhrig, mit 2schenkeligen, kurzen, schwarzen und weißen Haaren; Hülse dicht weiß behaart. – Bltzt. IV–VIII. – Steppen, Zwerggesträuche, Dornpolsterfluren (Kap. 2.3), 800–2900 m. – Östl. Mediterrangebiet, SW.Asien. – Eine der häufigsten Arten in den subalpinen Dornpolsterfluren des Taurus-Gebirges.

A. lycius Boiss. *(207)*

Pfl. mehrjährig, niederlgd. bis aufstgd., mit verholztem Grd.; Stg. bis 25 cm hoch; Fiederblättchen schmal-elliptisch, in 8–13 Paaren, angedrückt behaart, Haare 2schenkelig; Nebenblätt. 3eckig, sich überlappend; Bltnstand eine dichte, kugelige oder verlängerte, 10–20btlg Ähre auf 4–10 cm langem Stiel; Bltn. violett; Fahne 14–20 mm lang kahl; K. röhrig, angedrückt schwarz und weiß behaart; Hülse auffallend angedrückt weiß behaart, waagrecht abstehend, mit Schnabel. – Bltzt. V–VI. – Offenwälder, Gebüsche, Steppen (Kap. 2.4), 400–1800 m. – Endemisch in der Türkei.

A. odoratus Lam. **(208)**
Pfl. mehrjährig, mit kriechendem Rhizom; Stg. aufrecht, bis 50 cm
hoch; Blätt. 6–12 cm lang; Fiederblättchen schmal-elliptisch, in 8–16
Paaren, oberseits kahl, unterseits schwach 2schenkelig behaart;
Nebenblätt. lanzettlich, frei; Bltnstand eine verlängerte, 25–50bltg.
Ähre auf 6–10 cm langem Stiel; Bltn. zitronengelb; Fahne 10–14 mm
lang; K. glockig-röhrig, schwach angedrückt schwarz behaart; Hülse
verlängert, schwach gekrümmt und wenig behaart. – Bltzt. VI–VII. –
Salzsümpfe, Feuchtstandorte, Gräben (Kap. 2.7), 700–2000 m. –
SW.Asien.

A. pinetorum Boiss. **(209)**
Pfl. mehrjährig, stglos, am Grd. verzweigt und verholzt; Blätt. 5–15 cm
lang; Fiederblättchen elliptisch, in 10–20 Paaren, stumpf oder zugespitzt, auf beiden Seiten spärlich weiß behaart; Haare einfach; Nebenblätt. lanzettlich, häutig; Bltn. gelb, in einer dichten, fast sitzenden, 2–
5bltg. Traube; K. breit-röhrig, schwach behaart; Hülse elliptisch, behaart. – Bltzt. VI–VIII. – Offenwälder, Zwerggesträuche (Kap. 2.3),
1100–3300 m. – Endemisch in der Türkei.

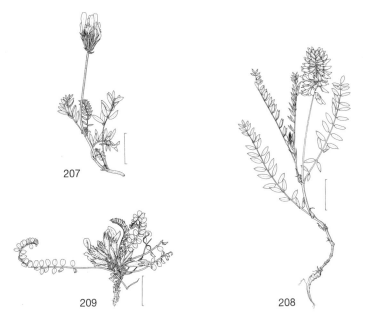

207

209

208

A. tauricolus BOISS.

Pfl. mehrjährig, niederlgd., fast stglos, bis 2 cm hoch; Blätt. 4–5 cm lang; Fiederblättchen elliptisch, zugespitzt, in 10–18 Paaren, durch einfache Haare dicht behaart; Nebenblätt. 3eckig-lanzettlich, zur Hälfte miteinander verwachsen; Bltnstand eine verlängerte, 10–20bltg., zur Frzt. verlängerte Ähre auf 5–8 cm langem Stiel; Bltn. crèmefarben mit violettem Zentrum oder gelblich-violett; K. röhrig, zur Frzt. aufgeblasen, durch kurze schwarze und weiße Haare dicht behaart; Hülse rundlich, dicht lang weiß behaart. – Bltzt. V–VIII. – Steinschutt (Kap. 2.3), 1400–3500 m. – Endemisch in der Türkei, v. a. in den Hochregionen des Taurus-Gebirges.

Calicotome LINK (Dornginster)

Nur 1 Art in der Türkei.

C. villosa (POIRET) LINK *(Foto 47)*

Aufrechter, bis 3 m hoher, sparriger Dornstrauch; junge Zweige dicht behaart; Blätt. 3zählig, hinfällig; Blattfiedern eif., 5–15 mm lang, unterseits behaart, oberseits kahl; Bltn. zu 3–12, doldig oder traubig gebüschelt, 4–8 mm lang gestielt; K. dicht behaart, oberer Teil beim Aufblühen quer vom unteren Teil getrennt und abfallend; Bltn. gelb, kahl; Fahne, Flügel und Schiffchen etwa gleich lang, 12–18 mm; Hülse 3–5 cm lang, dicht behaart. – Bltzt. III–VI. – Macchien, trockene, steinige Hänge (Kap. 2.1) bis 900 m. – Mediterrangebiet.

Chamaecytisus LINK (Flügelginster)

8 Arten in der Türkei.

Ch. eriocarpus (BOISS.) ROTHM.

Aufstgd. Strauch; Sprosse 30–50 cm hoch, dicht abstehend behaart; Blätt. 3zählig; Blattfiedern eif. bis lanzettlich, beiderseits seidig oder anliegend wollig behaart; Bltn. zu 2–4 kopfig gebüschelt; K. dicht abstehend behaart; Bltn. gelb; Fahne 18–25 mm lang, seidig behaart; Hülse ca. 3 cm lang, dicht abstehend wollig. – Bltzt. V–VI. – Offenwälder, trockene steinige Hänge (Kap. 2.2), 600–1600 m. – SO.Europa, SW.Asien. – Weitere Vertreter der Gattung im Pontischen Gebirge und in den Amanos Dağları.

Cicer L. (Kichererbse)

10 Arten in der Türkei.

C. anatolicum ALEF.

Pfl. mehrjährig, krautig, aufrecht oder aufstgd., 20–40 cm hoch, drüsig behaart; Blätt. mit 4–8 Fiederpaaren und meist mit Endranke; Blattfiedern etwas ledrig, keilig-eif., im oberen Teil eingeschnitten gesägt; Nebenblätt. eingeschnitten; Bltn. 2 cm lang, lila, einzeln oder paarweise auf 3–14 mm lang begrannten, blattachselst. Stielen; K. aufgeblasen, 9–15 mm lang; Fahne 18–25 mm lang, seidig behaart; Hülse elliptisch, drüsig-wollig, 2–3samig. – Bltzt. V–VIII. – Pinus nigra-Offenwälder, Steppen (Kap. 2.5), 1200–3300 m. – SW.Asien.

Coronilla L. (Kronwicke)

8 Arten in der Türkei.

C. emerus L. ssp. emeroides (BOISS & SPRUNER) UHROVA

Aufrechter, bis 3 m hoher Strauch; Fiederblätt. unpaarig, mit 2–5 Paaren, kahl; Dolden 4–8bltg., langgestielt; Bltn. 16–22 mm lang, gelb; Nagel der Blkrblätt. mehr als doppelt so lang wie die K.; Hülsen 5–11 cm lang, mit 3–12 runden Gliedern. – Bltzt. III–V. – Macchien, Offenwälder, Gebüsche (Kap. 2.2) bis 1300 m. – Europa, Mediterrangebiet. – Aufgrund bltnanatomischer Merkmale wird die Sippe neuerdings zur Gattung Hippocrepis gestellt (H. emerus ssp. emeroides).

C. varia L. (210)

Pfl. mehrjährig, krautig, niederlgd. bis aufstgd., bis 50 cm hoch; Fiederblätt. unpaarig, mit 3–14 Paaren; Blattfiedern keilf.-elliptisch; Dolden 4–20bltg., langgestielt; Bltn. 9–15 mm lang, lila, rosa oder weißlich; Nagel der Blkrblätt. etwa so lang wie die K.; Hülsen bis 2 cm lang, mit 3–14 Gliedern. – Bltzt. V–VIII. – Offenwälder, Gebüsche (Kap. 2.4) bis 2200 m. – Europa, SW.Asien. – Populationen im Gebiet von Adana und Antakya mit nur 4–8 bltg. Dolden und Blätt. mit nur 3–7 Fiederpaaren werden als ssp. libanotica abgetrennt.

Cytisopsis JAUB. & SPACH

Monotypisch.

C. dorycniifolia JAUB. & SPACH
Niederlgd., bis 30 cm hoher Zwergstrauch; Blätt. ungestielt, 5–7zählig gefingert, seidig behaart; Blattfieder lineal-spatelf., 7–12 mm lang; Bltn. ungestielt, einzeln oder in 2–3bltg. Dolden in den oberen Blattachseln; K. röhrig-2lippig, 9–18 mm lang, behaart, oft rot gefärbt; Bltn. bis 3 cm lang, goldgelb; Hülse bis 2 cm lang, rund, rot gefärbt, behaart. – Bltzt. III–VI. – Macchien und steinige Hänge, v. a. auf Kalk und Serpentin (Kap. 2.1) bis 1700 m. – SW.Asien. – Die kleinbltg. Populationen zwischen Marmaris und Denizli (K. nur bis 11 mm, Fahne bis 17 mm lang) werden als ssp. *reeseana* abgetrennt.

Dorycnium MILLER (Backenklee)

7 Arten in der Türkei.

D. graecum (L.) SER. *(211)*
Pfl. mehrjährig, halbstrauchig oder krautig, aufstgd. bis 80 cm hoch, mit kurzen, krausen Haaren; Fiederblätt. mit 1–5 mm langer Rhachis; Blattfiedern eif.-lanzettlich, oberseits oft verkahlend; Dolden 10–40bltg., auf 1,5–7 cm langen Stielen; Bltn. 5–8 mm lang, weiß; Bltnstiele 1–2 mm lang, nicht länger als der K.; Hülsen konisch-zylindrisch, geschnäbelt. – Bltzt. IV–VIII. – Offenwälder, Macchien, trockene Hänge (Kap. 2.2) bis 2000 m. – SO.Europa, SW.Asien. – Ähnlich ist der an feuchten Stellen in der mediterranen Stufe vorkommende *D. rectum* (mit 5–11 mm langer Blattrhachis und 2–3 mm langen Bltnstielen).

D. hirsutum (L.) SER.
Pfl. mehrjährig, halbstrauchig oder krautig, aufstgd., bis 50 cm hoch, mehr oder weniger dicht abstehend behaart; Fiederblätt. mit 1–3 mm langer Rhachis; Blattfieder eif., dicht behaart; Dolden 4–10bltg., auf 1–4,5 cm langen Stielen; Bltn. 9–15 mm lang, weiß oder rosa; Hülsen länglich-elliptisch, mit 4 mm langem Schnabel. – Bltzt. IV–VI. – Offenwälder, Macchien, trockene Hänge (Kap. 2.2) bis 900 m. – Mediterrangebiet.

D. pentaphyllum Scop.
Pfl. mehrjährig, halbstrauchig oder krautig, niederlgd. oder aufstgd., bis 60 cm hoch, abstehend oder anliegend behaart; Fiederblätt. ohne Rhachis, scheinbar gefingert; Blattfiedern schmal eif.-lanzettlich; Dolden 4–30bltg., auf 1–7 cm langen Stielen; Bltn. 3–6 mm lang, weiß, am Grd. rosa; Hülsen kugelig-eif. – Bltzt. V–VIII. – Offenwälder, Gebüsche, Steppen, Kulturland (Kap. 2.4) bis 1800 m. – Europa, SW.Asien. – Formenreich in bezug auf Behaarung, Form der Blattfiedern und Anzahl und Länge der Bltn.

Ebenus L.

15 Arten in der Türkei mit einem Sippen- und Mannigfaltigkeitszentrum in Anatolien. Von den bisher bekannten 20 Arten kommen nur 6 außerhalb der Türkei vor.

E. cappadocica Bornm. *(212)*
Pfl. am Grd. verholzt, 5–10 cm hoch, seidig behaart; Blätt. 3zählig; Blattfiedern lineal-lanzettlich, spitz; Bltnstände 2,5 cm lang, länglich-eif., 1–4 cm lang gestielt; K. 9–11 mm lang, die rote, 8–10 mm lange Blkr. etwas überragend. – Bltzt. VI–VII. – Pinus nigra-Offenwälder, Zwerggesträuche, Steppen (Kap. 2.3), 1100–1500 m. – Endemisch in Inneranatolien (Konya, Niğde). – Ähnlich ist E. bourgaei mit längeren Bltn. und größeren Bltnständen (SW.Anatolien: Antalya, Burdur).

E. laguroides Boiss. var. *cilicica* (Boiss.) Bornm. *(213)*
Pfl. am Grd. verholzt, bis 30 cm hoch, abstehend behaart; Blätt. mit 3–5 Fiederpaaren; Blattfiedern elliptisch-lanzettlich, stachelspitzig; Bltnstände bis 50bltg., kugelig, 3–4 cm im Durchmesser, 3–13 cm lang gestielt; Blkr. rot, 12–15 mm lang; K. kürzer als die Blkr.; Kzähne 4–5 mm lang. – Bltzt. VI–VIII. – Zwerggesträuche, trockene, steinige Hänge (Kap. 2.3), 1100–2700 m. – Endemisch in Inner- und S.Anatolien (Konya, Niğde). – Ähnlich ist E. pisidica mit 20–30bltg. Köpfen (SW.Anatolien) und E. hirsuta mit schwefelgelben Bltn. (Inneranatolien).

Genista L. (Ginster)

13 Arten in der Türkei.

G. acanthoclada DC. *(Foto 48)*

Aufrechter, oft halbkugeliger, reich verzweigter, bis 1 m hoher Dornstrauch; Blätt. 3zählig, fast sitzend; Blattfiedern schmal-lanzettlich, anliegend behaart; Bltn. in kurzen, endst. Trauben; K. bis 5 mm lang, anliegend behaart; Fahne 7–14 mm lang, seidig behaart; Hülse 1samig, zugespitzt-eif., anliegend behaart. – Bltzt. III–V. – Macchien, Felstriften, bevorzugt auf Kalkgestein (Kap. 2.1) bis 800 m. – Östl. Mediterrangebiet, SW.Asien.

G. albida WILLD. *(214)*

Niederlgd., polsterbildender, bis 15 cm hoher Zwergstrauch, dicht anliegend oder abstehend behaart; Blätt. ungestielt, ungeteilt, eif. oder elliptisch, oberseits spärlich behaart; Bltn. einzeln oder paarweise, manchmal an den Zweigenden gehäuft; K. 5–7 mm lang, abstehend behaart; Fahne 9–12 (–16) mm lang, seidig behaart; Hülse mehrsamig, schmal-elliptisch, dicht abstehend behaart. – Bltzt. V–VI. – Offenwälder, Zwerggesträuche, Steppen, bevorzugt über Kalkgestein (Kap. 2.5), 700–2200 m. – SO.Europa, SW.Asien.

G. anatolica BOISS.

Dornstrauch; Sprosse ausgebreitet-aufstgd. oder aufrecht, bis 1 m hoch; junge Zweige dicht kurzhaarig; Blätt. ungeteilt, schmal-elliptisch, unterseits abstehend langhaarig, oberseits kahl; Bltn. in kurzen endst. Trauben mit verdornter Achse; K. ca. 6 mm lang, abstehend behaart; Fahne 8 mm lang, meist kahl; Hülse 1samig, zugespitzt-eif., seidig behaart. – Bltzt. V–VI. – Offenwälder, Macchien, Brachen (Kap. 2.2) bis 1300 m. – SO.Europa, SW.Asien.

G. involucrata SPACH

Ähnlich G. albida, aber Bltn. in endst. Knäueln und Blätt. beiderseits dicht abstehend behaart. – Bltzt. VI–VII. – Offenwälder, Macchien, Felstriften, bevorzugt über Kalkgestein (Kap. 2.3), 600–1500 m. – Endemisch in Inner- und S.Anatolien.

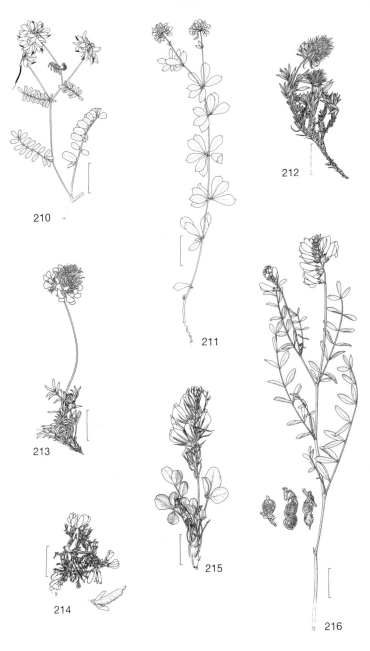

210

211

212

213

214

215

216

Gonocytisus SPACH

3 Arten in der Türkei.

G. angulatus (L.) SPACH

Aufrechter, bis 5 m hoher, schlanker Strauch; junge Zweige 3kantig, ältere rund und gerillt, aber nicht geflügelt; Blätt 3zählig; Blattfiedern schmal-elliptisch bis lanzettlich, spärlich anliegend behaart; Bltn. 1– 2 mm lang gestielt, in endst. Trauben; K. ca. 2 mm lang; Fahne 4–8 mm lang, kürzer als das Schiffchen; Hülse eif.-rhombisch mit leicht verdickten Rändern. – Bltzt. VI–VIII. – Offenwälder, Macchien (Kap. 2.3) bis 1000 m. – Östl. Mediterrangebiet. – Ähnlich ist *G. pterocladus* mit deutlich kantig-geflügelten Zweigen und längerer Fahne (endemisch in den Amanos Dağları).

Hedysarum L. (Süßklee)

22 Arten in der Türkei.

H. cappadocicum BOISS. *(215)*

Pfl. mehrjährig, krautig, stglos; Blätt. alle grdst., mit 3–5 Fiederpaaren, dicht seidig behaart; Blattfiedern eif.-elliptisch, 5–15 mm lang und 5– 8 mm breit; Bltnsprosse niederlgd. bis aufstgd., 5–14 cm lang, die Blätt. überragend; Bltnstand kopfig oder verlängert-traubig; Blkr. so lang wie der K., 12–17 mm, karminrot, rosa oder gelblich; Hülse 3gliedrig, graufilzig. – Bltzt. V–VIII. – Steppen (Kap. 2.5), 800–3500 m. – Endemisch in Inner- und O.Anatolien.

H. varium WILLD. *(216)*

Pfl. mehrjährig, krautig, mit verzweigten, beblätt. Stg., bis 40 cm hoch; Blätt. mit 4–9 Fiederpaaren; Blattfiedern elliptisch, 5–20 mm lang und 2–8 mm breit, oberseits meist kahl, unterseits anliegend behaart; Bltnstandstiele länger als die Blätt.; Trauben bis 20bltg., länglich-eif.; K. 4–9 mm lang; Blkr. 14–23 mm lang, gelb oder rötlichgelb; Hülse 2– 3gliedrig, rauhborstig. – Bltzt. VI–VII. – Gebüsche, Steppen, Brachen (Kap. 2.5), 300–2100 m. – SW.Asien. – Der häufigste Vertreter der Gattung in der Türkei. In bezug auf Blattgestalt, Bltnform und -farbe und Hülsenbehaarung jedoch sehr formenreich.

Lathyrus L. (Platterbse)

Etwa 60 Arten in der Türkei.

L. aureus (STEVEN) BRANDZA

Pfl. kräftig, aufrecht, bis 80 cm hoch, spärlich behaart; Blätt. mit 3–5 Fiederpaaren; Blattfieder eif., spitz, 5–10 cm lang und 1,8–5 cm breit, fiedernervig, unterseits braundrüsig; Bltn. in blattachselst. gestielten Trauben, 8–25bltg.; Bltn. 16–20 mm lang, gelborange; K. 8–12 mm lang; Kzähne ungleich, die oberen viel kürzer als die unteren; Hülse lineal, 5–7 cm lang. – Bltzt. V–VII. – Wälder, Gebüsche (Kap. 2.2) bis 2000 m. – SO.Europa, SW.Asien. – Ähnlich sind *L. libani* (mit größeren, weißen Bltn.) und *Vicia crocea* (mit weichhaarigen Stg. und drüsenlosen Blattfiedern) (beide in den Amanos Dağları).

L. cicera L.

Pfl. kahl oder spärlich behaart, bis 50 cm hoch; Stg. geflügelt; Blätt. mit 1 Fiederpaar; Ranken einfach oder 3teilig; Blattfiedern lineal-lanzettlich bis schmal elliptisch, 1,5–9 cm lang und 1–9 mm breit; Bltn. 12–26 mm lang, rot, einzeln, gestielt, die Blätt. nicht überragend; K. 7–9 mm lang; Kzähne kahl, lanzettlich, mehr als doppelt so lang wie die Kröhre; Hülse bis 4 cm lang, kurz geschnäbelt, Rückennaht abgeflacht mit 2 seitlichen Kielen. – Bltzt. III–V. – Offenwälder, Gebüsche, Macchien, Brachen (Kap. 2.1) bis 2000 m. – Mediterrangebiet, SW.- und Z.Asien. – Die häufigste einjährige, rotblühende *Lathyrus*-Art in der Türkei. Ähnlich sind *L. blepharicarpus* (mit bewimperten Kzähnen) und *L. marmoratus* (mit kleineren Bltn.) (beide zerstreut in S.Anatolien).

L. cilicicus HAYEK & SIEHE

Pfl. aufrecht, mindestens 70 cm hoch, kahl; untere Blätt. mit 1, obere mit 2 Fliederpaaren, scheinbar gefingert; Blattfiedern lineal-lanzettlich, 8–15 cm lang und 3–9 mm breit, mit 5 parallelen Nerven; Bltn. in blattachselst., 25–28 cm lang gestielten, 5–13bltg. Trauben; Bltn. 25–30 mm lang, rotviolett; K. 8–9 mm lang mit eif., wenig ungleichen Kzähnen. – Bltzt. V–VI. – Offenwälder, Gebüsche, Kulturland (Kap. 2.3) bis 1300 m. – Endemisch in S.Anatolien (Konya, İçel). – Ähnlich sind *L. elongatus* (mit unter 2 cm langen Bltn. und viel kürzeren Bltnstandsstielen) und *L. spathulatus* (mit konstant 1paarig gefiederten Blätt.) (Taurus und Amanos Dağları).

L. setifolius L.

Pfl. zart, kahl, mit 30–80 cm langen, kantigen oder sehr schmal geflügelten Stg., kletternd; Blätt. mit 1 Fiederpaar, obere mit Ranken; Blattfiedern schmal-lineal, bis 8 cm lang und 1–3 mm breit; Bltn. 8–10 mm lang, rot, einzeln, gestielt, die Blätt. nicht überragend; K. 4–5 mm lang; Kzähne länger als die Kröhre; Hülse auf einem den K. überragenden Stiel, bis 3 cm lang, behaart, später bis auf die Rückennaht verkahlend. – <u>Bltzt. III–IV.</u> – Offenwälder, Gebüsche, Macchien, Felstriften (Kap. 2.2) bis 800 m. – Mediterrangebiet, SW.Asien. – Ähnlich ist *L. stenophyllus* (mit größeren, rosa oder weißen Bltn.) (zerstreut in S.Anatolien).

Lotus L. (Hornklee)

18 Arten in der Türkei.

L. aegaeus (GRIS.) BOISS. *(Foto 49)*
Pfl. mehrjährig, krautig, niederlgd. bis aufstgd., 10–50 cm hoch, abstehend behaart, seltener kahl; Fiederblätt. 5zählig, die oberen 3 Blattfiedern rhombisch-eif., das untere Fiederpaar kleiner, Nebenblätt. vortäuschend; Bltn. zu 4–6 in langgestielten, mit 3 blattähnlichen Hochblätt. versehenen Dolden; K. glockenf., regelmäßig 5zähnig, halb so lang wie die 15–20 mm lange, schwefelgelbe bis crèmefarbige Blkr.; Schiffchen spitz, lang-geschnäbelt; Hülse schmal, rund, gerade, bis 3,5 cm lang. – <u>Bltzt. V–VII.</u> – Steppen, Kulturland (Kap. 2.5), 700–1700 m. – SO. Europa, SW.Asien. – Ähnlich der rosa oder weiß blühende *L. gebelia* (O.Anatolien).

Lupinus L. (Lupine)

6 Arten in der Türkei.

L. angustifolius L.
Pfl. einjährig, kurz behaart, bis 80 cm hoch; Blattfiedern lineal-spatelig, 2–5 cm lang und 2–4 mm breit; Bltn. 11–13 mm lang, blau; Hülsen bis 6 cm lang, kurzhaarig, gelb oder schwarz; Sa. glatt. – <u>Bltzt. III–V.</u> – Kulturland, Brachen, Triften, bevorzugt auf sandigem Substrat (Kap. 2.1) bis 100 m. – Mediterrangebiet.

L. pilosus L. *(Foto 50)*
Pfl. einjährig, lang behaart, bis 50 cm hoch; Blattfiedern länglich-eif., 2,5–3,5 cm lang und 6–9 mm breit; Bltn. 13–22 mm lang, blau mit weißgefleckter Fahne; Hülse bis 6 cm lang, langhaarig, rötlichbraun; Sa. warzig. – <u>Bltzt. III–V.</u> – Macchien, Kulturland, Brachen, Triften, be-

vorzugt auf sandigem Substrat (Kap. 2.1) bis 500 m. – Östl. Mediterrangebiet.

Medicago L. (Schneckenklee)

31 Arten in der Türkei. Zur sicheren Bestimmung sind reife Früchte unerläßlich.

M. disciformis DC. (217)

Pfl. einjährig, spärlich behaart, bis 25 cm hoch; Bltn. gelb, 5–6 mm
lang, einzeln oder zu 2–3; Hülse pergamentartig, abgeflacht, 5–10 mm
im Durchmesser, die unteren Windungen am Rand mit dichten, strahlenf. bis 4 mm langen, gefurchten Stacheln, die obersten 1–2 Windungen jedoch glattrandig, unbestachelt. – Bltzt. III–V. – Offenwälder, Gebüsche, Triften (Kap. 2.1) bis 400 m. – Mediterrangebiet.

M. littoralis Lois. (218)

Pfl. einjährig, behaart, bis 15 cm hoch; Bltn. gelb, 3–6 mm lang, einzeln
oder zu 2–3; Hülse kurz-zylindrisch, 3–10 mm hoch, hart und kompakt, kahl und drüsenlos, alle Windungen mit lockeren, ungefurchten
und nicht regelmäßig strahlenf. Stacheln. – Bltzt. IV–VI. – Küstendünen, Strand, strandnahe Ruderalstandorte (Kap. 2.1) bis 50 m. – Mediterrangebiet, SW.Asien.

M. lupulina L. (219)

Pfl. mehrjährig, selten auch 1–2jährig, kurzhaarig, mit niederlgd. bis
aufstgd., 15–60 cm langen Sprossen; Bltn. gelb, 2–4 mm lang, in langgestielten, fast kugeligen, meist mehr als 10bltg. Trauben; Hülse 1sa-
mig, nierenf., 2–3 mm lang, kahl oder anlgd. behaart, dunkelgrün bis
schwarz, unbestachelt. – Bltzt. V–VII. – Gebüsche, Kulturland
(Kap. 2.4) bis 2000 m. – Europa, SW.Asien.

M. marina L. (220)

Pfl. mehrjährig, niederlgd., dicht weiß- oder grau-wollig, mit langer,
kräftiger Pfahlwurzel und 10–40 cm langen Sprossen; Bltnstände mit
5–15 gelben, 7–10 mm langen Bltn.; Hülse mehrsamig, scheibenf. bis
zylindrisch, 5–7 mm im Durchmesser, wollig behaart, kurz bestachelt. – Bltzt. II–VI. – Küstendünen, Sandstrand (Kap. 2.1) bis 10 m. –
W.Europa, Mittelmeergebiet, SW.Asien.

M. orbicularis (L.) Bart. *(221)*

Pfl. einjährig, kahl, selten spärlich drüsenhaarig, 10–40 cm hoch; Bltn. gelb, 3–5 mm lang, einzeln oder zu 2–5; Hülse eine weiche, unbestachelte, glattrandige Scheibe mit 4–6 papierartigen Windungen, kahl oder kurz drüsenhaarig, 8–20 mm in Durchmesser. – Bltzt. III–V. – Kulturland, Brachen, Triften, Ruderalstandorte, oft auf verdichteten Böden (Kap. 2.1) bis 900 m. – Mediterrangebiet, SW.Asien.

M. radiata L. *(222)*

Pfl. einjährig, dicht behaart, bis 25 cm hoch; Bltn. gelb, 4–6 mm lang, einzeln oder paarweise; Hülse pergamentartig, halbmondf. oder 1mal gewunden, flach, netzaderig, kahl oder behaart, 12–20 mm im Durchmesser, am Rand kammartig bewimpert. – Bltzt. III–V. – Zwerggesträuche, steinige Hänge (Kap. 2.4), 400–1900 m. – SW.Asien.

Onobrychis Adanson (Esparsette)

51 Arten in der Türkei mit einem Entfaltungszentrum in SW.Asien. Zur Bestimmung sind entwickelte Bltn. und reife Fr. unerläßlich.

O. cornuta (L.) Desv. *(223)*

Dornpolster, bis 50 cm hoch; Blätt. mit 2–5 Fiederpaaren; Blattfiedern lineal-lanzettlich, beiderseits seidig oder abstehend behaart; Bltnstandsstiele meist kürzer als die Blätt.; Trauben 2–5bltg.; K. bis 6 mm lang; Blkr. 12–17 mm lang, rosa, violett oder weiß; Hülse 9–13 mm lang, abgeflacht-halbkreisf., kahl oder kurzflaumig. – Bltzt. V–VII. – Zwerggesträuche, Dornpolsterfluren, Steinschutt (Kap. 2.3), 1200–3100 m. – SW.- und Z.Asien. – Eine der Leitarten der subalpinen Dornpolsterfluren des Taurus-Gebirges.

O. tournefortii (Willd.) Desv. *(224)*

Pfl. mehrjährig, krautig, aufstgd. bis aufrecht; Stg. verzweigt, behaart, bis 60 cm hoch; Blätt. mit 3–5 Fiederpaaren, Blattfiedern 2–5 cm lang, eif.-elliptisch, oberseits kahl, unterseits abstehend behaart; Bltnstandsstiele länger als die Blätt.; Trauben locker, vielbltg.; K. 6–8 mm lang; Blkr. 14–20 mm lang, blaßgelb oder crèmefarben, rot geadert; Hülse nierenf. bis kreisrund, ca. 1–2 cm im Durchmesser, randlich meist kurz gezähnt und auf den Flächen mehr oder weniger dicht bestachelt. – Bltzt. IV–VI. – Steppen, Brachen, steinige Hänge (Kap. 2.5), 600–1900 m. – Endemisch in Inneranatolien. – Ähnlich ist *O. hypargyrea* mit anliegender, samtig-seidiger Behaarung (SO.Europa, SW.Asien).

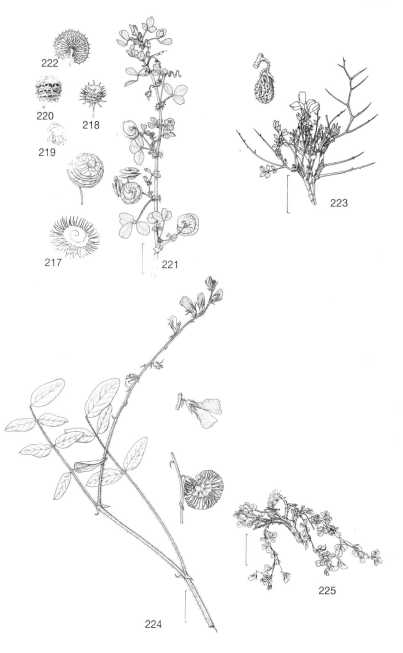

Ononis L. (Hauhechel)

18 Arten in der Türkei.

O. adenotricha BOISS. (225)

Niedriger, aufstgd.-aufrechter, reich verzweigter Zwergstrauch ohne Dornen, 5–30 cm hoch, meist abstehend drüsig und drüsenlos behaart; Blätt. 3–5zählig, die oberen einfach; Blattfiedern lineal-lanzettlich (var. *stenophylla*) bis fast kreisrund (var. *adenotricha*); Bltn. einzeln oder paarweise auf 2 mm lang begrannten oder grannenlosen Bltnstandsstielen; Blkr. gelb, oft rot geadert, 6–9 mm lang; Hülse walzlich-eif., 2–6samig, drüsig behaart. – Bltzt. V–VIII. – Offenwälder, Gebüsche, steinige Hänge (Kap. 2.3), 500–2500 m. – Östl. Mediterrangebiet, SO.Europa.

O. natrix L. (Foto 51)

Aufstgd.-aufrechter, reich verzweigter, oft halbkugeliger, drüsig-klebriger Zwergstrauch ohne Dornen, 15–100 cm hoch; Blätt. 3zählig, die oberen einfach; Blattfiedern schmal-elliptisch bis breit-eif.; Bltn. einzeln auf 5–15 mm lang begrannten Bltnstandsstielen, zu durchblätt. endst. Trauben zusammentretend; Blkr. gelb, oft rot geadert, 8–20 mm lang; Hülse walzlich-lineal, bis 2 cm lang, 6–9samig, abstehend behaart. – Bltzt. V–VIII. – Macchien, Triften, Brachen, Küstendünen (Kap. 2.1) bis 500 m. – Mediterrangebiet. – Formenreich: sandbewohnende Küstenpopulationen S.Anatoliens mit kurzdrüsigem K. gehören zur ssp. *hispanica*.

Psoralea L. (Asphaltklee)

3 Arten in der Türkei.

Ps. bituminosa L. [*Bituminaria bituminosa* (L.) STIRTON]

Pfl. mehrjährig, aufrecht, krautig, bis 1,4 m hoch, behaart, mit Teergeruch; Blätt. langgestielt, 3zählig; Blattfiedern 3–5 cm lang und 1–2,5 cm breit, lineal-lanzettlich bis breit-eif., ganzrandig, drüsig-punktiert; Bltnstand ein langgestieltes, 7–30bltg. Köpfchen mit 2–3zähnigen, weißhaarigen Tragblätt.; Bltn. bis 2 cm lang, blauviolett oder weißlich; Hülse 1samig, mit 6–10 mm langem, schwertf. Schnabel. – Bltzt. V–VIII. – Offenwälder, Brachen, Ruderalstandorte (Kap. 2.1) bis 900 m. – Mediterrangebiet, SW.Asien.

Spartium L. (Pfriemenginster)

Monotypisch.

S. junceum L.
Aufrechter, reich verzweigter Rutenstrauch; Sprosse binsenartig, rund, gerillt, 1–3 m hoch; Blätt. hinfällig, einfach, schmal-elliptisch, bis 2,5 cm lang; Bltn. goldgelb, 2–3 cm lang, zu 5–20 in lockeren Trauben; Hülse lineal, 6–9 cm lang, seitlich zusammengedrückt, kahl. – Bltzt. IV–VII. – Macchien, ältere Brachflächen (Kap. 2.1) bis 600 m. – Kanarische Inseln, Mediterrangebiet, SW.Asien.

Trifolium L. (Klee)

95 Arten in der Türkei.

T. angustifolium L.
Pfl. einjährig, aufstgd. oder aufrecht, bis 50 cm hoch, anliegend behaart; Teilblättchen lineal-lanzettlich, spitz oder stumpf, 3–5 cm lang; Nebenblätt. mit pfriemlicher oder begrannter Spitze; Bltnstand ährig, konisch oder zylindrisch, kurz gestielt; Blkr. 10–13 mm lang, rosa oder weiß, kaum länger als der anliegend steifhaarige K.; Kzähne lineal, spitz, zur Frzt. sternf. spreizend. – Bltzt. III–IV. – Macchien, Triften, Brachen, Ruderalstandorte (Kap. 2.1) bis 700 m. – Europa, SW.Asien.

T. arvense L.
Pfl. einjährig, aufrecht oder aufstgd., bis 30 cm hoch, abstehend oder anlgd. behaart; Teilblättchen schmal-elliptisch bis lineal, 1–2 cm lang; Nebenblätt. schmal-eif., mit pfriemlich ausgezogener Spitze; Bltnstände länglich-eif. bis walzlich, ca. 2 cm lang, kurz gestielt, dichtbltg., zur Frzt. verlängert; Blkr. 3–6 mm lang, weiß oder rosa, viel kürzer als der fedrig bis seidig behaarte K. – Bltzt. III–V. – Macchien, Triften, Brachen, trockene Hänge, bevorzugt auf kalkfreiem Substrat (Kap. 2.1) bis 2300 m. – Europa, SW.Asien. – In bezug auf Behaarung und Bltngröße sehr formenreich.

T. campestre SCHREBER
Pfl. einjährig, aufstgd. bis aufrecht, bis 30 cm hoch; Teilblättchen eif. oder rhombisch, 8–16 mm lang; Bltnköpfe 0,8–1,2 cm breit, dicht mit vielen sich gegenseitig bedeckenden Bltn.; K. bis 2 mm lang; Blkr. 7–10 mm lang, blaß- oder goldgelb, seltener rötlich-violett (var. *erythranthum*), zur Frreife braun. – Bltzt. III–VI. – Macchien, Triften, Kulturland,

Ruderalstandorte (Kap. 2.2) bis 2200 m. – Europa, N.Afrika, SW. Asien. – Die häufigste *Trifolium*-Art in der Türkei. Ähnlich ist *T. patens* mit gefalteter Fahne (an periodisch feuchten Standorten).

T. pannonicum JACQ. *(226)*

Pfl. mehrjährig, aufstgd. oder aufrecht, bis 50 cm hoch; Teilblättchen lineal-lanzettlich, 5–12 mm lang; Bltnköpfe gestielt, eif., 1,5–3 cm breit; Blkr. ca. 2,5 cm lang, weiß oder crèmefarben, doppelt so lang wie der abstehend behaarte K.; Kzähne pfriemlich, zur Frzt. sternf. zurückgebogen. – Bltzt. VI–VIII. – Offenwälder, Gebüsche, Zwerggesträuche (Kap. 2.4), 300–2300 m. – SO.Europa, SW.Asien. – In Anatolien nur die endemische ssp. *elongatum.*

T. physodes BIEB. *(227)*

Pfl. mehrjährig, niederlgd. bis aufstgd., bis 50 cm hoch, oft mattenbildend, aber an den Knoten nicht wurzelnd; Teilblättchen keilig-eif. oder elliptisch, 5–30 mm lang; Bltnköpfe 1,5–2,5 cm breit, 30–50 bltg., 1–8 cm lang gestielt, nicht von Blätt. eingehüllt; Blkr. 10–14 mm lang, rosa; K. zur Frzt. aufgeblasen, netznervig, behaart oder kahl. – Bltzt. V–VII. – Offenwälder, Macchien, Triften, Brachen, oft auf verdichteten Böden (Kap. 2.2) bis 1800 m. – S.Europa, SW.Asien. – Ähnlich ist *T. fragiferum* (an den Knoten wurzelnd; Bltnköpfe von den oberen Blätt. eingehüllt) an Feuchtstandorten.

T. speciosum WILLD. *(T. grandiflorum* SCHREBER) *(228)*

Pfl. einjährig, aufstgd. bis aufrecht, 10–30 cm hoch, anlgd. behaart; Teilblättchen eif.-elliptisch, 8–15 mm lang; Bltnköpfe 1–3 cm breit, 8–20bltg.; K. ca. 5 mm lang; Blkr. 7–10 mm lang, violett, zur Frreife braun. – Bltzt. III–V. – Offenwälder, Gebüsche, Macchien, Triften (Kap. 2.2) bis 1100 m. – Östl. Mediterrangebiet, SW.Asien. – Ähnlich ist *T. boissieri,* mit gelben Bltn. und in der Mitte gefalteter Fahne.

T. stellatum L. *(229)*

Pfl. einjährig, aufstgd. oder aufrecht, bis 20 cm hoch, abstehend oder anlgd. behaart; Teilblättchen keilig-eif., stumpf, 6–12 mm lang; Nebenblätt. breit-eif., gezähnt, ohne pfriemliche oder begrannte Spitze; Bltnköpfe gestielt, kugelig bis kurz-eif., 1,5–2 cm breit, zur Frzt. vergrößert; Blkr. 15–18 mm lang, weiß, rosa oder crèmefarben; Kzähne lineal, spitz, zur Frzt. sternf. spreizend. – Bltzt. III–IV. – Macchien, Triften, Brachen (Kap. 2.1) bis 900 m. – W.Europa, Mediterrangebiet, SW.Asien.

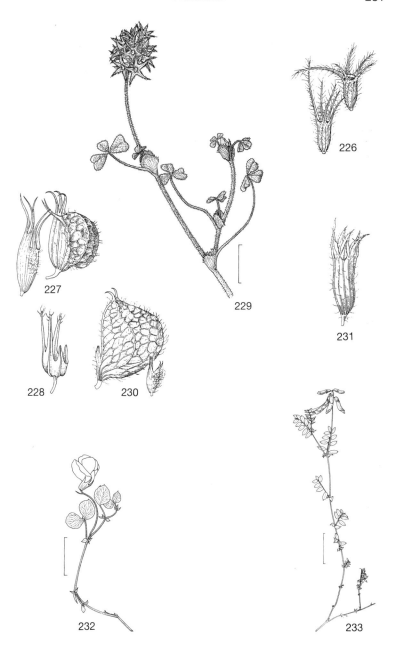

T. tomentosum L. *(230)*
Pfl. einjährig, niederlgd. oder aufrecht, 10–20 cm hoch; Teilblättchen keilig-eif., stumpf oder ausgerandet, 4–12 mm lang; Bltnköpfe 6–8 mm breit, 8–15bltg., zur Frzt. vergrößert; Blkr. 3–6 mm lang, rosa; K. zur Frzt. ohne Blkr., kugelig, aufgeblasen, mehr oder weniger dicht weißwollig behaart. – Bltzt. II–IV. – Macchien, Triften, Kulturland, Ruderalstandorte (Kap. 2.2) bis 1000 m. – Mediterrangebiet, SW.Asien.

T. uniflorum L. *(231)*
Pfl. mehrjährig, mit niederlgd.-kriechenden, verzweigten Rhizomen, oft kleine Polster bildend, 5–10 cm hoch, ohne aufrechte Sprosse; Blätt. langgestielt; Bltn. grdst., einzeln oder zu 2–3; Blkr. 1,5–3 cm lang, weiß, purpurn oder 2farbig; Hülse 6–8 mm lang, geschnäbelt, 5–10samig. – Bltzt. III–V. – Macchien, Triften, Brachen (Kap. 2.2) bis 1000 m. – Östl. Mediterrangebiet. In der Türkei nur in der Ägäis-Region.

Trigonella L. (Bockshornklee)

50 Arten in der Türkei, oft an dem starken Cumaringeruch erkennbar. Wie bei den *Medicago*-Arten sind zur sicheren Bestimmung reife Fr. notwendig.

T. brachycarpa (BIEB.) MORIS
Pfl. einjährig, vom Grd. an ästig, niederlgd. bis aufstgd., 3–25 cm hoch, abstehend behaart; Blätt. 3zählig; Blattfiedern keilig-eif.; Dolden 10–16bltg., meist ungestielt oder Doldenstiel kürzer als 1 cm; Bltn. 2,5–3 mm lang, gelb; Hülsen herabgebogen, 1–2samig, flach zusammengedrückt und quer geadert, rundlich-eif., kurz geschnäbelt. – Bltzt. IV–VI. – Offenwälder, Steppen, Kulturland (Kap. 2.5), 300–2100 m. – SW.Asien.

Vavilovia FED. (Vavilovie)

Monotypisch.

V. formosa (STEVEN) FED. *(232)*
Pfl. mehrjährig, krautig, kahl oder spärlich behaart, niederlgd. mit unterirdischen Ausläufern und kantigen Stg.; Blätt. mit stachelspitziger Rhachis und nur 2keilig-eif. bis fast kreisrunden, dicken, blaugrünen Seitenfiedern; Nebenblätt. klein, pfeilf.; Bltn. einzeln, langgestielt, karmin-

rot, 16–20 mm lang; Hülse schmal, 3–5samig. – Bltzt. V–VIII. – Steinschutt, Geröllfelder im Hochgebirge (Kap. 2.3), 2100–3600 m. –
SW.Asien.

Vicia L. (Wicke)

59 Arten in der Türkei.

V. alpestris STEVEN ssp. *hypoleuca* (BOISS.) P. H. DAVIS *(233)*

Pfl. mehrjährig, kriechend, mit aufstgd., 5–40 cm hohen Bltnsprossen,
dicht graufilzig behaart; Blätt. mit 4–8 Fiederpaaren, mit oder ohne
Ranke; Blattfiedern eif. oder elliptisch, 4–14 mm lang; untere und mittlere Nebenblätt. gezähnt; Bltn. blau oder rotviolett, 14–20 mm lang, zu
3–9 in dichten, lang gestielten Trauben; K. 5–6 mm lang, purpurfarbig;
Gr. von der Seite her zusammengedrückt; Hülse eif.-lanzettlich, kahl. –
Bltzt. VI–VIII. – Steinschutt und Geröllfelder im Hochgebirge (Kap. 2.3),
2000–3000 m. – SW.Asien.

V. caesarea BOISS. & BAL.

Pfl. einjährig, niederlgd. bis aufstgd. oder kletternd, 10–50 cm hoch,
dicht abstehend behaart; Blätt. mit 2–6 Fiederpaaren und einer unverzweigten Ranke; Blattfiedern schmal-elliptisch bis lineal-lanzettlich, 4–
15 mm lang und 1–4 mm breit; Bltn. 9–12 mm lang, zu 2–5 in gestielten Trauben; K. ca. 6 mm lang, abstehend behaart, untere Kzähne etwas kürzer als die oberen; Fahne violett, Flügel und Schiffchen weißlich; Hülse 2–4samig, kahl, zwischen den Sa. stark eingeschnürt. –
Bltzt. V–VI. – Zwerggesträuche, Kulturland, Brachen (Kap. 2.4), 800–
1600 m. – Endemisch in Inner- und S.Anatolien. – Ebenfalls zwischen
den Sa. eingeschnürte Hülsen hat die kahle oder spärlich behaarte,
rankenlose *V. ervilia,* die in der Türkei stellenweise auch angebaut wird.

V. canescens LAB.

Pfl. mehrjährig, kräftig, aufrecht, bis 80 cm hoch, dicht anlgd. seidig
oder filzig behaart; Blätt. mit 5–12 Fiederpaaren, mit oder ohne Ranke;
Blattfiedern 5–40 mm lang, elliptisch bis lineal-lanzettlich; Bltn. blau-
violett, groß, 17–25 mm lang, zu 3–18 in dichten, lang gestielten Trauben; K. 6–13 mm lang, purpurfarbig; Gr. vom Rücken her zusammengedrückt; Hülse eif.-lanzettlich, dicht anliegend behaart. – Bltzt. VI–
VIII. – Steinschutt und Geröllfelder im Hochgebirge (Kap. 2.3), 2000–
3000 m. – SW.Asien. – Formenreich in bezug auf Wuchsform, Behaarung und Blattgestalt (6 Unterarten in der Türkei). Pflanzen des Erciyes
Dağı (ssp. *argaea*) sind armbltg. und oft rankenlos.

V. grandiflora SCOP. *(Foto 52)*

Pfl. einjährig, niederlgd. bis aufstgd. oder kletternd, bis 90 cm hoch, spärlich behaart oder kahl; Blätt. mit 2–7 Fiederpaaren und einer verzweigten Ranke; Blattfiedern eif.-elliptisch, ganzrandig oder selten eingeschnitten-gezähnt (var. *dissecta*), 5–30 mm lang; Bltn. einzeln, selten zu 2–3, ca. 2–3 cm lang, blaßgelb oder crèmefarben; Fahne kahl; K. 10–15 mm lang; Hülse breit-lineal, zunächst flaumig behaart, später verkahlend. – Bltzt. IV–VI. – Offenwälder, Gebüsche, Ruderalstandorte (Kap. 2.2) bis 1200 m. – SO.Europa, SW.Asien.

V. hybrida L.

Pfl. einjährig, niederlgd. bis aufstgd. oder kletternd, bis 80 cm hoch, anliegend behaart; Blätt. mit 4–8 Fiederpaaren und einer einfachen oder verzweigten Ranke; Blattfiedern eif.-lanzettlich, stumpf oder ausgerandet, 5–20 mm lang; Bltn. einzeln, ca. 2–3 cm lang, schwefelgelb; Fahne oberseits anlgd. behaart; K. 8–10 mm lang; Hülse länglich-rhombisch, anliegend behaart. – Bltzt. III–V. – Offenwälder, Gebüsche, Triften, Kulturland, Ruderalstandorte (Kap. 2.1) bis 1000 m. – Mediterrangebiet, SW.Asien.

Fagaceae – Buchengewächse

Laubwerfende oder immergrüne Bäume und Sträucher; Blätt. einfach, wechselst., ganzrandig oder gelappt, Nebenblätt. früh abfallend; Bltn. eingeschl., einhäusig, mit unscheinbarer Bltnhülle; ♂ Bltn. in Kätzchen oder langgestielten Köpfchen, ♀ Bltn. zu 1–3 in Ähren oder am Grd. des ♂ Bltnstandes; Fr. eine 1samige Nuß, einzeln oder zu mehreren in einem schuppenf. oder stacheligen Frbecher (Cupula).

3 Gattungen und 21 Arten in der Türkei, die zu den wichtigsten und vielfach vorherrschenden Gehölzarten der Laubwälder gehören.

1. Blätt. ganzrandig, am Rand gewellt; ♂ Bltn. in langgestielten hgd. Köpfchen; Frbecher 4klappig mit 2 3kantigen Nüssen . . . . . ***Fagus****
(F. orientalis, F. sylvatica)

–   Blätt. am Rand gebuchtet oder gezähnt (nur selten ganzrandig vgl. *Q. ilex*); ♂ Bltn. in hgd. Kätzchen oder aufrechten Ähren; Frbecher napff. oder kugelig, stachelig **2**

2. ♂ Bltn. in lockeren, hgd. Kätzchen; Frbecher napff. mit 1 Fr.   ***Quercus***

–   ♂ Bltn. gebüschelt, in aufrechten Ähren, am Grd. mit ♀ Bltn.; Frhülle kugelig, stachelig, mit 2–3 Fr. . . . . ***Castanea***

Castanea MILLER (Eßkastanie)

1 Art in der Türkei.

C. sativa MILLER

Bis 30 m hoher Baum; Blätt. bis 25 cm lang, am Rand stachelig gezähnt, oberseits kahl, auf der Unterseite oft dicht filzig behaart; Bltn.
nach den Blätt. erscheinend; Frhülle kugelig, lang bestachelt. – <u>Bltzt.</u>
<u>VI–VII.</u> – Laubwerfende und gemischte Wälder (Kap. 2.1) bis
1500 m. – Mediterrangebiet, SW.Asien. – Vielfach als Waldbaum eingebürgert oder, wie im Gebiet um Bursa, kultiviert.

Quercus L. (Eiche)

18 Arten in der Türkei. Eine forstbotanisch äußerst wichtige Gattung in
der Türkei, deren taxonomische Abgrenzung aufgrund der hohen Variabilität und Hybridisierung sehr schwer ist. Sicherstes Merkmal zur Unterscheidung sind reife Fr.

1. Blätt. ledrig, immergrün 2
– Blätt. krautig, selten ± ledrig, laubwerfend oder bis zum Frühjahr
überwinternd 3
2. Ältere Blätt. unterseits kahl, stachelig . . . . *Q. coccifera*
– Ältere Blätt. unterseits behaart, ganzrandig bis dornig-gezähnt **Q. ilex**
3 **(1–).** Frstiele sehr dick; Schuppen des Frbechers verlängert, abstehend oder zurückgebogen 4
– Frstiele dünn; Schuppen des Frbechers anliegend 6
4. Blätt. unterseits ± kahl . . . . *Q. trojana*
– Blätt. unterseits ± dicht filzig 5
5. Blattlappen grannenartig bestachelt; Nebenblätt. abfallend. . . . . . .
Q. ithaburensis
ssp. macrolepis
– Blattlappen selten oder nur kurz bestachelt; Nebenblätt. ± bleibend
Q. cerris
6 **(3–).** Blätt. halbimmergrün, schmal verlängert bis oval, ganzrandig
oder leicht gesägt . . . . *Q. infectoria* **ssp. boissieri**
– Laubwerfend; Blätt. tief gelappt .7
7. Blätt. unterseits dicht sternf. behaart . . . . *Q. pubescens*
– Blätt. groß, bis 17 cm lang, tiefgelappt, unterseits dünn behaart . . .
Q. petraea **ssp. pinnatiloba**
In Anlehnung an HEDGE & YALTIRIK (1982)

Q. cerris L. (234)

Bis 25 m hoher, laubwerfender Baum; Blätt. verlängert elliptisch, sehr variabel, 5–20 cm lang, 2,5–9 cm breit, meist tief gelappt, mit 4–9 kurz bestachelten Blattlappen; Frbecher bis 2 cm, die Nuß zur Hälfte umschließend; Schuppen behaart, bis 12 mm lang, spreizend oder zurückgekrümmt. – Frzt. VIII–IX. – Laub- und Nadelmischwälder (Kap. 2.2) bis 1900 m. – Europa, Mediterrangebiet, Türkei.

Q. coccifera L. (235)

Immergrüner Strauch, selten baumf.; Blätt. breit bis verlängert oval, 1,5–5 cm lang, 1–3 cm breit, scharf stachelig gezähnt, nur selten fast ganzrandig; Frbecher bis 2 cm, die Nuß zur Hälfte bis 2/3 umschließend; Schuppen behaart, angedrückt bis zurückgekrümmt. – Frzt. IX. – Eine charakteristische Art der Macchien (Kap. 2.1) und *Pinus brutia*-Nadelwälder bis 1500 m. – Mediterrangebiet.

Q. ilex L. (236)

Bis 15 m hoher, immergrüner Baum oder Strauch; Blätt. schmal- bis breit-lanzettlich, 3–7,5 cm lang, 1,5–4 cm breit, gewöhnlich ganzrandig, oft aber mit einzelnen Zähnen; Frbecher bis 1 cm, die Nuß zur Hälfte bis 2/3 umschließend; Schuppen lanzettlich, angedrückt. – Frzt. VIII. – Hartlaubwälder und Macchien (Kap. 2.1) bis 450 m. – Westl. Mediterrangebiet, W.- und N.Türkei.

Q. infectoria Olivier ssp. boissieri (Reuter) O. Schwarz (237)

Halbimmergrüner, bis 5 m hoher kleiner Baum oder Strauch; Blätt. oft überwinternd, verlängert-rundlich, 4–10 cm lang, 1–4,5 cm breit, am Rand gewellt, gekerbt oder gezähnt bis ganzrandig, Blattstiel 10–25 mm (bei *Q. infectoria* ssp. *infectoria* nur 1–5 mm); Frbecher 1–1,8 cm, die Nuß bis 2/3 umschließend; Schuppen eng anlgd. – Frzt. VIII–IX. – Laubwerfende und Hartlaubwälder, Macchien (Kap. 2.1) und sekundäre Steppen, oft reine Bestände bildend, bis 1900 m. – Östl. Mediterrangebiet, SW.Asien.

Q. ithaburensis Decaisne ssp. macrolepis (Kotschy) Hedge & Yalt. (238)

Bis 15 m hoher, laubwerfender Baum; Blätt. verlängert oval, 5–9 cm lang, 3–5 cm breit, mit 5–8 fast 3eckigen, oft grannenartig bestachelten Blattlappen; Frbecher bis 4 cm, die Nuß bis zu 2/3 umschließend; Schuppen verlängert, verholzend, angedrückt bis spreizend. – Frzt. VIII–IX. – Offenwälder (Kap. 2.2) bis 1700 m. – Östl. Mediterrangebiet. – Oft kultiviert, da die Frbecher aufgrund ihres hohen Gerbstoffgehalts (Tannine) kommerziell genutzt werden.

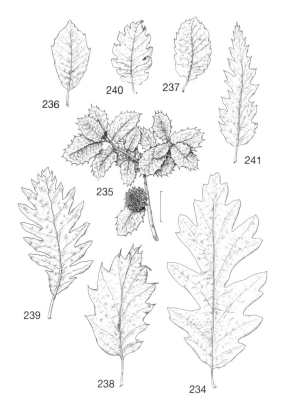

236, 240, 237, 241, 235, 239, 238, 234

Q. petraea (Mattuschka) Liebl. ssp. *pinnatiloba* (C. Koch) Menitsky (239)

Laubwerfender Baum, der aufgrund starker Überweidung und Holznutzung meist nur noch strauchf. vorkommt; Blätt. verlängert länglich, aber sehr variabel, tief gelappt; Frbecher bis 2 cm, die Nuß zur Hälfte bis 2/3 umschließend; Schuppen lanzettlich, angedrückt mit brauner Spitze. – Frzt. VIII–IX. – Offenwälder (Kap. 2.3) zwischen 1200– 2200 m. – Endemisch in S.- und SO.Anatolien.

Q. pubescens Willd. (240)

Bis zu 10 m hoher, laubwerfender Baum; Blätt. sehr variabel, i. a. aber verlängert-oval, 4,5–9 cm lang, 1,5–5 cm breit, mit 3–6 deutlich gewellten, zugespitzten Blattlappen und oft zurückgerollten Blatträndern; Frbecher bis 1,5 cm, die Nuß bis 1/3 umschließend; Schuppen lanzettlich, behaart, angedrückt. – Frzt. IX–X. – Offenwälder und Steppen (Kap. 2.4) bis 1700 m. – Europa, SW.Asien.

Q. trojana P. B. WEBB *(241)*

Bis 18 m hoher, laubwerfender oder halbimmergrüner Baum; Blätt. lanzettlich, 3–10 cm lang, 1,5–4 cm breit, mit kurzen, stacheligen Blattlappen; Frbecher bis 3 cm, die Nuß eingeschlossen oder bis zu 1/3 frei; Schuppen lang, meist zurückgekrümmt. – Frzt. VIII–X. – Offenwälder (Kap. 2.2) Macchien und Nadelwälder bis 1800 m. – SO.Europa, östl. Mediterrangebiet.

Frankeniaceae – Nelkenheidegewächse

Salzinkrustierte Zwergsträucher oder Kräuter; Blätt. einfach, gegenst.; Bltn. ⚥ radiärsymm.; Kblätt. 4–6, bleibend; Blkrblätt. 4–6, lang genagelt und mit schuppenf. Anhängsel; Stbbl. 6; Frkn. oberst.; Kapselfr., meist im K. eingeschlossen.

1 Gattung mit 2 Arten in der Türkei.

Frankenia L. (Nelkenheide)

1. Pfl. mehrjährig; Stg. am Grd. verholzt; Blätt. schmal, mit zurückgerolltem Rand . . . . ***F. hirsuta***

– Pfl. einjährig; Blattrand flach . . . . ***F. pulverulenta***

F. hirsuta L. *(242)*

Pfl. mehrjährig, am Grd. verholzt, wollig-behaart; Blätt. sitzend, sehr schmal, mit deutlich zurückgerolltem Rand; Bltn. rosa; K. behaart. – Bltzt. VI–VIII. – Salzsümpfe, Salzsteppen (Kap. 2.6) bis 1400 m. – Eurasien, N.Afrika.

242

F. pulverulenta L.
Pfl. einjährig, nicht verholzt, behaart; Blätt. kurz gestielt, verlängert-
rundlich, flachrandig, unterseits mehlig-bestäubt; Bltn. rosa; K. kahl. –
Bltzt. VII–VIII. – Salzsteppen, Sanddünen (Kap. 2.6) bis 1000 m. – Eurasien, N.Afrika.

Fumariaceae – Erdrauchgewächse

Kräuter oder Stauden (Geophyten); Blätt. wechselst., meist geteilt; Bltn.
in Trauben, bilateral- oder monosymm.; äußere Blkrblätt. meist gespornt; Stbbl. 6, z.T. verwachsen; Fr. eine scheidewandlose Schote
oder ein Nüßchen.

3 Gattungen mit 30 Arten in der Türkei.

1.	Bltn. deutlich monosymm., gespornt	**2**
–	Bltn. bilateralsymm., nicht gespornt.	***Hypecoum***
2.	Pfl. mehrjährig; Fr. eine vielsamige Kapsel	***Corydalis***
–	Pfl. einjährig; Fr. eine 1–2samige Nuß	***Fumaria****
		(18 Arten)

Corydalis MEDIKUS (Lerchensporn)

8 Arten in der Türkei.

C. rutifolia (SM.) DC. (243)
Pfl. mehrjährig, bis 12 cm hoch; grdst. Niederblätt. fehlend; Blätt. gegenst., fast sitzend; Knolle länglich; Bltnstand 1–7bltg., dicht; Tragblätt. ganzrandig, fast eif.; Bltn. rosa, dunkelrotbraun oder purpurn;
Kapselstiel gebogen bis hgd. – Bltzt. IV–VII. – Felsstandorte, Steinschutt (Kap. 2.3), 1300–2800 m. – SW.Asien.

C. solida (L.) SWARTZ
Pfl.mehrjährig; Stg. aufstgd., bis 20 cm hoch, vom Grd. an verzweigt
und mit großen Niederblätt.; Knolle einfach; Blätt. wechselst., doppelt
3zählig, Fiederchen oval-länglich, gefranst; Bltnstand eine lockere bis
dichte Traube; Tragblätt. 4–8lappig; Bltn. rosa oder malvenfarben; Kapsel lanzettlich. – Bltzt. III–IV. – Offenwälder, Trockenhänge, Gebüsche
(Kap. 2.3), 500–1800 m. – Europa, SW.Asien. 3 Unterarten in der Türkei. Bei *C. solida* ssp. *tauricola* Frstiele gewöhnlich gestreckt.

Hypecoum L. (Gelbäugelchen)

4 Arten in der Türkei.

H. procumbens L. (244)

Pfl. ein- oder zweijährig; Stg. niederlgd. bis aufstgd., 10–40 cm; Blätt. blaugrün, 2fach fiederteilig; Kblätt. oval, oft an der Spitze gezähnt; Blkrblätt. 4, gelb, ungleich, das äußere Paar breit-rautenf., 3spaltig; Fr. verlängert, bis 6 cm lang, gekrümmt, gegliedert. – Bltzt. III–VI. – Trokkenhänge, Ruderalstandorte (Kap. 2.1/2.5) bis 900 m. – Mediterrangebiet, SW.Asien.

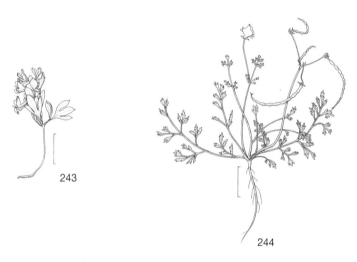

243

244

Gentianaceae – Enziangewächse

Kräuter oder Stauden; Blätt. meist gegenst., einfach; Bltn. radiärsymm., ☿, meist 5zählig; K. röhren- oder glockenf.; Blkr. trichter-, glocken- oder tellerf.; Stbbl. 5, der Blkrröhre eingefügt; Frkn. oberst.; Kapselfr.

7 Gattungen mit 27 Arten in der Türkei.

1.   Blkr. tellerf. ausgebreitet, die Blkrröhre viel kürzer als die Blkrblattzipfel

                                                          2

–   Blkr. trichter- oder glockenf., die Blkrröhre so lang wie oder länger als die Blkrblattzipfel **3**

2. Pfl. einjährig; Blkr. 6–8zählig. . . . . ***Blackstonia********

(*B. perfoliata*)

– Pfl. mehrjährig; Blkr. 4–5zählig . . . . ***Swertia,*** 291

3. Gr. scharf vom Frkn. abgesetzt; Bltn. rosa oder gelb, selten weiß . . .

Centaurium, 291

– Gr. meist nicht deutlich vom Frkn. abgesetzt: Bltn. meist blau, rötlich-violett oder gelb, nie rosa . . . . ***Gentiana,*** 291

Centaurium HILL (Tausendgüldenkraut)

6 Arten in der Türkei.

C. pulchellum (SWARTZ) DRUCE

Pfl. einjährig, kahl, bis 20 cm hoch; Stg. mit 2–7 Knoten, meist ab der Mitte verzweigt; Blätt. oval bis lanzettlich, in der Länge zur Stgspitze zunehmend; Bltn. rosa, selten weiß, deutlich gestielt, in verzweigten Bltnständen; K. fast so lang wie die Blkrröhre. – <u>Bltzt. IV–VII.</u> – Feucht-standorte (Kap. 2.7) bis 2600 m. – Eurasien, N.Afrika.

Gentiana L. (Enzian)

12 Arten in der Türkei.

G. brachyphylla VILL. ssp. *favratii* (RITT.) TUTIN *(245)*

Pfl. mehrjährig, bis 6 cm hoch; Rosettenblätt. dicht dachziegelig, ellip-tisch bis spatelf., stumpf; Bltn. sitzend, 5zählig, Blkrzipfel stumpf am Grd. ohne Anhängsel; Blkrröhre sehr schmal; K. bis 1/4 geteilt, Kröhre schmal geflügelt. – <u>Bltzt. VII.</u> – Alpine Rasen, Sumpfwiesen (Kap. 2.3) 2500–3000 m. – Europa, SW.Asien. – Ähnlich *G. verna,* der aber in allen Teilen etwas größer ist. Weitere Unterschiede: die längsten Rosettenblätt. viel länger als die Stgblätt.; am Grd. der Blkrzipfel je ein 2zäh-niges Anhängsel.

Swertia L. (Tarant)

2 Arten in der Türkei. *S. iberica* ist bisher aber nur aus den Pontischen Gebirgen bekannt.

S. longifolia BOISS. *(246)*

Pfl. mehrjährig, aufrecht und kräftig, bis 90 cm hoch; Grdblätt. lang, schmal, spatelf. bis elliptisch, allmählich in den Blattstiel verschmälert;

Stgblätt. sitzend, am Grd. verbunden; Bltnstand unterbrochen-ährig, mit 4zähligen Bltn.; Blkr. hellgelb bis gelblich-weiß, am Grd. mit gewimperten Nektarien. – <u>Bltzt. VII–IX.</u> – Bachufer, Sumpfwiesen (Kap. 2.3), 1800–3300 m. – SW.Asien.

245

246

Geraniaceae – Storchschnabelgewächse

Kräuter oder Stauden, selten halbstrauchig; Blätt. wechsel- oder gegenst., gefiedert oder tief eingeschnitten, mit Nebenblätt.; Bltn. ⚥, 5zählig, radiär- oder monosymm.; Stbbl. 10 oder 3–5 zu Staminodien reduziert; Frblätt. sich meist schnabelf. verlängernd, in 5 1samige Teilfr. zerfallend.

4 Gattungen mit 62 Arten in der Türkei.

1. Bltnstand rispig; Frblätt. nicht schnabelartig; Grdblätt. fehlend . . . .
                                    Biebersteinia*
                           (B. multifida, B. orphanidis)
– Bltn. einzeln oder in doldenartigen Bltnständen; Frblätt. schnabelartig verlängert; Grdblätt. vorhanden **2**
2. Bltn. monosymm., gespornt . . . . ***Pelargonium****
                     (P. endlicherianum, P. quercetorum)
– Bltn. radiärsymm., nicht gespornt **3**

3. Blätt. länger als breit; von den 10 Stbbl. nur 5 mit Stbbeuteln; Frschnabel sich mit den Teilfr. lösend und spiralig eingerollt *Erodium*
– Blätt. nicht länger als breit; Stbbl. 10, alle mit Stbbeuteln; Frschnabel sich bei der Reife aufwärts biegend . . . . *Geranium*

Erodium L'HÉR. (Reiherschnabel)

22 Arten in der Türkei.

E. gruinum (L.) L'HÉR. *(247)*

Pfl. einjährig, 7–15 cm hoch, behaart; Grdblätt. 3geteilt, das mittlere Segment sehr groß, 3–5lappig; Stgblätt. tief geteilt, gezähnt; K. 8–10 mm, zur Frzt. verlängert, mit langer Granne; Blkr. lavendelfarben; Frschnabel bis 9 cm lang; Teilfr. mit drüsenlosen Gruben. – Bltzt. II–V. – Felsstandorte, Macchien (Kap. 2.1) bis 1000 m. – N.Afrika, östl. Mediterrangebiet.

E. malacoides (L.) L'HÉR.

Pfl. einjährig; Stg. niederlgd. bis aufstgd., bis 50 cm; Blätt. verlängert-rundlich, 5–7lappig, gekerbt bis gezähnt; K. 4–5 mm, mit kurzer Granne; Blkr. malvenfarben; Frschnabel kurz; Teilfr. mit drüsigen Gruben. – Bltzt. II–V. – Felsstandorte, Macchien (Kap. 2.1) und Ödland bis 300 m. – Mediterrangebiet.

Geranium L. (Storchschnabel)

34 Arten in der Türkei, für deren Unterscheidung v. a. Angaben zur Lebensform (ein- oder mehrjährig), Rhizome und Fr. notwendig sind.

G. lucidum L. *(248)*

Pfl. einjährig, aromatisch duftend, bis 30 cm hoch; Stg. oft rötlich überlaufen; Blätt. gelappt, 1–4 cm im Durchmesser; obere Stgblätt. gegenst., kurz gestielt; K. gekielt, zusammengezogen, 5–7 mm; Blkr. strahlend violett, seltener weiß; Blkrblätt. bis 1 cm lang, mit langem, schmalem Grund. – Bltzt. III–V. – Kalkfelsen (Kap. 2.3) bis 1700 m. – Europa, Mediterrangebiet, Asien.

G. tuberosum L. *(249)*

Pfl. mehrjährig, aufrecht, bis 30 cm hoch, mit dünnem, z. T. angeschwollenem Rhizom; Grdblätt. tief eingeschnitten; Stg. behaart, blattlos bis zur ersten Verzweigung; Bltnstand eine gabelig verzweigte

Scheindolde; K. behaart, mit kurzer Granne; Blkr. 9–13 mm, malvenfarben. – <u>Bltzt. IV–VI.</u> – Felsige Hänge und Ödland (Kap. 2.3) bis 2500 m. – Mediterrangebiet, SW.Asien.

G. macrostylum Boiss.

Ähnelt aufgrund des Rhizoms und der Grdblätt. *G. tuberosum*. Im Gegensatz zu dieser Art sind der Stg. aber beblättert und die Bltnstiele drüsig-behaart. – <u>Bltzt. IV–VI.</u> – Laub- und Nadelmischwälder (Kap. 2.3), 500–1900 m. – Östl. Mediterrangebiet.

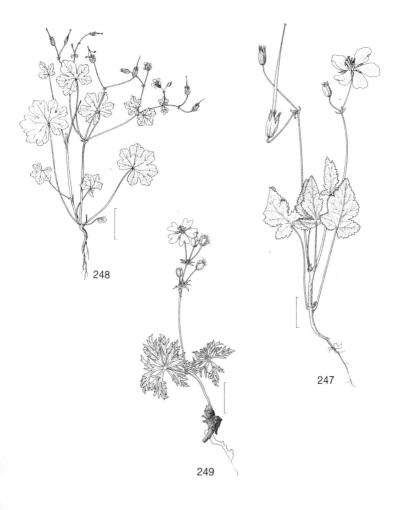

248

247

249

Globulariaceae – Kugelblumengewächse

Zwergsträucher oder Kräuter; Blätt. ledrig, immergrün, wechselst., oft in Rosetten; Bltn. blau, monosymm., 2lippig, in endst., von Hochblätt. umgebenen Köpfchen; Stbbl. 4, paarweise verschieden lang; Frkn. oberst.; Nußfr.

1 Gattung mit 8 Arten in der Türkei.

Globularia L. (Kugelblume)

G. orientalis L. *(250)*
Polsterf. Zwergstrauch mit zahlreichen Blattrosetten; Grdblätt. spatelf., zugespitzt, am Rand gewellt; Stgblätt. wenige, lineal; Köpfchen zahlreich, 6–12 pro Stg.; K. bis 1/4 geteilt; Bltn. blau. – <u>Bltzt. II–VII.</u> – Offenwälder, Gebüsche, Steppen (Kap. 2.5), 600–1200 m. – SW.Asien.

G. trichosantha Fischer & Meyer *(251)*
Pfl. mehrjährig, am Grd. oft verholzt; Grdblätt. in Rosetten, breit-oval, bis elliptisch; Stgblätt. lineal, sitzend; Köpfchen einzeln, endst.; K. tief geteilt; Bltn. blau. – <u>Bltzt. IV–VII.</u> – Felsstandorte, Steppen (Kap. 2.5), 200–2500 m. – SO.Europa, SW.Asien.

250

251

Hamamelidaceae – Zaubernußgewächse

Subtropische Bäume oder Sträucher; Blätt. meist wechselst., einfach oder handf. geteilt, mit Nebenblätt.; Bltn. ♂ oder eingeschl., oft zu Ähren oder Köpfchen vereint, z.T. mit gefärbten Hochblätt.; K. und Blkr. 4–5zählig oder fehlend; Stbbl. 2–14; Frkn. ober- oder unterst.; Fr. verholzend.

Nur 1 Gattung mit 1 Art in der Türkei.

Liquidambar L. (Amberbaum)

L. orientalis MILLER *(Foto 53)*

Bis 20 m hoher, getrenntgeschl.-einhäusiger Baum; Blätt. wechselst., langgestielt, kahl, handf. 5lappig eingeschnitten, am Rand fein gesägt oder gezähnt; Nebenblätt. hinfällig; Bltn. in kugeligen Köpfchen; ♂ Köpfe in endst. Trauben, ♀ Köpfe einzeln; Frköpfe 2,5–3 cm, hgd., verholzend. – Bltzt. III–IV. – Auwälder, Fluß- und Bachtäler, Seeufer (Kap. 2.1/2.7) bis 800 m. – Endemisch in SW.Anatolien und Rhodos. – Reliktart der durch die Eiszeiten weitgehend vernichteten arktotertiären Flora. Das Harz von *L. orientalis* ist ein wirtschaftlich bedeutsames Handelsprodukt und wird durch senkrechtes Anritzen der Rinde gewonnen (Storax, Ambra). Die größten geschlossenen Vorkommen sind am Nordufer des Köyceğiz Gölü (Vilayet Muğla) erhalten geblieben.

Hypericaceae – Johanniskrautgewächse

Sträucher oder Kräuter, meist mit durchsichtigen, roten oder schwarzen Drüsen; Blätt. einf., gegenst., selten quirlig; K. 5, Blkrblätt. 5, frei, in Knospenlage gedreht; Stbblätt. in Büscheln; Frkn. oberst., Sa.anlagen in der Mitte oder wandst.; Kapseln.

Hypericum L. (Johanniskraut)

Für die Unterscheidung der 77 Arten in der Türkei sind die Verteilung, Anordnung und Farbe der Drüsen sowie die Ausgestaltung der Kblätt. wichtige Merkmale.

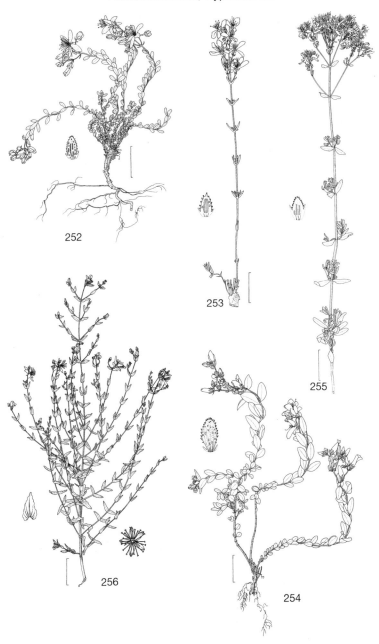

252

253

255

256

254

H. aviculariifolium Jaub. & Spach *(252)*

Stg. niederlgd. oder aufrecht, 5–60 cm hoch, schwarzdrüsig, kahl oder behaart; Blätt. rundlich-lineal bis elliptisch, 5–35 mm, schwarzdrüsig, kahl oder kurz wollig behaart; Bltnstand pyramidenf. bis schmal-zylindrisch, viel- bis 1blütig; Kblätt. lanzettlich, spitz oder abgerundet, kahl, Rand drüsig-gewimpert oder mit sitzenden Drüsen; Blkr. 8–15 mm, am Rand mit schwarzen Drüsen, sonst mit hellen oder schwarzen Drüsen; Kapsel 5–10 mm, mit länglichen und mit kurzen, geschwollenen Drüsen. – <u>Bltzt. V–VIII (X)</u>. – Macchien, Kiefenwälder, Felsstandorte (Kap. 2.2) bis 2400 m. – Endemisch im östl. Mediterrangebiet.

H. confertum Choisy

Pfl. aufrecht, mit kriechendem, verzweigtem Grd., 10–35 cm hoch, kahl bis behaart; Blätt. lanzettlich, schmal-lineal, mehlig bestäubt bis behaart; Bltnstand schmal pyramidenf. bis zylindrisch, 3–20(–35)bltg.; Kblätt. lanzettlich bis oval, spitz oder abgerundet, 3–5streifig, drüsigbewimpert; Blkr. 7–16 mm; Kapsel 6–9 mm, schmal eif.; 2 Unterarten. – <u>Bltzt. V–VIII</u>. – Macchien, Nadelwälder, Zwerggesträuche (Kap. 2.2), 600–1900 m. – SW.Asien.

H. lydium Boiss. *(253)*

Stg. aufrecht, 10–75 cm hoch, kahl, mit deutlichen roten und hellen Drüsen; Blätt. 9–35 mm, schmal-lanzettlich, kahl, oft zusammengerollt oder wellig-papillös; Bltnstand zylindrisch oder schmal pyramidenf., 10- bis vielbltg.; Kblätt. gleich, oval-lanzettlich, spitz, regelmäßig drüsig-gezähnt oder mit sitzenden Drüsen; Blkr. 6–12 mm, nur selten rot geadert; Kapsel 6–8 mm, eif. und allmählich schnabelf. zugespitzt. – <u>Bltzt. V–VII</u>. – Kiefernwälder (Kap. 2.2) und Felsstandorte, 400–2700 m. – SW.Asien.

H. origanifolium Willd. *(254)*

Pfl. stark verzweigt, Stg. aufstgd., 5–40 cm hoch, weiß-wollig; Blätt. oval bis verlängert elliptisch, 5–30 mm, behaart, mit schwarzen Drüsen; Kblätt. schmal, verlängert bis spatelf., spitz oder stumpf, drüsigbewimpert, wollig oder kahl; Blkr. 9–15 mm, mit schwarzen oder hellen Drüsen und schwarzen Randdrüsen; Kapsel 7–12 mm, mit verlängerten und kurzen, geschwollenen Drüsen. – <u>Bltzt. V–VIII</u>. – Trockenhänge, Steppen und Felsstandorte (Kap. 2.3) bis 2400 m. – SW.Asien.

H. scabrum L. *(255)*

Stg. aufrecht, am Grd. oft niederlgd., 10–60 cm, kahl, durch rot-drüsige Auswüchse rauh; Blätt. länglich-elliptisch bis lanzettlich oder lineal, 7–20 mm, manchmal zusammengerollt, abgerundet bis stachelspitzig, kahl; Bltn. in 15- bis vielbltg. Doldenrispen; Kblätt. verlängert, abgerundet, bis zu 2/3 miteinander verwachsen, drüsig-gezähnt oder nicht-drüsig bewimpert bis ganzrandig; Kapsel 5–8 mm, rundlich, kaum geschnäbelt. – Bltzt. V–VIII. – Offenwälder, Steppen, Felsstandorte (Kap. 2.3), 750–3200 m. – SW.Asien.

H. triquetrifolium TURRA *(256)*

Stg. niederlgd. oder aufrecht, 15–60 cm hoch, reich pyramidenf. verzweigt; Blätt. 3–20 mm, 3eckig lanzettlich, stgumfassend, gewellt, z.T. mit durchsichtigen Drüsen; Kblätt. rundlich-verlängert, abgerundet oder spitz, ganzrandig oder gezähnt, ohne schwarze Drüsen; Blkr. 5–7 mm, ohne oder mit 1 schwarzen Drüse; Kapsel 3–5 mm, rundlich, mit verlängerten und wenigen, kurzen geschwollenen Drüsen. – Bltzt. V–IX. – Sandböden, Felsstandorte und Kulturland (Kap. 2.1) bis 1250 m. – S.Europa, NW.Afrika und SW.Asien.

Iridaceae – Schwertliliengewächse

Knollen- oder Rhizomstauden; Blätt. lineal-grasartig oder schwertf.; Blkr. radiär- oder monosymm.; Stbbl. 3; Gr. mit 3, oft kronblattartigen Anhängseln; Frkn. unterst.

6 Gattungen mit etwa 86 Arten in der Türkei.

Crocus L. (Krokus)

32 Arten in der Türkei. Zur sicheren Bestimmung sind Zwiebeln, Bltn. und Stbblfarbe wichtig.

1. Pfl. im Herbst blühend . . . . *C. cancellatus, C. pallasii*
– Pfl. im Frühjahr blühend . . . .
              C. ancyrensis, C. antalyensis, C. biflorus, C. fleischeri

C. ancyrensis (HERBERT) MAW *(257)*
Zwiebel mit netzigem Fasermantel; Blätt. 2–6, sehr schmal; Bltnhüll-blätt. abgerundet, gelb, am Grd. oft violett; Röhre innen gelb, kahl; Stbbeutel gelb, Stbblattstiele kahl; Gr. mit 3 orangen oder orangeroten Ästen. – <u>Bltzt. II–VI.</u> – Kiefernwälder, Offenwälder, Gebüsche (Kap. 2.4), 1000–1600 m. – Endemisch in der Türkei.

C. antalyensis MATHEW *(258)*
Zwiebel mit pergamentartiger Hülle; Blätt. 3–8, schmal; Bltnhüllblätt. abgerundet oder z. T. zugespitzt, lila-blau, oft violett gefleckt, seltener weiß; Röhre innen gelb, behaart; Stbbeutel hellgelb, Stbblattstiele tief-gelb, behaart; Gr. mit 6–12 orangen oder gelben Ästen. – <u>Bltzt. II–III.</u> – Eichenoffenwälder, Gebüsche (Kap. 2.1), 800–1200 m. – <u>Endemisch in</u> der Türkei.

C. biflorus MILLER *(259)*
Zwiebel mit lederiger oder pergamentartiger Hülle; Blätt. 4–9, schmal; Bltnhüllblätt. abgerundet, weiß, lila oder blau, die äußeren oft deutlich gestreift; Röhre innen hellgelb, kahl oder papillös; Stbbeutel gelb oder schwärzlich, Stbblattstiele weiß oder gelb, kahl; Gr. mit 3 gelben bis rot-orangen Ästen. – <u>Bltzt. II–VI.</u> – Felsstandorte, Nadelwälder (Kap. 2.3) bis 3000 m. – Europa, SW.Asien. – In der Türkei werden 10 Unterarten unterschieden, von denen 6 endemisch sind.

C. cancellatus HERBERT
Zwiebel mit grobem, netzartigen Fasermantel; Blätt. 3–7, schmal, zur Bltzt. nur die Spitzen sichtbar; Bltnhüllblätt. stumpf zugespitzt oder ab-gerundet, lila-blau oder weiß, geadert, oft mit dunklem Grd.; Röhre in-nen gelb, kahl oder behaart; Stbbeutel gelb oder crèmefarben, Stbblattstiele hellgelb oder weiß, kahl; Gr. in zahlreiche gelbe Äste ge-spalten. – <u>Bltzt. IX–XI.</u> – Felsstandorte, Offenwälder, Macchien (Kap. 2.2) bis 2400 m. – Östl. Mediterrangebiet, SW.Asien. – In der Türkei werden 5 Unterarten unterschieden, von denen 3 endemisch sind.

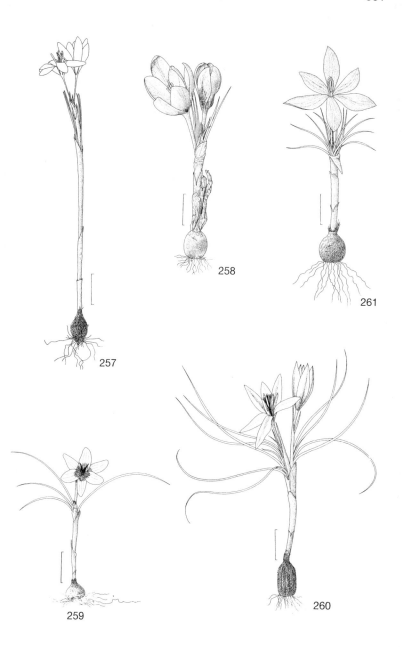

257

258

261

259

260

C. fleischeri GAY (260)
Zwiebel mit faseriger Hülle; Blätt. 5–8, schmal; Bltnhüllblätt. zugespitzt, weiß, am Grd. gelb eingefaßt und purpurrot gefleckt; Röhre innen gelb, kahl; Stbbeutel gelb, Stbblattstiele gelb, am Grd. papillös; Gr.
in wenigstens 6 orange oder scharlachrote Äste gespalten. – Bltzt. I–
III. – Felsstandorte, Offenwälder, Macchien (Kap. 2.1) bis 1300 m. –
Endemisch in der Türkei.

C. pallasii GOLDB. (261)
Zwiebel mit fein-netzigem Fasermantel, an der Spitze oft verlängert;
Blätt. 7–17, zur Bltz. nur die Spitzen sichtbar; Bltnhüllblätt. zugespitzt,
tief lila oder rotviolett, oft dunkel geadert; Röhre innen weiß oder lila,
behaart; Stbbeutel gelb, Stbblattstiele weiß, kahl; Gr. in 3 orange Äste
gespalten. – Bltzt. X–XI. – Felsstandorte, Offenwälder (Kap. 2.2) bis
2000 m. – SO.Europa, SW.Asien.

Gladiolus L. (Gladiole)

9 Arten in der Türkei.

G. anatolicus (BOISS.) STAPF
Zwiebelhülle papierartig; Stg. bis 40 cm hoch; Blätt. 3–4, bis 8 mm
breit, graugrün, mit unregelmäßiger Nervatur; Ähre 3–4bltg.; Bltn. hellviolett. – Bltzt. III–V. – Kiefernwälder, Macchien (Kap. 2.1) bis
1400 m. – Endemisch in der Türkei.

G. atroviolaceus BOISS.
Zwiebelhülle deutlich faserig, netzig; Stg. bis 60 cm hoch; Blätt. 3, bis
5 mm breit, graugrün, parallelnervig; Ähre 4–8bltg.; Bltn. dunkel violett,
Röhre deutlich gekrümmt; Sa. ungeflügelt. – Bltzt. III–VI. – Trockenhänge, Steppen (Kap. 2.5) Kulturland, 650–2100 m. – SW.Asien.

G. halophilus BOISS. & HELDR. (262)
Ähnlich G. atroviolaceus, Ähre 3–5bltg.; Bltn. rosa, Röhre nur schwach
gekrümmt; Sa. breit geflügelt. – Bltzt. VI–VII. – Feuchtstandorte, Salzsümpfe (Kap. 2.6), 900–1300 m. – Endemisch in Inneranatolien.

Gynandriris PARL. (Grasschwertel)

Nur 1 Art in der Türkei.

G. sisyrinchium (L.) PARL. *(263)*

Zwiebel kugelig, Hülle dunkel, faserig; Stg. bis 30 cm hoch; Blätt. 2, mit langer Blattscheide, Spreite schmal, aufrecht oder gedreht; Bltn. zu 1–3, irisartig, lavendelfarben, blau oder violett, mit gelbem Mal. – <u>Bltzt.</u> <u>II–V.</u> – *Pinus brutia*-Wälder, Macchien, Felsstandorte (Kap. 2.1) bis 1400 m. – Mediterrangebiet, SW.Asien.

262   263

Iris L. (Schwertlilie)

38 Arten in der Türkei.

I. orientalis Miller *(Foto 54)*

Pfl. bis 1 m hoch, mit dickem Rhizom; Blätt. bis 2 cm breit, steif, grau-grün; Stg. mit 1–2 aufrechten Ästen, 2–5bltg.; Bltn. weiß mit großem, gelbem Mal im Zentrum; Lamina der äußeren Bltnhüllblätt. kürzer als der verschmälerte und geflügelte untere Teil. – Bltzt. V–VI. – Ufer, Gräben, Feuchtstandorte (Kap. 2.7) bis 1400 m. – Östl. Mediterrangebiet.

264

265

I. pseudacorus L. (264)

Pfl. bis 1,5 m hoch, mit stämmigem Rhizom; Blätt. schwertf.; Stg. verzweigt, jeder Ast mit 1–3 Bltn.; Bltn. gelb, im Zentrum braun geadert; Lamina der äußeren Bltnhüllblätt. groß, rundlich. – Bltzt. IV–V. – See- und Flußufer, Gräben, Feuchtstandorte (Kap. 2.7) bis 1200 m. Eurasien.

I. sari BAKER

Pfl. klein, bis 30 cm hoch, mit stämmigem Rhizom; Blätt. 5–7, schmal, gekrümmt; Stg. einfach, 1bltg.; Bltn. rotbraun geadert, rot-violett oder braun auf crèmefarbenem oder grünlich-gelbem Grd., im Zentrum mit einem rotbraunen Fleck; Lamina der äußeren Bltnhüllblätt. elliptisch, im unteren, verschmälerten Teil deutlich gelb behaart. – Bltzt. IV–VI. – Trockenhänge, Steppen (Kap. 2.5), 900–2700 m. – Endemisch in der Türkei.

Romulea MARATTI (Scheinkrokus)

5 Arten in der Türkei.

R. bulbocodium (L.) SEB. & MAURI (265)

Zwiebelpfl.; Blätt. bis zu 7, schmal, meist zurückgekrümmt, dem Erdboden angedrückt; Stg. 1–6bltg.; Bltn. groß, variabel in der Farbe, lila bis violett, gelb oder weiß; Bltnhüllblätt. zugespitzt; äußere Bltnhüllblätt. grünlich bis rotbraun, dunkel geadert, Röhre behaart, innen gelb bis orange; Stbbl. am Grd. behaart. – Bltzt. II–VI. – Offenwälder, Macchien (Kap. 2.1) bis 900 m. – Mediterrangebiet.

Juncaceae – Binsengewächse

Mehr- oder einjährige Kräuter von grasähnlichem Habitus; Stg. meist knotenlos; Blätt. grasartig oder stielrund, stgähnlich; Bltnstände köpfchenf., doldig oder rispenartig, am Grd. mit 1 oder mehreren Hochblätt.; Bltn. klein, unscheinbar; Bltnhülle 6blättrig, grünlich oder braun, spelzenartig; Stbbl. 6 oder 3; Frkn. 3blättrig; Kapselfr.

2 Gattungen mit 46 Arten in der Türkei.

1. Blätt. stgähnlich oder borstenf., kahl; Fr. vielsamig . . . . . . **Juncus**
– Blätt. flach, am Rand bewimpert; Fr. 3samig . . . . **Luzula**

Juncus L. (Binse)

34 Arten in der Türkei.

J. articulatus L.
Pfl. mehrjährig, bis 60 cm hoch, mit 3–6 Blätt.; Blätt. im Querschnitt rundlich, mit Querwänden (gekammert); Bltnstand breit, vielköpfig, Köpfchen vielbltg.; Bltnhüllblätt. gleichlang, lanzettlich, wenigstens die äußeren stachelspitzig, grünlich bis dunkel-rotbraun; Fr. zugespitzt, schwarzbraun, glänzend. – <u>Bltzt. IV–VIII.</u> – See- und Flußufer, Feucht-standorte (Kap. 2.7) bis 3000 m. – Eurasien, Afrika.

J. inflexus L.
Pfl. mehrjährig, horstf., bis 1,2 m hoch, am Grd. dunkelrot; Stg. und Blätt. deutlich gerieft, Mark des graugrünen Stg. gekammert; Bltnstand scheinbar seitenst., das stengelähnliche Tragblatt die Fortsetzung des Stg. bildend; Bltnhüllblätt. zugespitzt, die äußeren länger; Stbbl. 6; Fr. zugespitzt. – <u>Bltzt. IV–VIII.</u> – See- und Flußufer, Gräben, Feuchtstand-orte (Kap. 2.7) bis 2600 m. – Eurasien, Afrika. – Sehr ähnlich ist *J. effusus;* Stg. aber grasgrün, völlig glatt und mit durchgehendem Mark.

J. maritimus LAM. *(266)*
Pfl. mehrjährig, mit kriechenden Ausläufern, bis 1 m hoch und 2–4 Grdblätt.; Blätt. nicht geglie-dert, stechend; Bltnstand vielbltg., scheinbar seitenst.; Tragblatt starr und stechend, den stark verzweigten Bltnstand nur wenig überragend; Bltnhülle strohgelb, die äußeren Bltnhüllblätt. stachelspitzig. – <u>Bltzt. V–VII.</u> – Salzsümpfe, Salzwiesen, Salzseen (Kap. 2.6) bis 1000 m. – Eurasien. – Sehr ähnlich ist *J. heldreichianus:* die inneren Bltnhüllblätt. sind aber an der Spitze geöhrt.

266

Luzula DC. (Simse)

12 Arten in der Türkei.

L. forsteri (Sm.) DC.
Pfl. mehrjährig, grasartig, bis 40 cm hoch, am Grd. rötlich überlaufen; Blätt. flach, am Grd. und Blattrand lang bewimpert; Bltnstand locker; Bltn. einzeln, Bltnhülle fast gleichlang, zugespitzt, braun, mit breit-häutigem Rand. – Bltzt. III–VII. – Trockenhänge, Offenwälder, Gebüsche (Kap. 2.2) bis 2300 m. – Mediterrangebiet, SW.Asien.

Lamiaceae – Lippenblütler

Sträucher, Zwergsträucher oder Kräuter; Stg. 4kantig, hohl, kreuzgegenst. beblättert; Blätt. meist einfach, ohne Nebenblätt.; Bltn. in blattachselst. Scheinquirlen, monosymm., selten radiärsymm.; K. glockig oder röhrig, meist 5zähnig, oft 2lippig; Blkrblätt. 5, 2 zur Ober- und 3 zur Unterlippe verwachsen (Lippenblüten); Stbbl. 4, in 2 ungleichen Paaren, selten nur 2; Frkn. oberst., 2fächerig, durch eine falsche Scheidewand 4geteilt (Klausen), zur Frreife in 4 1samige Nüßchen zerfallend.

Die Lamiaceae kommen besonders zahlreich im Mediterrangebiet und Vorderasien vor. Sie riechen oft sehr aromatisch aufgrund ätherischer Öle in Drüsenhaaren und -schuppen und finden als Gewürz-, Heil- und Duftpfl. vielfältige Verwendung. Von den nahezu 200 Gattungen treten 45 in der Türkei auf. Die artenreichsten Gattungen in der Türkei sind *Salvia* (87 Arten) und *Stachys* (76 Arten).

45 Gattungen mit etwa 546 Arten in der Türkei.

1. Stbbl. 2 (manchmal 2 kurze reduzierte Stbbl. vorhanden: *Ziziphora*) . **2**
– Stbbl. 4 . . . . **6**
2. Pfl. feuchter Standorte; Blkr. glockig, 4spaltig, weiß, kaum länger als der K.. . . . . ***Lycopus****
                                                        (*L.europaeus*)
– Pfl. anderer Standorte; Blkr. 2lippig **3**
3. Immergrüne Sträucher; Blätt. nadelf., mit zurückgerolltem Rand; Bltn. blaßblau . . . . ***Rosmarinus,*** 321
– Laubwerfende Sträucher oder Kräuter; Blätt. nicht nadelf. **4**
4. Stbblkonnektive stielartig verlängert, meist gelenkig mit dem Stblstiel verbunden. . . . . ***Salvia,*** 321
– Stbblkonnektive nicht stielartig verlängert **5**

19. Pfl. ein- oder mehrjährig; Tragblätt. auffallend geadert, grannenartig gezähnt; Oberlippe der Blkr. mit 2 Längsfalten . . . . . . ***Lallemantia,*** 313
– Pfl. mehrjährig; Tragblätt. zugespitzt oder begrannt; Oberlippe der Blkr. ohne Längsfalten . . . . ***Dracocephalum****
(4 Arten)

20 **(18–).** Pfl. mit Ausläufern; Bltnquirle nur 2–6bltg., in Blattachseln . .
Glechoma*
(G. hederacea)
– Pfl. ohne Ausläufer; Bltnquirle 6- bis vielbltg., nicht in Blattachseln oder Bltn. in deutlich gestielten Scheindolden . . . . ***Nepeta,*** 317

21 **(17–).** K. 2lippig, ganzrandig; K.oberlippe mit einem Schildchen; Blkrröhre lang und schmal, geschwungen . . . . ***Scutellaria,*** 324
– K.oberlippe ohne Schildchen, meist geteilt; Blkrröhre anders. . . **22**

22. Oberlippe der Blkr. deutlich sichelf. oder helmf. **23**
– Oberlippe der Blkr. gerade oder schwach gekrümmt **29**

23. K. deutlich 2lippig **24**
– K. nicht oder nur undeutlich 2lippig **25**

24. Bltnquirle in dichten, endst. Ähren; Bltn. violett oder crèmefarben-weiß; Oberlippe der Blkr. fein behaart . . . . ***Prunella****
(3 Arten)
– Bltnquirle entfernt bis genähert; Bltn. rötlich; Oberlippe der Blkr. dicht zottig-filzig . . . . ***Wiedemannia,*** 330

25 **(23–).** Klausen an der Spitze mit Haarbüscheln **26**
– Klausen kahl **27**

26. Blätt. gefingert bis fast ganzrandig; Bltn. rötlich-weiß, 5–12 mm . . .
Leonurus*
(5 Arten)
– Blätt. gefiedert, gelappt oder fast ganzrandig; Bltn. gelb oder weißlich, 18–40 mm . . . . ***Eremostachys****
(3 Arten)

27 **(25–).** Pfl. mit Ausläufern; Bltn. gelb; Stbbeutel kahl . ***Galeobdolon****
(G. luteum)
– Pfl. ohne Ausläufer; Bltn. weiß, rosa oder purpurn; Stbbeutel behaart
28

28. Pfl. einjährig; Unterlippe der Blkr. am Grd. beiderseits mit einem hohlen Zahn . . . . ***Galeopsis****
(G. bifida, G. ladanum)
– Pfl. ein- oder mehrjährig; Unterlippe der Blkr. am Grd. ohne Zahn, Seitenlappen reduziert. . . . . ***Lamium,*** 313

29 **(22–).** Stbbl. deutlich länger als die Oberlippe der Blkr. **30**
– Stbbl. nicht länger als die Oberlippe der Blkr. **39**

30. K. deutlich 2lippig, Kzähne ungleich **31**
– K. nicht oder undeutlich 2lippig, Kzähne gleich **35**

31. Pfl. ein- oder kurzlebig mehrjährig **32**
– Sträucher oder am Grd. verholzte, mehrjährige Pfl. **33**

32. Bltn. in Rispen; K. zur Frzt. abwärts gekrümmt; K.oberlippe breit, rundlich . . . . ***Ocimum****
(O. basilicum)

– Bltn. in Ähren; K. zur Frzt. nicht abwärts gekrümmt . . . . ***Elsholtzia**** *(E. ciliata)*

33 **(31–).** Kröhre nicht abgeflacht, ohne Rand . . . . ***Thymus,*** 328

– Kröhre abgeflacht, mit 2 bewimperten Rändern **34**

34 **(33–, 41).** Blätt. gefaltet; Bltn. in Ähren; K. 13nervig . . . . ***Thymbra,*** 328

– Blätt. fast 3kantig; Bltn. in Köpfchen; K. 20–22nervig. . . . . ***Coridothymus,*** 313

35 **(30–).** Bltn. in rispen- oder scheindoldenartigen Ährchen; Tragblätt. deutlich dachziegelig . . . . ***Origanum,*** 318

– Bltnstand anders; Tragblätt. unauffällig **36**

36. Pfl. feuchter Standorte, mit Ausläufern; Blkr. mit 4 gleichgroßen Zipfeln. . . . . ***Mentha,*** 316

– Pfl. trockener Standorte, ohne Ausläufer; Blkr. mit 5 ungleichen Zipfeln **37**

37. Blätt. eif., rundlich; Blkr. gedreht . . . . ***Cyclotrichium**** *(6 Arten)*

– Blätt. schmal, lanzettlich; Blkr. nicht gedreht **38**

38. Bltn. violett-blau; K. röhrenf. . . . . ***Hyssopus**** *(H. officinalis)*

– Bltn. weiß; K. eif.-glockig. ***Satureja,*** 324

39 **(29–).** Kschlund bärtig, mit steifen, weißen Haaren **40**

– Kschlund kahl oder mit wenigen, weichen Haaren. **49**

40. Pfl. feuchter Standorte, mit Ausläufern. . . . . ***Mentha,*** 316

– Pfl. trockener Standorte. **41**

41. K. abgeflacht, mit 2 bewimperten Rändern. **34**

– K. nicht abgeflacht, ohne Ränder **42**

42. Bltn. in rispen- oder scheindoldenartigen Ährchen; Tragblätt. dachziegelig. . . . . ***Origanum,*** 318

– Bltnstand anders; Tragblätt. unauffällig **43**

43. Pfl. lang, starr behaart; K. 10–20nervig **13**

– Pfl. kurz, kraus behaart **44**

44. Blätt. am Grd. oft bewimpert; untere Kzähne lang, deutlich bewimpert . . . . ***Thymus,*** 328

– Blätt. am Grd. nicht bewimpert; untere Kzähne kurz, gerade oder gekrümmt, bewimpert oder kahl **45**

45. Kröhre deutlich gekrümmt, nach oben verengt. . . . . ***Acinos,*** 312

– Kröhre gerade, Zähne bewimpert oder kahl **46**

46. Blätt. gestielt; Zähne der K.unterlippe deutlich bewimpert . . . . ***Calamintha**** *(9 Arten)*

– Blätt. gestielt oder sitzend; Zähne der K.unterlippe kahl oder nur schwach bewimpert. **47**

47. Blätt. sitzend, keilf.; K. 10–13nervig. . . . . ***Satureja,*** 32

– Blätt. gestielt, flach oder mit verdicktem, eingerolltem Rand; K. 5–13nervig **48**

48. Bltn. in kurzgestielten Scheindolden; Blkrröhre vom K. eingeschlossen . . . . ***Micromeria,*** 31

- Bltn. in entferntstehenden Quirlen; Blkrröhre länger als der K. . . . . . .
  Stachys, 325
49 (39–). Tragblätt. bestachelt, gekrümmt; K.oberlippe steif, mit langem
  Dorn. . . . . *Molucella**
  (M. laevis, M. spinosa)
- Tragblätt. und K.oberlippe nicht bestachelt. 50
50. K. deutlich 2lippig 51
- K. radiärsymm. 55
51. Kahler Strauch; Bltnquirle in endst., beblätterten Trauben; Fr. fleischig,
  schwarz. . . . . *Prasium*, 320
- Meist deutlich behaarte Zwergsträucher oder Kräuter; Fr. nicht fleischig 52
52. Bltn. blattachselst. 53
- Bltn. den von den Blätt. verschiedenen Tragblätt. entspringend . . 54
53. Bltn. groß (bis 3,5 cm), langgestielt. . . . . *Melittis**
  (M. melisophyllum)
- Bltn. kleiner (< 15 mm), kurzgestielt . . . . *Melissa*, 316
54 (52–). Blätt. sitzend, keilf., drüsig-punktiert . . . . *Satureja*, 324
- Blätt. gestielt, flach, nicht drüsig-punktiert . . . . *Stachys*, 325
55 (50–). Bltn. meist gelb; Tragblätt. groß, laubblattartig. . . . *Sideritis*, 324
- Bltn. weiß, rosa, gelb oder violett; Tragblätt. nicht laubblattartig . . 56
56. K. röhrig, mit 5 deutlichen, kantigen Rippen. . . . . . . *Pentapleura**
  (P. subulifera)
- K. eif. bis röhrig, 5–13nervig, ohne kantige Rippen 57
57. Blätt. dick, hart, deutlich drüsig-punktiert. 58
- Blätt. krautig, mit flachem Rand und sitzenden Drüsen oder Drüsen
  fehlend 59
58. Blätt. sitzend; K. 10–13nervig . . . . *Satureja*, 324
- Blätt. gestielt, flach oder am Rand zurückgerollt; K. 13nervig. . . . . .
  Micromeria, 317
59 (57–). Pfl. mehrjährig; Oberlippe der Blkr. dicht behaart; K. becherf.
  mit 5–19 spreizenden Zähnen. . . . . *Ballota**
  (11 Arten)
- Pfl. ein- oder mehrjährig; Oberlippe der Blkr. kahl oder behaart . . 60
60. Stbbeutel kahl; Klausen abgerundet, 3eckig . . . . *Stachys*, 325
- Stbbeutel behaart; Klausen schief-abgeschnitten, scharf 3kantig . . .
  Lamium, 313

In Anlehnung an Flora of Turkey Vol. 7 (1982).

Acinos MILLER (Quendel)

6 Arten in der Türkei.

A. rotundifolius PERS. (267)

Pfl. einjährig, aufrecht oder niederlgd., bis 30 cm hoch; Stg. und Blätt. oft mit gekräuselten, dichten, langen Haaren besetzt; Blätt. lanzettlich bis rundlich, drüsig, bestachelt; Scheinquirle 1–10, aus 2–12 Bltn.; K. drüsig, dicht-langhaarig; Blkr. fahlblau bis purpurn oder rosa. – Bltzt. V–VIII. – Steinige Hänge, Steppen, Kulturland (Kap. 2.3) bis 2200 m. – Mediterrangebiet, NW.Afrika, SW.Asien.

Ajuga L. (Günsel)

12 Arten in der Türkei.

A. chamaepitys L.

Pfl. ein- oder mehrjährig; Stg. aufsteigend oder niederlgd., zottig behaart bis kahl; Blätt. tief 3spaltig mit linealen Zipfeln; Bltn. zu 2–4 je Knoten; Oberlippe der Blkr. unscheinbar, Unterlippe 3lappig, Mittellappen zuweilen 2geteilt; Blkr. gelb, beim Eintrocknen oft rotviolett, innen mit Haarring. – Bltzt. IV–IX. – Trockenhänge, Steppen, Kulturland (Kap. 2.5) bis 2000 m. – Mediterrangebiet, SW.- und Z.Asien. – Formenreich. Es werden 10 Unterarten unterschieden. An ähnlichen Standorten auch *A. salicifolia* (Blätt. elliptisch-länglich, Blkr. gelb).

Calamintha MILLER (Bergminze)

9 Arten in der Türkei, die sich durch die Blätt., Länge der Blkr. und Kzähne unterscheiden.

C. clinopodium MILLER

Pfl. mehrjährig, flaumig-zottig behaart; Blätt. kurzgestielt, oval, gesägt; Bltn. in 10–20bltg., dichten Quirlen; Tragblätt. pfriemlich, so lang wie der K.; Kröhre leicht gebogen, 13nervig, behaart; Kzähne begrannt; Blkr. karminrot, selten weiß. – Bltzt. VI–IX. – Offenwälder, Gebüsche, Trockenhänge (Kap. 2.2) bis 2500 m. – S.Europa, N.Amerika, Asien.

Coridothymus REICHENB. f.

Monotypisch.

C. capitatus L. (268)
Zwergstrauch, 20–50 cm, Zweige starr und hell mit achselst. Sommer-
blätt. und Winterblätt. an den Langtrieben; Blätt. sitzend, linealisch, am
Grd. bewimpert, mit zahlreichen Öltüpfeln; Bltnstände dicht, köpfchenartig; Koberlippe kürzer als die Unterlippe, Zähne bewimpert; Blkr.
rosa-purpurn, Oberlippe gespalten. – Bltzt. V–VII. – Macchien, Küsten
(Kap. 2.1) bis 1400 m. – Mediterrangebiet, SW.Asien. – Von der Gattung *Thymus* durch gefaltete, fast 3kantige Blätt. und den 20–22nervi-
gen K. mit 2 bewimperten Rändern unterschieden.

Lallemantia FISCHER & MEYER **(Lallemantie)**

3 Arten in der Türkei.

L. iberica BIEB.
Pfl. einjährig, aufrecht, bis 40 cm hoch; grdst. Blätt. eif.; Bltnstand länglich, von Tragblätt. umrandet; Tragblätt. lang, auffallend geadert, gran-
nig-gezähnt; K. röhrenf., 15nervig, schwach 2lippig, Oberlippe 3zähnig;
Blkr. violett bis fahl-blau oder weiß, Oberlippe mit 2 inneren Längsfalten. – Bltzt. IV–VI. – Trockenhänge, Ruderalstandorte, Kulturland,
Steppen (Kap. 2.5), 500–2200 m. – SW.Asien.

Lamium L. (Taubnessel)

27 Arten in der Türkei, die sich in der Blkr. nach Form und Farbe unterscheiden.

L. eriocephalum BENTHAM **(Foto 55)**
Pfl. mehrjährig, aufrecht bis niederlgd., purpurfarben, spärlich behaart;
Blätt. breit-eif. bis nierenf., gekerbt, drüsig behaart; Bltnstände dicht
wollig behaart, 2 Bltn. in 1–3 Quirlen; K. weiß-wollig, mit gestielten
Drüsen; Oberlippe der Blkr. malvenfarben bis rosa, Unterlippe purpurn,
am Grd. gelb; Bltnröhre gelblich, gerade, ohne Haarring. – Bltzt. VI–
VIII. – Felshänge, Steinschutt, Offenwälder (Kap. 2.3), 1800–3700 m. –
Endemisch im östl. Mediterrangebiet. – Durch die gedrängten, wollig-
behaarten Bltnstände von allen anderen *Lamium*-Arten der Türkei zu
unterscheiden.

L. garganicum L. (269)

Pfl. mehrjährig, niederlgd., bis 50 cm lang, behaart bis kahl; Blätt. breit-eif. bis nierenf., gesägt; Bltn. zu 4–8 in 1–5 Quirlen; K. behaart; Blkr. purpurn-rosa mit purpurn gestreifter Blkrröhre, Unterlippe gefleckt; Oberlippe 2geteilt, jeder Zipfel zuweilen nochmals geteilt, Unterlippe oft mit einem kurzen Anhängsel. – Bltzt. IV–IX. – Felsstandorte, Stein-schutt (Kap. 2.3), 400–2500 m. – SW.Asien. – 7 Unterarten in der Tür-kei, am weitesten verbreitet L. garganicum ssp. reniforme.

Lavandula L. (Lavendel)

2 Arten in der Türkei.

1.	Bltnstand dicht; sterile Tragblätt. auffallend gefärbt, schopfig . . . . . **L. stoechas**
–	Bltnstand locker; alle Tragblätt. gleich . . . . **L. angustifolia**

L. stoechas L. (270)

Aromatisch-duftender, wollig-behaarter, bis 50 cm hoher Zwergstrauch; Bltnquirle in gestielten, dichten, 4kantigen Ähren; obere Blätt. länglich bis elliptisch, eingerollt, mit zahlreichen kleinen Blätt. in den Blattach-seln und am Grd. der Stg.; Tragblätt. braun-purpurn, die oberen vergrö-ßert und ohne Bltn.; K. 13nervig, 5zähnig, der obere Zahn mit einem verkehrt-herzf. Anhängsel; Blkr. dunkel-purpurn, undeutlich 2lippig. – Bltzt. III–VI. – Pinus brutia-Offenwälder, Macchien, Trockenhänge (Kap. 2.1) bis 700 m. – Mediterrangebiet.

Marrubium L. (Andorn)

19 Arten in der Türkei. Wichtiges diagnostisches Merkmal ist die Zahl und Form der Kzähne.

M. astracanicum JACQ. (271)

Pfl. mehrjährig, aufrecht, bis 50 cm hoch, dicht sternf. behaart, oft pur-purn überlaufen; Blätt. elliptisch-eif., die unteren gekerbt, die oberen tief gesägt, dunkelgrün, oberseits dünn, unterseits dicht behaart; Bltn. in gedrängten, vielblütigen Scheinquirlen; K. behaart; Tragblätt. so lang wie die Kzähne, diese aufrecht, meist dunkel-purpurn, mit sternf. Haa-ren; Blkr. lavendel- oder malvenfarben bis purpurn, außen dicht be-haart, innerhalb der Oberlippe kahl. – Bltzt. V–IX. – Trockenhänge, Offenwälder, Ruderalstandorte (Kap. 2.3), 900–3200 m. – SW.Asien.

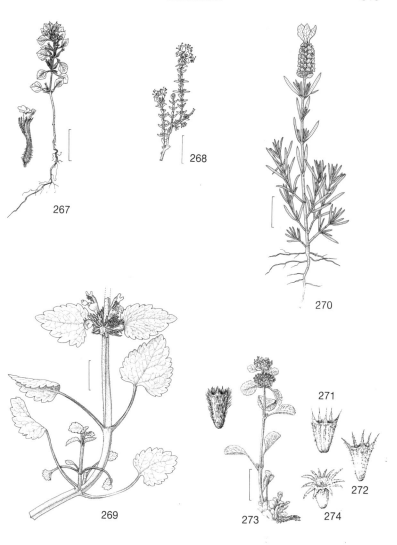

267

268

270

271

272

269

273   274

M. bourgaei Boiss. *(272)*

Ähnlich *M. astracanicum,* Pfl. aber mit gelber Behaarung; Kzähne etwas gespreizt; Blkr. weißlich, innerhalb der Unterlippe behaart. – <u>Bltzt. VI–VIII.</u> – Trocken- und Felshänge, Zwerggesträuche (Kap. 2.3), 1700–2400 m. – Östl. Mediterrangebiet.

M. globosum MONTBR. & AUCH. *(273)*

Ähnlich *M. astracanicum,* Pfl. aber mit dichter, weißer Behaarung; Blätt. beiderseits lang behaart; Scheinquirle sehr dicht, halbkugelig, die unteren zuweilen gestielt; K. dicht behaart, Kzähne kurz; Blkr. weißlich, außen dicht, innerhalb der Oberlippe weniger dicht behaart. – Bltzt. IV–VIII. – Felshänge, Zwerggesträuche (Kap. 2.3), 800–2500 m. – Endemisch in der Türkei.

M. parviflorum FISCHER & MEYER *(274)*

Pfl. mehrjährig, bis 70 cm hoch, am Grd. dicht weiß behaart; Grdblätt. sehr klein, dicht weiß-samtartig behaart; Stgblätt. unterseits weißfilzig, oberseits grün; Kzähne bis 15 mm lang, weit abspreizend, gerade oder gebogen; Blkr. weiß, außen dicht, innerhalb der Oberlippe weniger behaart. – Bltzt. V–IX. – Trockenhänge, Gebüsche, Steppen (Kap. 2.5), 450–1900 m. – SO.Europa, SW.Asien.

Melissa L. (Melisse)

Nur 1 Art in der Türkei.

M. officinalis L.

Pfl. mehrjährig, bis 1 m hoch, mit starkem Zitronenduft; Blätt. eif., grob kerbig-gesägt, behaart bis fast kahl; Scheinquirle einseitswendig; K. mit kurzen Drüsen und langen Haaren, 2lippig; Blkr. fahl-gelb, weiß, manchmal malvenfarben. – Bltzt. VI–IX. – Offenwälder, Gebüsche, Macchien, Ruderalstandorte (Kap. 2.2) bis 1800 m. – Europa, SW.-Asien. – Als Gewürzpflanze kultiviert und vielfach verwildert.

Mentha L. (Minze)

7 Arten mit zahlreichen Bastarden in der Türkei.

M. longifolia L.

Pfl. mehrjährig, mit unterirdischen Ausläufern, behaart und mit scharfem Geruch; blühende Stg. bis 1,2 m hoch; Blätt. bis 5 cm lang, länglich-eif. bis lanzettlich, am Rand scharf gesägt, oberseits grau-filzig, unterseits weiß-filzig behaart; Scheinähren an oft reich verzweigten Stg.; K. dicht-wollig behaart; Blkr. lila, rosarot oder weiß, fast radiärsymm., mit 4 Zipfeln. – Bltzt. VII–X. – Feuchtstandorte, Flußufer, Quellfluren (Kap. 2.7), 900–2100 m. – Europa, SW.Asien.

M. pulegium L.
Pfl. mehrjährig, mit oberirdischen Ausläufern und mit starkem Geruch; Stg. niederlgd. bis aufrecht, 10–40 cm; Blätt. elliptisch bis eif., kurzgestielt; Scheinquirle zahlreich, entfernt gestellt; K. ungleich 5zähnig, Schlund zur Frzt. durch einen einwärts gekrümmten Haarkranz verschlossen; Blkrröhre gekrümmt; Blkr. lila, behaart. – Bltzt. VI–IX. – Feuchtstandorte (Kap. 2.7) bis 1300 m. – Europa, Mediterrangebiet, SW.Asien.

Micromeria BENTHAM

14 Arten in der Türkei.

M. myrtifolia BOISS. (275)
Aufrechter, behaarter, bis 50 cm hoher Zwergstrauch; Blätt. eif.-elliptisch, flaumig-zottig behaart, am Rand eingerollt; Bltnstände lang, lokker, Scheinquirle dicht kugelig und vielbltg.; Tragblätt. so lang wie der K., dieser zylindrisch, steifhaarig; Kröhre am Schlund bärtig; Blkr. malvenfarben bis rosa, Oberlippe 3lappig. – Bltzt. V–VII. – Felshänge, *Pinus brutia*-Offenwälder, Macchien (Kap. 2.1) bis 1900 m. – Östl. Mediterrangebiet, SW.Asien.

Nepeta L. (Katzenminze)

33 Arten in der Türkei.

N. betonicifolia C. A. MEYER
Pfl. mehrjährig, aufrecht, unverzweigt, fein behaart, bis 70 cm hoch; Blätt. aufrecht, dem Stg. angepreßt, hellgrün, ungestielt, mit kurzen Haaren und wenigen Drüsen; Bltnstand länglich; Kröhre eng, 2lippig, dunkelviolett, drüsenlos, mit 5 ungleichen Zähnen; Blkr. violett; Blkrröhre eng, oben erweitert. – Bltzt. VI–VIII. – Felshänge, Zwerggesträuche (Kap. 2.3), 1100–3000 m. – SW.Asien.

N. cilicica BOISS.
Pfl. mehrjährig, bis 1 m hoch, z.T. verzweigt, kahl bis drüsig behaart, grün oder kastanienfarben; Blätt. 3eckig bis länglich, gezähnt, gestielt; Bltnstand z.T. verzweigt, Scheinquirle in lockeren Trugdolden; Tragblätt. kürzer als der K.; Kzähne so lang wie die Kröhre, rauh, grün oder purpurfarben; Blkr. violett, die Kzähne überragend. – Bltzt. V–IX. – Trockenhänge, Gebüsche, Offenwälder (Kap. 2.3), 900–2700 m. – Östl. Mediterrangebiet, SW.Asien.

N. nuda L. ssp. albiflora (Boiss.) Gams **(276)**
Pfl. mehrjährig, vielstg., anliegend behaart, bis 90 cm hoch; Blätt. eif.-
länglich, mit zahlreichen sitzenden Drüsen, am Rand gekerbt, gestielt;
Bltnstand aus vielbltg. Scheinquirlen; Tragblätt. kürzer als die Kröhre;
Kröhre zur Frzt. eif., behaart, gelbgrün oder violett-blau, Zähne aufrecht, stumpf, oft mit häutigem Rand; Blkr. weiß, crèmefarben oder violett-blau; Klausen mit Höckern an der Spitze. – Bltz. V–VIII. – Laub-
und Nadelwälder, Zwerggesträuche, Grasfluren (Kap. 2.3), 800–
2800 m. – SO.Europa, SW.Asien.

Origanum L. (Dost)

23 Arten in der Türkei, die sich nach Kgröße und nach den Kzähnen
unterscheiden.

O. onites L.
Bis 70 cm hoher, behaarter Zwergstrauch; Blätt. gestielt bis sitzend,
herzf.-elliptisch, zugespitzt, schwach gezähnt oder ganzrandig; Blatt-
adern auf der Unterseite hervortretend; Bltnähren doldig; Tragblätt.
leicht eif.-elliptisch, stumpf bis zugespitzt; K. 1lippig; Blkr. weiß, klein. –
Bltz. IV–VIII. – Trockenhänge, Macchien, meist auf Kalk (Kap. 2.1) bis
1400 m. – Östl. Mediterrangebiet.

Phlomis L. (Brandkraut)

34 Arten in der Türkei, die sich nach Bltnfarbe, Tragblätt. und K. unterscheiden.

Ph. armeniaca Willd. (277)
Pfl. mehrjährig, drüsenlos, bis 60 cm hoch; Blätt. mit anlgd. Sternhaaren, unterseits weiß-wollig; Grdblätt. fein-gekerbt, lang gestielt (bis
7 cm); Bltn. zu 4–10 in 2–5 Scheinquirlen; Tragblätt. bis 1 cm lang;
K. dicht mit Sternhaaren besetzt; Bltn. gelb. – Bltz. VI–VIII. – Pinus-
Offenwälder, Steppen, Trockenhänge, Kulturland (Kap. 2.4), 800–
2300 m. – Endemisch in der Türkei.

Ph. fruticosa L.
Bis 1,3 m hoher, anliegend grau-filzig behaarter Strauch; Stg. drüsenlos; Blätt. ledrig, oberseits dünn sternhaarig, unterseits weiß-filzig;
Grdblätt. lang gestielt; Bltn. zu 14–36 in 1–2 Scheinquirlen; Tragblätt.
eif.-lanzettlich, mit zahlreichen kurzen, sternf. und längeren, ungeteilten

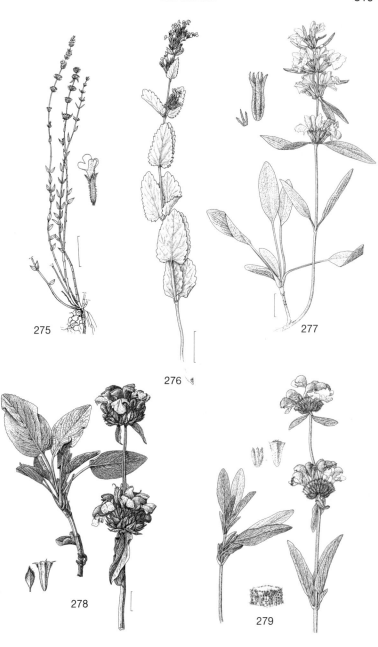

275

276

277

278

279

Haaren; K. mit 5 kurzen Zähnen; Blkr. gelb, Oberlippe helmf. zur 3lappigen Unterlippe herabgebogen. – Bltzt. IV–VII. – Trockenhänge, Macchien (Kap. 2.1) bis 1000 m. – Mediterrangebiet.

Ph. grandiflora H. S. THOMPSON *(278)*

Bis 2 m hoher Strauch; Blätt. oberseits grün; Scheinquirle 1köpfig, vielbltg.; Tragblätt. oberseits kahl, unterseits mit wenigen kurzen, sternf. Haaren, sitzenden Drüsen und ungeteilten borstenf. Haaren besetzt; K. mit dichtem Flaum winziger Sternhaare, Kzähne gebogen; Blkr. gelb, bis 4 cm groß. – Bltzt. V–VIII. – Trockenhänge, *Pinus brutia*-Wälder, Gebüsche, Macchien (Kap. 2.1), 600–1300 m. – Endemisch in der Türkei.

Ph. monocephala P. H. DAVIS *(279)*

Bis 1,5 m hoher drüsenloser Strauch; Blätt. länglich, unterseits mit dichtem, weißlich-gelbem, sternf. Haarfilz; untere Stgblätt. lang gestielt, obere Blätt. 2 × so lang wie die Scheinquirle; Bltn. zu 6–12 in 1–2 Scheinquirlen; Tragblätt. weiß-wollig; K. dicht weiß-wollig, sternhaarig; Kzähne mit Stachelspitze; Blkr. gelb. – Bltzt. V–VIII. – Macchien, Gebüsche, Trockenhänge (Kap. 2.1) bis 1500 m. – Endemisch in der Türkei.

Von den purpurfarbenen Arten ist **Phlomis pungens** WILLD. in der Türkei am häufigsten: Bltn. in 2–7 Scheinquirlen; Oberlippe helmf. – Bltzt. VI–VIII. – Steppen, *Pinus*-Offenwälder (Kap. 2.5). – SO.Europa, SW.-Asien.

Prasium L. (Klippenziest)

Monotypisch.

P. majus L.

Bis 1 m hoher, kahler Strauch; Blätt. eif. bis lanzettlich; Scheinquirle nur mit 1–2 Bltn. in blattreichen, endst. Trauben; K. 10nervig, 2lippig; Blkr. 2lippig, weiß, selten fahl-crèmefarben mit meist fahl-rosa Unterlippe; Blkrröhre mit schuppigem Haarring; Klausen schwarz, fleischig. – Bltzt. III–V. – Macchien, *Pinus*-Wälder, Trockenhänge, Dünen (Kap. 2.1) bis 200 m. – Mediterrangebiet.

Rosmarinus L. (Rosmarin)

Nur 1 Art in der Türkei.

R. officinalis L.

Bis 1,5 m hoher, immergrüner, stark aromatischer Strauch; Blätt. nadelf., sitzend, ledrig, am Rand eingerollt, oberseits tiefgrün, unterseits weiß-filzig; Scheinquirle wenigblütig; Blkr. den K. überragend, mit großer Unterlippe, fahl-blau; Klausen braun. – <u>Bltzt. II–V.</u> – Trockenhänge, *Pinus brutia*-Offenwälder, Macchien (Kap. 2.1) bis 300 m. – Mediterrangebiet, SW.Asien.

Salvia L. (Salbei)

87 Arten in der Türkei. Zur Gattung *Salvia* gehören vorwiegend ausdauernde, oft stark aromatische Kräuter, Zwergsträucher oder Sträucher.

S. multicaulis Vahl (280)

Pfl. mehrjährig, aufrecht, unverzweigt, drüsig-behaart, bis 60 cm hoch; Blätt. einfach, breit-oval, gekerbt, dicht mit verzweigten und sternf. Haaren besetzt; Blattstiele bis 6 cm lang; Scheinquirle 4–10bltg.; K. glockenf., zur Frzt. verlängert, purpurn-violett; Blkr. purpurn-violett; Blkrröhre und Oberlippe gerade; Klausen dunkelbraun. – <u>Bltzt. IV–VII.</u> – Trockenhänge, Gebüsche, Zwerggesträuche, Offenwälder (Kap. 2.3), 500–2600 m. – SW.Asien.

S. cryptantha Montbr. & Auch. (Foto 56)

Ähnlich *S. multicaulis;* Pfl. kleiner, mit schmäleren Blätt.; Stg. stets mit verzweigten Haaren und sitzenden Drüsen; K. gelb-grün; Blkr. weiß bis rosa; Klausen hellbraun. – <u>Bltzt. V–VII.</u> – Trockenhänge, Steppen, Ruderalstandorte (Kap. 2.4), 700–2500 m. – Endemisch in der Türkei.

S. fruticosa Miller (281)

Bis 1 m hoher, stark verzweigter Strauch; Blätt. einf. oder 3lappig, unterseits weiß-filzig behaart; Scheinquirle 2–8bltg., gedrängt; K. röhrig-glockig, oft hell-purpurn, mit 3zähniger, kürzerer Oberlippe; Blkr. malvenfarben, selten weiß; Blkrröhre zum Schlund hin erweitert; mit Haarring. – <u>Bltzt. III–V.</u> – Macchien (Kap. 2.1) bis 700 m. – Östl. Mediterrangebiet, SW.Asien.

S. hypargeia FISCHER & MEYER

Pfl. mehrjährig, strauchig; Stg. aufrecht, unverzweigt, bis 40 cm hoch; Blätt. ungeteilt, lineal-lanzettlich, oberseits grün, unterseits wollig-behaart, ganzrandig; Scheinquirle 4–8bltg., in deutlichem Abstand; K. zur Frzt. wollig-drüsig; Blkr. lavendelfarben bis hell-purpurn; Blkrröhre leicht bauchig, Oberlippe sichelf. – Bltzt. VI–VII. – Trockenhänge, *Pinus brutia*-Offenwälder, Kulturland (Kap. 2.3), 800–2000 m. – Endemisch in der Türkei.

S. sclarea L.

Pfl. zweijährig; Stg. aufrecht, grob 4kantig, verzweigt, bis 1 m hoch; Blätt. ungeteilt, oval-länglich, sehr groß (bis 10 cm lang), grau-filzig, am Rand gekerbt; Blattstiele bis 9 cm lang; Bltnstand rispenartig, vielbltg.; Tragblätt. die rosa bis malvenfarbenen Bltn. verbergend; Bltn. mit lila Oberlippe und crèmefarbener Unterlippe, Oberlippe sichelf. – Bltzt. V–VIII. – Trockenhänge, Steppen, Ruderalstandorte (Kap. 2.5) bis 200 m. – Europa, SW.- und Z.Asien.

S. tchihatcheffii BOISS. *(Foto 57)*

Zwergstrauch; sterile Stg. niederlgd., fertile lgd. bis aufrecht, unverzweigt, 10–20 cm, mit sitzenden Drüsen und zurückgebogenen Haaren; Blätt. 3geteilt bis fiederteilig, kahl, mit sitzenden Drüsen, ganzrandig; Endfieder an der Spitze gezähnt; Bltnstand eine verdichtete Ähre; Scheinquirle 2–6bltg.; K. röhrig-glockig, bewimpert, drüsig; Blkr. hell-violett bis weiß; Oberlippe gerade. – Bltzt. V–VI. – Trockenhänge, *Pinus brutia*-Offenwälder, Ruderalstandorte (Kap. 2.5), 400–1200 m. – Endemisch in der Türkei.

S. verticillata L.

Pfl. mehrjährig, mit zahlreichen, aufrechten, bis 70 cm hohen Stg.; Blätt. einfach, herzf., am Stiel oft noch ein Paar ungleicher Fiederblätt.; Blätt. behaart, schwach gesägt, mit vielen sitzenden Drüsen; Scheinquirle 20–40bltg., fast kugelig, eng übereinander stehend; K. röhrig, violett-blau, Zähne stachelspitzig; Blkr. violett-blau, lila, selten weiß; Blkrröhre gerade, mit einem V-förmigen Haarring. – Bltzt. V–IX. – Gebüsche, Trockenhänge, Steppen, Sandhügel, Ruderalstandorte (Kap. 2.5) bis 2300 m. – SW.Asien.

S. virgata JACQ.

Pfl. mehrjährig, krautig, bis 1 m hoch; Blätt. einfach, mit Haaren und Drüsen besetzt, herzf., gesägt bis ganzrandig; Bltnstand eine reich verzweigte Rispe; Scheinquirle 2–6bltg.; K. zur Frzt. mit stark gebogener und gespaltener Oberlippe; Blkr. violett-blau, lila, selten weiß; Oberlippe sichelf. – <u>Bltzt. V–IX.</u> – Gebüsche, Offenwälder, Kulturland, Ruderalstandorte (Kap. 2.3) bis 2300 m. – Europa, SW.Asien.

S. viridis L.

Die einzige einjährige *Salvia*-Art in der Türkei; Stg. bis 30 cm hoch, gewöhnlich mit violettem Hochblattschopf; Blkr. lila-purpurn bis weiß. – <u>Bltzt. III–VII.</u> – Trockenhänge, Macchien, Dünen, Kulturland (Kap. 2.1) bis 1300 m. – Mediterrangebiet.

Der in der Türkei angebotene Adaçayı-Tee stammt von *S. bracteata* BANKS & SOL. oder Hybriden.

280

281

Satureja L. (Bergminze)

14 Arten in der Türkei.

S. thymbra L. *(282)*
Reich verzweigter, bis 40 cm hoher Zwergstrauch; Stg. mit zurückgebogenen Haaren; Blätt. lineal bis eif., rauh; Scheinquirle 2–7bltg.,
dichtbltg.; Tragblätt. spitz-begrannt, den K. fast umhüllend; Blkr. malvenfarben bis purpurn. – Bltzt. IV–VI. – Gebüsche, Macchien
(Kap. 2.1) bis 400 m. – Mediterrangebiet, N.Afrika, SW.Asien.

Scutellaria L. (Helmkraut)

15 Arten in der Türkei.

S. orientalis L. ssp. *pinnatifida* EDMONDSON *(283)*
Niederlgd., bis 15 cm hoher Zwergstrauch mit zahlreichen seitlichen
Verzweigungen; Blätt. kurz gestielt, schmal elliptisch bis länglich, am
Rand tief eingeschnitten, eingerollt und unterseits behaart; Bltnstand
dicht, eif., Tragblätt. grünlich oder purpurn gefleckt, meist dicht; Blkr.
gelb, die Unterlippe manchmal rötlich gefleckt. – Bltzt. IV–VIII. – Steppen, Trockenhänge (Kap. 2.3), 400–2200 m. – Östl. Mediterrangebiet,
SW.Asien. – *S. orientalis* kommt mit 16 Unterarten in der Türkei vor.
Die Variabilität liegt in der Größe und Form der Blätt. [*283/1* ssp. *pich-
leri, 283/2* ssp. *orientalis, 283/3* ssp. *pinnatifida, 283/4* ssp. *alpina, 283/
5* ssp. *pectinata, 283/6* ssp. *virens* (aus Flora of Turkey Vol. 7, 1982)].

Sideritis L. (Gliedkraut)

40 Arten in der Türkei.

S. libanotica LABILL.
Pfl. mehrjährig, bis 1 m hoch; Blätt. anliegend weiß-filzig behaart oder
grünlich, oft feindrüsig, zugespitzt, am Rand fein gezähnt oder ganzrandig; Scheinquirle zu 2 bis 15 mit 6 Bltn.; K. dicht behaart; Blkr. gelb
oder purpur-violett, behaart, innen mit braunen Streifen. – Bltzt. V–
IX. – Trockenhänge, Steinschutt, Gebüsche, Zwerggesträuche
(Kap. 2.3), 600–2800 m. – Östl. Mediterrangebiet, SW.Asien.

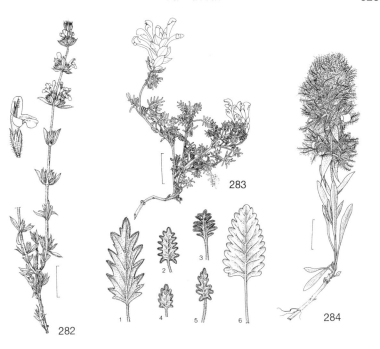

282 283 284

S. montana L.
Pfl. einjährig, vom Grd. an verzweigt, ± dicht zottig behaart, bis 40 cm hoch; Blätt. lanzettlich, zugespitzt, kaum gezähnt bis ganzrandig; Scheinquirle zahlreich, 4–6bltg.; obere Tragblätt. oft gelb; Blkr. gelb, bräunlich-schwarz werdend. – Bltzt. V–VIII. – Steppen, Trockenhänge, Gebüsche (Kap. 2.4) bis 2000 m. – S.- und SO.Europa, N.Afrika, SW.-Asien.

Stachys L. (Ziest)

76 Arten in der Türkei.

S. annua L.
Pfl. ein- bis mehrjährig; blühende Stg. gewöhnlich niederlgd., 8–50 cm, flaumig behaart, zuweilen kahl; Blätt. eif., kurz gestielt; Scheinquirle entfernt stehend, 4–8bltg.; K. 2lippig, Kzähne mit behaarter Stachelspitze; Blkr. crèmig-gelb mit roten Flecken. – Bltzt. V–IX. – Gebüsche,

Steppen, Kulturland (Kap. 2.5) bis 2100 m. – S.Europa, SW.- und
Z.Asien.

S. cretica L. ssp. anatolica RECH. f.
Pfl. mehrjährig, mit sterilen Rosetten am Grd.; blühende Stg. aufrecht,
bis 1 m hoch, wie die Blätt. dicht anlgd. grau-filzig behaart; Blätt. läng-
lich-spatelf., gekerbt; Scheinquirle 10–16bltg.; K. dicht behaart, mit 5
stechend begrannten Zähnen; Blkr. rosa, Unterlippe 3lappig, die seitlichen Lappen sehr klein. – Bltzt. V–IX. – Trockenhänge, Steppen
(Kap. 2.4) bis 2900 m. – Endemisch in der Türkei. – S. cretica kommt
in der Türkei mit 9 Unterarten vor, die sich in Form und Länge der
Kzähne unterscheiden.

S. lavandulifolia VAHL (284)
Pfl. mehrjährig, mit grdst. Blattrosetten an den sterilen Trieben; blühende Stg. bis 30 cm hoch, wie die Blätt. spärlich bis dicht seidig behaart; Blätt. nahezu sitzend, länglich, wenig gesägt; Scheinquirle 2–
6bltg. (z.T. nur 1bltg.); K. gleichmäßig behaart, mit 5 stacheligen Zähnen; Blkr. purpurn bis malvenfarben. – Bltzt. V–VIII. – Trockenhänge,
Steinschutt, Zwerggesträuche (Kap. 2.3) bis 3600 m. – SW.Asien.

Teucrium L. (Gamander)

27 Arten in der Türkei.

T. chamaedrys L.
Bis 50 cm hoher Zwergstrauch; Blätt. länglich, meist gezähnt, gekerbt
oder schwach gelappt; Scheinquirle 4–8bltg., in lockeren bis dichten
Endtrauben; K. röhrig-glockig, purpurn; Blkr. rötlich-purpurn, doppelt
so lang wie der K. – Bltzt. VI–IX. – Offenwälder, Gebüsche, Steppen
(Kap. 2.2) bis 1600 m. – Europa, östl. Mediterrangebiet, SW.Asien. –
In der Türkei werden 6 Unterarten unterschieden.

T. creticum L. (285)
Aufrechter, bis 1 m hoher Strauch; junge Zweige dicht grau-filzig; Blätt.
lineal, am Rand stark eingerollt, oberseits grün, unterseits filzig, zugespitzt; Bltnstand traubig; Hochblätt. kürzer als die 1–3 achselst. Bltn.;
K. dicht filzig; Kzähne deutlich 1nervig; Blkr. malvenfarben, doppelt so
lang wie der K. – Bltzt. V–IX. – Macchien, Trockenhänge (Kap. 2.1) bis
300 m. – Mediterrangebiet.

T. brevifolium SCHREBER

Ähnlich *T. creticum,* aber nur bis 50 cm hoch; Zweige locker behaart; Blätt. ± dick, beiderseits graufilzig; Bltn. einzeln; K. bis zur Mitte geteilt, Kzähne stumpf; Blkr. blau bis weiß. – Bltzt. III–V. – Trockenhänge, Felsstandorte (Kap. 2.1) bis 50 m. – Mediterrangebiet.

T. divaricatum SIEBER (286)

Ähnlich *T. chamaedrys,* Pfl. aber fast halbstrauchig; Blätt. ± fleischig; obere Tragblätt. ganzrandig; Bltn. purpurn. – Bltzt. IV–V. – Macchien, Trockenhänge, Ruderalstandorte (Kap. 2.1) bis 600 m. – Östl. Mediterrangebiet, SW.Asien.

T. orientale L.

Pfl. mehrjährig, bis 50 cm hoch; Stg. am Grd. verholzt, behaart bis kahl; Blätt. fiederteilig, am Rand eingerollt, behaart bis kahl; Bltnstand rispig; Blkr. violett-blau, 3 × so lang wie der K.; Unterlippe 5lappig. – Bltzt. VI–IX. – Offenwälder, Gebüsche, Trockenhänge (Kap. 2.4), 600–1300 m. – SW.Asien.

285

286

Thymbra L.

2 Arten in der Türkei.

1. Bltn. rötlich-violett . . . . ***Th. spicata***
– Bltn. weiß . . . . ***Th. sintenisii***

Th. spicata L. (287)
Bis 40 cm hoher Zwergstrauch; Blätt. jung gefaltet, lineal, stumpf; Bltnstand ährig, dicht, Scheinquirle 6–10bltg.; Tragblätt. zugespitzt; K. undeutlich 13nervig, 2lippig, purpurbraun, zur Frzt. abfallend; Blkr. purpurn, malvenfarben oder rosa, drüsig-punktiert; Blkrröhre gerade, Unterlippe 3lappig; Klausen eif., papillös-behaart. – Bltzt. VI–VII. – Trockenhänge, Gebüsche, Macchien, Felsstandorte (Kap. 2.1) bis 1600 m. – Östl. Mediterrangebiet, SW.Asien.

Thymus L. (Thymian)

38 Arten in der Türkei.

Th. cilicicus BOISS. & BAL.
Pfl. mehrjährig, dichte Polster bildend; Stg. 3–15 cm, rundum mit gebogenen Haaren besetzt; Blätt. behaart, an den Langtrieben mit flachem Rand, sonst mit eingerolltem Rand; Bltnstand kopfig; K. 2lippig, obere Zähne unregelmäßig behaart; Blkr. violett-purpurn. – Bltzt. IV–VIII. – Felsstandorte, Zwerggesträuche (Kap. 2.3) bis 2000 m. – Endemisch in der Türkei.

Th. leucostomus HAUSSKN. & VELEN.
Zwergstrauch; Grdblätt. oval, fleischig, Stgblätt. schmal, in Büscheln, mit roten oder fahlgelben Öltüpfeln auf beiden Seiten; Mittelrippe schwach; Bltnstand mit 1–3 Scheinquirlen; Kröhre kurz, mit Schlundhaaren; Blkr. weiß. – Bltzt. V–VII. – Trockenhänge, Steppen (Kap. 2.5), 650–1600 m. – Endemisch in der Türkei.

Th. leucotrichus HAL. (288)
Lockere Polster bildender Zwergstrauch; die blühenden Stg. bis 6 cm hoch; Blätt. lineal-lanzettlich, samtig behaart, ohne oder nur mit wenigen Öltüpfeln, am Rand leicht eingerollt oder verdickt; Bltnstand kopfig; K. ohne oder mit wenigen gelben Öltüpfeln; Blkr. malvenfarben bis purpurn. – Bltzt. VI–VII. – Felsstandorte, Zwerggesträuche, Steppen (Kap. 2.3), 1200–3000 m. – Östl. Mediterrangebiet, SW.Asien.

Th. sipyleus Boiss.

Reich verzweigter, dichte Polster bildender Zwergstrauch; Bltn. tragende Stg. rundum mit kurzen, gebogenen Haaren besetzt; Internodium kürzer als die Blätt.; Blätt. sitzend, dachziegelartig kreuzgegenst.; Stgblätt. oval, ± fleischig, ohne oder mit wenigen Öltüpfeln, die seitlichen Randnerven zu einer Randverdickung vereint; K. grün, Kröhre und Kzipfel gleich lang; Blkr. weiß, zuweilen rosa. – Bltzt. V–VIII. – Felsstandorte, Zwerggesträuche (Kap. 2.3), 400–2700 m. – Endemisch in der Türkei.

287

288

290   289

Wiedemannia FISCHER & MEYER

2 Arten in der Türkei.

1. Tragblätt. gekerbt bis gezähnt; Bltn klein (< 2 cm) . . . . *W. orientalis*
– Tragblätt. fiederteilig; Bltn. größer (> 2 cm) . . . . *W. multifida*

W. orientalis FISCHER & MEYER *(289)*
Pfl. einjährig, bis 40 cm hoch, ± dicht behaart; untere Blätt. gestielt, die oberen sitzend und kleiner; Tragblätt. gekerbt bis grob gezähnt; K. zur Bltzt. dicht grau-wollig-behaart, 2lippig, 10nervig; Blkr. rosa oder purpurn, mit dunklen Flecken auf der Unterlippe. – Bltzt. IV–VI. – Trokkenhänge, Steppen, Kulturland, Ruderalstandorte (Kap. 2.5), 700–1700 m. – SW.Asien.

Ziziphora L.

5 Arten in der Türkei.

Z. capitata L. *(290)*
Pfl. einjährig, stark aromatisch duftend, bis 15 cm hoch; Stg. einfach bis reich verzweigt; Blätt. lanzettlich, am Grd. eif.-spatelig; Bltnstand endst., kugelig, teilweise von den eif. Tragblätt. eingeschlossen; K. borstig behaart; Blkr. violett, purpurn oder lavendelfarben, selten rosa oder weiß. – Bltzt. IV–VIII. – Trockenhänge, Zwerggesträuche, Steppen (Kap. 2.3) bis 2200 m. – SO.Europa, SW.Asien.

Lauraceae – Lorbeergewächse

Bäume oder Sträucher; Blätt. immergrün, wechselst. drüsig-punktiert; Bltn. achselst. in Büscheln, eingeschl., klein; Bltnhülle verwachsen, 4–6zipflig; Stbbl. 12, in Quirlen; Fr. eine 1samige Beere.

Nur 1 Gattung mit 1 Art in der Türkei.

Laurus L. (Lorbeer)

L. nobilis L. *(291)*
Immergrüner, bis 15 m hoher, zweihäusiger Strauch oder Baum; Blätt. ledrig, drüsig; ♂ Bltn. mit 8–12 Stbbl., ♀ Bltn. mit 4 rudimentären

Stbbl. (Staminodien); Fr. eine kugelig-elliptische, schwarze Beere. – Bltzt. III–V. – Macchien, zerstreut in *Pinus brutia*-Wäldern, Trocken-hänge (Kap. 2.1) bis 1200 m. – SO.Europa, Mediterrangebiet, N.Afrika, SW.Asien. – Häufig als Zierpfl. angepflanzt. Die aromatischen Blätter und Früchte werden als Küchengewürz und zur Ölherstellung genutzt.

291

Lentibulariaceae – Wasserschlauchgewächse

Tierfangende Land- und Wasserpfl.; Blätt. in grdst. Rosette oder wech-selst., ganzrandig oder tief zerschlitzt; Bltn. einzeln oder in Trauben; K. 2lippig; Blkr. 2lippig, am Grd. ausgesackt oder gespornt, Schlund oft durch eine Ausstülpung der Unterlippe verschlossen („maskiert"); Stbblätt. 2; Frkn. oberst., 1kammerig; Fr. eine ± kugelige, vielsamige Kapsel.

2 Gattungen mit 5 Arten in der Türkei, deren Blätter dem Tierfang die-nen. *Utricularia* zeichnet sich durch sogenannte „Schluckfallen" aus (Blattzipfel zu kleinen, grünen Blasen umgewandelt, die durch eine Ven-tilklappe geschlossen sind – bei Berührung von hebelartig wirkenden Borsten öffnet sich diese und saugt Wassertiere mit dem Wasser-schwall ein), *Pinguicula* durch „Klebfallen".

1. Landpfl. mit drüsig behaarten, klebrigen Blätt. in grdst. Rosette; Bltn. einzeln, langgestielt, violett oder weiß . . . .***Pinguicula****
(P. balcanica, P. crystallina)

– Untergetauchte Wasserpfl.; Blätt. fein zerschlitzt, mit tierfangenden Blasen; Bltn. in langgestielten Trauben, gelb . . . .***Utricularia***

Utricularia L. (Wasserschlauch)

3 Arten in der Türkei, die in ihren vegetativen Merkmalen eine große
Variabilität zeigen.

U. australis* R. Br. *(292)
Frei schwimmende Wasserpfl., ohne bleiche Erdsprosse; Blätt. in viele
haarf., am Rand gezähnelte Zipfel zerteilt, mit vielen Fangblasen;
bltntragende Stg. lang, bis 35 cm hoch, nach der Bltzt. gebogen;
Bltnstiele 3–5mal so lang wie ihre Tragblätt., nach der Bltzt. verlängert,
gekrümmt; Blkr. zitronengelb, Unterlippe flach, abgerundet, mit gewelltem Rand. – Bltzt. V–VIII. – In stehenden Gewässern (Kap. 2.7) und
Sümpfen bis 2000 m. – Im temperierten Eurasien, Afrika und Austral-
asien sehr weit verbreitet.

292

Liliaceae – Liliengewächse

Knollen-, Zwiebel- oder Rhizomstauden; Blätt. grdst.; Bltnstand traubig, ährig, rispig oder nur mit Einzelbltn.; Bltn. auffällig gefärbt, meist
radiärsymm.; Bltnhülle meist 6blättrig, frei oder verwachsen; Stbbl. 6,
selten 4, 8 oder 10; Frkn. 3blättrig, oberst.; Beeren oder Kapselfr.

33 Gattungen mit etwa 390 Arten in der Türkei. Diese sehr große Familie wird heute aufgrund chemotaxonomischer Merkmale in mehrere Ver-
wandtschaftskreise im Rang einer Familie aufgespalten.

1. Pfl. zur Bltzt. stengellos; Frkn. unterirdisch. 2
– Pfl. zur Bltzt. mit deutlichem Stg. 3
2. Bltnhüllblätt. verwachsen, mit langer Röhre . . . .***Colchicum,*** 337
– Bltnhüllblätt. bis zum Grd. frei . . . .***Merendera****
(4 Arten)
3 **(1 –).** Stg. mit unscheinbaren Blätt., in deren Achsel derb stechende
Seitentriebe in Blattform, die auf der scheinbaren Blattoberseite die
Bltn. tragen (Phyllokladien). . . . .***Ruscus**** (Ruscaceae)
(4 Arten)
– Stg. deutlich beblättert, Blätt. zur Bltzt. oft fehlend 4
4. Bltnstand kugelig oder doldig, vor dem Aufblühen von einem trocken-
häutigen Hüllblatt umgeben 5
– Bltnstand nicht kugelig, vor dem Aufblühen nicht von einem trocken-
häutigen Hüllblatt umgeben 6
5. Bltnhülle 1nervig; Bltnstiele nicht verdickt. . . . .***Allium,*** 334
– Äußere Bltnhülle 7nervig; Bltnstiele an der Spitze stark verdickt. . . .
Nectaroscordum*
(N. siculum, N. tripedale)
6 **(4 –).** Bltntragende Stg. blattlos; Blätt. grdst., zur Bltzt. oft fehlend 7
– Bltntragende Stg. beblättert 15
7. Pfl. zur Bltzt. blattlos. . . . .***Urginea,*** 343
– Pfl. zur Bltzt. beblättert. 8
8. Bltnhülle frei oder nur am Grd. verbunden 9
– Bltnhülle verwachsen, zuweilen aber bis zur Hälfte geteilt 12
9. Stbbeutel aufrecht. . . . .***Eremurus,*** 338
– Stbbeutel hgd., auf dem Rücken am Stbblstiel angewachsen . . .10
10. Pfl. mit verlängertem oder angeschwollenem Wurzelstock; Stbblstiele
am Grd. verbreitert, den Frkn. verdeckend . . . .***Asphodelus,*** 337
– Pfl. mit Zwiebeln; Stbblstiele nicht verbreitert, Frkn. sichtbar. . . .11
11. Bltn. blau, rotviolett oder selten weiß, nie mit grünen Streifen ***Scilla,*** 342
– Bltn. weiß oder grünlich, außen grüngestreift . . . . .***Ornithogalum,*** 341
12 **(8 –).** Bltnhüllblattröhre kurz; Bltn. blau; Stbblstiele verbreitert, kronblattartig. . . . .***Chionodoxa****
(3 Arten)
– Bltnhüllblattröhre lang. 13
13. Bltn. kugelig oder walzlich, kurz 6zähnig, an der Mündung oft krugf.
zusammengezogen; Sa. schwarz, bereift . . . .***Muscari,*** 340
– Bltn. nicht krugf. zusammengezogen; Sa. schwarz oder dunkelblau .
14
14. Kapsel 3kantig; Bltnhülle nach der Blüte braun oder dunkelviolett, zur
Frzt. abgefallen . . . .***Bellevalia****
(18 Arten)
– Kapsel rundlich; Bltnhülle nach der Blüte nicht braun, zur Frzt. vorhanden . . . .***Hyacinthella****
(9 Arten)
15 **(6 –).** Bltn. groß, 2 – 4 cm, einzeln, zu 2 oder 3, endst. 16
– Bltn. klein oder groß, in Dolden oder Trauben, selten einzeln. . . .17
16. Bltn. aufrecht; Narben dem Frkn. aufsitzend . . . .***Tulipa,*** 342

In Anlehnung an Flora of Turkey Vol. 8 (1984).

Allium L. (Lauch)

146 Arten in der Türkei.

A. atroviolaceum Boiss.
Zwiebel rundlich, Hülle häutig, graubraun, später faserig und verlängert; Brutzwiebeln gelblich-braun; Stg. bis 1 m hoch; Blätt. 3–5, bis 1 cm breit, flach, am Rand rauh; Hochblatt früh abfallend; Bltnstand kugelig, 3–6 cm im Durchmesser, vielbltg.; Bltnhülle glockenf., tief violett bis maronenfarben, kahl, stumpf; Stbblstiele 3spaltig, gewimpert; Stbbeutel violett. – Bltzt. VI–VII. – Offenwälder, Gebüsche, Steppen (Kap. 2.5) bis 2000 m. – Europa, SW.Asien.

A. cappadocicum Boiss.
Ähnlich *A. atroviolaceum,* Stg. aber nur bis 50 cm hoch; Blätt. röhrig, kahl; Stbblstiele kahl. – Bltzt. VI–VII. – *Pinus nigra*-Offenwälder, Steppen (Kap. 2.5), 900–1400 m. – Endemisch in Inneranatolien.

A. lycaonicum Hayek (293)
Zwiebel rundlich, Hülle papierartig, grau-schwarz; Stg. bis 40 cm hoch, oft violett; Blätt. 2–5, oft zurückgekrümmt, gekielt; Hochblatt 2–3lappig, am Grd. violett; Bltnstand halbkugelig, 3–4 cm im Durchmesser, vielbltg.; Bltnstiele lang, violett; Bltnhülle sternf., weinrot oder intensiv purpurrot mit weißlichem Grd.; Stbblstiele einfach, breit; Stbbeutel dunkel-violett. – Bltzt. V–VI. – Offenwälder, Gebüsche, Zwerggesträuche (Kap. 2.3), 1000–2000 m. – SW.Asien.

A. myrianthum Boiss. (294)
Zwiebel rundlich, äußere Hülle braun, gestreift, innere weiß-häutig; Stg. bis 1,5 m hoch; Blätt. schmal, borstig-röhrig; Hochblatt plötzlich verschmälert, oft länger als der Bltnstand; Bltnstand kugelig, 2–5 cm im Durchmesser, vielbltg.; Bltnstiele sehr lang; Bltnhülle kurz-glockenf.,

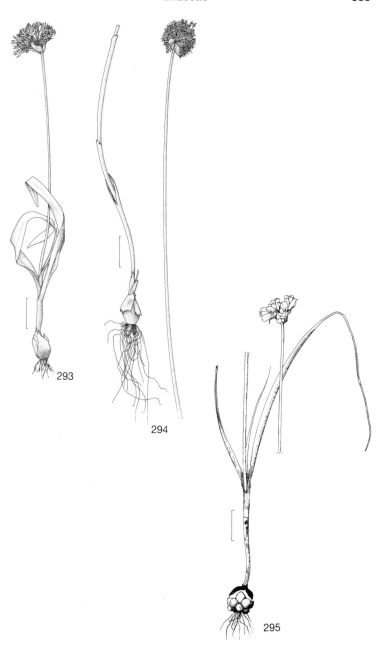

293

294

295

milchig-weiß oder crèmefarben, stumpf; Stbbl. die Bltnhülle überragend. – Bltzt. VI–VII. – Offenwälder, Gebüsche, Macchien (Kap. 2.2) bis 1600 m. – SW.Asien.

A. roseum L. (295)

Zwiebel fast kugelig, mit zahlreichen Nebenzwiebeln; Hülle verkrustet, grubig; Stg. bis 70 cm hoch; Blätt. 2–4, breit-lineal, am Rand fein gezähnt; Hochblatt tief 3–4lappig, sehr kurz; bleibend; Bltnstand halbkugelig, bis 6 cm im Durchmesser, oft mit Brutzwiebeln; Bltnstiele lang; Bltnhülle glockenf., rosa oder weiß, stumpf, an der Spitze oft gezähnt; Stbbl. die Bltnhülle nicht überragend. – Bltzt. IV–V. – Offenwälder, Macchien, Küstenzone (Kap. 2.1) bis 2000 m. – Mediterrangebiet.

A. scabriflorum BOISS.

Zwiebel rundlich; Hülle faserig-netzig; Stg. bis 30 cm hoch, dünn; Blätt. fadenf., so lang wie oder kürzer als der Stg.; Hochblatt häutig, 2spaltig, kürzer als die Dolde; Bltnstand kugelig, bis 1,5 cm im Durchmesser, dicht; Bltnhülle glockenf., blau, violettblau oder rotviolett, außen papillös, am Kiel rauh; Stbblstiele 3spaltig. – Bltzt. VI–VII. – Salzsteppen (Kap. 2.6), 700–1700 m. – Endemisch in Inneranatolien.

Asphodeline REICHENB. (Junkerlilie)

14 Arten in der Türkei.

A. brevicaulis BERTOL.

Pfl. mehrjährig, blühende Stg. bis 70 cm hoch; Stg. aufrecht, im unteren Teil beblättert; Blattränder rauh; Bltnstand einfach oder mit 1–3 Ähren; Tragblätt. 5–12 mm, schmal-lanzettlich, lang zugespitzt; Bltn. gelb; Frstiele bis 55 mm lang, aufrecht, länger als die Tragblätt.; Kapsel kugelig, kahl. – Bltzt. IV–VI. – Offenwälder, Macchien (Kap. 2.1) bis 1300 m. –Östl. Mediterrangebiet, SW.Asien.

A. globifera BAKER

Pfl. mehrjährig, blühende Stg. bis 1,5 m hoch, im unteren Teil beblättert; Blätt. grünlich, weich, biegsam, am Rand rauh; Bltnstand einfach, dichtbltg.; Tragblätt. 20–40 mm, lanzettlich; Bltn. weiß; Kapsel kugelig. – Bltzt. V–VII. – Felsstandorte, Offenwälder, Zwerggesträuche (Kap. 2.3), 800–2200 m. – SW.Asien.

A. taurica (PALLAS) KUNTH
Pfl. mehrjährig, blühende Stg. bis 1 m hoch, vollst. beblättert; Blätt. graugrün, am Rand rauh; Bltnstand einfach, sehr dichtbltg.; Tragblätt. 20–30 mm, verlängert-rundlich; Bltn. weiß; Frstiele 10–12 mm, kürzer als die Tragblätt.; Kapsel verlängert-rundlich. – Bltzt. V–VII. – Felsstandorte, Offenwälder (Kap. 2.3), 800–2500 m. – Östl. Mediterrangebiet.

Von den gelbblühenden Arten ist **Asphodeline lutea (L.)** REICHENB. im türkischen Mediterrangebiet am häufigsten. – Bltzt. III–VI. – Felsstandorte, Macchien (Kap. 2.1) bis 1600 m. – Mediterrangebiet.

Asphodelus L. (Affodill)

3 Arten in der Türkei.

A. ramosus L. (Foto 58)
Pfl. mehrjährig, blühende Stg. bis 2 m hoch; Blätt. flach, alle grdst.; Bltnstand reich verzweigt, mit dichtbltg. Rispen; Tragblatt. 5–15 mm, häutig; Bltn. weiß, mit rotviolettem Mittelnerv; Kapsel rundlich, gefurcht. – Bltzt. III–VI. – Macchien, Ödland (Kap. 2.1) bis 900 m. – Mediterrangebiet.

Colchicum L. (Herbstzeitlose)

22 Arten in der Türkei.

C. szovitsii FISCHER & MEYER (296)
Zwiebel rundlich, äußere Hülle schwarzbraun, innere papierartig, rotbraun; Blätt. 2–3, kahl, schmal-lanzettlich, zur Bltzt. 2–6 cm lang; Blattspitze oft kapuzenartig; Bltn. 2–5, rundlich-glockig, violett-rosa oder weiß; Stbbeutel schwärzlich-violett. – Bltzt. II–V. – Quellsümpfe, Felsstandorte (Kap. 2.3) bis 3300 m. – SW.Asien.

C. triphyllum G. KUNZE (297)
Zwiebel eif., äußere Hülle haselnußbraun, innere heller, häutig, hinfällig; Blätt. 3, schmal-lanzettlich, zur Bltzt. 2–9 cm lang, am Rand rauh oder glatt; Bltn. 1–4, glockenf., rotviolett oder weiß, violett überlaufen; Stbbeutel schwärzlich-violett. – Bltzt. II–IV. – Felsstandorte (Kap. 2.3), 700–2100 m. – Mediterrangebiet, SW.Asien.

C. variegatum L. (Foto 59)

Zwiebel fast kugelig, äußere Hülle dunkelbraun, innere rotbraun, ledrig, mit verlängertem Hals; Blätt. 3–4, schmal-lanzettlich, kahl, am Rand gewellt, zur Bltz. fehlend; Bltn. rundlich, tief rot oder violett-purpurfarben, schachbrettartig gefleckt, am Grd. oft heller; Stbbeutel schwärzlich-violett. – Bltzt. IX–XI. – Offenwälder, Macchien (Kap. 2.1) bis 2100 m. – Östl. Mediterrangebiet.

Eremurus BIEB. (Steppenkerze)

2 Arten in der Türkei.

1. Blühende Stg. bis 2 m hoch, kahl; Bltn. weiß oder grünlich-gelb . . .
E. spectabilis

– Blühende Stg. bis 70 cm hoch, behaart; Bltn. bräunlich . . . .
E. cappadocicum

E. spectabilis BIEB. (Foto 60)

Pfl. mehrjährig; blühende Stg. bis 2 m hoch, kahl; Blätt. grdst., breitlineal, bis 60 cm lang, kahl, am Rand rauh; Bltnstand traubig, dichtbltg.; Bltn. weiß oder grünlich-gelb, mit rötlichem Mittelnerv; Stbbl. orangerot. – Bltzt. V–VII. – Felshänge, Gebüsche, Steppen (Kap. 2.3), 1000–2800 m. – SW. und Z.Asien.

Fritillaria L. (Schachbrettblume)

31 Arten in der Türkei.

F. aurea SCHOTT

Zwiebel mit zahlreichen Nebenzwiebeln; Stg. glatt, bis 15 cm hoch; Blätt. 5–8, die untersten wechselst., graugrün, lanzettlich; Bltn. einzeln, gelb oder rotbraun, schachbrettartig gefleckt, breit glockig; Nektarblätt. rhombisch, im Einschnitt der Blkr.; Stbblstiele kahl; Kapsel ungeflügelt. – Bltzt. V–VII. – Felsstandorte, Schmelzwasser- und Quellfluren (Kap. 2.3), 1800–3000 m. – Endemisch im Taurus-Gebirge.

F. bithynica BAKER

Zwiebel gelegentlich mit Nebenzwiebeln; Stg. glatt, bis 20 cm hoch; Blätt. 5–12, gegenst.; Bltn. 1–2, schmal-glockig, graugrün bis gelbgrün mit rotvioletten Flecken; Nektarblätt. lanzettlich, braun oder grün, am Grd. der Blkr.; Stbblstiele papillös; Kapsel mit 6 Flügeln. – Bltzt.

<u>III–V.</u> – Offenwälder, Macchien (Kap. 2.1) bis 1200 m. – Endemisch in der Türkei.

Gagea Salisb. (Gelbstern)

25 Arten in der Türkei.

G. granatellii (Parl.) Parl.

Zwiebel von dicken Wurzeln und zahlreichen Nebenzwiebeln umgeben; grdst. Blätt. 2, lineal, flach, bis 5 mm breit, kahl oder behaart; Stgblätt. gegenst., schmal, bewimpert, in den Achseln mit schwärzlichen Brutzwiebeln; Bltnstand doldig, bis 12 cm breit; Bltn. 2–11, gelb, außen behaart; Bltnstiele dicht weiß-wollig. – <u>Bltzt. II–V.</u> – Trockenhänge, Gebüsche, Steppen (Kap. 2.5), 400–2100 m. – Mediterrangebiet.

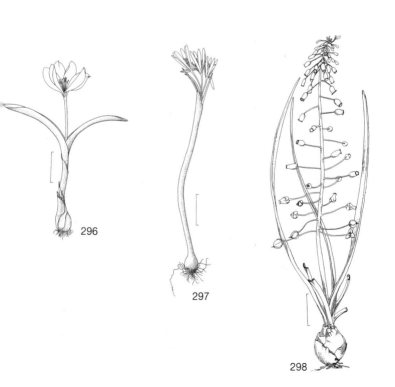

296

297

298

G. villosa (Bieb.) Duby

Zwiebel mit harter, brauner Hülle; grdst. Blätt. 2, fadenf, bis 2 mm breit, im Querschnitt D-förmig, kahl oder kurz behaart; Stgblätt. gegenst., selten mit Brutzwiebeln in den Achseln; Bltnstand doldig, bis 10 cm breit; Bltn. 1–15, außen z.T. behaart. – Bltzt. III–VI. – Offenwälder, Steppen (Kap. 2.5), 300–2500 m. – Europa, Mediterrangebiet, SW.-Asien.

Lilium L. (Lilie)

6 Arten in der Türkei.

L. candidum L.

Stg. bis 1,3 m hoch, violett überlaufen, 2–12bltg.; Blätt. spiralig angeordnet, kahl, verlängert-lanzettlich; Bltn. trompetenartig, schneeweiß; Bltnhüllblätt. verlängert-lanzettlich, im oberen Teil zurückgekrümmt. Bltzt. V–VI. – Felsstandorte, Macchien (Kap. 2.1) bis 1300 m. – Östl. Mediterrangebiet.

Muscari Miller (Träubelhyazinthe)

22 Arten in der Türkei.

M. comosum (L.) Miller

Zwiebel bis 3,5 cm im Durchmesser, Hülle rosa; Blätt. zu 3–5, aufrecht bis gekrümmt, lineal, zur Spitze hin verschmälert, kürzer als der Bltnstg.; Stg. bis 80 cm hoch; Bltntrauben locker, bis 80 cm lang, 15–100bltg.; Bltnstiele der fertilen Bltn. zur Frzt. nicht verlängert; fertile Bltn. bräunlich, die Blkrzipfel hell oder crèmefarben; Bltnstiele der sterilen Bltn. aufstgd. oder fast waagrecht abstehend, violett; sterile Bltn. kugelig, hellviolett, kürzer als die fertilen Bltn. und oft eine endst. Krone bildend. – Bltzt. III–VII. – Offenwälder, Macchien, Kulturland (Kap. 2.2) bis 2000 m. – Europa, Mediterrangebiet, SW.Asien.

M. longipes Boiss. *(298)*

Zwiebel groß, bis 4 cm im Durchmesser, Hülle elfenbeinfarben oder hellrosa; Blätt. 3–9, schmal-röhrig, gedreht, graugrün; Stg. bis 60 cm hoch: Bltntrauben locker, bis 50 cm lang, 80–200bltg.; Bltnstiele sehr lang, zur Frzt. verlängert (bis 8 cm lang); fertile Bltn. leicht hgd., bräunlich, unter der Mündung deutlich eingeschnürt, schwärzlich gesäumt. – Bltzt. IV–VI. – Trockenhänge, Steppen (Kap. 2.5), 500–1600 m. – SW.Asien.

M. neglectum Guss.

Blätt. 3–6, lineal, rinnig, hellgrün; Stg. bis 30 cm hoch, so lang wie die Blätt.; Bltntraube dicht, Bltn. dachziegelig; Bltnstiele zurückgebogen; fertile Bltn. sehr dunkel bis schwarzblau; Blkrblattzipfel weiß, zurückgekrümmt; sterile Bltn. bis 20, kleiner und heller. – Bltzt. III–V. – Offenwälder, Felsstandorte (Kap. 2.3) bis 2300 m. – N.Afrika, Eurasien.

Ornithogalum L. (Milchstern)

26 Arten in der Türkei.

O. armeniacum Baker

Stg. aufrecht, oft behaart, bis 20 cm hoch; Blätt. zahlreich, fadenf., unterseits behaart, am Rand bewimpert; Bltnstand scheindoldig, 7–11bltg.; Bltnhüllblätt. innen weiß, außen mit grünem Streifen. – Bltzt. IV–VIII. – Offenwälder, Steinschutt (Kap. 2.3) bis 2800 m. – Östl. Mediterrangebiet.

O. montanum Cyr. *(Foto 61)*

Stg. bis 20 cm hoch; Blätt. kürzer als der Stg., flach am Boden oder nach außen gekrümmt, schmal, kahl; Bltnstand scheindoldig, locker, 7–14bltg.; Bltnhüllblätt. innen weiß, außen mit grünem Streifen. – Bltzt. III–V. – Offenwälder, Steinschutt (Kap. 2.3) bis 2000 m. – Mediterrangebiet, SW.Asien.

O. nutans L.

Stg. aufrecht, bis 60 cm hoch; Blätt. lineal, so lang wie der Stg., kahl, auf der Oberseite mit einem weißen Streifen; Bltntraube zylindrisch, 9–20bltg.; Bltnhüllblätt. groß, innen weiß, außen mit grünem Streifen; Stbbstiele breit, geflügelt, an der Spitze mit 2 Zähnen. – Bltzt. III–V. – Trockenhänge, Steppen (Kap. 2.5) bis 2000 m. – Östl. Mediterrangebiet. – In Europa vielfach kultiviert.

O. sphaerocarpum Kerner

Stg. bis 1 m hoch; Blätt. zahlreich, zur Bltzt. oft verwelkt, kürzer als der Stg., am Rand oft leicht gezähnt, meist aber ganzrandig; Bltntraube zylindrisch, 15–25bltg.; Bltnhüllblätt. innen weiß, außen mit grünem Streifen; Stbblstiele ungeflügelt, nicht gezähnt. – Bltzt. IV–VII. – Offenwälder, Trockenhänge, Macchien (Kap. 2.2) bis 1800 m. – Eurasien.

O. ulophyllum HAND.-MAZZ.
Stg. aufrecht, bis 25 cm hoch; Blätt. lineal, am Rand gezähnt oder bewimpert, oft rötlich und deutlich gewellt; Bltnstand scheindoldig, 10–20bltg.; Bltnhüllblätt. innen weiß, außen mit grünem Streifen. – <u>Bltzt. III–VI.</u> – Trockenhänge, Steppen (Kap. 2.5) bis 1700 m. – SW.Asien.

Scilla L. (Blaustern)

14 Arten in der Türkei.

S. autumnalis L.
Blätt. 3–12, aufrecht, schmal-lineal, fleischig, nach der Bltzt. erscheinend; Stg. 1–2, bis 30 cm hoch, am Grd. rauh; Bltntrauben 4–25bltg., zunächst dicht-pyramidenartig, später locker; Tragblätt. fehlend; Bltnhülle lila mit dunklem Mittelstreifen, spreizend, – <u>Bltzt. VIII–X.</u> – Offenwälder, Trockenhänge, Macchien (Kap. 2.1) bis 1700 m. – NW.-Afrika, Eurasien.

S. bithynica BOISS.
Blätt. 3–4, breit-lineal; Stg. 2–3, aufrecht, bis 40 cm hoch; Bltntraube 3–15bltg.; Tragblätt. 2–3 mm, verlängert 3eckig, am Grd. herzf.-geöhrt, manchmal gespornt; Bltnhülle hellblau. – <u>Bltzt. III–IV.</u> – Offenwälder, Gebüsche (Kap. 2.1) bis 20 m. – Balkan, SW.Asien.

Tulipa L. (Tulpe)

14 Arten in der Türkei.

T. armena BOISS.
Zwiebel mit papierartiger, behaarter Hülle, Blätt. 3–4, graugrün, kahl oder bewimpert, gewellt und zurückgekrümmt, bis 20 cm lang; Bltn. scharlachrot, hellrot, innen mit kurzem schwarzem, oft gelb-gesäumtem Fleck, oder gelb, oder gelb und rot, äußere Bltnhüllblätt. länger als die inneren; Stbblstiele schwarz, am Grd. kahl, Stbbeutel gelb. – <u>Bltzt. IV–VI.</u> – Felsstandorte, Steinschutt (Kap. 2.3), 1000–2800 m. – SW.-Asien.

T. humilis HERBERT
Zwiebel mit zerbrechlicher hellbrauner Hülle; Blätt. 2–4, graugrün, bis 20 cm lang; Bltn. einzeln, lila-rötlich bis purpurrot, innen mit gelbem oder blauem Fleck, äußere Bltnhüllblätt. schmaler und kürzer als die

inneren; Stbblstiele gelb, am Grd. geschwollen und behaart; Stbbeutel gelb oder dunkel. – <u>Bltzt. IV–VI.</u> – Felsstandorte, Steinschutt (Kap. 2.3), Offenwälder, 1100–3400 m. – SW.Asien.

Urginea STEINH. (Meerzwiebel)

Nur 1 Art in der Türkei.

U. maritima (L.) BAKER *(Foto 62)*
Zwiebel sehr groß, bis 15 cm im Durchmesser; Blätt. alle grdst., flach, bis 50 cm lang und 6 cm breit, zur Bltzt. fehlend; Stg. bis 1,5 m hoch; Bltnstand eine dichtbltg. Traube; Bltn. weiß, mit grünem Streifen. – <u>Bltzt. IX–XI.</u> – Strand, Küste (Kap. 2.1) bis 300 m. – Mediterrangebiet.

Linaceae – Leingewächse

Zwergsträucher oder Kräuter; Blätt. einfach, wechselst., seltener gegenst.; Bltn. radiärsymm., ☿, 4–5zählig; Stbbl. 4–5 oder 10, am Grd. verbreitert und verwachsen; Frkn. oberst., 5blättrig; Kapselfr.

2 Gattungen mit 39 Arten in der Türkei.

Linum L. (Lein)

38 Arten in der Türkei.

L. bienne MILLER *(299)*
Pfl. ein-, zwei- oder mehrjährig; Stg. niederlgd., aufstgd. oder aufrecht, bis 50 cm hoch, vom Grd. an verzweigt; Blätt. lineal, zugespitzt; Bltn. blau, langgestielt, 1 cm im Durchmesser; Kblätt. breit-oval, kurz zugespitzt mit deutlichem Mittelnerv, kahl. – <u>Bltzt. III–V.</u> – Trockenhänge, Zwerggesträuche (Kap. 2.3) bis 2000 m. – Mediterrangebiet, SW.Asien.

L. hirsutum L. ssp. *pseudoanatolicum* P. H. DAVIS
Pfl. mehrjährig, am Grd. oft verholzt, sterile Triebe fehlend; Blätt. lanzettlich bis spatelf., behaart oder kahl; Bltnstand locker, wenig- bis vielbltg.; Bltn. lila, rosa oder weiß, kurzgestielt; äußere Kblätt. breit-lanzettlich, zugespitzt, drüsig-behaart. – <u>Bltzt. VI–VII.</u> – Offenwälder, Gebüsche, Steppen (Kap. 2.4), 500–2000 m. – Endemisch in der Türkei.

L. mucronatum BERTOL. *(Foto 63)*

Pfl. krautig oder ein Zwergstrauch, kahl; btlntragende Stg. glatt. mit schwachen Leisten, bis 30 cm hoch; mittlere Stgblätt. verlängert-lanzettlich, zugespitzt, mit Nebenblattdrüsen; Bltnstände 3bltg.; Bltn. gelb; Kblätt. lanzettlich, gekielt, zugespitzt, am Rand häutig und oft drüsig bewimpert. – Bltz. IV–VI. – Trockenhänge, Steppen (Kap. 2.5), 400–3000 m. – SW.Asien. – Eine sehr variable Art mit 4 Unterarten in der Türkei.

L. seljukorum P. H. DAVIS

Pfl. einjährig, graugrün, bis 20 cm hoch; Stg. weich behaart; untere Stgblätt. verlängert-spatelf., dick, zur Bltzt. verwelkt; mittlere Stgblätt. rundlich-verlängert, drüsig-bewimpert; Bltn. blau, kurzgestielt; Kblätt. stumpf, behaart und drüsig-bewimpert. – Bltzt. VIII–IX. – Salzsteppen (Kap. 2.6) um 1000 m. – SW.Asien.

Lythraceae – Blutweiderichgewächse

Kräuter oder Stauden; Blätt. einfach, ganzrandig, meist gegenst., seltener quirl- oder wechselst.; Bltn. radiärsymm., ♀, mit schalen- oder röhrenf. Achsenbecher (Hypanthium); Bltnhülle doppelt oder einfach; Stbbl. meist doppelt so viele wie Blkrblätt.; Fr. eine Kapsel.

2 Gattungen mit 12 Arten in der Türkei.

Lythrum L. (Blutweiderich)

9 Arten in der Türkei.

L. junceum BANKS & SOL. *(300)*

Pfl. mehrjährig, kahl, verzweigt, bis 60 cm hoch; Blätt. breit bis schmal elliptisch, sitzend; Bltn. einzeln in den Blattachseln, rotviolett oder malvenfarbig; Hypanthium zylindrisch, 4–6 mm; Kapsel viel kürzer als das Hypanthium. – Bltzt. IV–VII. – Flußufer, Quellen und Feuchtstandorte (Kap. 2.7) bis 1800 m. – Mediterrangebiet.

L. salicaria L.

Pfl. mehrjährig, aufrecht, dicht behaart, bis 1,8 m hoch; Stg. verzweigt, geflügelt; Blätt. schmal-lanzettlich, sitzend, am Grd. abgerundet oder herzf.; Bltnstand eine dichte Ähre; Bltn. zu 3–8 in Quirlen, bläulich- bis purpurrot; Hypanthium breit röhrenf., 4–5 mm; Kapsel vom Hypanthium eingeschlossen. – <u>Bltzt. VI–VIII.</u> – See- und Flußufer, Feuchtstandorte (Kap. 2.7) bis 2000 m. – Eurasien.

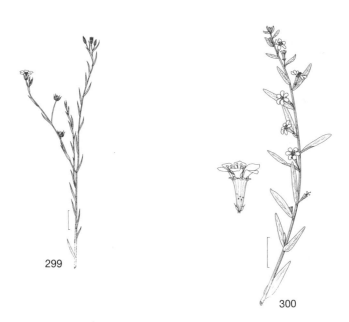

299

300

Malvaceae – Malvengewächse

Holzpfl., Stauden oder Kräuter; Blätt. wechselst., oft handf. gelappt; Bltn. radiärsymm., 5zählig; K. oft mit Außenk.; Stbbl. zahlreich, zu einer den Gr. umgebenden Säule verwachsen und am Grd. mit den Blkrblätt. verbunden; Frkn. oberst., 3- bis vielblättrig, bei der Reife in Teilfr. zerfallend.

10 Gattungen mit 46 Arten in der Türkei. Wirtschaftlich bedeutend für die Türkei ist die Gattung *Gossypium* (Baumwolle), die in 3 Arten kultiviert wird.

1. Außenk. 6–9spaltig. **2**
– Außenk. 3spaltig **3**

Alcea L. (Stockrose)

18 Arten in der Türkei.

A. apterocarpa (FENZL) BOISS.
Pfl. mehrjährig, sehr groß; Behaarung des Stg. verschieden, aus kleinen anliegenden und großen sternf. Haaren; Blätt. tiefgeteilt; Außenk. groß, fast so lang wie die Kblätt.; Bltn. rosa, violett, weiß oder gelb, sehr groß (bis 6 cm im Durchmesser); Teilfr. ungeflügelt, mit schmaler Furche, am Rücken behaart. – <u>Bltzt. V–VIII.</u> – Trockenhänge, Steppen (Kap. 2.5), 800–1800 m. – Endemisch in der Türkei.

A. pallida WALDST. & KIT.
Pfl. mehrjährig, sehr groß; Stg. nur mit Sternhaaren; Blätt. dick, ganzrandig bis 7lappig; Außenk. halb so lang wie die Kblätt.; Bltn. weiß, violett oder lila mit gelbem Grd., bis 5 cm im Durchmesser; Teilfr. geflügelt und deutlich runzelig, am Rücken nur in der sehr breiten Furche behaart. – <u>Bltzt. VI–X.</u> – Steppen, Wegränder (Kap. 2.5), 300–1500 m. – Europa, SW.Asien.

Althaea L. (Eibisch)

4 Arten in der Türkei.

A. officinalis L. *(301)*
Pfl. mehrjährig, bis 2 m hoch, dicht filzig-zottig behaart; Blätt. beiderseits filzig, graugrün, ungeteilt oder 3lappig; Bltn. in blattachselst. Trauben, weiß oder rosa. – <u>Bltzt. VI–VIII.</u> – Feuchtstandorte, Salzstellen (Kap. 2.7) bis 1500 m. – Eurasien.

301

302

Lavatera L. (Strauchpappel)

6 Arten in der Türkei.

L. cretica L.

Pfl. ein- oder zweijährig; Stg. aufstgd., dicht filzig behaart; Blätt. 5spaltig, behaart, am Rand gezähnt; Bltn. blattachselst., zu 4 oder mehreren, lila oder violett; K. grünlich, sternhaarig; Teilfr. runzelig. Bltzt. IV–V. – Felsstandorte, Wegränder, Macchien (Kap. 2.1) bis 200 m. – Mediterrangebiet, SW.Asien.

L. punctata ALL. *(302)*

Pfl. einjährig; Stg. aufrecht, schwach behaart; Blätt. 3–5lappig, behaart, am Rand gezähnt; Bltn. einzeln, rötlich-violett; Außenk. blätt. breit, so lang wie der K.; Teilfr. aufgeblasen, mit deutlichen Rippen. – Bltzt. V–IX. – Felsstandorte, Küsten, Macchien (Kap. 2.1) bis 1200 m. – Mediterrangebiet, SW.Asien.

Malva L (Malve)

9 Arten in der Türkei.

M. nicaeensis ALL.
Pfl. einjährig, schwach-behaart; Stg. aufrecht bis aufstgd.; Blätt. rundlich, schwach 3–5lappig, gezähnt; Bltn. blattachselst. in Büscheln, rosa bis lila, am Grd. behaart; Außenk. rundlich-verlängert; Kblätt. breit 3eckig; Teilfr. kahl oder behaart, netzig-grubig. – Bltzt. IV–VI. – Kulturland, Macchien (Kap. 2.1). – Mediterrangebiet, SW.Asien.

Morinaceae – Kardendistelgewächse

Mehrjährige, distelartige Kräuter; Blätt. fiederteilig, in Quirlen, oft bestachelt; Bltn. in achselst. Scheinquirlen; K. 2lappig; Blkr. lang-röhrig, weiß oder rötlich; Stbbl. 2 oder 4; Frkn. 1fächerig, von einer stacheligen Hülle umgeben.

Nur 1 Gattung mit 2 Arten in der Türkei.

Morina L. (Kardendistel)

1. Blätt. ledrig, lang bestachelt . . . . **M. persica**
–   Blätt. nicht bestachelt . . . . **M. subinermis**

M. persica L. *(Foto 64)*
Pfl. mehrjährig, bis 1,5 m hoch, kahl oder fein behaart; Blätt. in Quirlen, ledrig, am Rand gezähnt und lang bestachelt (distelartig); Bltn. in 4–7 Scheinquirlen, duftend; Blkr. mit sehr langer Röhre, zuerst weiß, dann rosa, behaart. – Bltzt. V–VIII. – Fels- und Trockenhänge, Steppen, Ruderalstandorte (Kap. 2.4), 300–2700 m. – S.Europa, SW.- und Z.Asien.

Myrtaceae – Myrtengewächse

Immergrüne Bäume oder Sträucher; Blätt. ungeteilt, ganzrandig, gegen- oder wechselst., ohne Nebenblätt., mit aromatischen Öldrüsen; Bltn. ♀, radiärsymm., 4–5zählig; Stbbl. zahlreich; Frkn. unterst.; Fr. eine Beere oder Kapsel.

2 Gattungen mit 2 Arten in der Türkei. Die Gattung *Eucalyptus* ist aus Australien eingeführt und vielfach als Alleebaum und schnellwachsendes Nutzholz auf wasserzügigen Böden angepflanzt. Ausgedehnte Forste aus *Eucalyptus camaldulensis* finden sich in der Südtürkei bei Mersin und Adana.

Myrtus L. (Myrte)

M. communis L. *(303)*

Dichtverzweigter, bis 5 m hoher Strauch; Blätt. 1–5 cm lang, gegenst., kurz gestielt, eif.-lanzettlich, zugespitzt. kahl, beim Zerreiben duftend; Bltn. 2,5 cm lang, gestielt, einzeln, weiß, bis 3 cm breit; Beere länglich-kugelig, 7–10 mm, erst grün, dann schwarz. – Bltzt. VI–IX. – *Pinus brutia*-Wälder, Macchien, Bachtäler (Kap. 2.1) bevorzugt in Küstennähe bis 600 m. – Kanarische Inseln, Mediterrangebiet, SW.- und Z.Asien. – Die einzige heimische Myrtaceae der Türkei mit vielseitiger Verwendung im Brauchtum seit der Antike. Myrtenzweige werden u.a. am letzten Tag des Ramazan (Fastenmonat) als Grabschmuck auf moslemischen Friedhöfen verwendet.

303

Nymphaeaceae – Seerosengewächse

Wasserpfl. mit großen Schwimmblätt. und dicken Rhizomen; Bltn. einzeln; Bltnorgane spiralig angeordnet, mit zahlreichen Blkr- und Stbblätt., die durch Übergänge miteinander verbunden sind; Frkn. zahlreich, frei, von der becherf. Achse umwachsen.

2 Gattungen mit 2 Arten in der Türkei.

1. Bltnhülle doppelt; Kblätt. 4, grün; Blkrblätt. 15–25, weiß; Seitennerven der Blätt. am Rand rechtwinklig verzweigt und verbunden **Nymphaea**
– Bltnhülle einfach; Kblätt. 5, gelb, kronblattartig, mit ± 13 kleineren Honigblätt.; Seitennerven der Blätt. gabelig verzweigt, am Rand nicht miteinander verbunden . . . . **Nuphar***
(N. lutea)

Nymphaea L. (Seerose)

1 Art in der Türkei.

N.alba L.
Wasserpfl.; Schwimmblätt. groß, nierenf.; Bltn. weiß, weit geöffnet; K.blätt. abfallend; Narbe flach, mit 11–22 gelben Narbenstrahlen. – Bltzt. V–IX. – Langsam fließende und stehende Gewässer (Kap. 2.7.). – Europa, Amerika, SW.Asien.

Oleaceae – Ölbaumgewächse

Immergrüne oder laubwerfende Bäume und Sträucher; Blätt. meist gegenst., ohne Nebenblätt; Bltn. ☿, selten eingeschl.; K. meist 4zählig; Blkr. radiärsymm., manchmal fehlend, 4–12zipfelig; Stbbl. meist 2; Frkn. oberst., 2fächerig; Fr. eine Steinfr., Beere, Kapsel oder geflügelte Nuß.

7 Gattungen mit 10 Arten in der Türkei.

1. Blätt. meist gefiedert **2**
– Blätt. ungeteilt. **3**

Fraxinus L. (Esche)

4 Arten in der Türkei.

F. ornus L.
Bis 20 m hoher, laubwerfender Baum; Blätt. gefiedert; Fiederblätt. rundlich-lanzettlich, plötzlich zugespitzt, kahl, am Rand gesägt; Bltnstand groß, endst. und meist auch seitenst. an beblätt. Zweigen; Blkrblätt. vorhanden, weiß, am Grd. verbunden. – <u>Bltzt. IV–V.</u> – Offenwälder, Macchien (Kap. 2.2) bis 1000 m. – Eurasien. – 2 Unterarten in der Türkei. Im Taurus-Gebirge häufig ist *F. ornus* ssp. *cilicica,* deren Blätt. unterseits entlang des Mittelnervs bräunlich behaart sind.

Jasminum L. (Jasmin)

Nur 1 Art in der Türkei.

J. fruticans L. *(304)*
Immergrüner oder halbimmergrüner, bis 2 m hoher Strauch; Blätt. wechselst., 3teilig, verlängert-spatelf., stumpf; Bltnstand 3–5bltg., an kurzen Seitenästen; K. glockig; Blkr. gelb 5lappig; Fr. (Beere) kugelig, glänzend blauschwarz. – <u>Bltzt. V.</u> – Felsstandorte, Offenwälder, Gebüsche (Kap. 2.2) bis 1500 m. – Mediterrangebiet, SW.Asien.

Ligustrum L. (Liguster)

Nur 1 Art in der Türkei.

L. vulgare L.
Oft immergrüner, bis 3 m hoher Strauch; Blätt. ledrig, eif.-lanzettlich, kahl; Bltnrispen endst., behaart; K. kahl; Bltn. weiß, Blkrröhre kurz, so

lang wie die Blkrblattzipfel; Stbbl. meist kürzer als die Blkr.; Beeren kugelig, schwarz. – Bltzt. VI. – Laubwerfende Offenwälder, Gebüsche (Kap. 2.2) bis 1500 m. – Eurasien.

Olea L. (Ölbaum)

Nur 1 Art in der Türkei.

O. europaea L. *(305)*
Immergrüner, bis 10 m hoher, weit ausladender Baum mit meist knorrig-verbogenem Stamm und Ästen; Blätt. lanzettlich, zugespitzt, oberseits kahl, unterseits mit silbrig-grauen, schuppenf. Haaren; Bltn. in kurzen Rispen, weiß; Steinfr. eif., zur Frzt. schwarz, glänzend. – Bltzt. V. – Hartlaubwälder, Macchien (Kap. 2.1) bis 800 m. – Mediterrangebiet. – 2 Varietäten in der Türkei: *O. europaea* var. *europaea* (Zweige unbedornt; Blätt. lanzettlich, länger als 4 cm, Fr. groß; als Öl-liefernder Fruchtbaum im gesamten Gebiet häufig kultiviert) und *O. europaea* var. *sylvestris* (Zweige oft bedornt; Blätt. rundlich-verlängert, kürzer als 4 cm; Fr. klein; wahrscheinlich die Wildform der kultivierten Olive).

Phillyrea L. (Steinlinde)

Nur 1 Art in der Türkei.

Ph. latifolia L. *(306)*
Immergrüner Strauch oder kleiner Baum; Blätt. eif. oder rundlich-herzf., kahl, am Rand gesägt; Blattstiel wollig-behaart; Bltn. in kurzen, achselst. Rispen; K. gelblich, 4geteilt, am Rand bewimpert; Bltn. grünlich-weiß, Blkrröhre kürzer als die Blkrblattzipfel; Steinfr. kugelig. – Bltzt. V. – Trockenhänge, Offenwälder, Gebüsche, Macchien (Kap. 2.2) bis 1400 m. – Mediterrangebiet.

Onagraceae – Nachtkerzengewächse

Kräuter oder (seltener) Sträucher; Blätt. ungeteilt, gegen-, quirl- oder wechselst.; Bltn. ♀, radiärsymm. oder schwach monosymm., mit doppelter oder einfacher Bltnhülle, 2-, 4- oder 5zählig; Stbbl. 2 oder 4 in einem oder 8–10 in 2 Kreisen; Frkn. unterst., mit der röhren- oder be-

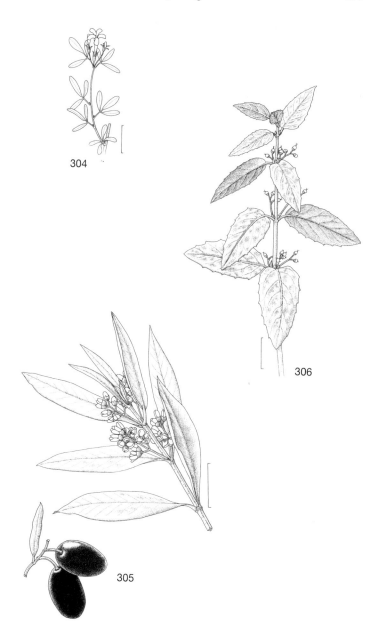

304

305

306

cherf. verlängerten Bltnachse verwachsen; Fr. eine Kapsel oder (selten) Beere.

4 Gattungen mit 26 Arten in der Türkei.

Epilobium L. (Weidenröschen)

21 Arten in der Türkei.

E. hirsutum L. *(307)*

Aufrechte, stark behaarte, oberwärts verzweigte, bis 2 m hohe Hochstaude mit kräftigem Rhizom; Blätt. wechselst. (die unteren oft gegenst.), lanzettlich, scharf gesägt, ungestielt, am Grd. leicht stgumfassend; Bltnstand endst., traubig, mit Drüsen- und drüsenlosen Haaren; Bltn. rosarot; Blkrblätt. 8–20 mm; Narbe 4teilig; Kapsel schmal, bis 10 cm lang; Sa. zahlreich, mit langen, weißen Flughaaren. – <u>Bltzt. VII–IX.</u> – Feuchtstandorte, Sümpfe, Ufer, Gräben (Kap. 2.7) bis 2300 m. – Eurasien, NO.- und S.Afrika, in N.Amerika eingebürgert.

307

Orchidaceae – Orchideen

Stauden mit Wurzelknollen (in der Türkei nur Erdorchideen); Blätt. parallelnervig, oberseits glänzend, unterseits matt, oft in grdst. Rosette; Bltn. monosymm., ☿, in den Achseln von laubigen oder farbigen Tragblätt., in Ähren oder Trauben; Bltnhülle aus zwei 3zähligen Kreisen; mittl. Kronblatt des inneren Kreises als auffällige Lippe (Labellum) umgebildet [bei den Gattungen *Cephalanthera* und *Epipactis* durch 2 Einschnitte in einen vorderen (Epichil) und hinteren Teil (Hypochil) gegliedert *(308/1)*], oft gespornt; von den Stbbl. meist nur eines fruchtbar, mit Gr. und Narbe zu einem Säulchen (Gynostemium) verwachsen; Pollen einer Stbbeutelhälfte (Theka) zu einem gestielten, mit Klebkörper versehenem Pollinium vereinigt, das bei Insektenbesuch am Kopf oder Rüssel des Tieres hängen bleibt *(308/2)*; Frkn. unterst., gedreht; Fr. eine Kapsel.

24 Gattungen mit 93 Arten und zahlreichen Hybriden in der Türkei.

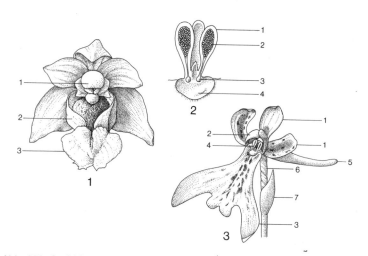

Abb. 308: **Orchidaceae. 1** Labellum von *Epipactis helleborine* (1 Gynostemium, 2 Hypochil, 3 Epichil); **2** Gynostemium (1 Stbbeutelhälfte = Theka, 2 Pollinium, 3 Klebkörper, 4 Narbe); **3** Blüte von *Orchis anatolica* (1 äußere Bltnhüllblätt., 2 obere innere Bltnhüllblätt, 3 Labellum, 4 Gynostemium, 5 Sporn, 6 gedrehter Frkn., 7 Tragblatt).

Cephalanthera L.C.M. Rɪᴄʜ. (Waldvögelein)

6 Arten und 3 Hybriden in der Türkei.

C. epipactoides Fɪsᴄʜᴇʀ & Mᴇʏᴇʀ

Kräftige, bis 1 m hohe Pfl.; grdst. Blätt. scheidenf., stgumfassend, obere Blätt. abstehend, breit-lanzettlich, in blattähnliche Tragblätt. übergehend, diese länger als die Bltn.; Bltnstand 10–40bltg.; Bltnhülle ± zusammengeneigt, weiß; Labellum mit abgestutztem Hypochil und 3eckigem Epichil mit 6–9 bräunlich-gelben längsverlaufenden Vorsprüngen; Sporn 3–5 mm, spitz. – Bltz. III–VI. – Macchien, Offenwälder, bevorzugt auf Kalk (Kap. 2.2) bis 1200 m. – Östl. Mediterrangebiet.

C. kurdica Bᴏʀɴᴍ. *(309)*

Pfl. bis 60 cm hoch, oft zierlich und klein; Stg. am Grd. mit scheidenf. Blätt., obere Blätt. oval-lanzettlich, in die Tragblätt. übergehend; Bltnstand dichtbltg.; Bltn. glänzend rot, selten weiß; Labellum mit breitem 3eckigem Hypochil und herzf. Epichil mit 3–7 längsverlaufenden Vorsprüngen; Sporn bis 4 mm, kegelf. – Bltz. III–VII. – Macchien, Offenwälder, bevorzugt auf Kalk (Kap. 2.3) bis 1500 m. – SW.Asien. – Östl. vikariierende Art der weißblühenden *C. epipactoides.*

Dactylorhiza NEVSKI (Knabenkraut)

9 Arten in der Türkei.

D. iberica (WILLD.) SOÓ (Foto 65)

Pfl. schlank, bis 60 cm hoch; Blätt. aufrecht, lanzettlich, die unteren breiter, ungefleckt; Bltnstand zylindrisch, locker; Bltn. klein, rot bis rosa, im oberen Teil helmf.; Labellum flach, mit purpur-violetten Flecken oder Strichen, 3lappig, mittlerer Lappen klein; Sporn zylindrisch, 5–7 mm lang, kürzer als der Frkn., abwärts gerichtet. – Bltzt. V–VIII. – Feuchtstandorte, See- und Flußufer, Quellstandorte (Kap. 2.5), 900–2500 m. – Östl. Mediterrangebiet, SW.Asien. – Als Folge der Ausläuferbildung oft Vorkommen in Massen.

Epipactis ZINN (Stendelwurz)

7 Arten in der Türkei.

E. helleborine (L.) CRANTZ

Pfl. bis 1 m hoch; Blätt. 4–10, breit-oval, spiralig angeordnet, purpurn überlaufen; Bltnstand dicht, gewöhnlich mehr als 30bltg.; Bltn. nahezu horizontal oder etwas nach unten geneigt, gelblichgrün, rötlich oder purpurn; Hypochil des Labellum tassenf., innen rosa oder schwach purpurn, Epichil grünlich weiß, rosa oder purpurn, die Spitze zurückgeschlagen, am Grd. mit zwei auffallenden Anschwellungen. – Bltzt. VI–IX. – Offenwälder, Gebüsche (Kap. 2.2) bis 1800 m. – Europa, N.Amerika, SW.Asien.

E. microphylla (EHRH.) SWARTZ

Pfl. grau-grün, bis 45 cm hoch; Stg. am Grd. violett gefärbt; Blätt. 3–6, sehr klein, lanzettlich, 2–3 cm lang, spiralig angeordnet; Bltnstand locker, 4–15bltg.; Bltn. etwas hgd., ganz geöffnet; Bltnhülle glockenf.; Kblätt. am Rand rötlich-grün, innen grünlich-weiß; Blkrblätt. grünlich-weiß, rot überlaufen; Epichil am Grd. mit 2 auffallenden runzeligen Anschwellungen. – Bltzt. V–VIII. – Wälder, v.a. Buchenwälder, Gebüsche auf Kalk (Kap. 2.2) bis 1700 m. – Europa, SW.Asien.

Limodorum BOEHMER (Dingel)

Nur 1 Art in der Türkei.

L. abortivum (L.) SWARTZ (310)

Violett überlaufener, bis 80 cm hoher Halbparasit ohne Blattgrün; Stg. kräftig, spargelähnl. austreibend, mit scheidigen Schuppenblätt.; Laubblätt. fehlend; Bltnstand locker, 4–25bltg.; Bltn. groß, weit geöffnet, violett, z.T. fleischfarben; Labellum nahe dem Grd. eingeschnürt, hinterer Teil weißlich, vorderer Teil prächtig violett, mit hochstehenden Rändern; Sporn 15 mm, herabhgd. – Bltzt. IV–VII. – Offenwälder, Gebüsche, Macchien auf Kalk und Schiefer (Kap. 2.2) 350–2300 m. – Z.- und S.Europa, SW.Asien.

Ophrys L. (Ragwurz)

27 Arten und 9 Hybriden in der Türkei.

O. mammosa DESF.

Pfl. bis 50 cm hoch; Blätt. 4–9, breit-lanzettlich, am Grd. gedrängt; Bltnstand locker, 2–10bltg.; Bltn. groß; Kblätt. mit grüner Grdfarbe, die Ränder zurückgebogen; Blkrblätt. kahl, zuweilen behaart, gelblich oder bräunlich, am Rand gewellt; Labellum schwärzlich-braun oder purpurn, am Rand kurzhaarig, am Grd. zu beiden Seiten Höcker und an beiden Rändern mit brustf. Ausbuchtungen; zentraler Teil (Speculum) violettblau-braun, mit H-förmigem, hellerem Muster oder mit 2 Längsstreifen. – Bltzt. III–VI. – Macchien, Trockenhänge, Gebüsche, Kiefern-Offenwälder auf Kalk (Kap. 2.1) bis 1250 m. – Östl. Mediterrangebiet.

O. reinholdii FLEISCHM. (311)

Pfl. bis 60 cm hoch; Stg. oben ± geflügelt; Blätt. 4–7, breit-lanzettlich; Bltnstand locker, 2–9bltg.; seitl. Blkrblätt. halb so lang wie die Kblätt., fahlrosa bis grünlich-braun, samtartig behaart; Labellum 3lappig, dunkelbraun bis schwärzlich, Seitenlappen zurückgeschlagen, dicht-behaart, Mittellappen mit Anhängsel; Speculum (Mal) aus 2 getrennten oder verbundenen weißen oder violetten und weiß-umrandeten Flecken bestehend. – Bltzt. III–V. – Macchien, Gebüsche, Kiefernwälder auf Kalk (Kap. 2.1) bis 1000 m. – Östl. Mediterrangebiet, SW.Asien.

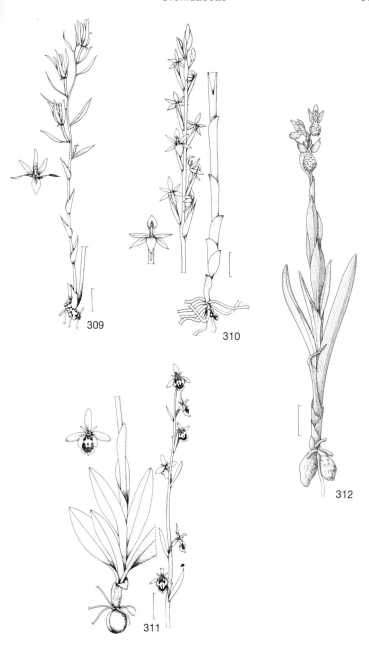

309

310

311

312

Orchis L. (Knabenkraut)

20 Arten und 9 Hybriden in der Türkei.

O. anatolica Boiss. *(308/3)*
Pfl. bis 30 cm hoch; Blätt. 5–8, lanzettlich, gefleckt; Bltnstand locker, 5–8bltg.; Bltn. hell- bis dunkelpurpurn; seitl. Blkrblätt. aufrecht; Labellum 3lappig, in der Mitte weißlich mit purpurnen Flecken; Sporn sehr lang, schlank, sich verengend, nach oben gerichtet. – Bltzt. III–VI. – Macchien, Gebüsche, Trockenhänge, Offenwälder (Kap. 2.2) bis 1700 m. – Östl. Mediterrangebiet, SW.Asien.

O. palustris Jacq.
Pfl. bis 1 m hoch; Stg. oberwärts purpurn überlaufen; Blätt. 4–7, lineallanzettlich, ungefleckt, am Stg. verteilt; Bltnstand relativ dicht; Bltn. purpurn bis rosa, seitl. Blkrblätt. zusammenneigend; Labellum in Form und Größe veränderlich, im mittl. Teil weißlich und gefleckt, gewöhnlich 3lappig (auch 2lappig oder ungeteilt), Mittellappen länger als die Seitenlappen, eingeschnitten, Seitenlappen kaum herabgeschlagen; Sporn wenig kürzer als der Frkn., nach oben weisend, Spitze nicht verdickt. – Bltzt. VI–VII. – Feuchtstandorte, Sumpfwiesen und leicht salzhaltige Böden (Kap. 2.7) bis 2000 m. – Europa, Mediterrangebiet, SW.Asien.

O. laxiflora Lam.
In den vegetativen Merkmalen und in der Stellung von K. und Blkrblätt. ähnlich *O. palustris*. Pfl. bis 60 cm hoch; Bltnstand locker; Bltn. violettrot; Labellum 3lappig, im mittl. Teil weißlich, meist ungefleckt; Seitenlappen herabgeschlagen und länger als der schmale Mittellappen; Sporn meist halb so lang wie der Frkn., Spitze erweitert und ausgerandet. – Bltzt. IV–VI. – Feuchtstandorte, Sumpfwiesen (Kap. 2.7) bis 1400 m. – Europa, Mediterrangebiet, SW.Asien.

O. mascula (L.) L. ssp. *pinetorum* (Boiss. & Kotschy) Camus
Pfl. bis 60 cm hoch; Stg. schlank, zuweilen gedreht; obere Blätt. scheidig, stgumfassend; Grdblätt. 4–6, rosettig, eif. bis breit-eif., hellgrün, ungefleckt (selten am Grd. gestrichelt); Bltnstand zylindrisch, locker; Bltn. malvenfarben bis purpurn, mittl. Kblatt und seitl. Blkrblätt. zusammenneigend; Labellum 3lappig, ungefleckt oder nur mit kleinen roten Punkten; Sporn leicht abwärts geneigt, Spitze schwach erweitert. – Bltzt. V–VI. – Lichte Kiefern- und Buchenwälder, Gebüsche (Kap. 2.5) bis 2400 m. – Östl. Mediterrangebiet, SW.Asien. – Die südöstliche Unterart innerhalb der weitverbreiteten und formenreichen Art.

O. papilionacea L. **(312)**
Pfl. bis 40 cm hoch; Stg. leicht kantig; Blätt. 6–9, lanzettlich, ungefleckt; Tragblätt. rosa, länger als der Frkn.; Bltnstand locker, 3–9bltg.;
Kblätt. und seitl. Blkrblätt. helmf. zusammenneigend; Bltn. ziemlich
groß, weiß, rosa oder rot, mit dunklen roten Längsstreifen; Labellum
ungeteilt, fächerf. mit gezähntem bis gebuchtetem Rand; Sporn zylindrisch, leicht abwärts geneigt, kürzer als der Frkn. – Bltzt. III–V. –
Macchien, Trockenhänge, Kulturland, Kiefernoffenwälder (Kap. 2.1) bis
1100 m. – Mediterrangebiet, SW.Asien. – 2 Unterarten in der Türkei.

Orobanchaceae – Sommerwurzgewächse

Nichtgrüne, einjährige oder ausdauernde Wurzelparasiten; Blätt.
schuppenf.; Bltn. einzeln, in endst. Ähren oder Trauben in den Achseln
schuppenf. Tragblätt.; K.röhrig, 2–5zähnig oder 2geteilt; Blkr. 2lippig;
Stbbl. 4, paarweise verschieden lang; Kapselfr.

4 Gattungen mit 42 Arten in der Türkei.

1. Bltn. einzeln . . . . **Phelypaea***
(P. coccinea, P. tournefortii)
– Bltn. in Ähren oder Trauben . . . . **Orobanche**

Orobanche L. (Sommerwurz)

38 Arten in der Türkei.

O. anatolica Boiss. & Reuter **(Foto 66)**
Stg. bis 35 cm hoch, dick, viel- und dichtbltg.; Tragblätt. länger als die
Bltn., weiß behaart; K. 2geteilt, jeder Teil gezähnt, Zähne breit, zuge-
spitzt, drüsig-behaart, am Rand gewimpert, länger als die Bltnröhre;
Blkr. dicht-drüsig behaart, weiß oder gelblich-weiß, violett getönt, am
Rücken gekrümmt, Oberlippe deutlich helmf., lang bewimpert oder
weißwollig; Stbbl. 3–6 mm oberhalb des Blkrblattgrd. angewachsen;
Stbbeutel lang zugespitzt; Gr. kahl; Narbe drüsig-behaart, gelb oder
weißlich. – Bltzt. IV–VII. – Steppen, v.a. auf *Salvia* parasitierend (Kap.
2.5), 400–2500 m. – SW.Asien.

O. caryophyllacea Sm. **(Foto 67)**
Stg. bis 60 cm hoch; Tragblätt. so lang wie die Bltn.; K. 2geteilt, Zähne
zugespitzt, drüsig-behaart; Blkr. oberhalb der Ansatzstelle der Stbbl.

aufgeblasen, lila-braun, oft rötlichviolett, selten gelb oder weißlich, drüsig behaart, am Rücken fast gerade; Oberlippe nach unten gekrümmt, deutlich drüsig-behaart; Stbbl. am Grd. der Blkr. angewachsen; Stbbeutel deutlich zugespitzt; Narbe dunkelviolett oder braun. – Bltzt. IV–VII. – Hartlaubwälder, Macchien, v.a. auf *Galium* und *Asperula* parasitierend (Kap. 2.1), bis 3000 m. – Europa, N.Afrika, SW.Asien.

O. nana G. BECK

Stg. bis 30 cm hoch; K.verwachsen, Kzähne so lang wie die Kröhre; Blkr. intensiv blau-violett oder lavendelfarben, Lappen der Unterlippe zugespitzt. – Bltzt. III–VII. – Steppen (Kap. 2.5) auf vielen verschiedenen Wirtspflanzen, bis 1500 m. – Mediterrangebiet, SW.- und Z.Asien.

Paeoniaceae – Pfingstrosengewächse

Stauden, manchmal immergrün mit knollig verdickten Wurzeln; Blätt. gefiedert; Bltn. groß, rot oder weiß; Stbbl. zahlreich; Frblätt. 2–5, kahl oder behaart; Balgfr.

1 Gattung mit 7 Arten in der Türkei.

Paeonia L. (Pfingstrose)

P. mascula (L.) MILLER *(313)*

Pfl. krautig; Blätt. gefiedert, kahl oder behaart; Bltn. 8–14 cm, rot; Bälge 3–5, 2–4 cm lang, weiß-filzig behaart, mit sitzendem Gr. – Bltzt. IV–VI. – Eichenoffen- und Steppenwälder (Kap. 2.3), 1000–2200 m. Europa, SW.Asien. – Eine formenreiche Sippe mit 2 Unterarten in der Türkei.

313

Papaveraceae – Mohngewächse

Kräuter oder Stauden mit alkaloidführendem Milchsaft in gegliederten Milchsaftröhren; Blätt. einf. oder zusammengesetzt; Bltn. radiärsymm., ♀; Kblätt. (2–3) hinfällig; Blkrblätt. 4; Stbbl. zahlreich; Frkn. 2–4blättrig; Fr. eine Kapsel oder Schote mit Scheidewand.

4 Gattungen mit 50 Arten in der Türkei.

Glaucium ADANSON (Hornmohn)

7 Arten in der Türkei.

G. corniculatum (L.) RUD. *(Foto 68)*
Pfl. ein- oder zweijährig; Stg. aufstgd. bis aufrecht, bis 40 cm hoch; Blätt. rauhhaarig, fiederteilig, Fiederchen gezähnt; Bltn. bis 5 cm im Durchmesser; Kblätt. rauhhaarig; Blkrblätt. gelb, orange oder rot, sehr variabel; Fr. bis 25 cm lang, behaart; Frstiele kürzer als die Blätt. – <u>Bltzt. V–VII.</u> – Trockenhänge, Steppen, Kulturland (Kap. 2.5) bis 2000 m. – Mediterrangebiet, SW.Asien.

G. grandiflorum BOISS. & HUET
Ähnlich *G. corniculatum*, Pfl. aber mehrjährig, bis 50 cm hoch; Bltn. größer, dunkel-orange bis karminrot; Frstiele länger als die Blätt. – <u>Bltzt. V–VI.</u> – Trockenhänge, Steppen, Kulturland (Kap. 2.5), 600– 1900 m. – Östl. Mediterrangebiet, SW.Asien.

G. flavum CRANTZ
Pfl. zwei- oder mehrjährig; Stg. warzig bis glatt, bis 80 cm hoch; Blätt. blaugrün-bereift; Grdblätt. tief fiederteilig, Stgblätt. stgumfassend mit zugespitzten Fiederchen; Kblätt. gekräuselt-behaart; Blkrblätt. gewöhnlich gelb, teilweise rötlich; Kapsel bis 25 cm lang, gerade bis gebogen, papillös-höckerig, im Alter glatt. – Bltzt. V–VII. – Küste (Sand) z.T. im Binnenland an Flußufern (Kap. 2.1). – Europa, NW.Afrika, SW.-Asien.

Papaver L. (Mohn)

39 Arten in der Türkei.

P. apokrinomenon FEDDE
Pfl. mehrjährig, aufrecht, wollig behaart, bis 50 cm hoch; untere Blätt. länglich, gekerbt-gesägt; Stgblätt. oval, sitzend, zerstreut behaart; Blkrblätt. orange-rot; Kapsel glatt, keulenf.-länglich, 1–2 cm. – Bltzt. VI–IX. – Felshänge, Schutt (Kap. 2.3), 1100–2200 m. – Endemisch in der Türkei.

P. argemone L. (314)
Pfl. einjährig; Stg. niederlgd. bis aufrecht, 20–50 cm meist verzweigt, am Grd. borstig behaart; Blätt. fiederteilig, mit stachelspitzigen Segmenten; Blkrblätt. oval-länglich, blaßrot, am Grd. mit schwarz-purpurnem Fleck; Stbfäden keulenf.; Kapsel lang-keulenf. bis zylindrisch, wenigborstig. – Bltzt. IV–VI. – Kulturland, Ruderalstandorte (Kap. 2.1) bis 2000 m. – Europa, N.Afrika, SW.Asien.

P. rhoeas L.
Pfl. einjährig, bis 90 cm hoch; Blätt. fiederteilig bis gefiedert, mit großer Endfieder; Blkrblätt. rot bis karminrot, selten weiß, z.T. mit schwarzem Fleck am Grd.; Kapsel glatt, kugelig, etwa 2 × so lang wie breit, mit 18 sitzenden Narben. – Bltzt. III–VIII. – Kulturland, Ruderalstandorte (Kap. 2.1) bis 1400 m. – Eurasien, NW.Afrika.

Roemeria MEDIKUS (Roemerie)

3 Arten in der Türkei.

R. hybrida (L.) DC. *(315)*

Pfl. einjährig, bis 50 cm hoch, mit unangenehm riechendem Saft; Blätt.
2–3fach gefiedert, Fiederchen borstig-zugespitzt; Bltnknospen birnenf.
mit stumpfer Spitze; Bltn. einzeln, violett, behaart; Kapsel zylindrisch,
4klappig, wenigstens an der Spitze borstig-behaart. – Bltzt. IV–VI. –
Kulturland, Ruderalstandorte, Steppen (Kap. 2.1/2.5) bis 1300 m. – S.-
und SW.Europa, NW.Afrika, SW.Asien.

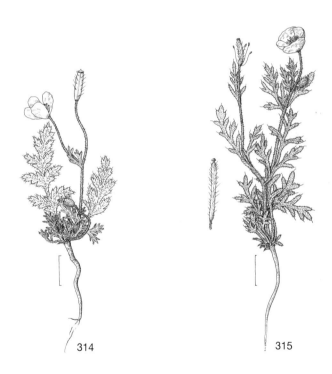

314   315

Pinaceae – Kieferngewächse

Bäume, seltener Sträucher mit nadelf. Blätt.; Bltn. in zapfenf. Bltnstän-den; Frzapfen verholzt; Sa. nußartig, einseitig geflügelt, z.T. eßbar.

4 Gattungen mit 9 Arten in der Türkei, die wesentlich am Aufbau der forstwirtschaftlich bedeutenden Nadelwaldformationen beteiligt sind.

Abies Miller (Tanne)

2 Arten in der Türkei. Eine schwierige Gattung, die nur mit Hilfe reifer Zapfen bestimmt werden kann. Pflanzengeographisch sind aber *A. cili-cica* (nur im Süden) und *A. nordmanniana* (nur im Norden) deutlich von-einander getrennt. Bei manchen Autoren haben die Unterarten *A. nord-manniana* ssp. *equi-trojani* und ssp. *bornmuelleriana* Artrang, so daß 4 Arten unterschieden werden.

A. cilicica (Ant. & Kotschy) Carr. *(316)*

Bis zu 30 m hoher Baum; Nadeln linealisch, verlängert, nur undeutlich 2reihig gestellt; Zapfen zylindrisch, bis 15 cm lang. – Kennzeichnende Art der Gebirgsnadelwälder der Südtürkei (Kap. 2.3), 1200–2000 m. – Östl. Mediterrangebiet. – Im westlichen Taurus hat die Unterart *A. cili-cica* ssp. *isaurica* (Knospen harzig; junge Zweige kahl) ihren Verbrei-tungsschwerpunkt, im mittleren und östlichen Taurus die ssp. *cilicica* (Knospen nicht harzig, junge Zweige behaart).

Cedrus **LINK** (Zeder)

Nur 1 Art in der Türkei.

C. libani **A. RICH. in BORY** *(317)*

Bis 25 m hoher Baum mit waagrecht abstehenden Ästen; Nadeln bläulich überlaufen, an Kurztrieben in Büscheln; Zapfen rundlich, 6–9 cm. – Gebirgsnadelwälder der Südtürkei (Kap. 2.3), 1000–2000 m. – Östl. Mediterrangebiet.

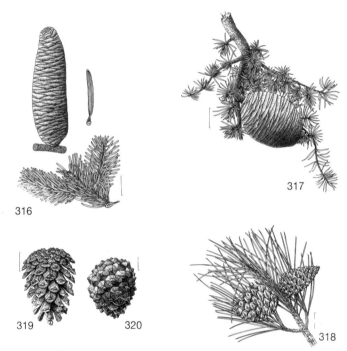

316

317

319　　　　320

318

Pinus L. (Kiefer)

5 Arten in der Türkei.

1.　Nadeln steif, dunkelgrün bis 18 cm lang; Knospen harzig . . . .
　　　　　　　　　　　　　　　　　P. nigra ssp. *pallasiana*
　–　　Nadeln schlaff, hellgrün; Knospen nicht harzig 2
2.　Baumkrone schirmartig; Sa. ungeflügelt . . . .*P. pinea*
　–　　Baumkrone nicht schirmartig; Sa. geflügelt . . . .*P. brutia*

P. brutia TEN. *(318)*

Bis 25 m hoher Baum; Zweige in der Jugend rötlich, später graubraun; Nadeln bis 18 cm lang, schlaff, hellgrün; Zapfen sitzend, meist mehr als 2 zusammen, aufrecht oder aufsteigend. – Kennzeichnende Art der mediterranen Nadelwälder (Kap. 2.1) bis 1200 m. – Mediterrangebiet, SW.Asien. – Die sehr ähnliche *P. halepensis* unterscheidet sich durch gestielte, hgd. Zapfen und kürzere (bis 10 cm lange) Nadeln.

P. nigra ARN. ssp. *pallasiana* (LAMB.) HOLMBOE *(319)*

Bis 30 m hoher Baum; Borke dunkelgrau bis schwärzlich; Nadeln bis 18 cm lang, steif, dunkelgrün, oft gekrümmt; Zapfen aufrecht oder aufstgd. – Charakterbaum der Offenwälder und Gebirgsnadelwälder (Kap. 2.2), 300–1800 m. Ersetzt in höheren Lagen (ab 1000 m) im Süden *Pinus brutia*. – Balkan, SW.Asien.

P. pinea L. *(320)*

Bis 25 m hoher Baum mit schirmartiger Krone; Nadeln 8–16 cm lang, schlaff, hellgrün; Zapfen sehr groß, kugelig, ungestielt, hgd.; Sa. meist ungeflügelt, eßbar. – Auf sandigen Böden der Küstenregion (Kap. 2.1). – Mediterrangebiet. – Vielfach angepflanzt.

Plantaginaceae – Wegerichgewächse

Kräuter oder Stauden; Blätt. wechselst., selten gegenst., oft in grdst. Rosetten und parallelnervig; Bltn. meist in ährigen oder kopfigen Bltnständen; K. 4teilig; Blkr. röhrig, 4spaltig; Stbbl. 4, weit aus der Blkr. herausragend; Frkn. oberst.; Kapsel- oder Nußfr.

1 Gattung mit 21 Arten in der Türkei.

Plantago L. (Wegerich)

P. lagopus L. *(321)*

Pfl. mehrjährig, manchmal einjährig; Blätt. in grdst. Rosette, gestielt, behaart, 4–5nervig, gezähnt; Bltnstg. bis 40 cm hoch, angedrückt behaart; Ähre zylindrisch bis eif.; Tragblätt. und K. dicht wollig behaart, dadurch der gesamte Bltnstand wollig; Blkrröhre kahl. – Bltzt. IV– VIII. – Felsstandorte, Macchien, Wegränder, Kulturland (Kap. 2.1) bis 2000 m. – Mediterrangebiet.

P. maritima L.
Pfl. mehrjährig, bis 40 cm hoch, mit zahlreichen Blattrosetten; Blätt. dick, flach, lineal, ganzrandig oder schwach gezähnt, kahl; Ähre dicht walzenf., bis 9 cm lang; Tragblätt. breit-elliptisch, an der Spitze bewimpert; Blkrröhre behaart. – Bltzt. V–VIII. – Küste, Seeufer, Salzsteppen (Kap. 2.6) bis 2400 m. – Europa, SW.- und Z.Asien, Amerika.

321

Platanaceae – Platanengewächse

Laubwerfende Bäume; Borke stark abblätternd, Stamm dadurch bräunlichgrün gefleckt; Blätt. 3–7lappig, ungleich grob gezähnt; Nebenblätt. groß, stgumfassend; Bltn. eingeschl. in kugeligen gestielten, hgd. Bltnständen; Stbbl. 3–8; ♀ Bltn. mit 3–8 freien Frkn. (Monogenerisch.)

Platanus L. (Platane)

Nur 1 Art in der Türkei.

P. orientalis L.
Bis 30 m hoher, z.T. sehr dicker Baum; Borke in größeren Platten abspringend; Blätt. tief 5–7lappig, bis 25 cm breit, unterseits verkahlend; Bltn. 4zählig, in 3–6 lang hgd. Köpfchen. – Bltzt. III–V. – Flußtäler, feuchte Schluchten (Kap. 2.1) bis 1100 m. – Östl. Mediterrangebiet, SW.- und Z.Asien. – Vielfach als Alleebaum angepflanzt.

Plumbaginaceae – Bleiwurzgewächse

Zwergsträucher oder Stauden; Blätt. meist ganzrandig, wechselst. oder in grdst. Rosetten; Bltnstände ährig, kopfig oder rispig; Bltn. radiärsymm., 5zählig; Kblätt. trockenhäutig; Fr. 1samig, mit dem K. ausgebreitet.

6 Gattungen mit 54 Arten in der Türkei.

Acantholimon BOISS. (Stechnelke)

27 Arten in der Türkei.

A. acerosum (WILLD.) BOISS.

Pfl. dicht polsterf., graugrün; Blätt. schmal, am Rand rauh; bltntragende Stg. so lang oder doppelt so lang wie die Blätt.; Bltnstand einfach, locker 2zeilig, mit 5–15 Ährchen; Tragblätt. kahl, gleichlang; äußere Tragblätt. schmal hautrandig, innere zugespitzt; K. weiß oder hellrosa, auf den Nerven behaart, 5lappig; Bltn. rosaviolett. – Bltzt. VI–VIII. – Trockenhänge, Offenwälder, Gebüsche (Kap. 2.4), 800–2000 m. – SW.Asien.

A. ulicinum (SCHULTES) BOISS. *(Foto 69)*

Pfl. dicht polsterf., oft kalkinkrustiert; Blätt. schmal, kahl oder behaart; bltntragende Stg. sehr kurz, mit 1–2, dicht 2zeiligen Ährchen; Ährchen 3–7, einbltg.; äußere Tragblätt. kahl oder behaart, innere stechend, grün oder rötlich, mit breitem Hautrand; K. behaart, 5–10lappig, Nerven austretend, weiß oder violett; Bltn. strahlend violett. – Bltzt. VI–VIII. – Felsstandorte, Steinschutt (Kap. 2.3) 1200–3000 m. – SW.Asien.

A. venustum BOISS. *(Foto 70)*

Pfl. locker oder dicht polsterf.; Blätt. graugrün, am Rand rauh; bltntragende Stg. länger als die Blätt.; Bltnstand einfach, locker 2zeilig, mit 7–

15 Ährchen; äußere Tragblätt. zugespitzt, kürzer als die inneren; innere Tragblätt. gekielt; K. violett bis rosaviolett, 5lappig, Kröhre behaart; Bltn. tief rosaviolett. – <u>Bltzt. VI–VIII.</u> – Felsstandorte, Offenwälder, Gebüsche (Kap. 2.3), 600–2400 m. – SW.Asien.

Limonium MILLER (Widerstoß, Strandflieder)

19 Arten in der Türkei.

L. anatolicum HEDGE

Mehrjähriger, reich verzweigter Halbstrauch; Blätt. in dichten Rosetten an verholzten, einjährigen Trieben, verlängert-spatelf.; Stg. gabelig verzweigt; Bltnstand kopfig, Ährchen 1–3bltg.; äußere Tragblätt. breit 3eckig mit schmal-häutigem Rand; innere Tragblätt. z.T. länger, breit hautrandig; K.behaart, 10lappig; Bltn. weißlich. – <u>Bltzt. VI–IV.</u> – Salzsteppen (Kap. 2.6), 900–1000 m. – Endemisch in Inneranatolien.

L. globuliferum (BOISS. & HELDR.) O. KUNTZE *(322)*

Pfl. mehrjährig; Blätt. in grdst. Rosette, verlängert-lanzettlich, stumpf, am Rand gewellt und durchsichtig; Blattstiel mit hyalinem Rand; Stg. ab der Mitte reich verzweigt; Ährchen 2–3bltg., in dichten, kleinen kopfigen Bltnständen; äußere Tragblätt. rundlich, breit hautrandig, in-

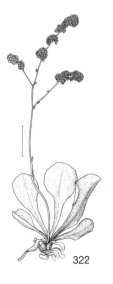

322

323

nere Tragblätt. z.T. länger; K. dicht behaart, 5lappig; Bltn. hellviolett. –
Bltzt. VI–IX. – Salzsteppen (Kap. 2.6), 900–1100 m. – SW.Asien. – Oft
mit *L. gmelinii* verwechselt, bei dem der Blattstiel aber keinen durchsichtigen Rand aufweist.

L. iconicum (BOISS. & HELDR.) O. KUNTZE

Pfl. mehrjährig, halbstrauchig, mit verholztem Grd.; Blätt. spatelf., zur
Bltzt. oft vertrocknet; Stg. vom Grd. an rispig verzweigt, untere Äste
steril; Ährchen dicht dachziegelig, 2bltg.; äußere Tragblätt. breit oval,
durchsichtig, innere Tragblätt. z.T. doppelt so lang; K. behaart, stumpf,
5lappig; Bltn. blauviolett. – Bltzt. V–IX. – Salzsteppen (Kap. 2.6), 900–
1100 m. – Endemisch in Inneranatolien.

L. lilacinum (BOISS. & BAL.) WAGENITZ *(323)*

Ähnlich *L. globuliferum*, Ährchen aber nicht in kopfigen Bltnständen. –
Bltzt. VI–IX. – Salzsteppen (Kap. 2.6), 900–1200 m. – Endemisch in
Inneranatolien.

L. sinuatum (L.) MILLER

Pfl. mehrjährig, bis 40 cm hoch, dicht steif behaart; Blätt. verlängert-
lanzettlich, am Rand tief eingeschnitten, fiederteilig; Stg. verzweigt,
breit geflügelt; Bltnstand kompakt, Ährchen 3–4bltg.; äußere Tragblätt.
schmal 3eckig, häutig, die ersten inneren Tragblätt. sehr viel breiter,
krautig und mit 2 behaarten Kielen, die in 2–3 großen, gezähnten Fort-
sätzen enden; K. violett; Bltn. weiß oder crèmefarben. – Bltzt. V–VII. –
Felsstandorte, Küsten, Strand (Kap. 2.1) bis 100 m. – Mediterrangebiet.

Poaceae – Süßgräser

Ein- bis mehrjährige Kräuter, oft Ausläufer bildend, nur selten verholzt
(Bambus-artige); Stg. hohl, mit festen Knoten, Blätt. i. d. Regel 2zeilig
gestellt; Blätt. in Scheide, Ligula (Blatthäutchen) und Spreite geteilt, die
Blattscheiden den Stg. meist lang umfassend, geschlossen oder offen;
Ligula im Übergangsbereich Scheide-Spreite häutig, haarf. oder fehlend; Blattspreiten schmal, faden- oder borstenf., selten oval, sitzend;
Bltnstand formenreich (Ähren-, Ährenrispen-, Finger- und Rispengräser), Bltn. meist in charakteristischen Ährchen vereint *(324/1)*; Hüllspelzen meist 1 oder 2, die untere oft fehlend; Deckspelzen oft begrannt
und mit verdicktem Grd.; Vorspelzen häutig, gekielt, manchmal fehlend,
den Frkn. und die Stbblätt. einschließend; Stbblätt. 1–3, am Grd. mit

2 hyalinen Schuppen (Schwellkörper, Lodiculae); Gr. 2, Frkn. 1, oberst.; Frucht eine Karyopse (Fruchtblatt und Samenschale fest verwachsen).

142 Gattungen und etwa 518 Arten in der Türkei. Eine wirtschaftlich außerordentlich wichtige Familie, die aber aufgrund ihrer stark reduzierten, windbestäubten Bltn. nicht zu den auffällig blühenden Elementen in der türkischen Flora gehört. Sie wird hier daher nur mit wenigen Beispielen vorgestellt. Auffallend ist, daß über 50% der Gattungen (75) in der Türkei nur mit 1 Art vertreten sind.

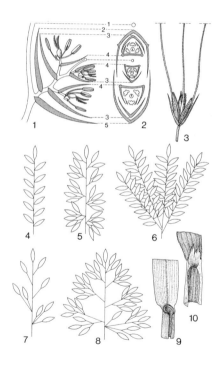

Abb. 324: **Merkmale Poaceae. 1,2** Aufbau eines 3bltg. Ährchens (1 Abstammungsachse, 2 obere Hüllspelze, 3 Deckspelze, 4 Vorspelze, 5 untere Hüllspelze); **3** Ansicht eines 3bltg. Ährchens; **4** Ährengräser; **5** Ährenrispengräser; **6** Fingergräser; **7,8** Rispengräser; **9** Ligula haarf.; **10** Ligula häutig.

1. Ährchen sitzend oder auf sehr kurzen, unverzweigten Stielen zu einer Ähre angeordnet *(324/4)*; Ähren einzeln an der Spitze des Stg. oder zu mehreren, ± fingerf. genähert *(324/6)* oder deutlich voneinander entfernt (Ähren- und Fingergräser) **2**
   − Ährchen auf längeren, oft unverzweigten oder kürzeren, verzweigten Stielen *(324/5,7,8)* (Ährenrispen- und Rispengräser) **15**
2. Ährchen alle sitzend; Bltnstand eine einzeln an der Spitze des Stg. stehende Ähre *(324/4)* **3**
   − Bltnstand aus ± fingerf. genäherten oder paarig angeordneten Ähren *(324/6)* **12**
3. Ligula haarf. *(324/9)*; Pfl. an Salzstandorten (Küste und Inland), mit Ausläufern und steifen Blätt. . . . . ***Aeluropus,*** 377
   − Ligula häutig *(324/10)*, manchmal reduziert **4**
4. Bltnstand eine unterbrochene Ähre, mit 1 Ährchen pro Knoten; Ährenachse immer sichtbar. **5**
   − Bltnstand eine dichte Ähre, mit 1 oder mehreren Ährchen pro Knoten; Ährenachse unter den Ährchen versteckt **7**
5. Ährchen nur mit 1 Hüllspelze, mit der Schmalseite der Ährenachse zugekehrt . . . . ***Lolium****
   (7 Arten)
   − Ährchen mit 2 Hüllspelzen **6**
6. Hüllspelzen mit 1 oder mehreren Zähnchen oder Grannen an der Spitze, ± so lang wie das Ährchen; untere Hüllspelze parallelnervig .
   Aegilops*
   (15 Arten)
   − Hüllspelzen stumpf oder spitz, kurz begrannt oder unbegrannt; beide Hüllspelzen kürzer als das Ährchen oder 1 so lang wie das Ährchen
   Elymus*
   (19 Arten)
7. (4−). Ährchen zu 2 oder mehreren pro Knoten. **8**
   − Nur 1 Ährchen pro Knoten **9**
8. Ährchen zu 2 pro Knoten; Grannen 6−12 cm lang, zurückgebogen . .
   Taeniatherum, 389
   − Ährchen zu 3 pro Knoten, wenigstens die 2 seitlichen kurz gestielt, ♂ oder steril, das zentrale ♀. . . . . ***Hordeum,*** 383
9. (7−). Hüllspelzen schief gestutzt, mit 1 oder mehreren Zähnchen oder Grannen an der Spitze **10**
   − Hüllspelzen allmählich in eine endst. Granne auslaufend oder zugespitzt **11**
10. Hüllspelzen am Rücken abgerundet, mit 1 oder mehreren Zähnchen oder Grannen; Ährenachse brüchig. . . . . ***Aegilops****
    (15 Arten)
    − Hüllspelzen gekielt, mit 1−2 Zähnen an der Spitze; Ährenachse nicht brüchig . . . . ***Triticum****
    (10 Arten)
11. (9−). Hüllspelzen am Rücken abgerundet . . . . ***Elymus****
    (19 Arten)

– Hüllspelzen gekielt, pfriemlich; Ährchen 2–3bltg. . . . . **Secale***
(5 Arten)
12 **(2–).** Deckspelzen z.T. lang begrannt **13**
– Deckspelzen unbegrannt **14**
13. Bltnstand aus einem endst. Ährenpaar; sitzende Ährchen 8–16 mm
Andropogon, 378
– Bltnstand eine falsche Rispe aus mehreren Ährenpaaren, jedes Ährenpaar gestielt und von einem Hochblatt umgeben; sitzende Ährchen
4–6 mm . . . . **Hyparrhenia,** 383
14 **(12–).** Untere Hüllspelze fehlend oder winzig; Ährchen 2bltg., die untere Blüte reduziert, nur aus einer leeren Deckspelze bestehend . . .
Paspalum, 384
– Untere Hüllspelze so lang wie die obere; Ährchen 1bltg. . . **Cynodon,** 380
15 **(1–).** Ährenrispe einseitswendig, mit fertilen und sterilen Ährchen; unter
jedem fertilen Ährchen eine kammf. Hülle (steriles Ährchen mit leeren
Hüll- und Deckspelzen); Hüll- und Deckspelzen begrannt **Cynosurus,** 380
– Bltnstand anders **16**
16. Bltnstand eine lockere Rispe, Rispenäste lang behaart **17**
– Bltnstand eine dichte oder lockere Rispe, Rispenäste nicht lang behaart **18**
17. Pfl. feuchter Standorte, bis 5 m hoch; Ligula haarf.; Deckspelze kahl
Phragmites*
(Ph. australis)
– Pfl. anderer Standorte; Ligula häutig; Deckspelze behaart. . **Bromus,** 378
18 **(16–).** Ährchen oft zu Laubsprossen auswachsend (vivipar); Deckspelzen gekielt; Bltnstand eine Rispe . . . . **Poa,** 384
– Ährchen nicht zu Laubsprossen auswachsend **19**
19. Bltnstand eine lockere Rispe **20**
– Bltnstand eine dichte Rispe **29**
20. Ährchen 1bltg., seitlich zusammengedrückt; Deckspelze mit langer,
fedriger Granne . . . . **Stipa,** 388
[Neben *Stipa* umfaßt die Gruppe der „Federgräser" noch die Gattung
Stipagrostis (mit 3geteilter, langer Granne, wenigstens der mittlere Ast
ist fedrig behaart) und *Aristida* (mit 3geteilter, glatter Granne)]
– Ährchen 2- oder mehrbltg., seitlich zusammengedrückt oder rund; nie
mit langer fedriger Granne **21**
21. Ährchen alle begrannt (oder nur die unterste Deckspelze unbegrannt)
22
– Alle Deckspelzen des Ährchens unbegrannt **23**
22. Deckspelzen endst. begrannt. . . . . **Festuca,** 382
– Deckspelzen unterhalb der Spitze begrannt, die Granne zwischen 2
Zähnen entspringend oder (selten) unbegrannt . . . . **Bromus,** 378
23 **(21–).** Beide Hüllspelzen so lang wie das Ährchen; untere Blüte ♀,
die oberen 2–3 steril . . . . **Melica***
(8 Arten)
– Beide Hüllspelzen kürzer als das Ährchen **24**
24. Deckspelzen der fertilen Bltn. gekielt **25**

In Anlehnung an Flora of Turkey Vol. 9 (1985).

Aeluropus TRIN.

2 Arten in der Türkei.

1. Bltnstand verlängert, Ährchen ± kahl . . . . *A. littoralis*
- Bltnstand kugelig, Ährchen lang behaart . . . . *A. lagopoides*

A. littoralis (GOUAN) PARL. *(325)*

Pfl. niederlgd., mit langen Ausläufern; ährchentragende Stg. aufstgd.,
bis 30 cm hoch, kahl oder rauh; Blattspreiten lanzettlich, graugrün,
spitz, kahl oder rauh; Blattränder immer rauh; Ligula haarf., Bltnstand
verlängert, aus 12–15 Ährchen; Ährchen 6–9bltg.; untere Hüllspelze
3nervig, spitz, obere Hüllspelze 5nervig; Deckspelze 9–11nervig, kahl,
z.T. violett überlaufen; Vorspelze gekielt, bewimpert; Frkn. kahl. – Bltzt.
V–X. – Kalkfelsen in Küstennähe, Salzsümpfe, Salzpflanzenfluren
(Kap. 2.6) und entlang von Bewässerungsgräben bis 1200 m. – Mediterrangebiet, SW.-, Z.- und O.Asien.

Alopecurus L. (Fuchsschwanz)

18 Arten in der Türkei.

A. textilis BOISS. *(326)*

Pfl. mehrjährig, horstf., mit faserigem Rhizom, 5–70 cm hoch, kahl,
glatt, am Grd. mit zahlreichen toten Blattscheiden (Strohtunika); Blattscheiden seidig behaart, die oberen aufgeblasen; Ligula häutig, schief-
gestutzt, schwach behaart; Blattspreiten schmal, zugespitzt, flach, fa-

denf. oder eingerollt; Ährenrispe elliptisch, 1–3 cm; Ährchen elliptisch; Hüllspelzen kurz begrannt, mit behaartem Kiel, im unteren Teil (bis zu 1/4) verbunden; Deckspelze fast 3spaltig, an der Spitze gewimpert, mit rückenst. 8–14 mm langer Granne. – Bltzt. V–VIII. – Steinschutthalden (Kap. 2.3) 1650–3400 m. – SW.Asien.

Andropogon L. (Bartgras)

1 Art in der Türkei.

A. distachyos L. (327)
Pfl. mehrjährig, horstf., bis 1 m hoch; Stg. am Grd. seidig behaart; Blattspreiten lineal, Ligula aus langen Haaren; Bltnstand eine paarige Ährenrispe, 4–14 cm lang, mit sitzenden lanzettlichen und gestielten sterilen Ährchen; untere Hüllspelze flach, grün, häutig geflügelt, die obere Hüllspelze begrannt; obere Deckspelze zweizähnig, mit deutlich geknieter, 15–30 mm langer Granne; Narben fedrig, braun. – Bltzt. IV–VII. – Kiefernwälder (Kap. 2.3), Macchien, Kulturland bis 500 m. – Mediterrangebiet, SW.Asien.

Briza L. (Zittergras)

5 Arten in der Türkei.

B. maxima L.
Pfl. einjährig, ohne vegetative Triebe, bis 60 cm hoch; Stg.blätt. wenige, kahl; Rispe locker, Ährchenstiele einzeln oder zu 2; Ährchen 1–7, rundlich, groß, 10–18bltg.; Hüllspelzen waagrecht abstehend, breit, rundlich-nierenf., oft violett-braun; Deckspelzen breit herzf., kahl oder angedrückt behaart, 7–9nervig; Vorspelze breit, auf den 2 schmalen Kielen behaart. – Bltzt. IV–V. – Macchien (Kap. 2.1), Kiefern-Offenwälder, Grasfluren, Felsstandorte und Ödland bis 400 m. – S.Europa, SW.-Asien. – In zahlreichen Regionen eingeschleppt.

Bromus L. (Trespe)

36 Arten in der Türkei. Die Ausgestaltung der Rispe und z.T. der Ährchen kann stark von der Wasser- und Nährstoffversorgung abhängig sein und variiert daher beträchtlich zwischen jungen und reifen Pflanzen. Dies erschwert eine Bestimmung. Viele der einjährigen *Bromus-*

325

326

327

328

Arten besiedeln v.a. Ruderal- und Segetalstandorte, so daß Angaben
über ihre natürlichen Vorkommen kaum vorliegen.

B. tomentellus Boiss. *(328)*
Pfl. mehrjährig, bis 50 cm hoch; untere Blattscheiden netzig zerfasernd
und am Grd. um den Stg. gehäuft; Blattspreiten flach, behaart, die oberen verkahlend; Rispe 6–12 cm, aufrecht oder nickend, mit 5–8 Ährchen; Rispenäste kahl, rauh oder kurz behaart, meist kürzer als die
Ährchen; Ährchen gelbgrün, im reifen Zustand keilf.; Hüllspelzen lanzettlich, Deckspelzen behaart oder kahl, begrannt. – Bltzt. V–VII. –
Offene Nadelwälder, Grasfluren (Kap. 2.3) Stein- und Sandsteppen,
1000–2700 m. – SW.Asien. – In der Türkei v.a. im Inneranatolischen
Bergland und Taurus weit verbreitet.

Cynodon L. C. M. Rich. (Hundszahngras)

1 Art in der Türkei.

C. dactylon (L.) Pers. *(329)*
Pfl. mehrjährig, mit Ausläufern, bis 30 cm hoch; Stg. am Grd. gekniet,
kahl; Blätt. kurz, zugespitzt, steif, kahl oder behaart; Ligula haarf.; Ähren 3–6, fingerf., aufrecht, oft violett überlaufen; Ährchen kurz gestielt;
Deckspelzen gekielt, Kiel und Deckspelze bewimpert. – Bltzt. IV–IX. –
Trockenhänge, Feuchtstandorte, Steppe, Ruderalstandorte (Kap. 2.5)
bis 1900 m. – Wahrscheinlich aus dem trop. Afrika; heute in Asien weit
verbreitet (kultiviert als Rasen).

Cynosurus L. (Kammgras)

3 Arten in der Türkei.

1.	Pfl. mehrjährig; Grannen kürzer als die Deckspelzen . . .	***C. cristatus***
–	Pfl. einjährig; Grannen länger als die Deckspelzen	2
2.	Bltnstand dicht; Ligula 4–10 mm	***C. echinatus***
–	Bltnstand locker; Ligula 2–3 mm.	***C. effusus***

C. echinatus L. *(330)*
Pfl. einjährig, bis 70 cm hoch, kahl; Blattscheiden kahl, Ligula 4–10 mm
lang; Rispe eif., einseitig, dicht; Ährchen 2–3bltg.; Hüllspelzen hyalin,
Deckspelzen 5nervig, am Rücken oberwärts rauh, 2spitzig, mit 7–
18 mm langer Granne. – Bltzt. IV–VIII. – Offenwälder, Trockenhänge

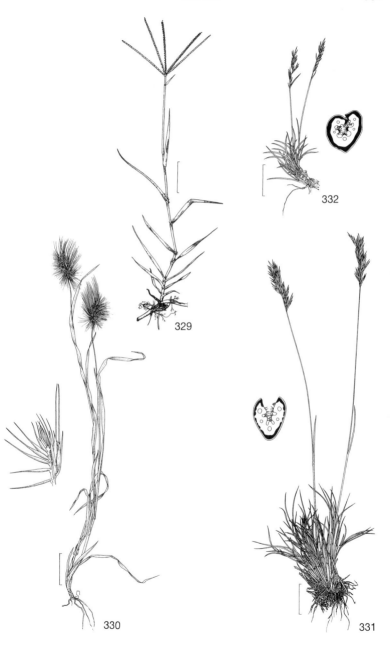

329

330

331

332

(Kap. 2.1), Grasfluren und Wegränder bis 1950 m. – Mediterrangebiet, SW.- und Z.Asien.

Festuca L. (Schwingel)

44 Arten in der Türkei. Eine taxonomisch schwierige Gattung, deren Vertreter oft nur an Hand von Blattquerschnitten eindeutig zugeordnet werden können.

F. callieri (ST.-YVES) HAYEK (331)

Pfl. mehrjährig, polsterf., bis 60 cm hoch, rauh; Blattscheiden bis zum Grd. offen, kahl oder schwach rauh, mit abfallenden Spreiten; Blattspreite 0,4–0,6 mm breit, steif, sehr rauh, blaugrün bis mehlig bereift, am Grd. kurz behaart, 3rippig; Sklerenchym (Blattquerschnitt) fast ringf.; Rispe 3–7,5 cm, dicht, Rispenäste rauh; Ährchen mehlig bereift, 4–6bltg.; obere Hüllspelze lineal-lanzettlich, 3,7–4,6 × 1,2–1,6 mm, zugespitzt, mit deutlichem Hautrand; Deckspelze lanzettlich, lang zugespitzt, Granne 1/3 bis 1/2 so lang wie die Deckspelze. – Bltz. V– VII. – Offenwaldränder, Steppen, Steinschutthalden (Kap. 2.3), Felsstandorte. – SO.Europa, SW.Asien.

F. pinifolia (BOISS.) BORNM. (332)

Pfl. mehrjährig, polsterf., bis 40 cm hoch, kahl; Blattscheiden geschlossen, kahl; Ligula mit zugespitzten Öhrchen; Blattspreiten 0,5–1 mm breit, stechend zugespitzt, ± gekrümmt, hellgrün, mehlig bereift, 5rippig; neben einem Sklerenchymring (Blattquerschnitt) auch Sklerenchymzellen auf der Oberseite vorhanden; Rispe 4–6 cm, aufrecht, Rispenäste kahl; Ährchen kahl, mehlig bereift; obere Hüllspelze lanzettlich, 3,8–6,3 × 1,2–1,6 mm, kurz zugespitzt, mit häutigen Rändern; Deckspelze lanzettlich, mit bis zu 2,7 mm langer Granne. – Bltz. VI–VIII. – Steinschutthalden (Kap. 2.3), Felsstandorte und alpine Rasenflecken, 1800–2900 m. – SW.Asien.

F. valesiaca GAUDIN

Pfl. mehrjährig, polsterf., bis 50 cm hoch, oberwärts schwach rauh; Blattscheiden bis zum Grd. geöffnet, kahl, Blattspreiten abfallend, 0,3– 0,6 mm breit, 3rippig; Sklerenchym (Blattquerschnitt) in 3 Strängen, nicht zusammenfließend; Rispe 3–10 cm, unterbrochen, Rispenäste schwach rauh; Ährchen mehlig bereift, 3–7bltg.; obere Hüllspelze lanzettlich, 2,6–4,3 × 0,8–1,2 mm, plötzlich zugespitzt; Deckspelze lanzettlich, kahl oder bewimpert, Granne normalerweise > 1/2 so lang wie die Deckspelze. – Bltz. IV–VII. – Kiefernoffenwälder, Steppen, Gras-

fluren (Kap. 2.3) bis 2800 m. – Z.-, O.- und S.Europa, SW.- und
Z.Asien. – In Zentralanatolien gibt es zahlreiche Sippen, die zu *F. callieri*
vermitteln.

Hordeum L. (Gerste)

8 Arten in der Türkei, 2 davon mehrjährig.

1. Stg. am Grd. knollenf. geschwollen; Granne des zentralen Ährchens
  2–3,5 cm . . . .**H. bulbosum**
– Stg. am Grd. nicht geschwollen; Granne des zentralen Ährchens 1–
  5 mm. . . . .**H. violaceum**

H. bulbosum L.

Pfl. horstf., bis 100 cm hoch, am Grd. knollenf. geschwollen; Blätt.
rauh, 3–7 mm breit; Ähre 6–13 cm, dicht, sehr brüchig; Deckspelze
des zentralen Ährchens mit 2–3,5 cm langer Granne; seitl. Ährchen ♂;
Deckspelze zugespitzt. – Bltzt. V–VII. – Waldränder (Kap. 2.4), Steppen, Felsstandorte, Steinschutthalden, Kulturland bis 2300 m. – Mediterrangebiet, N.Afrika, SW.- und Z.Asien.

Hyparrhenia E. Fourn.

1 Art in der Türkei.

H. hirta (L.) Stapf *(333)*

Pfl. mehrjährig, in dichten Horsten, bis 90 cm hoch; Blattspreite
schmal, fadenf., gebogen und rauh; Bltnstand eine falsche Rispe aus
1–2 oder mehreren Paaren von Ähren, jedes von einem Hochblatt eingehüllt; Ähren schmal, zerbrechlich, aus Paaren von sitzenden und gestielten Ährchen; Ährchen 2bltg.; sitzende Ährchen ♀, begrannt, gestielte Ährchen ♂, unbegrannt; Hüllspelzen gleich; untere Deckspelze
schuppenf., mit ♂ Blüte, obere Deckspelze der sitzenden Ährchen
2spaltig, mit geknieter und im unteren Teil behaarter Granne. – Bltzt.
IV–X. – Macchien, Fels- und Schuttstandorte (Kap. 2.1) bis 1400 m. –
Mediterrangebiet, O.- und S.Afrika, SW.Asien, Indien. – In Australien,
Amerika und Mexiko eingeschleppt.

Lagurus L. (Samtgras)

Monotypisch.

L. ovatus L. *(334)*
Pfl. einjährig, bis 60 cm hoch, ± behaart; Blattscheiden wollig behaart, die oberen aufgeblasen; Ligula bis 4 mm lang, stumpf, ± zerschlitzt; Blattspreite lanzettlich, zugespitzt, behaart; Rispe 1–2 cm; Ährchen 6–9 mm, 1bltg.; Hüllspelzen schmal, behaart; Deckspelzen lanzettlich mit langen Borsten; Granne 10–17 mm, gekniet und gedreht. – Bltzt. IV–VI. – Sandige Böden im Küstenbereich (Kap. 2.1) bis 50 m. – Mediterrangebiet, SW.Asien.

Paspalum L. (Knotgras)

3 Arten in der Türkei.

1.	Ährchen am Rand durch lange weiße Haare gefranst . .	***P. dilatatum***
–	Ährchen kahl oder nur kurz behaart.	2
2.	Pfl. büschelig; Ährchen rundlich, 2,5 mm lang	***P. thunbergii***
–	Pfl. mehrjährig, kriechend; Ährchen verlängert, spitz, > 2,5 mm. . . .	
		P. paspalodes

P. paspalodes (Michaux) Scribner *(335)*
Pfl. mehrjährig, mit weit kriechenden Ausläufern und Rhizomen, bis 40 cm hoch; Blätt. am Knoten behaart, 3–8 mm breit; Bltnstand eine 2paarige Ähre, 2–7 cm lang, zur Reifezt. oft gekrümmt; Ährchen verlängert-elliptisch, zugespitzt; untere Hüllspelze schuppenf., obere Hüllspelze und Deckspelze so lang wie das Ährchen, 3–5nervig. – Bltzt. VI–X. – Seeufer (Kap. 2.7), Gräben, Bewässerungskanäle bis 450 m. – Tropisch, in S.Europa und SW.Asien eingeschleppt.

Poa L. (Rispengras)

Etwa 27 Arten in der Türkei.

P. bulbosa L. *(336)*
Pfl. mehrjährig, dicht horstf., bis 50 cm hoch; Stg. kahl, am Grd. knollig verdickt und von alten Blattscheiden umgeben; Blätt. meist grdst., Spreiten schmal, gefaltet oder zusammengerollt, Ligula undeutlich, durchsichtig; Rispe 4–8 cm; Ährchen 4–5 mm, elliptisch, 3–5bltg., oft

333

334

335

336

zu Laubsprossen austreibend (vivipar); Hüllspelzen fast gleich, spitz; Deckspelzen auf dem Rücken und dem Kiel behaart, am Grd. oft dicht wollig. – Bltzt. V–VII. – Macchien, Steppen (Kap. 2.5), Grasfluren und Felsstandorte bis 3000 m. – Europa, N.Afrika, SW.- und Z.Asien. In N.Amerika eingeführt. – Weitere knollige *Poa*-Arten sind: *P. timoleontis* (mit deutlicher, langer, weißer Ligula), *P. pseudobulbosa* (mit kahlen Deckspelzen) und *P. sinaica* (Deckspelzen am Grd. nicht wollig behaart).

Puccinellia PARL. (Salzschwaden)

11 Arten in der Türkei, die alle auf sandigen oder salzhaltigen Steppenböden siedeln.

P. koeieana MELD. ssp. *anatolica* TAN

Pfl. mehrjährig; Stg. einzeln oder in Horsten, bis 35 cm hoch, kahl; Ligula 2–3,5 mm; Blattspreiten eingerollt, zugespitzt; Bltnstand zusammengezogen, mit 3–6 rauhen Ästen an mehreren Knoten; Ährchen 5–6bltg.; Hüllspelzen ungleich, stumpf; Deckspelzen verlängert, z.T. gespitzt, grüngelb oder violett mit gelben Rändern; Kiel der Vorspelze im oberen Drittel rauh, z.T. mit längeren Haaren. – Bltzt. V–VIII. – Salzsteppen (Kap. 2.6), Salzsümpfe, 1000–1600 m. – Endemisch in der Türkei.

Sesleria SCOP. (Blaugras)

3 Arten in der Türkei.

1.	Bltnstand breit-eif..	***S. phleoides***
–	Bltnstand verlängert bis zylindrisch, > 1 cm breit	2
2.	Blattspreiten behaart; Hüllspelzen 3 mm, behaart	***S. araratica***
–	Blattspreiten kahl; Hüllspelzen 6–10 mm, kahl	***S. alba***

S. alba SM. (*S. anatolica* DEYL)

Pfl. horstf., mehrjährig, bis 60 cm hoch, kahl; Blattscheiden behaart; Ligula häutig, bewimpert; Blattspreite hell- bis blaugrün, zugespitzt, kahl, mit rauhem Rand; Bltnstand verlängert-zylindrisch, hell-gelb, selten blau überlaufen; Ährchen 2–3bltg., kurz gestielt; Hüllspelzen kahl, zugespitzt, nur am Kiel bewimpert, mit bis zu 2 mm langer Granne; Deckspelze 3–5spaltig, kahl, Granne bis 1,7 mm lang; Frkn. behaart. –

<u>Bltz.</u> V–X. – Offenwaldränder, Steinschutthalden (Kap. 2.3) bis 3200 m. – SO.Europa und SW.Asien.

Sphenopus TRIN.

1 Art in der Türkei.

S. divaricatus (GOUAN) REICHENB. *(337)*

Pfl. einjährig; Stg. bis 30 cm hoch, dünn; Blattspreite kahl; Ligula häutig, bis 4 mm, zugespitzt oder gestutzt; Rispe 2–10 cm, reich verzweigt mit meist 2 Ästen pro Knoten; Ährchen elliptisch; Hüllspelzen hyalin, ungleich, 0–1nervig; Deckspelze ± kahl, 3nervig, unbegrannt. – <u>Bltz.</u> <u>V–VIII.</u> – Salzsteppe (Kap. 2.6), Gräben und Sandböden bis 1000 m. – Mediterrangebiet, SW.- und Z.Asien.

Abb. 338–341 s. S. 389

337

342

Stipa L. (Federgras)

16 Arten in der Türkei.

S. bromoides (L.) Dörfler *(338)*

Pfl. mehrjährig, mit kriechendem Rhizom, bis 1 m hoch, kahl; Ligula unscheinbar; Blattspitzen graugrün, fadenf., gerollt, oberseits rauh; Rispe verlängert, bis 30 cm lang, mit wenigen Ährchen; Hüllspelzen lanzettlich, ± gleich, 3nervig, weißlich-grün, Deckspelze 6–8 mm, angedrückt behaart; Granne 12–18 mm, gerade, nicht gedreht, rauh. – Bltzt. V–VIII. – Offene Gebüsche, Macchien und Felsstandorte (Kap. 2.3) bis 1100 m. – Mediterrangebiet, SW.Asien.

S. capensis Thunb. *(339)*

Pfl. horstf., ein- oder zweijährig, bis 30 cm hoch, kahl; Blätt. weich; untere Blattscheiden behaart, bärtig, die oberen kahl, aufgeblasen und den Grd. der Rispe umfassend; Ligula sehr kurz; Rispe dicht, mit zahlreichen silbrigen Ährchen; Hüllspelzen ± gleich, hyalin; Deckspelzen 4–7 mm, behaart, unterhalb der Granne mit einem Haarkranz, Granne 6–10 cm, 2fach gekniet, gedreht. – Bltzt. III–VI. – Trockene sandige Standorte (Kap. 2.1) bis 400 m. – Mediterrangebiet, N.- und S.Afrika, SW.Asien.

S. holosericea Trin. *(340)*

Pfl. mehrjährig, horstf., bis 90 cm hoch, kahl oder unterhalb der Knoten behaart; Blattscheiden kahl, am Rand gewimpert; Ligula 5–11 mm, deutlich; Blattspreiten gerollt, fadenf., auf der Außenseite kahl, innen behaart; Rispe verlängert, wenigbltg.; Ährchen weißlich; Hüllspelzen ± gleich, lang zugespitzt; Deckspelzen 11–18 mm, im unteren Teil behaart, am Grd. der Granne mit einem Haarkranz; Granne 2fach gekniet, 18–25 cm, am Grd. dicht behaart; Stbbl. an der Spitze bärtig. – Bltzt. V–VII. – Steppen, Trockenhänge (Kap. 2.4) und Felsstandorte, 300–2500 m. – S.Europa, SW.Asien.

S. pulcherrima C. Koch ssp. *epilosa* (Martinovsky) Tzvelev *(341)*

Pfl. mehrjährig, dicht horstf., bis 1 m hoch, kahl; Blattscheiden länger als die Internodien, kahl; Ligula 10–25 mm; Blattspreite 2–5 mm breit, eingerollt, glatt oder rauh; Rispe verlängert, schmal, 6–9 cm; Hüllspelzen ± gleich, lang zugespitzt, 6–9 mm; Deckspelze 15–20 mm, am Grd. dicht behaart, mit 7 Haarreihen, von denen 2 die Spitze erreichen; Granne 25–50 cm, 2fach gekniet, am Grd. glatt oder schwach rauh. – Bltzt. V–VI. – Felsstandorte (Kap. 2.3) 400–3000 m. – S.Europa, SW.Asien. – 3 Unterarten. Die in der Türkei nur vereinzelt auftretende ssp. *crassiculmis* ist robuster, besitzt längere Deckspelzen (20–25 mm) und dickere Blattscheiden (ø 3–4 mm) und zeigt Übergänge zur auch in Z.Europa vorkommenden ssp. *pulcherrima*.

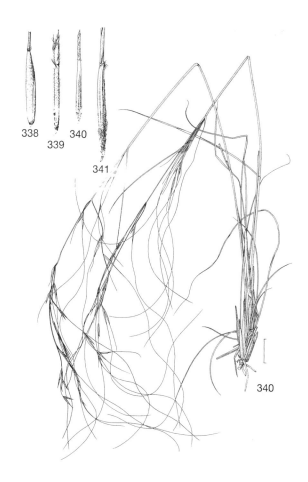

338 339 340 341 340

Taeniatherum Nevski

Eine sehr variable Gattung in der Türkei, die von manchen Autoren in 3 Arten bzw. Unterarten aufgespalten wird.

T. caput-medusae* (L.) NEVSKI ssp. *crinitum* (SCHREBER) MELD. *(342)
Pfl. einjährig, bis 50 cm hoch, kahl; Blattspreiten flach, 2–5 mm breit,
in trockenem Zustand zusammengerollt, am Rand und auf den Nerven
schwach behaart; Ähre dicht, mit paarigen Ährchen; Hüllspelzen aufrecht, robust; Deckspelze 8–12 mm; Granne robust, 7–11 cm, oft zurückgebogen. – Bltzt. V–VII. – Steppen, Zwerggesträuche (Kap. 2.4),
Grasfluren, Felsstandorte, 400–2100 m. – SO.Europa, N.Afrika, SW.-
Asien.

Polygalaceae – Kreuzblumengewächse

Halbsträucher oder Kräuter; Blätt. wechselst., einfach, oft wintergrün;
Bltn. monosymm., schmetterlingsf.; Kblätt. 5, 2 kronblattartig (Flügel);
Blkrblätt. 5 oder 3, das vordere schiffchenartig mit gefranstem Anhäng-
sel; Stbbl. 8, zu einer oben offenen Röhre verwachsen; Fr. eine Kapsel.

1 Gattung mit 14 Arten in der Türkei.

Polygala L. (Kreuzblume)

P. anatolica* BOISS. & HELDR. *(343)
Pfl. mehrjährig, mit verholztem Grd.; Stg. zahlreich, bis 40 cm hoch;
obere Blätt. größer als die unteren; Bltnstand endst.; Tragblätt. so lang
wie die Bltnstiele; Bltn. rosa bis purpurrot; innere
Kblätt. schmal; Kapselstiel kürzer als die Kapsel. – Bltzt. V–VIII. – Offenwälder, Steppen
(Kap. 2.4) bis 2500 m. – Östliches Mediterrangebiet, SW.Asien. – Nahe verwandt ist *P. major*,
die sich durch breit-elliptische innere Kblätt. und
einen längeren Kapselstiel unterscheidet.

343

Polygonaceae – Knöterichgewächse

Sträucher, Stauden, Kräuter oder Kletterpfl.; Blätt. wechselst., ungeteilt, am Grd. mit einer häutigen, tütenf., manchmal gefärbten Hülle (Ochrea, verwachsene Nebenblätt.); Bltn. klein, in Ähren oder Rispen, eingeschl. oder ⚥; Bltnhüllblätt. 3–6, zur Frzt. auffallend vergrößert; Stbblätt. 6–9 (selten bis 16); Frkn. oberst., 1fächerig; Fr. eine 3eckige oder linsenf., oft von den 3 inneren Bltnhüllblätt. umhüllte Nuß.

8 Gattungen und 67 Arten in der Türkei. Besonders artenreich ist die taxonomisch sehr schwierige Gattung *Polygonum* (27 Arten, v.a. auf Ruderalstandorten, in den bisherigen Aufsammlungen unterrepräsentiert) und die Gattung *Rumex* (25 Arten und 7 sterile Hybriden), für deren sichere Bestimmung die zur Frzt. vergrößerte innere Bltnhüllblatthülle und die Grdblätt. vorhanden sein müssen.

1. Sträucher mit holzigen Zweigen; Stbbl. 6–8, am Grd. der Bltnhülle entspringend; Fr. ungeflügelt . . . .***Atraphaxis***
   [Weitere verholzte Polygonaceen sind: *Calligonum* (Fr. mit steifen Borsten bedeckt; Stbbl. 10–16) und *Pteropyrum* (Fr. 3flügelig; Stbbl. 6–8, an der Spitze der Bltnhülle inseriert)]
– Stauden oder Kräuter. 2
2. Bltnhüllblätt. 6, die inneren zur Frzt. auffallend vergrößert; Stbbl. 6 . .
   Rumex*
   (25 Arten)
– Bltnhüllblätt. 5, zur Frzt. ± gleich; Stbbl. 8 . . . .***Polygonum***

Atraphaxis L.

4 Arten in der Türkei.

A. billardieri Jaub. & Spach *(344)*

Niederer Strauch mit gedrehten Zweigen; Borke der jungen Zweige weißlich, behaart; Blätt. hellgrün, elliptisch, zugespitzt; Ochrea 2spitzig; Bltnhülle 5zählig, zur Frzt. rosa oder rosa-weiß, die 2 äußeren Hüllblätt. viel kürzer als die inneren und zurückgekrümmt; Stbbl. 8; Fr. 3eckig (manchmal linsenf.); Pfl. mit 4zähligen Bltn. oder linsenf. Fr. erschweren die Unterscheidung von *A. spinosa* erheblich. – <u>Bltzt. V–VII.</u> – Steppe (Kap. 2.5) und Felsstandorte, 1300–2600 m. – Östl. Mediterrangebiet, SW.Asien.

Polygonum L. (Knöterich)

Eine taxonomisch schwierige Gattung mit 27 Arten in der Türkei.

P. amphibium L.

Pfl. mehrjährig, z.T. im Wasser flutend, mit aufstgd. Stg.; Blätt. länglich bis lanzettlich, ganzrandig, mit abgerundetem bis herzf. Grd. (Wasserformen mit sehr lang gestielten Schwimmblätt.); Ochrea braun; Bltn. rosa, Stbbl. herausragend. – <u>Bltzt. VI–VIII.</u> – Feuchte Standorte, Ufer, stehende oder langsam fließende Gewässer (Kap. 2.7). – Europa, N.Amerika, Asien.

P. bistorta L.

Pfl. mehrjährig, aufrecht, bis 50 cm hoch; untere Blätt. groß, eirundlich bis länglich, zugespitzt, in den geflügelten Stiel verschmälert, oberseits dunkelgrün, unterseits bläulichgrün; obere Stgblätt. mit herzf. Grd. sitzend; Ochrea groß, dunkelbraun; Scheinähre dicht walzenf., bis 5 cm lang: Bltnhülle rosa. – <u>Bltzt. VI–VIII.</u> – Feuchte Wiesen und Quellfluren (Kap. 2.3), 1200–3600 m. – Europa, SW.Asien. – 2 Unterarten werden unterschieden: die ssp. *carneum* mit dunkel-rosa, gestielten Bltn. in kurz-walzenf. Bltnständen und die ssp. *bistorta* mit hell-rosa, ± sitzenden Bltn. in verlängerten Bltnständen.

344

345

P. lapathifolium L. (345)
Pfl. einjährig, z.T. sehr groß; Stg. meist unverzweigt; Blätt. lanzettlich, unterseits meist kahl, mit durchsichtigen gelben Drüsen und oft mit schwarzen Flecken; Bltnstand eine dichte, aufrechte Scheinähre; Bltnstiele mit gelben Drüsen; Bltn. meist rosa. – <u>Bltzt. VIII–IX.</u> – Sümpfe, Ufer (Kap. 2.7) und entlang von Flüssen bis 1500 m. – Europa, NW.Afrika, SW.Asien. – Sehr variabel in Größe, Behaarung, Ausbildung von Drüsen und Bltnfarbe.

Primulaceae – Primelgewächse

Kräuter oder Stauden; Blätt. wechsel- oder gegenst., häufig in Rosetten, meist ungeteilt; Bltn. radiärsymm., ⚥, einzeln oder in doldigen, traubigen, rispigen oder ährigen Bltnständen; Blkrblätt. 5, verwachsen; Stbbl. 5; Frkn. oberst., 1fächerig; Kapselfr.

9 Gattungen mit 40 Arten in der Türkei.

1. Stg. beblättert **2**
– Blätt. in grdst. Rosetten, höchstens unterhalb des Bltnstands kleine Hochblätt. **4**
2. Bltnhülle einfach, rosa; Bltn. einzeln, sitzend . . . . **Glaux,** 396
– Bltnhülle doppelt, in K. und Blkr. gegliedert **3**
3. Blkr. gelb oder violett . . . . **Lysimachia***
(7 Arten)
– Blkr. rot oder blau . . . . **Anagallis***
(A. arvensis, A. foemina)
4 **(1–).** Blkr. mit 5 langen, zurückgeschlagenen Zipfeln; Bltn. einzeln; Frstiele meist spiralig-eingerollt . . . . **Cyclamen,** 394
– Blkrzipfel nicht zurückgeschlagen **5**
5. Blkr. mit kurzer Röhre, an der Mündung zusammengezogen; Blätt. oft zu kugeligen Rosetten vereint . . . . **Androsace,** 394
– Blkr. mit langer Röhre, an der Mündung nicht zusammengezogen . .
Primula, 396

Androsace L. (Mannsschild)

7 Arten in der Türkei.

A. maxima L. *(346)*
Pfl. einjährig, bis 15 cm hoch; Blätt. in Rosetten, elliptisch, am Rand
gezähnt, kahl oder schwach behaart; bltntragende Stg. mit krausen,
weißen Haaren und kleinen Drüsenhaaren; Bltnstand doldig, 2–10bltg.;
Tragblätt. blattähnlich, oft länger als die Bltnstiele; Bltn. weiß oder rosa;
K. behaart, die Zipfel meist länger als die Kröhre. – Bltzt. IV–V. – Of-
fenwälder, Felsstandorte, Steppen (Kap. 2.3), 300–2000 m. – Eurasien,
NW.Afrika.

A. villosa L.
Pfl. mehrjährig, dichte Polster bildend; Blätt. in Rosetten, schmal-lineal,
ganzrandig, kahl oder dicht behaart; bltntragende Stg. abstehend behaart, mit kleinen Drüsenhaaren; Bltnstand doldig, 1–4bltg.; Tragblätt.
lanzettlich, meist viel länger als die Bltnstiele; Bltn. weiß mit gelbem
Schlund, später rosa-violett; K. behaart. – Bltzt. V–IX. – Felsstandorte,
Steinschutt (Kap. 2.3), 1400–4000 m. – Eurasien.

Cyclamen L. (Alpenveilchen)

10 Arten in der Türkei.

C. cilicicum BOISS. & HELDR.
Pfl. mehrjährig, mit kleinen, kugeligen, glatten Knollen; Blätt. gleichzeitig mit den Bltn. im Herbst erscheinend, rundlich, ganzrandig oder gezähnelt, oft grau marmoriert; Bltn. weiß bis hellrosa; Blkrzipfel schmal,
ganzrandig, ohne Öhrchen, am Grd. oft karmesinrot; Öffnung der Blkr.
sehr eng. – Bltzt. IX–XI. – Nadelwälder, Gebüsche, Felsstandorte
(Kap. 2.1), 700–2000 m. – Endemisch in der Türkei.

C. coum MILLER *(347)*
Pfl. mehrjährig, mit kleinen, kugeligen, behaarten Knollen; Blätt. im
Winter und Frühjahr kurz vor der Blüte erscheinend, rundlich-herzf.,
grün oder marmoriert, ganzrandig oder unregelmäßig gezähnt; Bltn.
hell oder dunkel lilarot, selten weiß; Blkrzipfel rundlich bis breit-oval,
ohne Öhrchen, zurückgekrümmt, ganzrandig oder schwach gezähnt,
am Grd. mit dunklem, schmal weiß oder rosa berandetem Fleck. –
Bltzt. II–V. – Offenwälder, Gebüsche (Kap. 2.2) bis 2200 m. – SW.-
Asien.

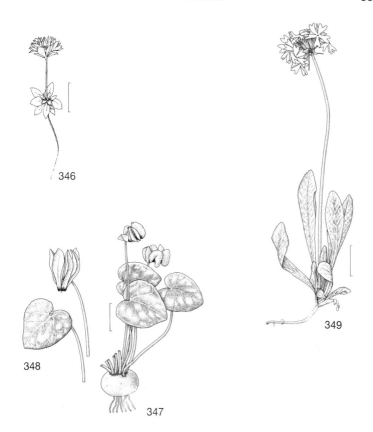

346

348

347

349

C. graecum LINK

Pfl. mehrjährig, mit kugeligen, korkig-zerschlitzten Knollen, Wurzeln in der Mitte der Knollenunterseite entspringend; Blätt. im Herbst nach der Blüte erscheinend, herzf., am Rand oft verdickt, gezähnt; Bltn. hellrosa, selten weiß; Blkrzipfel am Grd. geöhrt und karmesinrot gestreift. – Bltzt. IX–XI. – Offenwälder, Macchien (Kap. 2.1) bis 100 m. – Östl. Mediterrangebiet.

C. persicum MILLER (348)

Pfl. mehrjährig, mit großen (bis 15 cm im Durchmesser) kugeligen, korkigen Knollen; Blätt. zur Bltzt. im Frühjahr vorhanden, breit-herzf., zugespitzt oder stumpf, gezähnelt; Bltn. groß, weiß oder hellrosa, am Grd. dunkelviolett; Blkrzipfel ohne Öhrchen; Frstiele nicht eingerollt. – Bltzt. II–IV. – Pinus brutia-Wälder, Macchien, Felsstandorte (Kap. 2.1) bis

800 m. – Östl. Mediterrangebiet. – Die einzige *Cyclamen*-Art in der Türkei, bei der die Frstiele nicht spiralig eingerollt sind.

Glaux L. (Milchkraut)

Monotypisch

G. maritima L.
Pfl. mehrjährig, kriechend bis aufstgd., fleischig, bis 20 cm hoch; Blätt. verlängert-elliptisch, sitzend, ganzrandig, die unteren kreuzgegenst., die oberen wechselst.; K. kronblattartig, hellrosa bis lila, bis 2/3 geteilt; Blkr. fehlend; Kapsel kugelig, vom K. eingeschlossen. – Bltzt. V–VIII. – Salzsümpfe, Feuchtstandorte (Kap. 2.6) bis 1800 m. – Eurasien, N.Amerika.

Primula L. (Primel)

8 Arten in der Türkei.

P. auriculata LAM. *(349)*
Pfl. mehrjährig, kahl, oft mehlig-bestäubt, bis 80 cm hoch; blütntragen-der Stg. deutlich länger als die Blätt.; Blätt. in grdst. Rosetten, ellip-tisch, rundlich-lanzettlich bis spatelf., allmählich in den breiten Blattstiel verschmälert, am Rand stumpf gezähnt, oft ganzrandig; Bltnstand dol-dig, 3- bis vielbltg.; Tragblätt. länger als die Bltnstiele; Bltn. rot-violett, Zipfel 2lappig; K. glockig, bis zur Hälfte geteilt, oft drüsig-bewimpert. – Bltzt. V–VIII. – Feuchtstandorte, Sumpfwiesen, Schmelzwasserrinnen (Kap. 2.3), 1300–3200 m. – SW.Asien.

P. vulgaris HUDSON
Pfl. mehrjährig, kahl oder behaart, ohne oder nur mit sehr kurzem bltntragenden Stg., die Bltn. einzeln aus der Blattrosette entspringend; Blätt. verlängert-spatelf., kahl oder kurz-behaart, allmählich in den ge-flügelten Blattstiel verschmälert; Bltn. gelb, rosa oder weiß, mit tiefgel-bem oder orangem Schlund. – Bltzt. III–VI. – Offenwälder, Gebüsche (Kap. 2.2), 500–2200 m. – Eurasien, NW.Afrika.

Punicaceae – Granatapfelbaumgewächse

Laubwerfende Bäume oder Sträucher; Blätt. gegenst., einfach, ohne Nebenblätt.; Bltn. einzeln, radiärsymm., ⚥; K.blätt. 5–7; Blkrblätt. 5–7, frei; Stbbl. zahlreich; Fr. groß, beerenartig, mit ledriger Außenhülle; Sa. zahlreich, von einer fleischigen Pulpa umgeben.

1 Gattung und nur 1, oft kultivierte Art in der Türkei.

Punica L. (Granatapfelbaum)

P. granatum L. (350)
Dorniger Strauch oder kleiner, unbedornter Baum, bis 7 m hoch; Blätt. lanzettlich bis verlängert-rundlich, kahl, ganzrandig; Bltn. scharlachrot, groß, selten weiß; Kblätt. am Grd. verwachsen; Fr. kugelig, 5–8 cm im Durchmesser, braun. – Bltzt. V–VI. – Offenwälder, Gebüsche (Kap. 2.1) bis 600 m. – SW.- und Z.Asien. – Als Granatapfelbaum heute in der Türkei kultiviert und vielerorts eingebürgert.

350

Rafflesiaceae – Schmarotzerblumengewächse

Ausdauernde, krautige Vollparasiten ohne Blattgrün; Bltn. eingeschl. oder (selten) ⚥, einzeln oder in dichten, kopff. Ähren; Bltnhülle einfach, 4–10teilig; Stbbl. zu einer Säule verwachsen; Frkn. unter- oder mittelst.; Fr. eine Beere.

2 Gattungen mit 2 Arten in der Türkei.

Cytinus L. (Zistrosenwürger)

C. hypocistis* L. *(351)
Sprosse fleischig, 3–8 cm, größtenteils unterirdisch; Schuppenblätt.
eif.-rundlich, dachziegelartig, gelb oder rot, in die Tragblätt. der sehr
kurz gestielten Bltn. übergehend; Bltnstand 5–10bltg, untere Bltn. ♀,
obere Bltn. ♂, mit 4lappiger, gelber, weißer oder rosafarbener
Bltnhülle. – Bltzt. III–VI. – Macchien und mediterrane Kleinstrauchfluren, an Wurzeln von Zistrosen parasitierend (Kap. 2.1) bis 450 m. –
Kanarische Inseln, Mediterrangebiet, SW.Asien. – In der Türkei mit 2
wirtsspezifischen Unterarten: am weißblühenden *Cistus salviifolius*
parasitiert die gelbblütige ssp. *orientalis*, am rotblühenden *C. creticus*
die weiß- bis rosablütige ssp. *kermesinus*, die oft auch als eigene Art
(Cytinus ruber) angesehen wird.

351

Ranunculaceae – Hahnenfußgewächse

Stauden oder Kräuter, seltener verholzte Kletterpfl.; Blätt. wechselst.,
seltener gegen- oder grdst., ohne Nebenblätt.; Bltn. ♀, radiär- oder
monosymm.; Bltnhülle einfach oder doppelt; zwischen Bltnhüll- und
Stbbl. oft kronblattartig gestaltete Honigblätt. mit Honiggruben; Frkn.
frei; Balg- oder Nußfr., seltener Beeren.

17 Gattungen mit etwa 200 Arten in der Türkei.

1.   Verholzte Kletterpfl.; Blätt. gegenst.. . . . .***Clematis,*** 400
–   Pfl. nicht kletternd; Blätt. wechsel- oder grdst. **2**

Adonis L. (Adonisröschen)

9 Arten in der Türkei.

A. aestivalis L. *(352)*

Pfl. einjährig, bis 40 cm hoch; Blätt. schmal, zerschlitzt; Bltn. bis 3 cm im Durchmesser, scharlachrot mit schwarzem Grd., oft orange- oder elfenbeinfarben; Nüßchen runzelig, mit einer Längskante, die am oberen Rand vorn in 2 Zähnen endet; Schnabel aufrecht, gerade, grün. – Bltzt. V–VII. – Felsstandorte, Steppen (Kap. 2.5), Kulturland, 900–1200 m. – Europa, NW.Afrika, SW.Asien.

Anemone L. (Windröschen, Anemone)

8 Arten in der Türkei.

A. blanda SCHOTT & KOTSCHY *(353)*

Pfl. mehrjährig, bis 20 cm hoch, mit kurzem, kugeligem Rhizom; Grdblätt. 3geteilt, die einzelnen Segmente tief eingeschnitten, gezähnt, oberseits behaart, unterseits verkahlend und oft rötlich überlaufen; Blätt. des Hochblattquirls gestielt; Bltn. einzeln; Bltnhüllblätt. 12–15, lanzettlich, lavendelfarben, seltener rosa, außen kahl. – Bltzt. III–IV. – Felsstandorte, Steinschutt, Gebüsche (Kap. 2.3) bis 2600 m. – Balkan, SW.Asien.

A. coronaria L.
Pfl. mehrjährig, bis 30 cm hoch, Wurzelstock angeschwollen; Grdblätt. 3geteilt; Blätt. des Hochblattquirls sitzend; Bltn. einzeln; Bltnhüllblätt. 5–6, rundlich, scharlachrot, rosa, violett-blau oder weiß, außen seidig behaart. – Bltzt. II–IV. – Gebüsche, Macchien (Kap. 2.1) bis 900 m. – Mediterrangebiet.

Clematis L. (Waldrebe)

5 Arten in der Türkei.

C. cirrhosa L.
Verholzte Kletterpfl.; Blätt. der Langtriebe 3geteilt, Blattstiele windend, die der Kurztriebe meist ungeteilt, schwach behaart; Bltn. einzeln oder in Trugdolden; Bltnhüllblätt. cremefarben, außen seidig behaart, mit 2 sehr großen, verbundenen, kelchartigen Vorblätt. dicht unter der Blüte; Stbbeutel kürzer als die geflügelten Stbblstiele. – Bltzt. III–IV. – Gebüsche, Macchien (Kap. 2.1) bis 400 m. – Mediterrangebiet, SW.Asien.

C. flammula L.
Verholzte Kletterpfl.; Blätt. gefiedert, ledrig, mit 3geteilten Segmenten; Bltn. in Trugdolden; Bltnhüllblätt. weiß, am Rand dicht behaart; kelchartige Vorblätt. fehlend; Stbbeutel meist so lang wie die kahlen Stbblstiele. – Bltzt. VI–VII. – Macchien (Kap. 2.1) bis 900 m. – Mediterrangebiet, SW.Asien.

Consolida (DC.) S. F. Gray (Rittersporn)

28 Arten in der Türkei, mit einem Entfaltungszentrum (Sippenzentrum) in Anatolien.

C. orientalis (Gay) Schröd.
Pfl. einjährig, bis 70 cm hoch; Stg. einfach oder verzweigt, oberwärts drüsig behaart; Blätt. fadenf.-geschlitzt; Bltn. in dichten Trauben, deutlich gestielt, violett; Blkr. 3lappig, Sporn etwas kürzer als die Blkr.; Vor-

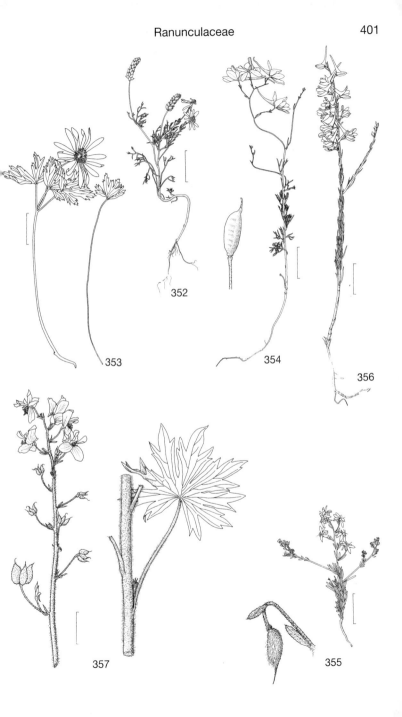

352

353

354

356

357

355

blätt. länger als die Bltnstiele; Fr. weichhaarig, am Grd. drüsig, plötzlich in den kurzen Gr. zugespitzt. – Bltzt. V–VIII. – Steppen, Kulturland (Kap. 2.5) bis 1900 m. – Mediterrangebiet, NW.Afrika, SW.Asien. – Als Gartenzierpflanze in Europa weit verbreitet und gelegentlich verwildert.

C. regalis S. F. Gray ssp. *paniculata* (Host) Sóo *(354)*

Pfl. einjährig, bis 40 cm hoch, reich verzweigt, anliegend behaart oder kahl; Blätt. geschlitzt; Bltn. in wenigbltg. Trauben oder Rispen, dunkelviolett; Blkr. 3lappig, Sporn länger als die Blkr., zur Bltzt. gerade oder schwach aufwärts gebogen; Vorblätt. kürzer als die Bltnstiele; Fr. kahl oder behaart, lang geschnäbelt. – Bltzt. V–VIII. – Steppen, Kulturland (Kap. 2.4) bis 1000 m. – Europa, SW.Asien.

C. tomentosa (Aucher) Schröd. ssp. *oligantha* (Boiss.) Davis *(355)*

Pfl. einjährig, bis 20 cm hoch, wenig verzweigt, dicht anliegend wollig behaart; Blätt. zerschlitzt; Bltn. in wenigbltg. Rispen, blau-violett (nach dem Trocknen schwarz-violett); Blkr. nur schwach 3lappig, Sporn nur halb so lang wie die Blkr.; Vorblätt. kürzer als die Bltnstiele; Fr. angedrückt behaart, Frstiele abwärts gekrümmt. – Bltzt. VI–VII. – Steppen, Kulturland (Kap. 2.5), 600–1000 m. – SW.Asien.

Delphinium L. (Rittersporn)

26 Arten in der Türkei.

D. peregrinum L. *(356)*

Pfl. einjährig, bis 60 cm hoch, behaart oder kahl; Bltn. in lockeren oder dichten Rispen, dunkelviolett, kraus behaart; Sporn 2mal so lang wie die Blkr.; Tragblätt. so lang wie die Bltnstiele; Fr. behaart. – Bltzt. VI–VIII. – Trockenhänge, Steppen, Kulturland (Kap. 2.5) bis 1300 m. – Östl. Mediterrangebiet, SW.Asien.

D. staphisagria L. *(357)*

Pfl. zweijährig, aufrecht, weich behaart, bis 1 m hoch; Stgblätt. handf. gelappt, eingeschnitten; Bltn. in lockeren Trauben, dunkelblau, mit sehr kurzem Sporn; Fr. auf 1 Seite angeschwollen. – Bltzt. IV–VI. – Offenwälder, Macchien, Ödland (Kap. 2.1) bis 300 m. – Mediterrangebiet.

Eranthis SALISB. **(Winterling)**

Nur 1 Art in der Türkei.

E. hyemalis **(L.)** SALISB.
Pfl. mehrjährig, mit geschwollenem Rhizom; Stg. aufrecht, bis 15 cm hoch; Grdblätt. lang gestielt, tief handf. geteilt; Hochblattquirl aus 3 handf. geteilten Blätt., unmittelbar am Grd. der Blüte sitzend (kelchartig); Bltn. einzeln, gelb; äußere Bltnhüllblätt. 5–8, lanzettlich, kronblattartig, innere becherf. (Honigblätt.); Fr. aufrecht (4–6 Balgfr.). – Bltzt. IV–V. – Offenwälder (Kap. 2.3), 1300–1800 m. – S.Europa, SW.-Asien. – Häufig in Europa als Zierpflanze angepflanzt und zuweilen verwildert.

Nigella L. (Schwarzkümmel)

14 Arten in der Türkei.

N. segetalis BIEB.
Pfl. einjährig, kahl, verzweigt, bis 25 cm hoch; Blätt. 3geteilt, fadenf. zerschlitzt; Bltn. ohne Hochblatthülle, lavendelfarben; Stbbl. dunkelviolett; Fr. 5 Balgfr., zu 3/4 ihrer Länge verwachsen, 2–3mal länger als der Gr.; Sa. 3kantig. – Bltzt. V–VII. – Steppen, Kulturland (Kap. 2.5) bis 1600 m. – SW.Asien. – Einzige weitere Art mit violetten Stbbl. ist *N. fumariifolia*, bei der die Gr. aber deutlich länger als die Fr. sind.

Ranunculus L. (Hahnenfuß)

83 Arten in der Türkei. Zur sicheren Bestimmung sind Kenntnisse über den Wurzelstock, die Grdblätt. und Fr. wichtig.

R. asiaticus **L. *(358)***
Pfl. mehrjährig, bis 30 cm hoch; Stg. angedrückt-weichhaarig, 1–6bltg.; grdst. Blätt. 2gestaltig, die äußeren keilf.-rundlich, gezähnt oder 3lappig, die inneren 3geteilt; Bltn. groß, scharlachrot; Stbbl. schwarz; Fr. breit geflügelt. – Bltzt. IV. – Trockenhänge, Macchien (Kap. 2.1) bis 900 m. – Mediterrangebiet, SW.Asien.

R. damascenus BOISS. & GAILL.
Pfl. mehrjährig, bis 30 cm hoch; Wurzelknollen spindelf.; Stg. behaart,
2–16bltg.; Grdblätt. 3lappig, am Grd. herzf., gezähnt; Bltn. gelb; Kblätt.
deutlich zurückgekrümmt; Fr. rundlich-rhombisch, warzig, behaart, mit
kurzem geradem Schnabel. – Bltzt. IV–V. – Offenwälder, Steinschutt
(Kap. 2.3), 600–1300 m. – SW.Asien.

R. demissus DC. *(359)*
Pfl. mehrjährig, kahl, mit aufstgd., bis 20 cm hohem, 1–2bltg. Stg.;
Grdblätt. 3spaltig, tief geteilt; Bltn. gelb; Fr. rundlich, klein, mit eingerolltem sehr kurzem Schnabel. – Bltzt. V–VIII. – Felsstandorte, Steinschutt (Kap. 2.3), 1600–2800 m. – Endemisch im Taurus-Gebirge.

R. paludosus POIRET *(360)*
Pfl. mehrjährig, bis 20 cm hoch, am Grd. angeschwollen, mit netzf. Fa-
serwurzeln; Wurzelknollen rundlich; Stg. behaart, 1–3bltg.; Grdblätt.
2gestaltig; die äußeren rundlich, breit gezähnt oder 2lappig, die inneren
tief 3geteilt; Bltn. gelb; Kblätt. angedrückt; Fr. rundlich, mit kurzem, fast
geradem Schnabel. – Bltzt. III–V. – Trockenhänge, Macchien (Kap. 2.1)
bis 2000 m. – Europa, N.Afrika.

R. sphaerospermus BOISS. & BLANCHE *(361)*
Wasserpfl. mit untergetauchten, fadenf. steifen Blätt.; Bltnhüllblätt. (Ho-
nigblätt.) weiß, breit-oval, mit verlängerter, grubenartiger Honigdrüse;
Bltnboden behaart, zur Frzt. verlängert; Frstandstiele viel länger als die
Blätt.; Fr. rundlich, kahl oder am Gr. schwach behaart. – Bltzt. I–IX. –
Gewässer (Kap. 2.7) bis 1700 m. – Eurasien. – Der auffallendste Was-
serhahnenfuß in der Türkei.

Resedaceae – Resedagewächse

Ein- oder mehrjährige Kräuter; Blätt. wechselst., einfach oder geteilt,
mit sehr kleinen drüsenähnlichen Nebenblätt.; Bltn. monosymm., in
Trauben oder Ähren; Kblätt. 4–8; Blkrblätt. 4–10; Stbbl. 3 bis zahlreich;
Frkn. oberst., 2–7blättrig, im reifen Zustand an der Spitze meist offen;
Fr. eine Kapsel.

Nur 1 Gattung in der Türkei.

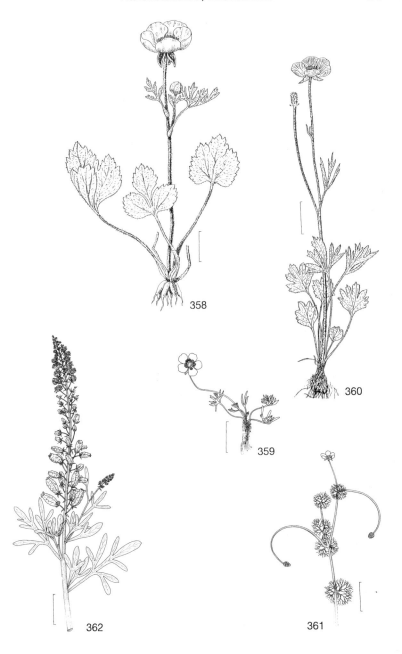

358

360

359

362

361

Reseda L. (Wau, Reseda)

14 Arten in der Türkei.

R. lutea L. *(362)*

Pfl. ein- oder mehrjährig, bis 70 cm hoch; Blätt. schmal, 3- oder fiederteilig, die grdst. zuweilen ganzrandig; Bltn. wenig riechend; Kblätt. 5–
6, bleibend; Blkrblätt. 6, gelb, das hintere 3lappig, die seitlichen Lappen
halbmondf. und zuweilen unregelmäßig tief geteilt; Fr. zylindrisch bis
eif.-kugelig, kahl; Sa. gelb bis schwarz, glänzend. – Bltz. IV–VIII. –
Weit verbreitet auf Trockenhängen, Ruderalstandorten und Kulturland
(Kap. 2.5) bis 2000 m. – Kosmopolitisch. – Aufgrund der Kapseln werden in der Türkei 2 Varietäten unterschieden: var. *lutea* (Kapseln immer
aufrecht) und var. *nutans* (Kapseln zur Frzt. hgd.).

Rhamnaceae – Kreuzdorngewächse

Bäume oder Sträucher, oft bedornt; Blätt. einfach, wechsel- oder gegenst.; Bltn. radiärsymm., ☿ oder eingeschl., 4–5zählig, mit Diskus; Fr.
eine Steinfr. oder trocken, geflügelt.

5 Gattungen mit 26 Arten in der Türkei.

1.   Blätt. fiedernervig; Nebenblätt. nicht dornig, oft abfallend **2**
–   Blätt. 3nervig; Nebenblätt. verdornt . . . . ***Paliurus***
2.   Blätt. ganzrandig; Bltn. meist 5zählig; Gr. ungeteilt . . . . . ***Frangula****
                                     (F. alnus)
–   Blätt. am Rand feingesägt; Bltn. meist 4zählig; Gr. 2–5spaltig. . . . . .
                                          Rhamnus

Paliurus MILLER **(Stechdorn)**

Nur 1 Art in der Türkei.

P. spina-christi MILLER *(363)*

Laubwerfender, dorniger, bis 4 m hoher Strauch; Blätt. rundlich, 3ner-
vig, am Rand gesägt, kahl; Bltn. 3zählig, gelb; Kblätt. kahl; Gr. 2spaltig;
Fr. hart, trocken, rundlich-zusammengedrückt, breit wellig-geflügelt. –
Bltz. V–VII. – Flußtäler, Schluchten, Ödland (Kap. 2.1) bis 1400 m. –
S.Europa, SW.- und Z.Asien.

Rhamnus L. (Kreuzdorn)

22 Arten in der Türkei.

Rh. alaternus L. *(364)*
Unbedornter, bis 5 m hoher immergrüner Strauch; Blätt. ledrig, elliptisch, zugespitzt, am Rand hornf. gezähnt, kahl; unterseits in den Achseln der Blattnerven bärtig; Bltn. 5zählig, in dichten Rispen; Bltnkrblätt.
fehlend; Fr. schwarz. – Bltzt. II–V. – Trockenhänge, Gebüsche (Kap.
2.1). – Mediterrangebiet.

Rh. libanoticus BOISS.
Unbedornter, bis 3 m hoher laubwerfender Strauch; junge Zweige behaart; Blätt. rundlich-breit, am Rand gekerbt, auf beiden Seiten behaart; Kblätt. zur Frzt. abfallend; Fr. behaart. – Bltzt. VI. – Felsstandorte, Steinschutt (Kap. 2.3) 1500–2300 m. – SW.Asien.

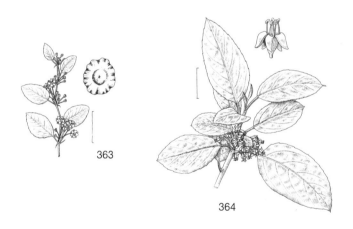

363

364

Rosaceae – Rosengewächse

Bäume, Sträucher oder Kräuter; Blätt. wechselst., meist mit Nebenblätt., einfach oder zusammengesetzt; Bltn. radiärsymm., ⚥; Stbbl. 5
oder 2–4mal so viel wie Blkrblätt.; Frkn. zahlreich bis 1, frei oder unecht
verwachsen, dem kegelig erhöhten oder verbreiterten Bltnboden aufsitzend, von der krugf. vertieften Bltnachse umgeben oder mit derselben

verwachsen; Bltnachse in vielfältiger Weise an der Frbildung beteiligt; Fr. Kapsel, Nüßchen, Steinfr., Sammelnußfr., Sammelsteinfr. oder Scheinfr.; viele Nutz- und Zierpflanzen.

35 Gattungen mit etwa 250 Arten in der Türkei.

Amelanchier MEDIKUS (Felsenbirne)

2 Arten in der Türkei.

1. Blätt. > 2 cm, im Alter kahl; Blkrblätt. 3–4mal länger als der K. . . . . .
                                           A. rotundifolia
– Blätt. < 2 cm, unterseits weiß-filzig; Blkrblätt. nur 2mal länger als der
K. . . . . **A. parviflora**

A. parviflora BOISS.

Laubwerfender Strauch, bis 2 m hoch; junge Zweige weißfilzig; Blätt.
einfach, oberseits kahl, grün, unterseits weiß-filzig; Bltnstand eine
Rispe (seltener Einzelbltn.); Bltn. weiß, außen behaart; Stbbl. 10–20;
Fr. kugelig. – Bltzt. V–VII. – Nadelwälder (Kap. 2.3), 900–1500 m. –
Endemisch in der Türkei.

Amygdalus L. (Mandel)

13 Arten in der Türkei. Für eine sichere Bestimmung sind reife Fr.
(Steinfr.) wichtig.

A. orientalis MILLER (365)

Reich verzweigter, bedornter Strauch, bis 3 m hoch; junge Zweige dicht
weiß-filzig, später verkahlend; Blätt. sitzend oder gestielt, verlängert-
lanzettlich bis spatelf., ganzrandig oder gekerbt, weiß-filzig; Bltn. gestielt, hellrosa; Steinfr. weiß-filzig, später kahl. – Bltzt. IV–VII. – Felsstandorte, Gebüsche (Kap. 2.4), 600–1700 m. – SW.Asien.

Aremonia NESTLER (Aremonie)

Monotypisch.

A. agrimonoides (L.) DC.

Pfl. mehrjährig, kahl, bis 20 cm hoch; Grdblätt. groß, unterbrochen gefiedert, mit großer Endfieder; Bltn. zu 2–5, von einer trichterf., sich zur
Frzt. vergrößernden Hülle umgeben; Bltn. gelb; Fr. vom Kbecher eingeschlossen. – Bltzt. V–VII. – Wälder (Kap. 2.2), 1000–1600 m. – Eurasien.

Cotoneaster MEDIKUS (Zwergmispel)

6 Arten in der Türkei. Eine sehr variable und durch Hybridisierung schwer zu bestimmende Gattung.

C. nummularia FISCHER & MEYER *(366)*
Bis 3 m hoher Strauch; Blätt. elliptisch bis rundlich, mit kurzer Stachel-spitze, oberseits spärlich behaart bis kahl, unterseits oft grau-filzig; Blattstiele sehr lang; Bltnstand kompakt, 3–7bltg.; Bltnstiele und K. weiß-filzig; Bltn. weiß; Stbbl. 20; Fr. kugelig, rot, in der Jugend be-haart. – Bltzt. IV–VI. – Steinschutt, Gebüsche, Steppen (Kap. 2.4) bis 3000 m. – Östl. Mediterrangebiet, SW.Asien.

Crataegus L. (Weißdorn)

17 Arten in der Türkei. Zur sicheren Bestimmung müssen Bltn. und Fr. vorhanden sein.

C. orientalis BIEB.
Bedornter Strauch oder kleiner, bis 5 m hoher Baum; Blätt. rhombisch oder verlängert-oval, tief 3–7lappig, am Grd. keilf. verschmälert, bei-derseits grau behaart; Bltnstand 4–10bltg., dicht weiß-filzig; Bltn. weiß; Kblätt. zur Frzt. zurückgekrümmt; Fr. rot-orange, kugelig, bis 2 cm im Durchmesser, behaart oder kahl. – Bltzt. V–VII. – Felsstandorte, Offen-wälder, Gebüsche (Kap. 2.4) bis 2300 m. – S.Europa, SW.Asien.

Eriolobus (SER.) ROEMER

Nur 1 Art in der Türkei.

E. trilobatus (POIRET) ROEMER
Kleiner laubwerfender, bis 6 m hoher Baum; Blätt. verlängert-rundlich, tief 3lappig, am Rand gezähnt, kahl oder behaart, mit langem Stiel; Bltnstand schirmf., 7 cm im Durchmesser, 5–10bltg.; Bltn. groß, weiß; Kblätt. bleibend, zurückgekrümmt; Blkrblätt. ganzrandig bis 3zähnig; Fr. gelb-grün. – Bltzt. V–VI. – Felsstandorte, Offenwälder, Gebüsche (Kap. 2.2), 800–1000 m. – SO.Europa, östl. Mediterrangebiet.

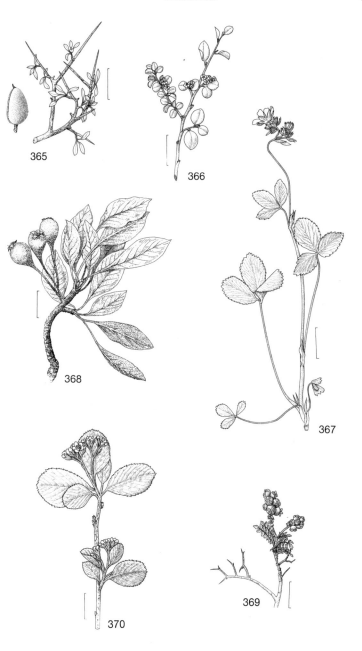

365

366

368

367

370

369

Mespilus L. (Mispel)

Monotypisch.

M. germanica L.

Dorniger, bis 3 m hoher, laubwerfender Strauch oder kleiner Baum; Blätt. lanzettlich, bis 12 cm lang, ganzrandig oder gesägt, unterseits behaart; Bltn. einzeln, weiß, 3–4 cm im Durchmesser; Kblätt. dicht behaart, länger als die Blkrblätt.; Fr. verkehrt-kegelf., braun, von den laubigen Kblätt. gekrönt. – Bltzt. V–VI. – Offenwälder, Macchien (Kap. 2.2) bis 1700 m. – Europa, SW.Asien. – Natürliche Vorkommen nur in Nordanatolien; aber aufgrund der eßbaren Früchte vielerorts kultiviert und verwildert.

Potentilla L. (Fingerkraut)

56 Arten in der Türkei. Eine taxonomisch schwierige Gattung mit vielen apomiktischen Formenkreisen und Übergangssippen. Wichtig zur Bestimmung sind Blattform, Zahl der Fiederblätt., Bltnfarbe und Grlänge.

P. kotschyana FENZL

Pfl. mehrjährig, niederlgd. oder aufstgd., bis 40 cm hoch; Blätt. fingerf., mit 5 rundlichen, geschlitzt-gesägten, angedrückt behaarten Fiederchen; Außenk. verlängert, an der Spitze 2–3spaltig; Kblätt. breit-oval; Bltn. hellgelb; Gr. fast endst., kegelf., papillös, viel kürzer als die Fr. (Nüßchen). – Bltzt. IV–VII. – Steinschutt (Kap. 2.3) bis 2100 m. – Östl. Mediterrangebiet.

P. micrantha DC.

Pfl. mehrjährig, behaart, mit Rhizom; blühende Stg. kurz, 5–10 cm hoch; Grdblätt. 3zählig, 5–15 cm lang, Fiederchen rundlich, gekerbt bis gesägt, unterseits seidig behaart; Bltn. endst., einzeln oder zu 2–3, weiß oder selten rosa; Außenk. lanzettlich; Kblätt. innen mit einem roten Fleck, länger als die Blkrblätt.; Gr. fast endst., länger als die Fr. – Bltzt. III–VII. – Offenwälder (Kap. 2.3) bis 1800 m. – Europa, NW.Afrika, SW.Asien.

P. speciosa WILLD. (367)

Pfl. mehrjährig, weiß-filzig, am Grd. verholzt; Stg. aufstgd., bis 30 cm hoch; Blätt. 3zählig, Fiederchen sitzend oder gestielt, rundlich, gezähnt, filzig; Bltn. endst., weiß oder hellgelb; Außenk. lanzettlich; Kblätt. oval, kürzer als die Blkrblätt.; Gr. fast endst., länger als die Fr. – Bltzt. VI–

VIII. – Felsen (Kap. 2.3) bis 3200 m. – SO.Europa, östl. Mediterrangebiet, SW.Asien.

Pyrus L. (Birne)

11 Arten in der Türkei.

P. boisseriana BUHSE ssp. crenulata BROWICZ
Bedornter, bis 5 m hoher, laubwerfender Baum oder Strauch; Zweige
kahl; Blätt. verlängert-rundlich, gesägt, kahl, mit fast herzf. Grd.; Blattstiele länger als die Blattspreite; Kblätt. zur Frzt. abfallend; Fr. kugelig,
1 cm im Durchmesser, kahl; Bltn. nicht bekannt. – Laubmischwälder
(Kap. 2.1). – Endemisch in der Südtürkei.

P. elaeagnifolia PALLAS (368)
Bis 10 m hoher Baum; junge Zweige grau oder weiß-filzig; Blätt.
schmal-elliptisch, bis 8 cm lang, ganzrandig, grau- oder weiß-filzig;
Blattstiel bis 4 cm lang; Bltnstand vielbltg.; Bltn. weiß, 3 cm im Durchmesser; Kblätt. zur Frzt. vorhanden; Fr. einzeln oder zu 2, birnenf., gelb-
grün, zunächst wollig, später kahl. – Bltzt. IV–V. – Offenwälder, Gebüsche (Kap. 2.4) bis 1700 m. Als Waldrelikt heute häufig im Inneranatolischen Bergland („Wild orchards"). – SW.Asien.

Rosa L. (Rose)

24 Arten in der Türkei.

R. pulverulenta BIEB.
Niederlgd., oft dichte Spaliere bildender, bis 50 cm hoher Strauch;
Blätt. unpaarig gefiedert, aromatisch duftend; Fiederblätt. 5, elliptisch
bis fast rundlich, kahl oder behaart, sehr drüsig, mit 8–20 Zähnen auf
jeder Seite; Nebenblätt. drüsig, kurz geöhrt; Bltn. einzeln oder zu 2–4,
rosa; Kblätt. gefiedert, drüsig; Gr. behaart bis wollig; Fr. kugelig, scharlachrot, 1–2 cm im Durchmesser, kahl oder drüsig. – Bltzt. VI–VII. –
Nadelwälder, Offenwälder, Steinschutt (Kap. 2.3), 700–2300 m. –
SO.Europa, SW.Asien.

Die häufigste gelb blühende Rose ist *R. foetida* HERRM. Sie wird auch
gern kultiviert (z.B. als Hecke in Kappadokien).

Sanguisorba L. (Wiesenknopf)

3 Arten in der Türkei.

S. minor SCOP. ssp. muricata (SPACH) BRIQ.
Pfl. mehrjährig, aufrecht, verzweigt, bis 80 cm hoch; Grdblätt. in Rosetten; Blätt. unpaarig gefiedert, wechselst.; Bltn. in endst., köpfchenartigen Bltnständen; Kblätt. 4, grün, mit weißem oder rosa Rand; Blkrblätt. fehlend; Stbbl. zahlreich; Fr. zur Reifezt. vom K. eingeschlossen, deutlich geflügelt, mit tiefen Gruben. – Bltzt. VI–VII. – Offenwälder, Trockenhänge (Kap. 2.4) bis 2100 m. – Europa, N.Afrika, SW.Asien.

Sarcopoterium SPACH

Monotypisch.

S. spinosum (L.) SPACH (369)
Halbkugeliger, borniger, bis 1 m hoher Strauch; Blätt. ledrig, unpaarig gefiedert; Fiederblätt. verlängert-rundlich, ganzrandig bis 3–5zähnig, unterseits weiß behaart; Bltnstand eine endst. Ähre; Kblätt. 4, grün, oft weiß berandet; Blkrblätt. fehlend; Stbbl. zahlreich; Narbe rötlich, fedrig; Fr. fleischig, gelblich-braun. – Bltzt. III. – Felsstandorte, Macchien (Kap. 2.1) bis 1000 m. – Östl. Mediterrangebiet. – Leitpflanze der Phrygana.

Sorbus L. (Vogelbeere, Elsbeere)

13 Arten in der Türkei.

S. umbellata (DESF.) FRITSCH (370)
Bis 7 m hoher Strauch oder kleiner Baum; Zweige dunkelrot-braun; Blätt. verlängert-rundlich, bis 11 cm lang, gezähnt, oberseits grün, unterseits weiß-filzig; Bltnstand locker oder kompakt, 5–11 cm im Durchmesser, 14–42bltg.; Bltn. weiß; Kblätt. 3eckig; Stbbl. 15–20; Fr. kugelig, scharlachrot, 9–16 mm im Durchmesser. – Bltzt. VI. – Felsstandorte, Offenwälder (Kap. 2.2) bis 2500 m. – Europa, SW.Asien.

Rubiaceae – Rötegewächse

Kräuter oder Sträucher, z.T. auch kletternd; Blätt. ganzrandig, gegenst., zusammen mit den Nebenblätt. Quirle bildend; Bltn. radiärsymm., 4- oder 5zählig; K.blätt. oft wenig entwickelt; Blkr. verwachsen; Frkn. 2fächerig; Fr. eine Kapsel, Spaltfr. oder Beere; Sa. häufig geflügelt.

10 Gattungen mit 170 Arten in der Türkei.

1. Blätt. gegenst.; Nebenblätt. nicht blattähnlich. . . . . ***Putoria****
   (P. calabrica)
 – Blätt. und Nebenblätt. gleichgestaltet, in Quirlen 2
2. Blkrröhre länger als die Blkrzipfel 3
 – Blkrröhre kürzer als die Blkrzipfel 6
3. Bltn. in Ähren . . . . ***Crucianella****
   (10 Arten)
 – Bltn. in Doldenrispen oder Köpfchen 4
4. Pfl. einjährig; K. 4–6zähnig, zur Frzt. bleibend . . . . ***Sherardia****
   (S. arvensis)
 – Pfl. ein- oder mehrjährig; K. schwach entwickelt 5
5. Bltn. sitzend oder Bltnstiele kürzer als der Frkn. . . . . . . ***Asperula,*** 415
 – Bltnstiele länger als der Frkn. . . . . ***Galium,*** 416
6 (2–). Blkr. 5zipfelig; Fr. fleischig (Beere) . . . . ***Rubia,*** 417
 – Blkr. 4zipfelig; Fr. meist trocken 7
7. Bltnstand schmal, verlängert, mit quirlst. kurzen Scheindolden . . . 8
 – Bltnstand anders 9
8. Bltn. gelb. . . . . ***Cruciata,*** 416
 – Bltn. weißlich. . . . . ***Valantia****
   (V. hispida, V. muralis)
9 (7–). Pfl. einjährig; Bltn. in große, häutige Tragblätt. eingeschlossen .
   Callipeltis*
   (C. cucullaria)
 – Pfl. ein- oder mehrjährig; Bltn. nicht in häutige Tragblätt. eingeschlossen 10
10. Bltnstiele kürzer als der Frkn. . . . . ***Asperula,*** 415
 – Bltnstiele länger als der Frkn. . . . . ***Galium,*** 416

Asperula L. (Meier)

42 Arten in der Türkei.

A. stricta Boiss.

Bis 60 cm hoher, glatter, steif-behaarter oder grau-filziger Zwergstrauch; Blätt. lineal bis fadenf., glasig-stachelspitzig; Bltnstand unter-

brochen-ährig mit zahlreichen Quirlen; Blkr. rosa, grünlich oder bräunlich-gelb, Blkrröhre 3–4mal länger als die Blkrzipfel; Frkn. dicht behaart
bis warzig. – Bltzt. V–VIII. – Trockenhänge, Steppen (Kap. 2.5) bis
2700 m. – Östl. Mediterrangebiet. – In der Türkei werden 5 Unterarten
(3 davon endemisch) unterschieden.

Cruciata MILLER (Kreuzlabkraut)

5 Arten in der Türkei.

C. taurica (WILLD.) EHREND. *(371)*

Pfl. mehrjährig, krautig bis halbstrauchig; Stg. bis 70 cm hoch, am Grd.
oft niederlgd., kahl oder behaart; Blätt. etwas ledrig, länglich-elliptisch,
glatt, an den Rändern bewimpert oder behaart; Scheindöldchen 5–
9bltg.; Blkr. goldgelb bis gelblich-grün; Teilfr. kugelig. – Bltzt. III–VII. –
Trockenhänge, Gebüsche, Steppen (Kap. 2.5), 300–3000 m. – Östl.
Mediterrangebiet, SW.Asien. – Eine vielgestaltige Art mit polyploiden
Kleinarten.

Galium L. (Labkraut)

102 Arten in der Türkei.

G. cilicicum BOISS.

Pfl. mehrjährig, niedere, 3–15 cm hohe Polster bildend, nach Trocken-
heit oft gelblich-grün; Stg. am Grd. verholzt, dicht beblätt.; Blätt. in
Quirlen zu 6, zugespitzt, am Rand etwas eingerollt, ± steif, fein behaart;
Bltnstand ährig mit quirlst. Bltn.; Blkr. weiß, fast glockenf.; Fr. glatt bis
samtig behaart. – Bltzt. VI–VIII. – Trockenhänge, Zwerggesträuche,
Steinschutt (Kap. 2.3) 1200–2700 m. – Endemisch in der Türkei.

G. incanum SM. *(372)*

Pfl. mehrjährig, krautig; Stg. bis 40 cm hoch, gewöhnlich fein behaart;
vegetative Sprosse dachziegelig beblätt.; Stgblätt. in Quirlen zu 5–8,
behaart, grün bis blaugrün, beim Trocknen schwärzlich; Bltnstand eif.-
zylindrisch; Blkr. weiß oder purpurn bis bräunlich-grün, trichterf.; Teilfr.
flach, kugelig oder eif. – Bltzt. V–VIII. – Kalkfelsen, Steppen und offene
Grasfluren (Kap. 2.3), 900–2900 m. – Östl. Mediterrangebiet, SW.-
Asien. – Eine sehr veränderliche Art mit 5 Unterarten.

Rubia L. (Röte)

5 Arten in der Türkei.

R. tenuifolia D'URV. *(373)*

Niederlgd. oder kletternder, bis 2 m hoher Halbstrauch; Stg. 6kantig, kurz behaart; Blätt. ledrig, in Quirlen zu 4–6; Teilbltnst. nur randlich in wenigbltg. Scheindolden, die Tragblätt. kaum überragend; Blkr. creme-farben bis gelblich-grün; Teilfr. 4–6 mm, schwarz. – Bltzt. IV–V. – Trok-kenhänge, Gebüsche, Macchien (v.a. auf Kalkgestein, Kap. 2.1) bis 1500 m. – Östl. Mediterrangebiet, SW.Asien. – In der Türkei kommen 3 Unterarten vor, die sich in der Form und Größe der Blätt. unterschei-den.

Rubia tinctorum L.

Bis 2 (5) m hohe Kletterpfl. mit dickem, rotem Rhizom, aus dem Farb-stoff (Krapp, Alizarin) gewonnen wird; Stg. 4kantig; Blätt. in Quirlen zu 4–6, weich, halbledrig, lanzettlich bis breit-elliptisch, zugespitzt, am Rand rückwärts rauh; Bltnstand locker, reich verzweigt, vielblütig; Blkr. grünlich-gelb. – Bltzt. V–VIII. – Macchien, Gebüsche (Kap. 2.1), 400–2000 m. – Mediterrangebiet. – Heute in der Türkei zur Naturfarbstoff-gewinnung vielfach wieder angebaut (z.B. am Yuntdağ bei Manisa).

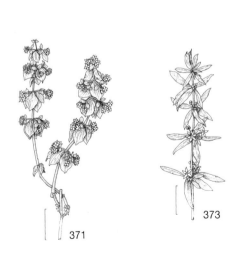

371

373

372

Rutaceae – Rautengewächse

Bäume, Sträucher oder Kräuter; Blätt. wechsel- oder gegenst., einfach oder zusammengesetzt, durch Öldrüsen durchscheinend punktiert, stark duftend; Bltn. radiär- oder monosymm., 4–5zählig; Bltnachse zwischen oder über den Stbbl. zu einem scheibenf. Diskus erweitert; Kapselfr., Beeren.

5 Gattungen mit 27 Arten in der Türkei. Wirtschaftlich bedeutend ist die Gattung *Citrus* (Zitrusfrüchte), die in 9 Arten in der Türkei angepflanzt wird.

1.	Blätt. ungeteilt oder 3spaltig; Blkrblätt. 5, ganzrandig	***Haplophyllum***
–	Blätt. gefiedert; Blkrblätt. meist 4, oft gewimpert	***Ruta***

Haplophyllum

14 Arten in der Türkei.

H. myrtifolium BOISS. *(374)*

Pfl. mehrjährig, bis 20 cm hoch, dicht weiß-behaart; Blätt. sitzend, lanzettlich bis rundlich, dicht weißhaarig; Bltnstand dicht; Bltn. hellgelb oder weißlich; Kblätt. weiß-wollig; Stbblstiele schmal; junge Frkn. mit 2 Sa.anlagen und langem, gekrümmten Fortsatz; Kapsel kahl bis weißwollig, mit deutlichem, kommaf. Spitzenanhängsel. – Bltzt. V–VI. – Steppen (Kap. 2.5) 700–2200 m. – Endemisch in der Türkei.

H. thesioides (DC.) G. DON

Pfl. mehrjährig, bis 30 cm hoch, behaart; Blätt. sitzend, lanzettlich; Bltnstand dicht; Bltn. gelb; Kblätt. rundlich, zugespitzt, gezähnt; Stbblstiele schmal; junge Frkn. mit 4 Sa.anlagen und breitem, flachem Anhängsel; Kapsel mit deutlichen Warzen. – Bltzt. V–VI. – Steppen (Kap. 2.5), 300–1400 m. – SW.Asien.

Ruta L. (Raute)

2 Arten in der Türkei.

1.	Blkrblätt. ganzrandig, gewellt	***R. montana***
–	Blkrblätt. bewimpert	***R. chalepensis***

R. chalepensis L. (375)
Pfl. mehrjährig, mit verholztem Grd., bis 40 cm hoch, kahl, dicht beblät-
tert; Blätt. gefiedert; Bltnstand locker, Bltnstiele so lang wie die Kapsel;
Bltn. gelb, Bltnkrblätt. lang bewimpert; Kblätt. kahl, rundlich; Kapsel
kahl. – Bltzt. V–VI. – Felsstandorte, Macchien (Kap. 2.1) bis 300 m. –
Mediterrangebiet, Afrika, SW.Asien.

374

375

Salicaceae – Weidengewächse

Laubwerfende Bäume oder Sträucher; Blätt. wechselst. oder gegenst.,
ungeteilt; Nebenblätt. meistens klein und früh abfallend; Bltn. eingeschl. und 2häusig, in Kätzchen; Blkr. reduziert; Tragblätt. ungeteilt
oder zerschlitzt; Kapselfr.; Sa. mit Haarschopf.

2 Gattungen mit 27 Arten in der Türkei.

1. Tragblätt. ganzrandig; Kätzchen steif, aufrecht; Blätt. lanzettlich; Winterknospen stets nur mit 1 Schuppe . . . . **Salix**
– Tragblätt. zerschlitzt; Kätzchen hgd.; Blätt. 3eckig oder eif.; Winterknospen mit mehreren Schuppen. . . . . **Populus**

Populus L. (Pappel)

4 Arten in der Türkei.

P. euphratica OLIV. *(376)*
Bis 15 m hoher Baum; Borke grau; Blätt. ledrig, kahl, beiderseits graugrün, in Form und Größe sehr variabel (an jungen Pfl. und Trieben
schmal-lineal, an älteren rhombisch und gezähnt; ausgeprägter Blattdi-
morphismus). – <u>Bltzt. IV.</u> – Flußufer (Kap. 2.1) bis 1600 m. – N.Afrika,
SW.- und Z.Asien.

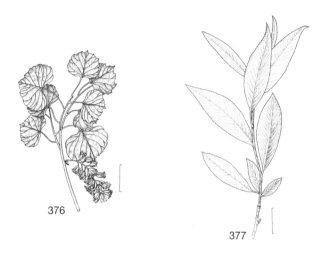

376

377

Salix L. (Weide)

23 Arten in der Türkei.

S. alba L. *(377)*
Bis 30 m hoher Baum; Borke tief rissig, grau; Zweige aufrecht oder
hgd., rötlichbraun, biegsam, junge Zweige hellgelb; Blätt. schmal-lanzettlich, lang zugespitzt, fein drüsig-gesägt, unterseits in der Jugend
seidig behaart, verkahlend; Blattstiel ohne Drüsen; Kätzchen zusammen mit den Blätt. erscheinend, zylindrisch, Kätzchenstiel dicht behaart. – <u>Bltzt. IV–V.</u> – Seeufer, Flüsse (Kap. 2.7) bis 2000 m. – NW.-
Afrika, Eurasien.

S. amplexicaulis BORY & CHAUB.
Bis 5 m hoher Strauch; Zweige dünn, in der Jugend dunkelviolett, kahl; Knospen gekielt; Blätt. meist gegenst., verlängert-lanzettlich, stumpf, ganzrandig, kahl, meist sitzend und halbstg. umfassend; Kätzchen gegenst., vor den Blätt. erscheinend. – Bltzt. IV–V. – See- und Flußufer (Kap. 2.7), 800–1000 m. – Mediterrangebiet.

Santalaceae – Leinblattgewächse

Grüne Wurzel-Halbparasiten; Blätt. wechselst., lineal; Bltn. klein, radiärsymm., ♂, in traubigen oder rispigen Bltnständen, auf das Tragblatt hinaufgerückt; Frkn. unterst., 4fächerig; Nußfr. oder seltener Steinfr.

3 Gattungen mit 20 Arten in der Türkei.

1.	Sträucher; Bltn. eingeschl.; Fr. eine rote Steinfr. . . . . *Osyris*
–	Kräuter; Bltn. ♀ 2
2.	Bltn. in endst. Scheindolden; Bltn. mit deutlichem, gelapptem Diskus .
	Comandra*
	(C. umbellata)
–	Bltn. in Ähren, Trauben oder Rispen; Diskus fehlend. . . . . *Thesium*

Osyris L. (Harnstrauch)

Nur 1 Art in der Türkei.

O. alba L. (378)
Bis 2 m hoher Strauch; Blätt. lineal-lanzettlich, ledrig, zugespitzt; Bltn. grünlich-gelb; Fr. kugelig, rot. – Bltzt. IV–VII. – Trockenhänge, Offenwälder, Macchien (Kap. 2.1) bis 500 m. – Mediterrangebiet.

Thesium L. (Leinblatt)

18 Arten in der Türkei.

Th. cilicicum BORNM. (379)
Pfl. mehrjährig, am Grd. oft verholzt; Stg. aufstgd., bis 10 cm hoch; Blätt. lineal, am Rand oft rauh; Bltnstand dicht, eine fast köpfchenartige Rispe; Tragblätt. fast so lang wie die Bltn.; Bltn. sitzend, gelblich-grün,

röhrenf.; Fr. kahl, fast so lang wie die bleibende Blkr. – <u>Bltzt. VI–VIII.</u> – Felsstandorte, Steinschutt (Kap. 2.3) 1700–3200 m. – Endemisch im Taurus-Gebirge.

378   379   380

Saxifragaceae – Steinbrechgewächse

Kräuter mit wechselst., selten gegenst. Blätt.; Bltn. ⚥, radiärsymm., meist 5zählig; Stbbl. gewöhnlich 10; Frkn. mit 2, am Grd. verwachsenen, oberwärts freien Frbl.; Kapselfr.

2 Gattungen mit 21 Arten in der Türkei.

1.   Blkrblätt. fehlend; Stgblätt. gegenst. . . . . ***Chrysosplenium****
                                               (C. dubium)
–   Blkrblätt. vorhanden; Stgblätt. wechselst. . . . . ***Saxifraga***

Saxifraga L. (Steinbrech)

20 Arten in der Türkei, überwiegend im pontisch-euxinischen Gebiet.

S. kotschyi Boiss. *(380)*
Pfl. mehrjährig, polsterf.; beblätt. Stg. säulenf., meist von den abgestorbenen, dachziegelig anliegenden letztjährigen Blätt. bedeckt; Blätt. verlängert-lanzettlich, kalkinkrustiert, zugespitzt, blaugrün, am Grd. bewimpert; Bltn. gelb; K. drüsig behaart; Blkrblätt. kürzer als die Stbbl. – <u>Bltzt. V–IX.</u> – Kalkfelsen (Kap. 2.3), 1300–3700 m. – SW.Asien (Taurus-Gebirge).

Scrophulariaceae – Rachenblütler

Zwergsträucher, Kräuter oder Parasiten, selten kleinere Bäume; Blätt. wechsel- oder gegenst., ohne Nebenblätt.; Bltn. meist monosymm., ♂; Kblätt. 4–5, frei oder verwachsen; Blkr. verwachsen, 5- oder 4teilig, häufig 2lippig, manchmal gespornt, im Schlund oft durch eine Ausstülpung der Unterlippe verschlossen („maskiert"); Stbbl. 2–5; Frkn. oberst.; Kapselfr.

30 Gattungen mit etwa 470 Arten in der Türkei. Davon umfaßt allein die Gattung *Verbascum* gegenwärtig 235 Arten.

1.	Stbbl. 5; Blkr. fast radiärsymm., radf. ausgebreitet, gelb, weiß oder violett . . . . ***Verbascum,***	428
–	Stbbl. 2–4 . . . . **2**	
2.	Stbbl. 2 . . . . **3**	
–	Stbbl. 4 . . . . **4**	
3.	Blkr. fast radiärsymm., radf. ausgebreitet; K. 4- oder 5lappig, der obere Zipfel dann aber deutlich kleiner . . . . ***Veronica,***	430
–	Blkr. 2lippig; K. 5lappig, Zipfel gleich . . . . ***Wulfenia****	
	(W. orientalis)	
4	**(2–).** Blkr. am Grd. mit deutlichem Sporn **5**	
–	Blkr. nicht gespornt **8**	
5.	Unterlippe der Blkr. aufgewölbt (maskiert), Schlund daher verschlossen **6**	
–	Unterlippe der Blkr. nicht maskiert, Schlund offen. . ***Chaenorhinum****	
	(6 Arten)	
6.	Bltn. in Trauben; mittl. Stgblätt. sitzend, ungeteilt, 1- oder parallelnervig. . . . . ***Linaria,***	425
–	Bltn. achselst.; mittl. Stgblätt. gestielt, oft gelappt, fiedernervig . . . **7**	
7.	Blätt. lang gestielt, nieren- bis herzf., 3–7lappig . . . . . ***Cymbalaria****	
	(3 Arten)	
–	Blätt. kurz gestielt, pfeil-, spieß- oder herzf., manchmal gezähnt . . .	
	Kickxia*	
	(4 Arten)	
8	**(4–).** Blkr. fast radiärsymm. oder bauchig-kugelig. **9**	
–	Blkr. monosymm., 2lippig. **10**	
9.	Blkr. fast radiärsymm., radf. ausgebreitet; Stbbl. behaart, sehr lang; Blätt. wechselst. . . . . ***Verbascum,***	428
–	Blkr. bauchig-kugelig; Mittellappen der Unterlippe zurückgeschlagen; Stbbl. unbehaart, kurz; Blätt. meist gegenst. . . . . . . ***Scrophularia,***	426
10	**(8–).** Blätt. wechselst.; K. fast bis zum Grd. in 5 gleiche Zipfel geteilt	
	11	
–	Blätt. gegen- oder wechselst.; K. nicht bis zum Grd. geteilt **12**	

In Anlehnung an Flora of Turkey Vol. 6 (1978).

Digitalis L. (Fingerhut)

9 Arten in der Türkei.

D. cariensis JAUB. & SPACH *(381)*
Pfl. mehrjährig, mit sterilen Blattrosetten; Stg. zu mehreren, bis 80 cm
hoch; mittlere Stgblätt. schmal, kahl; Bltnstand verlängert, dichtbltg.,
drüsig-behaart; Tragblätt. lanzettlich, kurz zugespitzt, oft länger als die
Bltn., kurz drüsig-behaart und oft bewimpert; Blkrröhre hellgelb-bräun-
lich, bauchig-angeschwollen; Zipfel weiß; K. behaart, ohne weißlichen
Rand. – Bltzt. VI–VII. – Offenwälder, Gebüsche (Kap. 2.2), 800–
1700 m. – Endemisch in der Türkei.

D. ferruginea L.
Pfl. zwei- oder mehrjährig; Stg. oft einzeln, unverzweigt, bis 1 m hoch;
Stgblätt. breit-lanzettlich, unterseits und am Rand oft behaart;
Bltnstand lang, vielbl., kahl; Bltn. gelblich mit brauner Aderung;
Blkrröhre bauchig, der Mittellappen der Unterlippe rundlich, stumpf,
viel länger als die Seitenlappen; Kzipfel stumpf, kahl oder am Rand
bewimpert, mit deutlichem Hautrand. – Bltzt. VI–IX. – Offenwälder,
Gebüsche (Kap. 2.2) bis 2700 m. – Europa, SW.Asien.

Linaria MILLER (Leinkraut)

20 Arten in der Türkei.

L. corifolia DESF. (382)

Pfl. mehrjährig, reich verzweigt, bläulich überlaufen, bis 40 cm hoch; Blätt. wechselst., fadenf., am Rand eingerollt; Bltnstand locker; Bltn. hell-lila, Oberlippe tief 2spaltig, Lappen lanzettlich, zugespitzt; Sporn kurz kegelig; Kzipfel lanzettlich, kahl, schmal weißrandig; Kapsel länger als der K. – Bltzt. V–VIII. – Offenwälder, Gebüsche, Trockenhänge (Kap. 2.4) bis 2200 m. – Endemisch in der Türkei. – Sehr ähnlich ist L. iconia mit kurz 2spaltiger Oberlippe und stumpfen Lappen und etwas längerem Sporn.

L. genistifolia (L.) MILLER (383)

Pfl. mehrjährig; Stg. niederlgd. bis aufstgd., bis 1,2 m lang; Blätt. wechselst., dicht, die mittleren breit-lanzettlich; Bltntrauben dicht oder locker, verlängert; Tragblätt. kurz, z.T. zurückgekrümmt; Bltn. strahlend gelb oder schwefelgelb, oft mit roten Adern; Sporn verlängert-kegel., gerade; Kzipfel lanzettlich, am Grd. abgerundet, kahl; Kapsel kugelig, länger oder kürzer als der K. – Bltzt. V–VIII. – Offenwälder, Gebüsche, Macchien (Kap. 2.4) bis 2100 m. – Eurasien. – In der Türkei werden 6 Unterarten unterschieden.

L. grandiflora DESF. (384)

Pfl. mehrjährig, bläulich überlaufen, bis 70 cm hoch; Blätt. wechselst., dicht, dick, rundlich bis breit-lanzettlich, am Grd. abgerundet oder halbstgumfassend; Bltntraube dicht, verlängert, mit großen Bltn.; Tragblätt. so lang wie der K., zurückgekrümmt; Bltn. strahlend gelb, groß, Unterlippe mit behaartem Mittellappen und großen, abgerundeten Seitenlappen; Sporn kegelf.-verlängert, gerade oder nach unten gekrümmt. – Bltzt. V–VII. – Steppen, Kulturland (Kap. 2.5), 700–2300 m. – Balkan, SW.Asien.

Parentucellia VIV.

2 Arten in der Türkei.

1. Bltn. gelb oder gelblich-weiß; Stbbeutel behaart . . . . . . *P. viscosa*
– Bltn. rötlich-violett, rosa oder gelblich; Stbbeutel kahl . . . *P. latifolia*

P. latifolia (L.) CARUEL

Pfl. einjährig, drüsig-behaart; Stg. oft gefärbt, bis 30 cm hoch, oft unverzweigt; Blätt. gegenst., rundlich, sitzend, zugespitzt und tief gesägt; Bltnstand eine endst. ährenf. Traube; Tragblätt. blattähnlich, länger als der K.; Blkr. 2lippig, rötlich-violett, rosa oder hellgelb, kahl oder behaart, bleibend, Unterlippe länger als die Oberlippe; Stbbeutel kahl. – Bltzt. IV–VI. – Trockenhänge, Offenwälder, Macchien (Kap. 2.1) bis 1400 m. – Mediterrangebiet, SW.Asien.

Pedicularis L. (Läusekraut)

11 Arten in der Türkei.

P. cadmea BOISS. *(385)*

Pfl. mehrjährig, mit zahlreichen, aufstgd. oder aufrechten, behaarten und oft violett überlaufenen, bis 15 cm hohen Stg.; Blätt. verlängert, fiederteilig, gesägt; grdst. Blätt. gestielt, Stgblätt. gegenst. oder wirtelig; Bltnstand eine vielbltg. Ähre; Tragblätt. oval, unregelmäßig geschlitzt; Blkr. 2lippig, violett, Blkrröhre gekrümmt, Oberlippe gerade, stumpf; Stbblstiele kahl. – Bltzt. V–VIII. – Felsstandorte, Steinschutt (Kap. 2.3), 1600–3100 m. – Endemisch in der Türkei.

P. comosa L.

Pfl. mehrjährig, behaart, bis 60 cm hoch; Blätt. elliptisch bis lanzettlich, gefiedert, gesägt; grdst. Blätt. mit sehr langem Stiel; Stgblätt. zahlreich, wechselst.; Bltnstand eine dichte, vielbltg., wollig behaarte Ähre; untere Tragblätt. blattähnlich, die oberen ganzrandig oder gelappt; Blkr. 2lippig, cremefarben oder gelb; Oberlippe eingekrümmt, geschnäbelt und mit 2 Zähnchen; 2 Stbblstiele behaart, 2 kahl. – Bltzt. V–VIII. – Felsstandorte, Steinschutt, Offenwälder, Gebüsche (Kap. 2.4), 1100–3600 m. – SW.Asien.

Scrophularia L. (Braunwurz)

59 Arten in der Türkei.

S. libanotica BOISS.

Pfl. mehrjährig, kahl oder dicht drüsig-behaart, bis 80 cm hoch; Blätt. dick, kahl oder drüsig, die unteren gestielt, die oberen sitzend, ungeteilt, am Blattrand gezähnt; Bltnstand 2–7bltg.; Bltn. grünlich bis bräunlich-rosa; Kzipfel rundlich, kahl oder drüsig, mit weißem Haut-

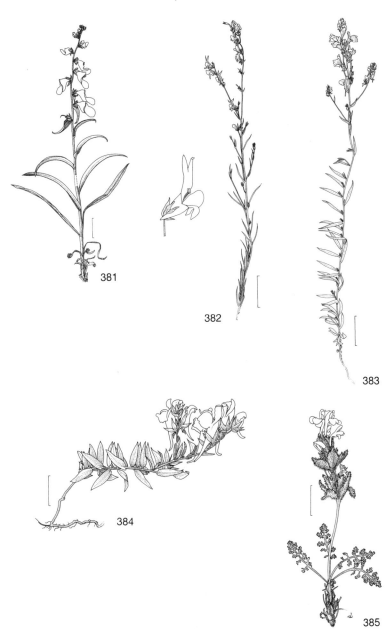

381

382

383

384

385

rand; Stbbl. oft kurz aus der Blkr. herausragend, Staminodien rundlich bis nierenf.; Kapsel kugelig, zugespitzt. – Bltzt. IV–VII. – Felsen und Felsstandorte (Kap. 2.4) bis 3100 m. – SW.Asien. – In der Türkei werden 2 Unterarten und 9 Varietäten unterschieden.

S. xanthoglossa Boiss. (386)

Pfl. zwei- oder mehrjährig, kahl, bis 60 (120) cm hoch; Stg. am Grd. oft verholzt und rötlich überlaufen, fleischig; grdst. Blätt. des 1. Jahres breit-oval, ungeteilt, scharf gezähnt, die Folgeblätt. gestielt und gefiedert; obere Stgblätt. sitzend; Bltnstand 5–24bltg.; Tragblätt. lanzettlich, gezähnt bis fiederteilig; Blkr. dunkel-violett, die Seitenlappen gelblich-weiß gesäumt; Kzipfel kahl, rundlich, mit weißem, gezähnt-geschlitztem Hautrand; Stbbl. aus der Blkr. herausragend; Staminodien gelb, rundlich, am Rand gekerbt. – Bltzt. IV–VII. Trockenhänge, Steppen, Wegränder (Kap. 2.5) bis 2000 m. – SW.Asien.

Verbascum L. (Königskerze)

Etwa 235 Arten und 120 Bastarde in der Türkei. Eine sehr schwierige Gattung mit ihrem Entfaltungszentrum (Sippenzentrum) in Anatolien. Neben Bltn., Grdblätt. und Lebensform sind v.a. Farbe, Gestalt und Behaarung der Stbbl. wichtige Bestimmungsmerkmale.

V. cheiranthifolium Boiss.

Pfl. zweijährig, gelblich oder grau-filzig behaart, Haare angedrückt weich oder rauh sternf.; Stg. rundlich, längsgestreift, reich verzweigt, bis 1,2 m hoch; grdst. Blätt. lineal-lanzettlich, zugespitzt; ganzrandig oder selten gekerbt, mit bis 6 cm langem Stiel; Bltnstand selten einfach, meist verzweigt, verlängert-pyramidenf; Bltn. in lockeren Büscheln zu 2–7; Bltnbüschel sitzend, mit 2 Vorblätt.; Bltn. gelb, bis 2,5 cm im Durchmesser, ohne Drüsen, außen durch Sternhaare filzig; Bltnstiele viel länger als der K.; Stbbl. 5, Stbbeutel nierenf., Stbblstiele wollig weißlich-gelb behaart; Kapsel elliptisch, durch dichte Sternhaare filzig. – Bltzt. V–VIII. – Offenwälder, Gebüsche, Zwerggesträuche (Kap. 2.3) bis 2400 m. – SW.Asien.

V. cymigerum Hub.-Mor.

Pfl. zweijährig, dicht weiß-filzig behaart, verkahlend, mit zahlreichen Drüsenhaaren im oberen Teil; Stg. kräftig, aufrecht, kaum verzweigt; grdst. Blätt. breit-verlängert, gezähnt, stumpf; Stgblätt. kleiner, die oberen herzf.-3eckig; Bltnstand locker, einfach oder verzweigt, mit zahlreichen, 3–25bltg. Bltnknäueln; Tragblätt. blattähnlich; K. dicht drüsig, mit spitzen Kzipfeln; Blkr. gelb, bis 3 cm im Durchmesser, ohne Drüsen, auf der Außenseite mit oder ohne Drüsenhaare; Stbbl. 5, Stbbeutel nierenf., Stbblstiele violett-wollig, die 2 unteren zur Spitze zu kahl. – Bltzt. VI. – Macchien, Kulturland (Kap. 2.1) bis 700 m. – Endemisch in S.Anatolien (Region um Gülnar).

V. helianthemoides Hub.-Mor. *(387)*

Pfl. mehrjährig, mit verholztem Grd., graugrün, dicht mit Sternhaaren bedeckt; Stg. rundlich, sparrig verzweigt, bis 60 cm hoch; grdst. Blätt. klein, lanzettlich, zugespitzt, unregelmäßig gezähnt; Stgblätt. zahlreich, lineal, ganzrandig; Bltnstand locker, einfach, 5–20bltg., Vorblätt. fehlend; Bltn. gelb, bis 1,5 cm im Durchmesser, mit durchsichtigen Drüsen, außen mit wenigen Sternhaaren; Stbbl. 5, Stbbeutel nierenf., Stbblstiele weißlich-gelb behaart, die beiden unteren an der Spitze kahl; Kapsel breit-eif., durch Sternhaare filzig, verkahlend. – Bltzt. VI–VIII. – Salzsteppen (Kap. 2.6), 950–1200 m. – Endemisch in Inneranatolien.

V. luridiflorum Hub.-Mor. *(388)*

Pfl. mehrjährig, bis 70 cm hoch, gekräuselt-wollig behaart, meist mit drüsenlosen Gliederhaaren; grdst. Blätt. elliptisch bis rhombisch, am Rand gekerbt oder deutlich gezähnt, Blattstiel bis 5 cm lang; Stgblätt. lanzettlich, gezähnt oder ganzrandig; Bltnstand locker, einfach oder verzweigt; Bltnstiele bis 2,5 cm lang; K. mit stumpfen, elliptischen Kzipfeln; Blkr. schmutzig-braun, bis 3 cm im Durchmesser, ohne Drüsen, auf der Außenseite kahl oder schwach drüsig-behaart; Stbbl. 5, Stbbeutel nierenf., Stbblstiele rot-violett behaart, die 2 unteren an der Spitze kahl. – Bltzt. VI. – Zwerggesträuche, Trockenhänge (bevorzugt auf Kalk, Kap. 2.3), 900–2000 m. – Endemisch in Inner- und S.Anatolien (zwischen Adana und Kayseri).

V. orbicularifolium Hub.-Mor.

Pfl. mehrjährig, am Grd. verholzt, dicht weiß-filzig behaart, mit zahlreichen Drüsenhaaren; Stg. oberwärts verzweigt; grdst. Blätt. klein, rundlich, gekerbt und mit bis zu 5 cm langem Blattstiel; Stgblätt. ähnlich, sitzend; Bltnstand locker, verzweigt, rispenartig; K. dicht sternhaarig, mit spitzen Kzipfeln; Blkr. gelb, bis 15 mm im Durchmesser, auf der Außenseite dicht sternhaarig-wollig; Stbbl. 5, Stbbeutel nierenf., Stbblstiele violett-wollig, die 2 unteren an der Spitze kahl. – Bltzt. VI. – Gebüsche, Trockenhänge (Kap. 2.1) bis 400 m. – Endemisch in S.Anatolien (Region um Silifke).

V. pinnatifidum Vahl
Pfl. zweijährig, schwach grau-filzig bis kahl; Stg. vom Grd. an verzweigt, bis 50 cm hoch; grdst. Blätt. lanzettlich, geschlitzt-gezähnt oder tief fiederteilig, obere Stgblätt. gezähnt, verlängert 3eckig; Bltnstand mit zahlreichen dünnen Ästen und lockeren Büscheln aus 2–4 Bltn.; Bltnbüschel sitzend, mit 2 lanzettlichen, gezähnten Vorblätt.; Bltn. gelb, bis 3 cm im Durchmesser, mit zahlreichen durchsichtigen Drüsen, außen durch Sternhaare filzig; Bltnstiele fehlend; Stbbl. 5, Stbbeutel nierenf., Stbblstiele wollig weißlich-gelb behaart, die 2 unteren an der Spitze kahl; Kapsel rundlich-elliptisch, filzig. – Bltzt. V–VIII. – Küstenzone, Dünen (Kap. 2.1). – Östl. Mediterrangebiet.

Veronica L. (Ehrenpreis)

83 Arten in der Türkei. Zur sicheren Bestimmung müssen Kapseln vorhanden sein.

V. caespitosa Boiss. var. *caespitosa (Foto 71)*
Reich verzweigter, bis 4 cm hoher Zwergstrauch mit Ausläufern, oft polsterbildend; Stg. steif behaart oder kahl, dicht beblättert; Blätt. ledrig, verlängert-lanzettlich, kurz gestielt, am Rand deutlich zurückgerollt, oberseits drüsig und steif behaart, unterseits kahl; Bltn. in endst. 2–5bltg. Trauben; Bltn. hell-lila, himmelblau oder rötlich-blau; Stbbl. leicht herausragend; Kapsel breit-herzf., am Grd. abgerundet, schwach behaart, kürzer als der K. – Bltzt. V–VIII. – Felsstandorte, Steinschutt (Kap. 2.3) 2000–3100 m. – Endemisch in der Türkei.

V. cuneifolia D. Don *(389)*
Pfl. mehrjährig, am Grd. verholzt, niederlgd., kriechend, bis 7 cm hoch; Blätt. sitzend, rundlich bis breit-elliptisch, am Grd. keilf. verschmälert, kahl, oft aber drüsig-behaart; Blattrand flach, gekerbt bis gesägt, mit 3–7 Zähnen auf jeder Seite; Bltntrauben 1–3, wechselst., dicht 5–20bltg.; Bltn. blau oder violett; Kapsel rundlich, fast so lang wie der K., oft drüsig-behaart, am Grd. abgerundet, an der Spitze nur schwach eingeschnitten. – Bltzt. IV–VIII. – Offenwälder, Gebüsche, Zwerggesträuche (Kap. 2.3), 1100–2200 m. – Endemisch in der Türkei.

V. macrostachya Vahl
Pfl. mehrjährig, am Grd. verholzt; Stg. kriechend oder aufstgd., dicht behaart, bis 30 cm hoch; Blätt. rundlich bis schmal-elliptisch, grün oder grau-filzig, tief eingeschnitten, fast fiederteilig; Bltntrauben 1–5, ziemlich dicht, 12–50bltg.; Bltn. blau, violett, rosaviolett oder weißlich; Kap-

sel rundlich-herzf., behaart, am Grd. keilf. oder abgerundet. – <u>Bltzt.</u>
<u>IV–VI.</u> – Offenwälder, Macchien, Felsstandorte (Kap. 2.3), 300–
1700 m. – Östl. Mediterrangebiet.

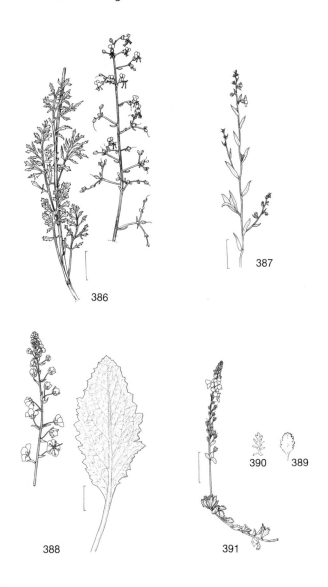

386

387

388

390 389

391

V. multifida L. *(390)*

Pfl. mehrjährig, am Grd. verholzt; Stg. aufstgd. bis aufrecht, oft kurz kriechend, behaart, bis 50 cm hoch; Blätt. sitzend, gefiedert, kraus-behaart; die unteren Blätt. oft rundlich, gesägt, die oberen oft schmal-lineal, ganzrandig; Bltntrauben 1–6, bis 10 cm lang, 10–60bltg.; Bltn. blau, rosa oder weiß; Kapsel fast herzf., so lang wie der K., kahl oder behaart, an der Spitze nur schwach eingeschnitten, am Grd. keilf. – Bltzt. IV–VI. – Offenwälder, Gebüsche, Steinschutt (Kap. 2.4) bis 2300 m. – Endemisch in der Türkei. – Sehr ähnlich ist *V. orientalis* (Blätt. aber nicht gefiedert, sondern nur schwach gesägt).

V. tauricola Bornm. *(391)*

Niedriger, reich verzweigter Zwergstrauch; Stg. aufstgd., weiß-filzig, bis 20 cm hoch; Blätt. kurz gestielt, verlängert-lanzettlich bis rundlich, durch kleine Sternhaare dicht grau-silbrig behaart; Blattrand deutlich gesägt oder gezähnt, mit 2–5 Zähnen auf jeder Seite; Bltntrauben 2–6, 10–25bltg., zur Frzt. verlängert; Bltn. tiefblau, mit weißem Zentrum; Kapsel fast herzf., länger als der K. – Bltzt. VI–VIII. – Tannenwälder, Steinschutt (Kap. 2.3), 1800–3100 m. – Endemisch im Taurus-Gebirge. – Sehr ähnlich ist *V. cinerea*, mit sitzenden, linealen, fast ganzrandigen Blätt. und zurückgerolltem Blattrand.

Smilacaceae – Stechwindengewächse

Kletternde, bestachelte Sträucher mit Rhizom; Blätt. wechselst., selten gegenst., ledrig, 3nervig, dazwischen mit Netznervatur; Blattstiel am Grd. mit einem Paar Ranken; Bltn. radiärsymm., in Trauben, Ähren oder Dolden, eingeschl. oder ♀; Bltnhülle meist 6blättrig, frei oder verwachsen; Stbbl. 6, 9 oder 3; Frkn. 3blättrig, oberst.; Beeren.

1 Gattung mit 2 Arten in der Türkei.

Smilax L. (Stechwinde)

1. Blätt. abgerundet, herzf., breit; Bltn. zu 2–14 in einer gestielten, achselst. Dolde . . . . **S. excelsa**
–   Blätt. verlängert, am Grd. spießf., mit abgerundeten Öhrchen; Bltn. zu 1–6 in mehreren Dolden . . . . **S. aspera**

S. aspera L. *(392)*
Kletternder, am Grd. bedornter Strauch; Blätt. dick-ledrig, verlängert-
herzf. bis lanzettlich, am Grd. oft spießf., am Rand fein bestachelt; Bltn.
zu 1–6 in mehreren fast sitzenden, achselst. Dolden; Bltnhülle gelblich-
cremefarben; Beeren rot oder schwarz. – <u>Bltzt. IV–VII.</u> – Gebüsche,
Macchien (Kap. 2.1) bis 700 m. – Mediterrangebiet, Afrika, SW.- und
Z.Asien.

392

Solanaceae – Nachtschattengewächse

Bäume, Sträucher oder Kräuter; Blätt. wechselst., ungeteilt oder gefiedert, ohne Nebenblätt.; Bltn. radiärsymm., ☿, 5zählig, teller- oder glok-
kenf.; Frkn. oberst.; Beeren oder Kapselfr.

12 Gattungen mit 36 Arten in der Türkei, darunter eine ganze Reihe
wirtschaftlich *(Capsicum, Lycopersicum, Nicotiana, Solanum)* und
pharmazeutisch *(Atropa, Datura, Hyoscyamus)* wichtiger Nutzpflanzen.

1. Fr. eine Kapsel 2
– Fr. eine Beere 3
2. Bltn. einzeln, achselst.; Kapsel bestachelt . . . . ***Datura****
(3 Arten)
– Bltn. in Ähren oder Rispen. . . . . ***Hyoscyamus***
3 **(1–).** Meist dornige Sträucher; Blkr. glockenf.; Stbbl. nicht verbunden. . . . . ***Lycium****
(8 Arten)
– Oft bestachelte Sträucher oder Kräuter; Blkr. tellerf.; Stbbl. verbunden . . . . **Solanum**

Hyoscyamus L. (Bilsenkraut)

6 Arten in der Türkei.

H. niger L.

Pfl. ein- oder zweijährig, dicht drüsig-behaart, bis 1 m hoch; Blätt. groß, verlängert-rundlich bis lanzettlich, gelappt; Stgblätt. sitzend, stgumfassend; Bltn. gelb, rötlich-violett geadert, Schlund dunkelviolett; K. zur Frzt. verlängert, in der Mitte stark eingeschnürt, mit stechenden Zähnen; Stbbeutel violett. – Bltzt. IV–VIII. – Steppen, Kultur- und Ödland (Kap. 2.5) bis 2300 m. – Weit verbreitet in der Nordhemisphäre.

H. reticulatus L. *(393)*

Pfl. ein- oder zweijährig, drüsig-wollig behaart, bis 60 cm hoch; Grd.- und untere Stgblätt. gestielt, verlängert-lanzettlich, fiederteilig; obere Stgblätt. sitzend, fiederteilig; Bltn. hellgelb, später dunkel-violett, dunkel geadert; K. zur Frzt. verlängert, nicht eingeschnürt, Zähne stechend, zurückgekrümmt; Stbbeutel gelb. – Bltzt. IV–VIII. – Steppen, Kultur- und Ödland (Kap. 2.5) bis 1700 m. – SW.Asien.

393

Solanum L. (Nachtschatten)

8 Arten in der Türkei.

S. dulcamara L.

Pfl. mehrjährig, am Grd. verholzt, kahl oder behaart; Stg. kletternd, bis 2 m lang; Blätt. gestielt, eif.-lanzettlich, zugespitzt, die oberen am Grd.

spießf., ganzrandig oder selten am Grd. gelappt; Bltn. dunkel-violett, Blkrzipfel 3eckig, zurückgekrümmt, mit 2 grünen Flecken am Grd.; Stbbl. goldgelb; Fr. rot, kugelig, glänzend. – Bltzt. V–IX. – See- und Flußufer, Gebüsche, Feuchtstandorte (Kap. 2.7) bis 2300 m. – Eurasien, N.Afrika.

Sparganiaceae – Igelkolbengewächse

Ausdauernde Wasser- und Sumpfpfl.; Stg. aufrecht oder flutend; Blätt. schmal, 2zeilig, ganzrandig, gekielt und am Grd. 3eckig, meist länger als der Bltnstand; Bltn. eingeschl., 1häusig, in kugeligen Köpfchen, die unteren morgensternartig und ♀, die oberen kugelig und ♂; Bltnhülle aus 3–6 häutigen Schuppen; Stbblätt. 1–8, am Grd. verbunden; Frbl. 1–2(3). Nur 1 Gattung (monogenerisch).

Sparganium L. (Igelkolben)

3 Arten in der Türkei.

S. erectum L. *(394)*

Pfl. mehrjährig, semi-terrestrisch; Stg. aufrecht, bis 150 cm hoch; Blätt. derb, deutlich gekielt, am Grd. 3eckig, den Bltnstand überragend; Bltnstand verzweigt, mit 1–2 basalen ♀ Köpfchen und 8–10 ♂ Köpfchen auf der Hauptachse und den Seitenästen; Bltnhülle dick, an der Spitze dunkelbraun bis schwarz. – Bltzt. V– VIII. – See- und Flußufer (Kap. 2.7), Röhrichte, Gräben und Sümpfe bis 1950 m. – Eurasien, N.Afrika, SW.Asien. – 3 Unterarten mit noch wenig bekannter Verbreitung, die sich v.a. durch die Fr. unterscheiden.

394

Styracaceae – Styraxgewächse

Tropisch-subtropische Bäume oder Sträucher; Blätt. wechselst., ganz-
randig oder gesägt; Bltn. monosymm., 4–8zählig, ☿; Blkr. fast bis zum
Grd. geteilt; Stbbl. in 1 Kreis, so viele oder doppelt so viele wie die
Blkrblätt.; Frkn. oberst.; Fr. eine Steinfr. oder Kapsel.

Nur 1 Gattung mit 1 Art in der Türkei.

Styrax L. (Styraxbaum)

S. officinalis L. (395)
Laubwerfender, bis 6 m hoher Strauch oder kleiner Baum; junge
Zweige und Knospen sternhaarig; Blätt. 4–9 cm lang, wechselst., kurz
gestielt, breit eif.-stumpf, ganzrandig, oberseits grün und verkahlend,
unterseits dicht sternhaarig; Bltn. duftend, zu 3–6 gebüschelt, weiß,
mit 5–8 am Grd. zu einer kurzen Röhre verwachsenen, lanzettlichen
Bltnblätt.; Stbbl. 12, so lang wie die Bltnhülle; Fr. eine kugelige, graufil-
zige Nußfr. mit 1 großen, braunen Sa. – Bltzt. IV–VI. – Macchien, *Pinus
brutia*-Wälder, Bachtäler, gern an wasserzügigen Standorten (Kap. 2.1)
bis 1500 m. – Östl. Mediterrangebiet, SW.Asien.

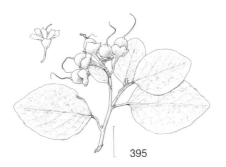

395

Tamaricaceae – Tamariskengewächse

Bäume, Sträucher oder Kräuter; Blätt. wechselst., oft schuppenf.; Bltn. einzeln oder in Trauben, radiärsymm., ☿, 5zählig; Kblätt. 4–6; Blkrblätt. 4–6; Frkn. oberst.; Kapselfr.

3 Gattungen mit 7 Arten in der Türkei.

1. Blätt. nicht schuppenf.; Bltn. einzeln; Stbbl. zahlreich . . ***Reaumuria***
– Blätt. schuppenf.; Bltn. in Trauben; Stbbl. 4–10. . . . .**2**
2. Stbblstiele frei. . . . .***Tamarix***
– Stbblstiele verwachsen . . . . ***Myricaria****
(M. germanica)

396

397

Reaumuria L. (Reaumurie)

Nur 1 Art in der Türkei.

R. alternifolia (Lab.) Britton *(396)*

Strauch oder Zwergstrauch; Blätt. verlängert-lanzettlich, fleischig, graugrün; Bltn. einzeln, endst., rosaviolett; Kblätt. am Grd. verbunden,

breit 3eckig, zugespitzt; Kapsel kugelig; Sa. lang behaart. – Bltzt. VII–
IX. – Salzsteppen (Kap. 2.6) 900–1000 m. – SW.Asien.

Tamarix L. (Tamariske)

5 Arten in der Türkei.

T. smyrnensis BUNGE *(397)*
Strauch oder kleiner Baum mit rotbrauner Borke; Blätt. schuppenf.;
Bltn. 5zählig, in Trauben, Tragblätt. länger als die Bltnstiele; Blkrblätt.
gekielt, rosa bis weiß; Kblätt. sehr klein; Stbbl. 5. – Bltzt. IV–VIII. –
Flußufer (Kap. 2.1) bis 1000 m. – Balkan, SW.Asien.

Thymelaeaceae – Seidelbastgewächse

Kräuter oder Stauden; Blätt. einfach, ganzrandig, ohne Nebenblätt.;
Bltn. 4–5zählig, radiärsymm., ♀, zuweilen durch Reduktion eingeschl.;
K. kronblattartig, röhrig verwachsen, am Grd. in den Achsenbecher
übergehend; Blkrblätt. fehlend; Stbbl. 4–8, mit der Kröhre verwachsen;
Fr. einsamig, trocken oder fleischig.

3 Gattungen mit 16 Arten in der Türkei.

1.   Bltnhülle bleibend, selten abfallend; Frwand zur Frzt. häutig . . . . . .
                                              Thymelaea,   439
–   Bltnhülle abfallend; Frwand fleischig oder ledrig . . . . ***Daphne,***   438

Daphne L. (Seidelbast)

7 Arten in der Türkei.

D. gnidioides JAUB. & SPACH
Immergrüner, bis 2 m hoher Strauch; blatttragende Zweige flaumig
braun oder grau behaart; Blätt. sitzend, ledrig, kahl, zugespitzt; Bltn. in
endst. Büscheln, bis 6 mm gestielt; Bltnhülle nahezu bleibend, 8–
10 mm, ockergelb oder kräftig rosa, fein behaart; Fr. eif., orange-rot. –
Bltzt. V–VIII. – Trockenhänge, degradierte Macchien, *Pinus brutia*-Of-
fenwälder (Kap. 2.1) bis 1200 m. – Östl. Mediterrangebiet.

D. sericea Vahl *(Foto 72)*
Ähnlich *D. gnidioides*: Blätt. oberseits kahl, unterseits dicht anlgd. weiß behaart; Bltnhülle 10–17 mm, rosa bis bräunlich-gelb, seidig behaart. – Bltzt. II–V. – Macchien, besonders in Küstennähe, *Pinus brutia*-Offenwälder (Kap. 2.1) bis 1500 m. – Mediterrangebiet, SW.Asien.

D. oleoides Schreber *(Foto 73)*
Immergrüner, bis 60 cm hoher Strauch; junge Zweige und Blätt. flaumig-seidig behaart, später kahl; Rinde grau; Blätt. blau-grün, fast sitzend, zugespitzt, unterseits mit punktf. Drüsen, am Rand verdickt; Bltn. zu 3–6 in endst. Büscheln, duftend; Bltnhülle 10–16 mm, weiß oder cremefarben, anliegend behaart; Blkrzipfel zugespitzt; Fr. eif., beerenartig, bis zur Reife vom Achsenbecher umgeben. – Bltzt. V–VIII. – Trokkenhänge, Gebüsche, Offenwälder, Dornpolsterformationen (Kap. 2.3), 1000–3200 m. – S.Europa, NW.Afrika, SW.Asien.

Thymelaea Miller (Spatzenzunge)

7 Arten in der Türkei.

Th. tartonraira (L.) All. *(Foto 74)*
Immergrüner, bis 60 cm hoher Zwergstrauch; Blätt. länglich, ledrig, wie die jungen Triebe beiderseits gelblich, silbrig-seidig behaart; Bltn. ♂ und eingeschl., achselst., zu 2–5 in Büscheln, von kleinen Hochblätt. umrandet; Bltnhülle 4–6 mm, außen weiß, innen gelblich, seidig behaart; Fr. eine trockene, 1samige Kapsel, vom Achsenbecher eingeschlossen. – Bltzt. II–V. – *Pinus brutia*-Offenwälder, Macchien, Trokkenhänge (Kap. 2.1) bis 600 m. – Östl. Mediterrangebiet.

Tiliaceae – Lindengewächse

Holzgewächse, seltener Kräuter, der Tropen und gemäßigten Breiten mit Mannigfaltigkeitszentrum in SO.Asien und S.Amerika.

2 Gattungen mit 5 Arten in der Türkei.

Tilia L. (Linde)

Laubwerfende Bäume mit 2zeilig angeordneten herzf. asymm. Blätt.; Nebenblätt. hinfällig; Bltn. 5zählig, gelblich, radiärsymm., duftend, in Scheindolden angeordnet; Bltnstandsstiel bis zur Hälfte mit einem flügelartigen Hochblatt verwachsen; Stbbl. zahlreich, frei oder zu 5 Bündeln vereint; Frkn. oberst.; 1–2samige Nußfr.

4 Arten in der Türkei.

1.   Blattunterseite dicht sternhaarig-filzig . . . . *T. argentea*
–   Blattunterseite kahl oder durch einfache Haare flaumig. 2
2.   Blattunterseite kahl (nur in den Blattaderwinkeln behaart) . . *T. rubra*
–   Blattunterseite durch einfache Haare flaumig . . . . . *T. platyphyllos*

T. argentea DC.
Bis 40 m hoher Baum; junge Zweige filzig behaart; Blätt. 7–13 × 6–10 cm, rundlich-eif., mit ausgezogener Spitze, am Rand gesägt, oberseits dunkelgrün, verkahlend, unterseits dicht sternhaarig-weißfilzig; Blattstiel bis 6 cm lang; Bltn. schmutzig weiß, zu 6–10 in hgd. Scheindolden mit filzig behaartem Hochblatt; Nuß 6–8 mm, warzig, verholzend. – Bltzt. VI–VII. – Laubwälder, gerne in Schluchten und luftfeuchten Lagen (Kap. 2.2) bis 1500 m. – SO.Europa, SW.Asien (südlichste Fundorte im Samsun Dağı und Amanos-Gebirge).
Ebenfalls im Samsun Dağı sowie auf dem Ida-Gebirge bei Çanakkale wächst *T. rubra*. Ihr Hauptverbreitungsgebiet in der Türkei ist allerdings das Pontische Gebirge. *T. platyphyllos*, die von Mitteleuropa bis zum Kaukasus und Nordiran verbreitete Sommerlinde, steht bezüglich der blattunterseitigen Behaarung zwischen *T. argentea* und *T. rubra* und wurde in Schluchten des westlichen Taurus beobachtet.

Typhaceae – Rohrkolbengewächse

Wasser- und Sumpfpfl. mit kriechendem Rhizom; Stg. aufrecht; Blätt. meist grdst., 2zeilig, bandf.; mit Aerenchym (Durchlüftungsgewebe); Bltn. eingeschl., 1häusig, in walzenf. übereinanderstehenden Kolben, die unteren ♀, die oberen ♂; Bltnhülle haarf. oder schuppenf.; Stbblätt. 1–3(–8); Frkn. 1.

Nur 1 Gattung (monogenerisch).

Typha L. (Rohrkolben)

6 Arten in der Türkei. Die unreifen Kolben werden gern als Blumenschmuck verwendet, die reifen, sich auflösenden (haarf. Bltnhülle) als
Verpackungs- und Polstermaterial. Aus den bandf. Blätt. werden Mat-
ten hergestellt.

T. domingensis PERS.
Stg. robust, bis 2 m hoch; Blätt. 4–14 mm breit; ♀ und ♂ Kolben getrennt; ♀ Kolben bis 40 cm lang und 2,3 cm im Durchmesser, zur Reifezeit hellbraun; Bltnhülle schuppenf., zugespitzt, an der Spitze hellbraun; ♂ Kolben meist 1,5mal so lang wie der ♀; Bltnhülle haarf., an
der Spitze oft gabelig verzweigt. – <u>Bltzt. VI–XI.</u> – See- und Flußufer
(Kap. 2.7), Sümpfe und Gräben bis 1300 m. – Trop.Amerika, Trop.
Afrika, Mediterrangebiet, Asien.

T. laxmannii LEPECHIN *(Foto 75)*
Stg. biegsam, bis 170 cm hoch; Blätt. 2–4 mm breit; ♀ und ♂ Kolben
getrennt; ♀ Kolben bis 12 cm lang und 2 cm im Durchmesser, zur Reifezeit hellbraun, ohne Schuppen; ♂ Kolben 1,5–3mal so lang wie der
♀; Bltnhülle haarf., einfach. – <u>Bltzt. VI–X.</u> – See- und Flußufer (Kap.
2.7), Sümpfe und Gräben bis 2000 m. – Europa, SW.Asien, China, Ja-
pan.

Ulmaceae – Ulmengewächse

Laubwerfende Bäume oder Sträucher; Blätt. 2zeilig, einfach, gezähnt,
meist mit asymm. Blattgrd.; Bltn. einzeln oder in Büscheln; Bltnhülle
einfach, 4–5blättrig; Stbbl. 4–5; Frblätt. 2; breitgeflügelte Nußfr. oder
Steinfr.

3 Gattungen mit 8 Arten in der Türkei.

1.	Bltn. einzeln; Fr. steinfruchtartig	**2**
–	Bltn. in Büscheln; Fr. eine geflügelte Nuß	***Ulmus*** *
		(3 Arten)
2.	Blätt. am Grd. mit 3 Nerven	***Celtis***
–	Blätt. am Grd. fiedernervig	***Zelkova*** *
		(*Z. carpinifolia*)

Celtis L. (Zürgelbaum)

4 Arten in der Türkei.

C. australis L. (398)

Bis 25 m hoher Baum; junge Zweige samtig-behaart; Blätt. breit-lanzettlich, lang zugespitzt, scharf gesägt, unterseits grau-samtig behaart, oberseits rauh; Steinfr. bräunlich oder schwärzlich, eßbar. – Bltzt. III–V. – Trockenhänge, Gebüsche (Kap. 2.1) bis 1000 m. – Mediterrangebiet. – Häufig angepflanzt.

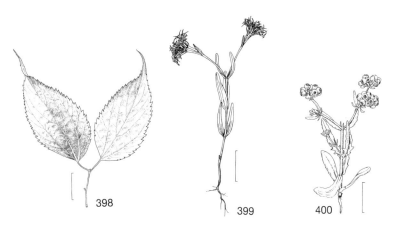

398   399   400

Valerianaceae – Baldriangewächse

Ein- oder mehrjährige Kräuter; Blätt. gegenst., einfach oder gefiedert; Bltn. in rispigen Scheindolden oder Köpfchen, ♀ oder eingeschl.; Blkr. monosymm., röhrig bis trichterf., am Grd. oft ausgesackt oder gespornt; Kblätt. zur Bltzt. schwach entwickelt, zur Frzt. oft schirmartig zu behaarten Strahlen ausgewachsen; Stbbl. 1–4; Fr. eine vom K. gekrönte Achäne.

3 Gattungen mit 47 Arten in der Türkei.

1.	Blkr. monosymm., gespornt; Stbbl. 1 . . . . ***Centranthus***
–	Blkr. fast radiärsymm.; Stbbl. 3 2
2.	Pfl. einjährig, verzweigt . . . . ***Valerianella***
–	Pfl. mehrjährig, meist unverzweigt; K. borstenf., zur Bltzt. eingerollt. .
	Valeriana

Centranthus DC. (Spornblume)

3 Arten in der Türkei.

C. longiflorus STEVEN

Pfl. mehrjährig, mit Rhizom; Stg. aufrecht, verzweigt, bis 2 m hoch; Blätt. einfach, lanzettlich, graugrün; Blkr. rosa bis lila, selten weiß, gespornt. – Bltzt. IV–IX. – Felsstandorte, Steinschutt (Kap. 2.4) bis 2300 m. – SO.Europa, SW.Asien.

Valeriana L. (Baldrian, Speik)

13 Arten in der Türkei.

V. dioscoridis SM.

Pfl. mehrjährig, mit Rhizom; Stg. einzeln, aufrecht, hohl; grdst. Blätt. gefiedert, langgestielt, kahl oder behaart; Fiederblätt. rundlich, gesägt; Stgblätt. gefiedert, Blattstiel halbstgumfassend; Bltn. rosa; Fr. zwischen den Nerven behaart. – Bltzt. II–V. – Felsstandorte, Gebüsche (Kap. 2.1) bis 1500 m. – SO.Europa, östl. Mediterrangebiet.

Valerianella MILLER (Feldsalat)

31 Arten in der Türkei.

V. oxyrhyncha FISCHER & MEYER (399)

Pfl. einjährig, bis 18 cm hoch; Blätt. gezähnt, zur Frzt. verwittert; Bltnstand reich verzweigt; Tragblätt. krautig, schmal, z.T. häutig; Bltn. blaßlila; K. zur Frzt. asymm. mit 1–2 langen Haken; Fr. zylindrisch. – Bltzt. V–VI. – Felsstandorte, Steppen (Kap. 2.5), Kulturland, 450–2100 m. – SW.- und Z.Asien.

V. vesicaria (L.) MOENCH (400)

Pfl. einjährig, bis 25 cm hoch; Blätt. zur Frzt. meist vorhanden; Bltnstand kugelig; Tragblätt. breit-rundlich, häutig, am Rand gewimpert; Bltn. lila bis rotviolett; K. zur Frzt. krönchenartig, kugelig aufgeblasen. – Bltzt. IV–VI. – Felsstandorte, Steppen (Kap. 2.5), Kulturland bis 2000 m. – Mediterrangebiet, SW.Asien.

Verbenaceae – Eisenkrautgewächse

Bäume, Sträucher oder Kräuter; Blätt. gegenst. oder in Wirteln; Bltn. monosymm., fast 2lippig, ♀; K. 2–5blättrig, gelappt oder gezähnt; Stbbl. 4, 2 längere und 2 kürzere; Frkn. oberst.; Nuß oder Steinfr.

3 Gattungen mit 6 Arten in der Türkei.

1.	Sträucher; Blätt. handf. geteilt . . . . ***Vitex***
–	Kräuter; Blätt. einfach oder gefiedert 2
2.	Blätt. mit einfachen Haaren und gestielten Drüsen . . . . . . ***Verbena***
–	Blätt. mit geteilten Haaren; gestielte Drüsen fehlend . . . . . . ***Phyla****
	(Ph. canescens, Ph. nodiflora)

Verbena L. (Eisenkraut)

2 Arten in der Türkei.

| 1. | Pfl. aufrecht, mehrjährig. . . . . ***V. officinalis*** |
| – | Pfl. niederlgd. bis aufstgd., einjährig . . . . ***V. supina*** |

V. officinalis L. (401)
Pfl. mehrjährig, bis 1 m hoch; Stg. aufrecht, kantig, oberwärts dicht drüsig; Blätt. gefiedert; Bltn. klein, blaßlila, in langen, rutenf., dicht-drüsigen Ähren. – Bltz. VI–VIII. – Ruderalstandorte, Flußufer (Kap. 2.7), Felsstandorte, Gebüsche bis 1800 m. – Heute fast kosmopolitisch verbreitet.

Vitex L. (Keuschbaum, Mönchspfeffer)

2 Arten in der Türkei. *V. pseudo-negundo* ist bisher aber nur aus SO.-Anatolien bekannt.

V. agnus-castus L. (402)
Bis 3 m hoher, filzig-behaarter Strauch; Blätt. handf. geteilt, am Rand gezähnt, oberseits grün, unterseits weiß-filzig; Blattstiele bis 4 cm lang; Bltnstand sehr dicht, endst. Rispen; Bltn. hellviolett oder blau; Stbbl. aus der Blüte herausragend; K. dicht filzig behaart; Fr. kugelig, schwarz oder rötlich. – Bltz. VI–IX. – Fluß- und Bachufer, meist auf sandigem Untergrund (Kap. 2.1) bis 750 m. – Mediterrangebiet, SW.Asien.

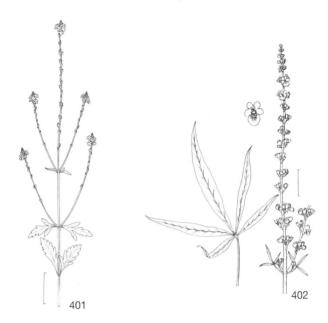

401

402

Violaceae – Veilchengewächse

Kräuter; Blätt. einfach, mit großen, oft gefransten Nebenblätt.; Bltn. einzeln, lang gestielt, monosymm., nickend; Kblätt. 5, am Grd. mit Anhängseln; Blkrblätt. 5, das untere gespornt; Stbbl. 5, die 2 unteren mit einem in den Sporn nektarabsondernden Anhängsel; Fr. eine Kapsel.

1 Gattung mit 25 Arten in der Türkei.

Viola L. (Veilchen)

V. heldreichiana Boiss.
Pfl. einjährig, bis 12 cm hoch, kahl; Blätt. rundlich bis spatelf., am Rand gekerbt; Nebenblätt. gefiedert, mit 1–2 kleinen Zähnchen am Grd.; Bltn. lila-blau, 4–6 mm, Sporn hell. – <u>Bltzt. IV–VI.</u> – Felsstandorte und Offenwälder (Kap. 2.3) bis 1500 m. – Östl. Mediterrangebiet. – Sehr ähnlich ist *V. kitaibeliana*, die sich aber durch dichte Behaarung und cremefarbene bis gelbe Bltn. unterscheidet.

V. sieheana W. BECKER *(403)*

Pfl. mehrjährig, bis 25 cm hoch, oft mit verholztem Wurzelstock; Blätt. herzf., gekerbt; Nebenblätt. schmal lanzettlich, gefranst, zur Spitze hin an Größe zunehmend; Bltnstiel kahl; Kblätt. lanzettlich, zugespitzt, mit 2 mm langen Anhängseln; Blkr. weiß bis bläulichweiß, Sporn hell; Blkrblätt. breit überlappend. – Bltzt. III–VI. – Offenwälder, Gebüsche (Kap. 2.2) bis 1800 m. – SO.Europa, SW.Asien.

403

Vitaceae – Weinrebengewächse

Holzgewächse, meist mit Ranken kletternd oder windend; Blätt. wechselst., mit Nebenblätt.; Bltn. unscheinbar, radiärsymm., 5zählig, in endst. oder blattgegenst. Scheindolden oder Rispen; Frkn. oberst.; Fr. eine Beere.

2 Gattungen mit 3 Arten in der Türkei.

Vitis L. (Weinrebe)

2 Arten in der Türkei.

1. Pfl. zweihäusig, Bltn. eingeschl.; Sa. 3, fast kugelig, kurzgeschnäbelt
V. sylvestris
– Bltn. ⚥; Sa. 0–2, länglich-birnenf., langgeschnäbelt . . . . *V. vinifera*

V. sylvestris C. C. GMELIN *(Foto 76)*

Getrenntgeschl.-zweihäusige, bis 35 m lange Liane mit blattgegenst. Ranken; Blätt. handf. gelappt (bei ♂ Pfl. tiefer eingeschnitten als bei ♀), am Grd. herzf., am Rand grob gezähnt; junge Blätt. unterseits weißfilzig; Bltn. in dichten blattgegenst. Rispen im oberen Teil der Pfl.; Beeren ca. 6 mm lang, länglich, schwarzblau, sauer, mit 3 fast kugeligen, kurzgeschnäbelten Sa. – Bltzt. V–VI. – Auwälder, Schluchtwälder, in der Regel gewässerbegleitend (Kap. 2.1) bis 1600 m. – Europa, SW.- und Z.Asien. – Stammform der kultivierten Weinrebe *(V. vinifera)*, die sich durch Zwitterbltn. sowie größere, süße Beeren unterscheidet.

Zygophyllaceae – Jochblattgewächse

Sträucher oder Kräuter, z.T. bedornt; Blätt. gegen- oder wechselst., einfach oder zusammengesetzt, oft fleischig; Nebenblätt. vorhanden; Bltn. radiärsymm., ♀; K.- und Blkrblätt. 4–5, frei; Stbbl. 10 oder 12–15; Frkn. oberst., Frblätt. oft geflügelt; Kapselfr. oder Beeren.

5 Gattungen mit 6 Arten in der Türkei.

1.	Blätt. gegenst.. 2
–	Blätt. wechselst. 3
2.	Blätt. gefiedert, mit zahlreichen Fiederblätt.; Fr. bestachelt ***Tribulus****
	(T. terrestris)
–	Blätt. nur mit 1 Paar Fiederblätt.; Fr. unbestachelt . . . ***Zygophyllum***
3	**(1–).** Pfl. strauchig; Blätt. ganzrandig . . . . ***Nitraria****
	(N. schoberi)
–	Pfl. krautig; Blätt. geteilt . . . . ***Peganum***

Peganum L. (Harmelkraut)

Nur 1 Art in der Türkei.

P. harmala L. *(404)*

Pfl. mehrjährig, kahl, am Grd. oft verholzt, bis 70 cm hoch; Blätt. wechselst., unregelmäßig in lineale Abschnitte geteilt; Bltn. einzeln, weiß; Kblätt. grün, schmal, oft blattähnlich geteilt; Kapsel kugelig, gestielt. – Bltzt. V–VII. – Ödland, Steppe (Kap. 2.5) bis 1500 m. – S.Europa, N.-Afrika, SW.Asien.

Zygophyllum L. (Jochblatt)

2 Arten in der Türkei.

1.   Pfl. krautig, groß, kahl; Blätt. flach . . . .***Z. fabago***
–   Zwergstrauch mit kleinen, fleischigen Blätt. . . . .***Z. album***

Z. fabago L. *(405)*
Pfl. mehrjährig, groß, bis 60 cm hoch; Blätt. gestielt, breit-elliptisch,
stumpf; Bltn. einzeln, weiß oder weiß und orange; Kblätt. grünlich,
stumpf; Kapsel hgd., schmal-verlängert, 5kantig. – Bltz. V–VI. – Ödland, Steppen, Gebüsche (Kap. 2.4) bis 1000 m. – SW.Asien.

404

405

3.3 Fototeil

Foto 16: *Rhus coriaria*

Foto 17: *Astrodaucus orientalis*

Foto 18: *Bupleurum croceum*

Foto 19: *Crithmum maritimum*

Foto 20: *Echinophora tournefortii*

Foto 21: *Ferula communis*

Foto 22: *Lecokia cretica*

Foto 23: *Nerium oleander*

Foto 24: *Anthemis rigida*

Foto 25: *Echinops pungens*

Foto 27: *Inula viscosa*

Foto 26: *Gundelia tournefortii*

Foto 28: *Jurinella moschus*

Foto 29: *Onopordum polycephalum*

Foto 30: *Taraxacum crepidiforme*

Foto 31: *Arnebia densiflora*

Foto 32: *Lappula barbata*

Foto 33: *Moltkia aurea*

Foto 34: *Nonea macrosperma*

Foto 35: *Podonosma orientalis*

Foto 36: *Draba acaulis*

Foto 37: *Isatis floribunda*

Foto 38: *Saponaria prostrata*

Foto 39: *Silene compacta*

Foto 40: *Silene sedoides*

Foto 41: *Cistus parviflorus*

Foto 42: *Ecballium elaterium*

Foto 43: *Euphorbia characias*

Foto 44: *Euphorbia dendroides*

Foto 45: *Euphorbia macroclada*

Foto 46: *Astragalus angustifolius*

Foto 47: *Calicotome villosa*

Foto 48: *Genista acanthoclada*

Foto 49: *Lotus aegaeus*

Foto 50: *Lupinus pilosus*

Foto 51: *Ononis natrix*

Foto 52: Vicia grandiflora

Foto 53: *Liquidambar orientalis*

Foto 54: *Iris orientalis*

Foto 55: *Lamium eriocephalum*

Foto 56: *Salvia cryptantha*

Foto 57: *Salvia tchihatcheffii*

Foto 58: *Asphodelus ramosus*

Foto 60: *Eremurus spectabilis*

Foto 59: *Colchicum variegatum*

Foto 61:
Ornithogalum montanum

Foto 62: *Urginea maritima*

Foto 63: *Linum mucronatum*

Foto 64: *Morina persica*

Foto 65: *Dactylorhiza iberica*

Foto 66: *Orobanche anatolica*

Foto 67: *Orobanche caryophyllacea*

Foto 68: *Glaucium corniculatum*

Foto 69: *Acantholimon ulicinum (Aufnahme: G. Parolly)*

Foto 70: *Acantholimon venustum*

Foto 71: *Veronica caespitosa*

Foto 72: *Daphne sericea*

Foto 73: *Daphne oleoides*

Foto 74: *Thymelaea tartonraira*

Foto 75: *Typha laxmannii*

Foto 76: *Vitis sylvestris*

4 Alphabetisches Verzeichnis häufiger botanischer Fachausdrücke

Achäne: Schließfrucht, die aus einem unterständigen Fruchtknoten entsteht und bei der Fruchtwand (Perikarp) und Samenschale (Testa) miteinander verwachsen sind. Kennzeichnend für die Asteraceae.

Anthere: Staubbeutelpaar, aus 2 Hälften (Theken), die durch ein Zwischenstück (Konnektiv) verbunden sind.

Androeceum: Gesamtheit der Staubblätter.

apokarp: Bezeichnung für ein → Gynoeceum, das aus einzelnen, nicht verwachsenen Fruchtblättern besteht.

Apomixis: Fortpflanzung, die scheinbar der sexuellen entspricht, tatsächlich aber ohne Befruchtung mit oder ohne Meiose vor sich geht.

Archäophyt: Einwanderer; oft schon in prähistorischer Zeit eingebürgerte Sippe.

Ausläufer: waagrecht, ober- oder unterirdisch wachsende, meist dünne und verlängerte Seitensprosse.

Balgfrucht: ventrizid (bauchspaltig) aufspringende Einblattfrucht (bei vielen ursprünglichen Magnoliidae, Ranunculidae und ursprünglichen Dialypetalae). (Öffnung der Frucht im Bereich der Verwachsungsnaht der Fruchtblattränder.)

bilateralsymmetrisch: Bezeichnung für Blüten, die durch 2 Symmetrieebenen in spiegelbildlich gleiche Teile zerlegbar sind.

Blattwirtel: einem Stengelknoten entspringen mehr als 2 Blätter.

Braktee: → Hochblatt, Deckblatt, in dessen Achsel ein Seitensproß oder eine Blüte entsteht.

Brakteole: Vorblatt, das erste Blatt bzw. die ersten Blätter eines Seitensprosses.

Chamaephyten: Stauden oder Halbsträucher, deren Triebspitzen absterben und deren Erneuerungsknospen in einer Entfernung von 10−30 cm über der Erdoberfläche überwintern.

Chlorophyll: Blattgrün; stark lipophile, wasserunlösliche organische Verbindung aus einem Porphinring und 4 Pyrrolringen, in dessen Zentrum sich ein Magnesiumatom befindet. Als Seitenkette ist der höhere Alkohol Phytol enthalten.

coenokarp: Bezeichnung für ein → Gynoeceum, das aus mehreren miteinander verwachsenen Fruchtblättern besteht.

Cupula: Fruchtbecher; eine ringförmig bzw. vierteilig angelegte, oft mit Schuppen oder Stacheln besetzte Achsenwucherung (z. B. Fagaceae).

Cyathium: Blütenstand der Gattung *Euphorbia;* jedes Cyathium besteht aus einer röhrig verwachsenen Hülle aus 5 → Hochblättern, in deren Achseln in 5 → Wickeln eine Reihe ♂, nur aus 1 Staubblatt bestehender Blüten steht. Das Ende der Achse nimmt 1 ♀ Blüte ein, die nur aus einem 3fächerigen Fruchtknoten besteht.

Dichasium: verzweigter Blütenstand, bei dem 2 Seitenäste die Fortsetzung der Hauptachse übernehmen (Übergipfelung). Die Endblüte der Hauptachse ist häufig verkümmert.

Diskus: Fruchtknotenpolster; ring- oder scheibenförmige Anschwellung der Blütenachse zwischen Fruchtknoten und Staubblättern, meist Nektar absondernd.

dithezisch: Staubblatt mit 2 Staubbeuteln (Theken).

Dolde: → razemöser Blütenstand mit verkürzter Hauptachse, an der von fast einem Punkt ausgehend ± gleich lang gestielte Einzelblüten stehen (z. B. Apiaceae).

einjährig: Pflanzen, die nur einmal blühen und fruchten; sie sind sommerannuell, wenn sie ihren Lebenszyklus in einem Jahr durchlaufen, winterannuell, wenn sie im darauffolgenden Jahr blühen, fruchten und absterben.

Elaiosom: besondere, öl-, fett- und eiweißreiche Gewebeabhängsel an Samen und Früchten, die der Ausbreitung durch Ameisen dienen.

Embryo: von Nährgewebe umgebener Teil des Samens, der aus Keimachse, Keimwurzel und Keimblättern besteht.

fertil: fruchtbar.

Fiederblätter: die Blätter besitzen keine einheitliche, sondern eine in einzelne Abschnitte geteilte Spreite. Die einzelnen Fiedern sind kurz gestielt. Unpaarig gefiedert: eine Endfieder ist vorhanden; paarig gefiedert: eine Endfieder fehlt; 3zählig gefiedert: die Endfieder ist stets gestielt.

Filament: Staubfaden; der untere, stielartige, seltener blattartig verbreiterte, die Staubbeutel tragende Teil des Staubblatts.

Fruchtknoten: Ovar; der fertile, meist knotenartig verdickte Basalabschnitt des Stempels.

geöhrt: bei sitzenden Blättern ist die Blattspreite an ihrer Basis links und rechts von der Ansatzstelle des Blatts am Stengel über diesen hinaus in Form zweier Fortsätze („Öhrchen") verlängert.

Geophyten: ausdauernde Pflanzen, deren oberirdische Triebe absterben und die mit Hilfe von Knollen, Zwiebeln, Ausläufern oder Rhizomen in einer bestimmten Bodentiefe überdauern.

Griffel: verlängerter Abschnitt des Fruchtknotens (Ovar).

gynobasisch: Bezeichnung für Griffel, die zwischen den 4 Teilfrüchten (→ Klausen) der Boraginaceae entspringen.

Gynoeceum: Gesamtheit der Fruchtblätter (Karpelle); sind diese frei = apokarpes Gynoeceum, sind diese zu einem einheitlichen Gehäuse miteinander verwachsen = coenokarpes Gynoeceum.

Gynophor: stielartige Verlängerung der Blütenachse zwischen → Androeceum und → Gynoeceum.

Gynostemium: Griffelsäule der Orchidaceae (Verwachsung von Staubblatt, Griffel und Narbe).

Habitus: Tracht, Wuchs, Gesamtbild einer Pflanze.

Hemikryptophyten: Stauden und Halbsträucher, deren oberirdische Teile absterben und deren Erneuerungsknospen dicht oberhalb der Erdoberfläche überdauern.

Heterokarpie: Vorkommen verschiedenartiger Früchte bei ein und derselben Pflanze.

Hilum: Nabel; die Stelle der Samenanlage, an der der Samenstiel (Funiculus) oder die Plazenta ansitzt.

Hochblätter: in der Entwicklung gehemmte Blattorgane von einfacher Gestalt, die sich am Stengel unterhalb der Blüte bzw. –> Infloreszenz finden.

Honigblätter: Nektarabsondernde Organe im Bereich der Blüte, die umgebildeten Staubblättern (Staminodien) entsprechen und zwischen den äußeren Blütenhüll- und den fertilen Staubblättern stehen. Sie sind entweder klein und unscheinbar, häufig von tüten- oder schlauchförmiger Gestalt, oder sie sind blumenblattartig und lebhaft gefärbt (petaloid), tragen aber am Grund eine häufig nur mit der Lupe erkennbare Honigschuppe (z. B. Ranunculaceae).

Hybride: Mischlingspflanze, Bastard, Kreuzungsprodukt; durch Kreuzung verschiedenartiger Eltern entstandener Bastard.

Hypanthium: Blütenbecher; ein ± langes, röhrenförmiges Achsenstück zwischen dem Fruchtknoten und den übrigen Blütenorganen.

Infloreszenz: Blütenstand.

Internodium: Stengelglied.

Karpell: Fruchtblatt; bildet zusammen mit den daransitzenden Samenanlagen das –> Gynoeceum.

Karpophor: Fruchthalter; bei den Apiaceae die Mittelsäule, die bei der Teilung der Frucht auf dem Blütenstiel stehenbleibt und die beiden Teilfrüchte trägt.

Karyopse: Schließfrucht, die aus einem oberständigen Fruchtknoten entsteht und bei der Fruchtwand (Perikarp) und Samenschale (Testa) miteinander verwachsen sind. Kennzeichnend für die Poaceae.

Kladodien: blattartig verbreiterte Langtriebe, grüne Flachsprosse, die bei der Reduktion der Blätter deren Funktion übernehmen.

Klausen: die 4 einsamigen Teilfrüchte, in welche die Frucht der Boraginaceae und Lamiaceae zerfällt, deren 2blättriger Fruchtknoten durch falsche Scheidewände in 4 Kammern geteilt wird.

Knollen: meist verdickte, sproßbürtige Wurzeln, verdickte –> Ausläufer oder verdickte Sproßachsen.

Labellum: Lippe; das hintere Blütenkronblatt des inneren Perigonkreises bei den Orchidaceae, das durch seine Größe und Form von den übrigen Blütenkronblättern abweicht.

Ligula: Blatthäutchen an der Übergangsstelle von Blattscheide zu -spreite bei den Poaceae (Verlängerung der inneren Epidermis der Blattscheide).

mehrjährig: langlebige Pflanzen; bei Holzpflanzen bleibt das oberirdische Sproßsystem erhalten; bei krautigen Pflanzen sterben die oberirdischen Teile zu Beginn der ungünstigen Vegetationsperiode ab.

Merikarp: Teilfrucht einer Spaltfrucht.

monosymmetrisch (dorsiventral, zygomorph): Bezeichnung für Blüten die nur durch 1 Symmetrieebene in spiegelbildlich gleiche Hälften zerlegbar sind.

monothezisch: Staubblatt mit nur 1 Staubbeutel.

Narben: Endabschnitte des Griffels oder des Ovars, die der Aufnahme der Pollenkörner dienen; die Anzahl der Narbenlappen läßt oft die Anzahl der an der Bildung eines –> coenokarpen Gynoeceums beteiligten Fruchtblätter erkennen.

Nebenkrone: freie oder verwachsene, kronblattartige Anhängsel an der Innenseite von (–>) Perigon- oder Blütenkronblättern.

Nektarien: zuckerhaltige Säfte absondernde Honigdrüsen; in Blüten heißen sie florale, an vegetativen Organen extraflorale Nektarien.

Niederblätter: kleine, meist schuppenförmige, selten grüne Blattorgane, die fast ausschließlich an der Sproßbasis sowie an Ausläufern und Rhizomen auftreten.

oberständig: Bezeichnung für einen Fruchtknoten, der oberhalb der Ansatzstelle der Blütenhülle und der Staubblätter steht.

Ochrea: Tüte; röhrenförmige, häutige Scheide der Polygonaceae, die den Stengel umfaßt.

Ovar: fertiler Abschnitt des Stempels, der die Samenanlagen umschließt.

Pappus: Kelch der Asteraceae und Valerianaceae, der oft haarförmig aufgelöst ist und als Flugorgan bei der Ausbreitung dient.

parakarp: einfächeriger, verwachsener Fruchtknoten; die Fruchtblätter sind nur an den Rändern miteinander verwachsen.

Parasiten: Schmarotzer, die auf anderen Pflanzen leben. Halbparasiten besitzen noch grüne Blätter und können assimilieren; Vollparasiten sind bleich, besitzen kein Chlorophyll und entziehen dem Wirt alle von ihnen benötigten organischen und anorganischen Nährstoffe. Der Wirt kann dabei absterben.

perennierend: → mehrjährig.

Perianth: Blütenhülle (doppelt: aus Kelch und Blütenblättern, einfach: nur 1 Kreis entweder von Kelch- oder von Blütenblättern).

Perigon: Blütenhülle, die aus 2 untereinander in Form, Größe und Farbe ± gleichartigen Kreisen (Wirteln) besteht.

Phyllokladien: blattartig verbreiterte Kurzsprosse, grüne Flachsprosse, die bei Reduktion der Blätter deren Funktion übernehmen.

Pollen: Blütenstaub; Gesamtheit der Pollenkörner einer Blütenpflanze.

Pollinium: Polleninhalt eines Pollenfachs, der als Einheit vom Bestäuber übertragen wird (z. B. Orchidaceae).

Polyploidie: Vervielfachung des Chromosomensatzes in einer Zelle. Die meisten Kulturpflanzen sind polyploid. Durch die Vervielfältigung des Chromosomenbestands werden die Kerne und vielfach auch die Zellen größer und die Pflanzen oft leistungsfähiger (produktiver) als diploide.

Pulpa: die saftigen oder fleischigen Teile einer Frucht.

radiärsymmetrisch: Bezeichnung für eine Blüte, die durch mehr als 2 Schnittebenen in spiegelbildlich gleiche Teile zerlegbar ist.

razemös: an einer durchgehenden Hauptachse entspringen Seitenäste.

Rhachis: Mittelrippe, Blattspindel eines gefiederten Blatts.

Rhizom: ausdauernde, unterirdisch-waagrecht wachsende und ± verdickte Speichersprosse.

Ruderalpflanzen: oft in der Nähe menschlicher Siedlungen oder auf Schuttplätzen wachsende Pflanzen.

Scheidewände (Septen): Wände, durch welche das Ovar gefächert wird.

Schnabel: entsprechend aussehende Verlängerung und Verdickung des Griffelabschnitts an der Frucht.

Spatha: Blütenscheide, Hochblatt unter einem Blütenstand (z. B. Araceae).

Spelze: Blütenhüllorgan der Poaceae-Blüte.

Staminodien: unfruchtbare Staubblätter, häufig von besonderer Form.

Stauden: ausdauernde Pflanzen, deren Laubtriebe im Herbst absterben.

Stipel: Nebenblatt.

Stylopodium: Griffelpolster; die verdickten, drüsigen Basalteile der Griffel bei den Apiaceae.

submers: untergetaucht.

Sukkulente: wasserspeichernde Pflanzen mit verdicktem, häufig blattlosem Stamm oder mit aufgetriebenen, dicken Blättern (Stamm-, Blattsukkulenz, z. B. Chenopodiaceae).

sympatrisch: Bezeichnung für Sippen mit gleichen oder sich überlappenden Verbreitungsgebieten (Arealen).

synkarp: Bezeichnung für einen mehrfächerigen Fruchtknoten, der durch Verwachsung mehrerer Fruchtblätter entsteht.

Therophyten: einjährige Pflanzen, die die ungünstige Jahreszeit im Zustand der Samenruhe verbringen.

Tragblatt: Blätter der Infloreszenzachse, in deren Achseln die Blüten stehen.

unterständig: Bezeichnung für einen mit der Blütenachse verwachsenen Fruchtknoten, der unterhalb der Ansatzstelle für Blütenhülle und Staubblätter steht.

Utriculus: Schlauch; das von dem Tragblatt der ♀ Blüte gebildete, die Frucht fest umhüllende Organ bei der Gattung *Carex*.

Vittae: Ölkanäle in den Früchten der Apiaceae.

Viviparie: lebendgebärend; vegetative Vermehrung in der Blütenregion.

Wickel: Blütenstand, in dem die aufeinanderfolgenden Sproßgenerationen in verschiedenen Ebenen liegen, wobei die Richtung der Auszweigung sich von Zweig zu Zweig umkehrt.

zweijährig: Pflanzen, die im 1. Jahr vegetativ leben, im 2. Jahr blühen, fruchten und absterben.

Zwiebel: sehr kurze, gedrungene Sprosse, an denen in dichter Anordnung fleischige Speicherblätter stehen.

5 Abbildungsquellen

Bei den Habituszeichnungen handelt es sich überwiegend um Originalzeichnungen anhand von türkischem Sammelmaterial. Der Meßbalken in allen Zeichnungen entspricht 2 cm (nur für die Habitusdarstellungen gültig).
Weitere Abbildungsvorlagen und Detailabbildungen entstammen der Flora of Iraq (Baghdad 1966–1985), Flora Palaestina (Jerusalem 1966–1986) und Flora of Turkey and the East Aegean Islands (Edinburgh 1965–1988).

Originalzeichnungen: 26, 27, 31, 32, 33, 34, 35, 36, 37, 39, 40, 41, 43, 46, 49, 51, 52, 53, 54, 55, 56, 57, 58, 59, 60, 61, 62, 63, 64, 65, 66, 67, 68, 69, 71, 73, 74, 75, 76, 77, 78, 80, 83, 84, 85, 86, 87, 88, 90, 93, 94, 95, 96, 97, 98, 100, 101, 102, 103, 104, 105, 106, 107, 108, 109, 110, 113, 115, 116, 117, 118, 119, 124, 126, 127, 128, 129, 130, 131, 132, 133, 134, 135, 136, 137, 138, 139, 140, 141, 142, 143, 144, 146, 147, 148, 149, 150, 151, 152, 153, 154, 155, 156, 157, 158, 159, 160, 161, 162, 163, 164, 165, 166, 167, 171, 172, 173, 174, 175, 176, 177, 178, 179, 180, 181, 182, 183, 184, 185, 186, 187, 188, 189, 190, 191, 192, 193, 194, 195, 196, 197, 198, 199, 200, 201, 202, 203, 204, 205, 206, 207, 208, 209, 210, 211, 212, 213, 214, 215, 216, 218, 219, 220, 221, 222, 223, 224, 225, 229, 232, 233, 234, 235, 236, 237, 238, 239, 240, 241, 242, 243, 244, 245, 246, 247, 249, 250, 251, 252, 253, 254, 255, 256, 257, 258, 259, 260, 261, 262, 263, 264, 265, 268, 273, 276, 277, 278, 279, 280, 283, 284, 288, 291, 292, 293, 294, 296, 297, 299, 300, 303, 304, 305, 307, 308, 312, 313, 316, 317, 318, 319, 320, 321, 322, 323, 324, 325, 326, 327, 328, 330, 331, 332, 334, 340, 343, 344, 345, 347, 348, 349, 351, 352, 353, 354, 355, 356, 357, 359, 363, 364, 365, 366, 367, 369, 370, 371, 373, 374, 375, 376, 377, 378, 379, 380, 381, 382, 383, 384, 385, 387, 388, 389, 390, 391, 392, 394, 395, 397, 398, 401, 403, 404, 405.

Verändert nach Flora of Iraq: 28, 29, 30, 81, 168, 169, 298, 309, 310, 311, 333, 337, 350, 372.

Verändert nach Flora Palaestina: 42, 44, 45, 47, 48, 70, 72, 79, 82, 92, 111, 114, 122, 123, 125, 145, 170, 248, 266, 267, 269, 270, 275, 281, 282, 285, 286, 287, 289, 290, 295, 301, 302, 306, 314, 315, 329, 335, 336, 342, 346, 358, 360, 361, 362, 368, 386, 393, 396, 399, 400, 402.

Verändert nach Flora of Turkey and the East Aegean Islands (Detailabbildungen): 38, 50, 89, 91, 99, 112, 120, 121, 217, 226, 227, 228, 230, 231, 271, 272, 274, 338, 339, 341.

6 Literaturverzeichnis

AKMAN, Y. (1982): Climats et bioclimats méditerranéens en Turquie. – Ecol. Medit. **8**: 73–87.

AKMAN, Y., M. BARBÉRO & P. QUÉZEL (1978/79): Contribution à l'étude de la végétation forestière d'Anatolie méditerranéenne. – Phytocoenologia **5**: 1–79 (I), 189–276 (II), 277–346 (III).

AKMAN Y. & O. KETENOĞLU (1986): The climate and vegetation of Turkey. – Proc. Roy. Soc. Edinburgh B89: 123–134.

AKMAN, Y., O. KETENOĞLU, P. QUÉZEL & M. DEMIRÖRS (1984): A syntaxonomic study of steppe vegetation in central Anatolia. – Phytocoenologia **12**: 563–584.

ALEX, M. (1984): Vorderer Orient. Mittlere Jahresniederschläge und Variabilität. Karte A IV 4 Tübinger Atlas des Vorderen Orients. – Wiesbaden.

AYAŞLIGIL, Y. (1987): Der Köprülü Kanyon Nationalpark. Seine Vegetation und ihre Beeinflussung durch den Menschen. – Landschaftsökol. Weihenstephan Heft **5**: 1–307.

BILGER, K. (1955): Vergleichend-anatomische Untersuchungen über die Wurzeln einiger in der Umgebung von Ankara vorkommenden Steppenpflanzen. – Com. Fac. Sci. d'Ankara, sér. C **4**: 42–70.

BIRAND, H. (1960): Erste Ergebnisse der Vegetationsuntersuchungen in der Zentralanatolischen Steppe. 1. Halophytengesellschaften des Tuz Gölü. – Bot. Jahrb. Syst. **79**: 255–296.

BIRAND, H. (1970): Die Verwüstung der Artemisia-Steppe bei Karapınar in Zentralanatolien. – Vegetatio **20**: 20–47.

BRINKMANN, R. (1976): Geology of Turkey. – Stuttgart.

DANIN, A. (1983): Desert vegetation of Israel and Sinai. – Jerusalem.

DAVIS, P.H. (1971): Distribution patterns in Anatolia with particular reference to endemism. – In: DAVIS, P. H., P. C. HARPER & I. C. HEDGE (eds.): Plant life of Southwest Asia, pp. 15–27. – Edinburgh.

DAVIS, P. H. (ed.) (1965–1988): Flora of Turkey and the East Aegean Islands, 10 vols. – Edinburgh.

DAVIS, P. H. & A. J. C. GRIERSON (1975): Compositae – Asteraceae. – In: DAVIS, P. H. (ed.): Flora of Turkey Vol. 5, pp. 8–25. – Edinburgh.

EROL, O. (1978): The quarternary history of the Lake Basins of Central and Southern Anatolia. – In: BRICE, W.C. (ed.): The environmental history of the Near and Middle East since the last Ice Age, pp. 111–139. – London/New York/San Francisco.

EROL, O. (1982): Türkei. Naturräumliche Gliederung. Karte A VII 2 Tübinger Atlas des Vorderen Orients. – Wiesbaden.

FREY, W. & H. KÜRSCHNER (1989): Vorderer Orient. Vegetation 1:8 Mill. Karte A VI 1 Tübinger Atlas des Vorderen Orients. – Wiesbaden.

GÜLDALI, N. (1979): Geomorphologie der Türkei. Erläuterungen zur geomorphologischen Übersichtskarte der Türkei 1:200 000. – Beihefte Tübinger Atlas des Vorderen Orients, Reihe A, Naturwiss. Nr. 4. – Wiesbaden.

HAGER, J. (1985): Pflanzenökologische Untersuchungen in den subalpinen Dornpolsterfluren Kretas. – Diss. Bot. **89**: 1–196.

HEDGE, I. C. (1965): Cruciferae. – In: DAVIS, P. H. (ed.): Flora of Turkey Vol. 1, pp. 248–262. – Edinburgh.

HEDGE, I. C. & F. YALTIRIK (1982): *Quercus.* – In: DAVIS, P. H. (ed.): Flora of Turkey Vol. 7, pp. 659–683. – Edinburgh.

HÜTTEROTH, W.-D. (1982): Türkei. – Wiss. Länderkunden Bd. 21. – Darmstadt.

INAL, S. (1951): Die Valoneneiche *(Quercus aegilops),* ihre Nutzung und wirtschaftliche Bedeutung. – Zeitschr. f. Weltforstwirtsch. **14**: 187–190.

IRION, G. (1973): Die anatolischen Salzseen, ihr Chemismus und die Entstehung ihrer chemischen Sedimente. – Arch. Hydrobiol. **71**: 517–557.

KANTARCI, D. (1982): Die Zeder (*Cedrus libani* A. Rich.) in der Türkei und einige ökologische Bedingungen in ihrem Verbreitungsgebiet. – Orman Fak. Derg. A 32/2.

KASPAREK, M. (1985): Die Sultansümpfe. Naturgeschichte eines Vogelparadieses in Anatolien. – Heidelberg.

KASPAREK, M. (1988): Der Bafasee. Natur und Geschichte in der türkischen Ägäis. – Heidelberg.

KÜRSCHNER, H. (1982): Vegetation und Flora der Hochregionen der Aladağları und Erciyes Dağı, Türkei. – Beihefte Tübinger Atlas des Vorderen Orients, Reihe A, Naturwiss. Nr. 10. – Wiesbaden.

KÜRSCHNER, H. (1983): Vegetationsanalytische Untersuchungen an Halophytenfluren Zentralanatoliens (Türkei). – Beihefte Tübinger Atlas des Vorderen Orients, Reihe A, Naturwiss. Nr. 11. – Wiesbaden.

KÜRSCHNER, H. (1984): Der östliche Orta Toroslar (Mittlerer Taurus) und angrenzende Gebiete. Eine formationskundliche Darstellung der Vegetation Südost-Anatoliens. – Beihefte Tübinger Atlas des Vorderen Orients, Reihe A, Naturwiss. Nr. 15. – Wiesbaden.

KÜRSCHNER, H. (1986): Die syntaxonomische Stellung der subalpinen Dornpolsterformationen am Westrand SW.Asiens. – Phytocoenologia **14**: 381–397.

LOUIS, H. (1939): Das natürliche Pflanzenkleid Anatoliens. – Geogr. Abh. Reihe 3/12: 1–132.

MAYER, H. & H. AKSOY (1986): Wälder der Türkei. – Stuttgart.

MURBECK, S. (1939): Weitere Studien über die Gattungen *Verbascum* und *Celsia.* – Lunds Univ. Arsskr. nov. ser. **35**: 1–71.

QUÉZEL, P. (1973): Contribution à l'étude phytosociologique du massif du Taurus. – Phytocoenologia **1**: 131–222.

QUÉZEL, P. (1986): The forest vegetation of Turkey. – Proc. Roy. Soc. Edinburgh 89B: 113–122.

RAUS, Th. (1992): Botanisieren zwischen Ephesus und Pamukkale 28. 3.–11. 4. 1992. – Vervielfält. Manuskript, Berlin.

SCHIECHTL, M. (1967): Die Wälder der anatolischen Schwarzföhre (*Pinus nigra* Arn. var. *pallasiana* Asch.) in Kleinasien. – Mitt. d. Ostalpin.-Dinar.pfl.soz. Arb.-gem. **7**.

SCHIECHTL, M., R. STERN & E. WEISS (1965): In anatolischen Gebirgen. Botanische, forstliche und geologische Studien im Kilikischen Ala Dağ und Ostpontischen Gebirge von Kleinasien. – Kärntner Museumsschr. **31**.

Seçmen, Ö. & E. Leblebici (1984): Aquatic flora of Western Anatolia. – Willdenowia **14**: 165–177.

UNESCO (1968): Vegetation map of the Mediterranean region 1:5 Mill. – Paris.

Uslu, S. (1960): Untersuchungen zum anthropogenen Charakter der zentralanatolischen Steppe. – Gießen. Abh. Agr. Wirtschaftsforsch. europ. Ostens Reihe 1/12: 1–71.

Uslu, T. (1977): A plant ecological and sociological research on the dune and maquis vegetation between Mersin and Silifke. – Comm. Fac. Sci. Ankara 21C: 1–60.

Walter, H. (1956a): Vegetationsgliederung Anatoliens. – Flora **143**: 295–326.

Walter, H. (1956b): Das Problem der zentralanatolischen Steppe. – Naturwiss. **43**: 97–102.

Zohary, M. (1973): Geobotanical foundations of the Middle East, 2 vols. – Stuttgart.

7 Alphabetisches Verzeichnis der wissenschaftlichen Namen der Familien

(*Kursivdruck* = nur im Familienbestimmungsschlüssel erfaßte Familien)

8 Alphabetisches Verzeichnis der wissenschaftlichen Gattungsnamen

(*Kursivdruck* = nur in den Bestimmungsschlüsseln oder unter dem Hinweis auf ähnliche Arten erfaßte, aber nicht näher vorgestellte Gattungen)